因为我是以天主的妒爱，妒爱你们。原来我把你们许配给一个丈夫，把你们当作贞洁的童女献给了基督。

——《圣经·格林多后书》11章2节

基督的新娘

—— 中国天主教贞女研究

康志杰 ◎ 著

中国社会科学出版社

图书在版编目(CIP)数据

基督的新娘：中国天主教贞女研究／康志杰著．—北京：中国社会科学出版社，2013.10
　ISBN 978-7-5161-2533-5

Ⅰ.①基… Ⅱ.①康… Ⅲ.①罗马公教—女性—研究—中国 Ⅳ.①B979.2

中国版本图书馆 CIP 数据核字(2013)第 081119 号

出 版 人	赵剑英
责任编辑	陈 彪
特约编辑	高健龙　汪正飞
责任校对	张玉霞
责任印制	王炳图

出　　版	中国社会科学出版社
社　　址	北京鼓楼西大街甲 158 号（邮编 100720）
网　　址	http://www.csspw.cn
	中文域名：中国社科网　010-64070619
发 行 部	010-84083685
门 市 部	010-84029450
经　　销	新华书店及其他书店
印　　刷	北京金瀑印刷有限责任公司
装　　订	廊坊市广阳区广增装订厂
版　　次	2013 年 10 月第 1 版
印　　次	2013 年 10 月第 1 次印刷
开　　本	710×1000　1/16
印　　张	25.5
插　　页	2
字　　数	435 千字
定　　价	69.00 元

凡购买中国社会科学出版社图书，如有质量问题请与本社联系调换
电话：010-64009791

版权所有　侵权必究

目 录

关于注释及插图的说明 …………………………………………（1）

前言 ……………………………………………………………（1）

上篇　贞女群体发展的历史轨迹

第一章　释义·称谓 ……………………………………………（3）
　一　释"贞" …………………………………………………（3）
　二　"贞女"界说 ……………………………………………（5）
　　（一）广义的贞女 …………………………………………（6）
　　（二）狭义的贞女 …………………………………………（7）
　三　贞女的称谓 ………………………………………………（9）
　　（一）世俗称谓 ……………………………………………（9）
　　（二）本名、圣名及称谓的变化 …………………………（14）
　　（三）以"姑"为核心词的称谓特征分析 ………………（16）
　　（四）贞女与修女称谓的相叠与区分 ……………………（18）

第二章　中国天主教贞女制度的缘起 …………………………（21）
　一　西方传教士对中国女性的传教方略 ……………………（21）
　　（一）男女有别，保持距离 ………………………………（21）
　　（二）弥撒礼仪中的两性隔离与女教堂的建立 …………（26）
　二　明清之际贞女群体出现 …………………………………（31）
　　（一）陈子东逸事 …………………………………………（31）
　　（二）"童贞第一花"寻踪 …………………………………（33）
　　（三）明清之际贞女的特点 ………………………………（35）

第三章　清中叶禁教后的贞女群体：以区域教会为例证 …………（40）
一　福建贞女 ……………………………………………………（40）
（一）教会发展及贞女群体增容 ………………………………（40）
（二）"守贞"引发矛盾冲突 …………………………………（42）
（三）福安女子热衷守贞的缘由 ………………………………（43）
（四）福安贞女的特点 …………………………………………（45）
二　四川贞女 ……………………………………………………（49）
（一）起源与发展 ………………………………………………（49）
（二）梅慕雅神父的贡献 ………………………………………（50）
三　鄂西北磨盘山的贞女 ………………………………………（54）
（一）以善会为载体训练贞女 …………………………………（54）
（二）董文学创建"天主教中华修女会" ……………………（55）

第四章　与贞女相关的两次教案 ……………………………………（58）
一　福安教案述略 ………………………………………………（58）
（一）1723年："山雨欲来风满楼" ………………………（58）
（二）1746年：福安教会在劫难逃 …………………………（60）
（三）贞女遭受酷刑 ……………………………………………（64）
（四）教案结局：革面不能革心 ………………………………（65）
二　福安教案原因分析 …………………………………………（67）
（一）"守贞不嫁"不为中国社会所容 ………………………（67）
（二）天主教礼仪遭到误解 ……………………………………（68）
（三）多明我会传教士的疏忽 …………………………………（72）
三　苏州教案——福安教案的延续 ……………………………（74）
（一）黄安多与谈方济 …………………………………………（74）
（二）教案述略 …………………………………………………（76）
（三）周学健与苏州教案 ………………………………………（79）
四　关于苏州教案的"奸情"分析 ……………………………（80）
（一）官方文献中的"奸情"记录 ……………………………（80）
（二）教会文献关于犯罪嫌疑人的记载 ………………………（82）
五　两次教案的共同点：关于性的纠结 ………………………（86）

第五章　鸦片战争之后贞女团体的发展 …………………… （93）
一　贞女制度发展大势及特点 ……………………………… （93）
（一）贞女人数持续增长 ………………………………… （93）
（二）组建团体成为守贞生活的主要模式 ……………… （96）
（三）贞女学校质量提高 ………………………………… （97）
二　各地贞女团体扫描 ……………………………………… （99）
（一）山东的贞女 ………………………………………… （99）
（二）江南地区的贞女 …………………………………… （104）
（三）甘肃的贞女 ………………………………………… （106）
（四）其他地区的贞女 …………………………………… （108）
三　义和团运动，贞女再受打击 …………………………… （110）
（一）贞女遭受迫害的原因 ……………………………… （111）
（二）"神系恋乎天乡"：殉教的贞女 …………………… （112）

第六章　由贞女而修女 …………………………………………… （117）
一　欧洲女修会进入中国及中国贞女的身份转型 ………… （118）
（一）"白帽子姆姆"拉开欧洲修女入华之序幕 ………… （119）
（二）大部分贞女进入修会 ……………………………… （123）
二　姐妹情——以圣神会修女与贞女的合作为例证 ……… （127）
（一）相识坡里庄 ………………………………………… （128）
（二）携手合作 …………………………………………… （130）
（三）西北的圣神会修女与贞女 ………………………… （136）
（四）本土修会"圣家会" ……………………………… （137）
（五）"在俗贞女传教会"及其他团体 …………………… （141）
三　姐妹情续篇：其他地区的修女与贞女的合作 ………… （144）
（一）"吴苏乐会"与"众心之后" ……………………… （144）
（二）圣若瑟小姐妹会与依撒伯尔修女会 ……………… （147）
（三）法国保禄女修会与广西圣家女修会 ……………… （148）
（四）活跃在中国妇女中的外籍修女 …………………… （148）
四　"主之婢女在此"：准修女团体"献堂会" …………… （151）
（一）献堂会诞生 ………………………………………… （152）

（二）献堂会：贞女团体还是修会团体？……………………（154）
　　（三）献堂会的工作特点 ………………………………………（159）
　五　多渠道催生本土女修会 ……………………………………………（162）
　　（一）传教会培训贞女 …………………………………………（163）
　　（二）教区创办本土女修会 ……………………………………（164）
　　（三）外国传教士创办中国女修会：以德兰小妹妹会
　　　　　为例证 ………………………………………………………（167）

下篇　贞女群体面面观

第七章　规章制度的拟定、完善及特点 …………………………………（173）
　一　为什么需要制度约束 ………………………………………………（173）
　　（一）《童贞修规》出台 ………………………………………（173）
　　（二）激进与谨慎：18世纪下半叶教会关于贞女制度的
　　　　　不同意见 ……………………………………………………（175）
　　（三）教廷传信部关于中国贞女制度的指示 …………………（178）
　　（四）规章的细化与实施 ………………………………………（181）
　二　发愿 ……………………………………………………………………（183）
　　（一）发愿・三愿・贞洁愿 ……………………………………（183）
　　（二）发愿仪式 …………………………………………………（186）
　　（三）发愿年龄 …………………………………………………（188）
　三　不和谐音符的出现及校正措施 ……………………………………（191）
　　（一）不和谐音符的原因分析 …………………………………（191）
　　（二）对违规贞女的处理及警告 ………………………………（195）
　　（三）纠正偏差的具体措施 ……………………………………（196）
　四　根据形势变化继续编修贞女修规：以《守贞要规》
　　　为例证 ………………………………………………………………（197）
　　（一）以"基督"为核心，以信德为导向 ……………………（197）
　　（二）树立"端方"形象 ………………………………………（199）
　　（三）严格的管理机制 …………………………………………（200）

第八章　衣食住行：世俗生活中的贞女 …………………………………（202）

一 贞女的经济状况及财富观 …………………………… (202)
（一）"守产不嫁"与自力更生 ………………………… (203)
（二）"舍文取义"：贞女的财富观 ……………………… (207)
二 贞女与家庭 ……………………………………………… (209)
（一）分家·过继·墓葬 ………………………………… (209)
（二）贞女在特殊家庭中的地位与角色 ………………… (213)
三 缠足与放足：身体书写的历史 ………………………… (215)
（一）小脚＝废物？ ……………………………………… (216)
（二）清中叶之前西方传教士对缠足的态度 …………… (218)
（三）社会风气之变迁及教会关于反缠足的举措 ……… (220)
（四）各地放足的不平衡性 ……………………………… (224)
四 守贞的外在标志：服装、头饰及其他 ………………… (226)
（一）服装 ………………………………………………… (227)
（二）头巾 ………………………………………………… (232)
（三）其他补充元素 ……………………………………… (235)

第九章 有一种精神叫奉献：贞女的工作 ………………… (237)
一 贞女工作之一：礼仪圣事中小角色 …………………… (239)
（一）教堂外的礼仪活动 ………………………………… (239)
（二）教堂内的礼仪活动 ………………………………… (242)
二 贞女工作之二：传教与慈善事业 ……………………… (242)
（一）在爱中播撒信仰的种子 …………………………… (243)
（二）在慈善服务中获得人生的满足和快乐 …………… (246)
（三）精致女红为教会 …………………………………… (249)
三 贞女的工作特点 ………………………………………… (250)
（一）非为人母的母爱精神 ……………………………… (250)
（二）合理的分工调配 …………………………………… (252)
（三）住堂型贞女承担更为繁重的工作 ………………… (253)
四 "亮丽的百合"：关于贞女工作的评价 ………………… (253)
（一）神长对贞女的关爱与支持 ………………………… (253)
（二）教会对贞女工作的赞誉 …………………………… (255)

第十章　贞女传道员 ……………………………………（259）

一　传道员概说 ………………………………………（259）
  （一）何为传道员 …………………………………（259）
  （二）传道员的基本素质及工作范围 ……………（260）
  （三）贞女传道员的产生 …………………………（261）
  （四）贞女传道员的资格认定 ……………………（262）

二　贞女传道员是如何炼成的 ………………………（263）
  （一）清中期教会对贞女传道员的培训 …………（263）
  （二）贞女学校："准贞女传道员"的陶成所 ……（266）
  （三）快速提高文化知识及独特的传教方法 ……（268）
  （四）合格贞女传道员的标准 ……………………（269）
  （五）贞女传道员的类型：住堂型与巡回型 ……（271）

三　贞女传道员与男性传道员之比较 ………………（273）
  （一）"传道员"的称谓 ……………………………（273）
  （二）选拔与培训 …………………………………（276）
  （三）工作对象 ……………………………………（277）
  （四）工作形式 ……………………………………（278）
  （五）工作报酬 ……………………………………（280）

四　贞女传道员的角色与贡献 ………………………（282）
  （一）角色：为最小兄弟服务 ……………………（282）
  （二）贡献：基督徒的道德榜样 …………………（284）

第十一章　信仰视野下的守贞理念与实践 …………（287）

一　天主教的守贞观 …………………………………（287）
  （一）《圣经》中的童贞观 ………………………（287）
  （二）天主教童贞观传入中国 ……………………（288）
  （三）"主保单"：守贞生活指南 …………………（293）

二　熏陶与锤炼：守贞生活的完成 …………………（295）
  （一）早期贞女的守贞历程：以福安邓氏为例证 …（296）
  （二）童贞观的培育 ………………………………（299）
  （三）守贞的性格、气质 …………………………（299）

三　"圣母的足迹就是我们的道路"：圣母对贞女

人生的影响 …………………………………………… (301)
　　　（一）"圣母"诠释 ……………………………………… (302)
　　　（二）贞女对圣母的崇拜与敬礼 ……………………… (304)
　　　（三）贞女实践圣母之精神 …………………………… (306)
　四　坎坷的成圣之路：困惑与灵修 ……………………… (307)
　　　（一）如何处理灵与肉的冲突 ………………………… (307)
　　　（二）灵修生活：祈祷、念经、守斋、避静 ………… (311)
　　　（三）灵修的特点 ……………………………………… (316)
　五　以基督为中心：贞女的宗教经验 …………………… (318)
　　　（一）经验之一：圣召——从淮安女孩和北京的玛利亚
　　　　　 说起 …………………………………………… (320)
　　　（二）经验之二：相遇 ………………………………… (323)
　　　（三）经验之三：神视 ………………………………… (324)
　　　（四）经验之四：天国 ………………………………… (325)
　　　（五）幻象抑或神迹：贞女宗教经验评议 …………… (326)

第十二章　天主教贞女与各类独身女性之比较 ……………… (328)
　一　儒家贞节观及儒家文化影响下的守贞女性 ………… (328)
　　　（一）儒家贞节观述略 ………………………………… (328)
　　　（二）儒家文化影响下的守贞女性 …………………… (330)
　二　佛道教中的独身女性 ………………………………… (335)
　　　（一）佛道教的独身理念及特征 ……………………… (335)
　　　（二）三教合流后的独身者及独身团体 ……………… (336)
　三　贞女与中国社会各类独身女性之比较 ……………… (338)
　　　（一）守贞的理念与动机 ……………………………… (338)
　　　（二）身体·仪式·禁忌 ……………………………… (341)
　　　（三）守贞对象与烈女精神 …………………………… (343)
　　　（四）生存空间及人际关系网络 ……………………… (344)
　　　（五）角色与责任 ……………………………………… (346)
　四　天主教贞女与新教单身女之传道：相近的宗教文化
　　　背景比较 ………………………………………………… (346)
　　　（一）新教女传道进入中国概说 ……………………… (347)

（二）女传道的各种称呼 …………………………………（350）
　　（三）生活模式 ……………………………………………（352）
　　（四）工作内容 ……………………………………………（354）

结语　"基督徒·女性·独身"：三个维度的评说 ……………（356）

绪余　最后的贞女 ……………………………………………（363）
　一　贞女群体逐渐解体 ………………………………………（363）
　二　少量贞女存在的原因 ……………………………………（366）
　三　贞女的价值和意义 ………………………………………（370）

主要参考文献 …………………………………………………（372）

主题词索引 ……………………………………………………（382）

后记 ……………………………………………………………（392）

关于注释及插图的说明

（一）清末民初线装书和旧平装书页码为汉字，本书引文统一格式为阿拉伯数字。

（二）旧文献重新再版与原文献的卷、册不同，新的复制本以册为单位，以阿拉伯数排列（如《我存杂志》），本书引文用阿拉伯数字表册数、卷期用汉字（加括号说明）。

（三）收录旧杂志文章有的署名、有的无名，注释依原文录入。

（四）全书采用脚注，部分引文略去出版机构、出版时间，文献信息可参见"主要参考文献"部分。

（五）采用英文、德文、法文资料，文章名、书名、杂志名以及页标记依据原语言习惯，如：德文注明页码为 S.，英文页码 p. 或 pp.：如直接引用德文，用 S. 代表页码，如从英文中译出，依原文献格式。

（六）档案（胶片）注明卷数、标题、时间，如 Vol. 434, Chine Letters 1741—1746；若没有注明页码，则是原胶片页码不清或无页码。

（七）书稿收录图片来自 *Catholic Missions（Monthly）*, Edited by *the Society for the Propagation of the Faith*, New York；Stegmaier SSpS., Sr. Ortrud, Missionsdienst am eigenen Volk. Die Heranbildung einheimischer Ordensfrauen durch Steyler Missionare und Missionsschwestern, in：Verbum SVD., 16—1975. Die Katholischen Missionen, Düsseldorf 1935, Verlag von L. Schwann 以及法国里昂"宗座传教事务所"（Les Œuvres Pontificales Missionnaires, 缩写 OPM）珍藏的图片资料。

前　言

　　关于基督宗教研究，学术界呈现两多两少：以中心群体（center group）为切入点者多，关注边缘群体者（marginal group）少；以精英阶层（clite class）为研究对象者多，关注草根阶层者（grassroots level）少。学术走向多从宏观视野分析探讨基督宗教与中国社会的矛盾与对立，活跃在文字间的也多是颇具影响力的西方传教士、中国官员、知识分子以及社会上层人士。

　　本书的研究对象是中国天主教贞女——一群为了信仰而笃守贞洁，并为教会、为社会无偿服务的独身女性。贞女群体在明清之际出现，随着守贞人数的增加，逐渐出现了仿照女修会规则生活的团体，在长时段中国没有欧美女修会进入的形势下，贞女实际顶替了修女的位置和角色，承担起女修会应该完成的工作。对于这样一个有悖于中国传统礼制的女性群体，海内外学术界的相关研究尚不充分，即使有学者涉猎这一领域，也主要是从区域史、断代史的视角进行研究，[①] 缺乏全方位的历史考察。呈现这种格局的原因一是学者的兴趣以及选题的价值取向；二是贞女不参加修会，史料难觅，进行深入透彻的研究存在一定的难度。

　　封建文化的统治导致中国成为两性极不平等的社会，女性基督徒同样面临这种窘境，她们的"声音非常之弱，大部分女性基督徒都不识字，没有留下关于她们的回忆和书信，就是那些曾经接受教育的上层社会的女

[①] 欧美学者关于贞女研究颇有影响的学者主要是荻德满（Gary Tiedemann）、梅欧金（Eugenio Menegon）、晏华阳（Robber Entenmann），参见 Jessie G. Lutz, "Women and Gender in Imperial China", *Pioneer Chinese Christian Women Gender, Christianity, and Social Mobility*, edited by Jessie G. Lutz, Bethlehem: Lehigh University Press, 2010, p. 17. 此外，国内学者对贞女的研究可参见秦和平《关于清代川黔等地天主教童贞女的认识》，载《四川大学学报》（哲学社会科学版）2004年第6期；张先清《贞节故事：近代闽东的天主教守贞女群体与地域文化》，载刘家峰编《离异与融会：中国基督徒与本色教会的兴起》，上海人民出版社2005年版；周萍萍《明末清初的天主教贞女群体》，载《江苏社会科学》2010年第6期等。

性，相关的记录也十分缺乏和不足"①。天主教贞女的命运同样如此，她们多来自草根阶层，对于维持教会正常运作扮演过十分重要的角色，是一个具有非常潜力及能量的女性群体。有意思的是，"传教士们依靠贞女和女性传道员联络世俗社会的非信徒，由于17、18世纪关于贞女的性质存在争议，贞女的人数比普通女性皈依者人数要多。但是，大多数贞女都是文盲或者粗识几个大字，因为她们的记录很少或完全没有，关于她们的生活我们了解得非常之少。"② 正是因为社会对她们的忽略和遗忘，学术研究更应该揭开这块尘封的历史，抖落其上的尘垢，进而探寻贞女对于中国教会、中国社会的价值及其意义。

就生存方式来说，贞女不是禁闭在幽静的修院，而是活跃在社会底层，其守贞理念与世俗生活不免发生各种矛盾，在不被世俗社会理解和接纳的形势下，为什么仍有虔诚的天主教女信徒选择守贞生活？她们守贞的动机和目的是什么？守贞生活有哪些特点？她们的生活习惯（衣行住食）与世俗女性有哪些区别？世俗社会的非基督徒怎样看待守贞姑娘？同样作为独身女性，天主教贞女与信仰佛教、道教的独身女性有什么区别？与世俗社会的独身女性有什么差异（如自梳女）？同样作为天主教的独身女性，贞女与修女有什么区别？为什么有的守贞女性进入女修会，而有的却在家中虔心修道？同样作为基督宗教的独身女性，天主教的贞女与基督教新教单身女传道有什么区别？她们所接受的文化教育、工作对象和工作范围有哪些不同？

为解开一个个有趣的谜团，笔者步入了艰难的文献资料搜寻之中，并于2005年完成了第一篇关于贞女的论文《被模塑成功的女性角色——明末以后天主教贞女研究》③。在持续的探索中，发现选题之下有一个隐埋很深的学术矿藏，于是继续深入挖掘。几年来，不仅留心收集各类中西文献，还在全国寻访健在的老一辈贞女以及特殊原因继续留守各地服务的新一代贞女，最终将中国天主教贞女四百年的历史浓缩于书稿之中，透过这些文字，读者可以认识天主教贞女的信仰与生活，了解她们的心路历程。

---

① Jessie G. Lutz, "Dedicated to Christ: Virgins and Confraternities", *Pioneer Chinese Christian Women Gender, Christianity, and Social Mobility*, edited by Jessie G. Lutz, Bethlehem: Lehigh University Press, 2010, p. 20.

② Ibid., pp. 52–53.

③ 文章载陶飞亚编《性别与历史：近代中国妇女与基督》，上海人民出版社2006年版。

书名"基督的新娘"是一种比喻,这种理念来自《圣经》,《新约》把教会比作基督的新娘,① 而贞女是教会的中坚,因追随基督而守贞,被誉之为"基督的新娘"同样恰切。这种比喻常常出现在教会文献之中,如曾经在江南传教的耶稣会神父维纳尔(P. Theodor Werner S. J.)在1850年的一封信函中写道:"守贞姑娘在这个世界上只认可一位'新郎',那就是主耶稣基督。"②

全书分为上、下两篇:上篇以历史为经,"贞女群体发展的历史轨迹"涵盖了贞女制度缘起、发展以及在不同历史时期的特点等丰富内容;下篇以制度(或问题)为纬,通过"贞女群体面面观",剖析贞女的心态、生活及工作。写作采用纵横交错的架构,并尝试从身体观、宗教经验、灵修生活等多视角深入核心问题,希望能够全面、客观地解读贞女人生的方方面面。

中国地域辽阔,贞女表现的特点是同质性高,如信仰生活、工作理念;但又存在一定的差异,如发愿的时间、服饰发型以及相关的管理制度等。研究中注意兼顾"同质性"与"差异性"两个不同侧面,以不失偏颇。

以平信徒贞女作为主题的学术研究难以成为宏大叙事,但这个群体的发展态势又与中国天主教历史的所有重大事件紧密相联。笔者尝试突破"西方中心论"、"帝国主义侵华论"、"中西文化冲突"、"挑战与回应"、"地方观念"等种种框架和范式,从天主教贞女的视角,结合特定的历史时空元素,对贞女群体的兴起和发展、在教会和中国社会扮演的角色、所作的贡献等方面进行评说,在处理小人物与大历史的关系中,尽最大可能将这一独身女性群体放在具体的时代、具体的社会、具体的场景下进行分析,并结合性别史、身体史、心态史、生活史以及圣经、天主教神学、天主教灵修学等多学科的内容和方法进行综合考察。除了让读者对中国天主教贞女有一个全方位的理解和认识,同时通过这个女性群体的生存史,透视天主教各修会在华传教的方略和特点,洞见罗马教廷的对华政策以及天主教修会制度的调整和完善,希冀对中国妇女史、中国天主教史、中国社会史、中外交通史等领域做一点有益的补充。

---

① 参见《新约·玛窦福音》第9章15节;25章1节等。
② Die Katholischen Missionen(Illustrierte Monatsschrift),35. Jahrgang(1906/1907)6: S. 123.

上篇　贞女群体发展的历史轨迹

　　"贞女"伴随着明末天主教入住中土而出现，发展轨迹折射出天主教发展的一个侧面，其中既有西方传教士为适应中国习俗而作出的对女性传教的调适策略，亦有天主教信仰作为一种异质文化进入中华最终引发的一系列的碰撞与冲突。通过对中国天主教贞女发展的基本态势，去理解和认识这个独身女性群体在教会的地位、能量以及在中国历史舞台上所扮演的角色。

第一章 释义·称谓

男大当婚，女大当嫁，饮食男女，皆为人之常情。但现实生活中却有一些人违背这个常理，选择了另一种生活方式——独身。

关于独身的社会背景十分复杂，而本书关注的是信仰天主教的独身女性群体。说到这一群体，人们很自然地想到修女——那些身着端庄的会服，戴着素雅的头纱，生活在修道院中的女性。但本书讨论的独身女性不进入修会，但又全身心服务教会、服务社会，她们的名字叫"贞女"。

贞女之"贞"是什么意思？为什么称之为"贞女"？她们是否还有其他什么称呼？种种称呼包含了哪些社会文化信息，本章的任务就是回答这些有趣的问题。

一 释"贞"

中国文献很早就有关于"贞"的释义，《易·屯》曰："六二……女子贞不字。"其"贞"寓意操守和意志，指女子不失身于人。此后，称未嫁而能自守之女为贞女，亦可指从一而终、守节操之女性，如《史记·田单列传》："王蠋曰：'忠臣不事二君，贞女不更二夫。'"

文献关于"贞女"的记载颇多，如："辛丑四十六年春二月，诏旌贞女李岗妻单氏门。"[①] 单氏为丈夫守节，获得"贞女"之美名。关于中国文献语义中的"贞"，此后来华的欧洲传教士也深有体识，遣使会神父皮埃尔（Prerre）说："中国有贞节牌坊，丈夫死了，妻子要守贞。有的没有正式结婚，丈夫死了，妻子也要守贞，尽管这个女人并不认识已经死去

---

① 中国方志丛书·华北地方·第三八五号，《山东省诸城县续志》，（清）刘光斗修，朱学海纂，清道光十四年刊本影印，台湾成文出版社1968年版，第55页。

的'丈夫',但她以此为荣,牌坊是对这个女人的奖赏。"① 在中国历史上,特别是宋朝理学兴盛之后,凡为丈夫殉情、守贞的女子,常常会得到政府的表彰,且赢得社会的尊重。

在西方,与中国的"贞"相对应的词是chastity,译成中文有"贞德、贞洁、纯洁"等意,这是"有关性方面的德性,具体而言,活出天主/上帝十诫 commandments 第六诫所要求的一种纯正高雅的德性(出廿14)"②。由此可见,中国封建时代的"贞女"与天主教信仰中 virgins 有着本质的区别。

在中国传教半个多世纪的德国圣言会士韩宁镐主教(Bishop Augustin Henninghaus)③对中国文化中的"贞"所包含的意义有一定的认知,曾撰写过一篇题为"在华守贞生活"(*Jungfuaeulickkeit in China*)的文章,下文撷取一段,进而理解一位生活于中国文化背景之下的西方人如何诠释和解读东方的"贞节"理念:

> 正如其他的外教地区一样,在华的贞洁理想也很少见,并很少受到尊敬。华人的女孩子很早——多数是在婴儿时候与一个大约同岁的男童订婚。婚姻很早,大约在14—16岁之间。因此,人们想,婚姻是女孩子的天经地义的使命和任务。
>
> 华人社会的贞洁或不婚仅仅在某种很特殊的环境中获得肯定,这是因为华人的家庭感情(Familiensinn)很深。当一个人去华夏内地时,他很快发现公共场合有许多宏伟的牌楼;这些牌楼高高超越一般的平房,它是华人艺术的杰出产物,偶尔是由巨大的石头而作(做)的,而有时候也有精致的雕刻,这些牌楼是伟大的纪念碑。但你会问:它是给哪一个英雄建立的牌楼呢?牌楼上面的横石板就回答你的问题:这个牌楼是皇帝批准的,它光耀某某孝顺的或德性芬芳的寡妇(或儿媳)。

---

① Francois-Marie Gourdon, Les Vireges de la Province de Su-Tchuen, Annales de la Societe des Missions-Étrangères 1914-1964, Paris, p. 257.

② 谷寒松主编:《基督宗教——外语汉语神学词语汇编》"chastity"条,台湾光启文化事业2005年版,第168页。

③ 韩宁镐主教(Bishop Augustin Henninghaus, S. V. D., 1862—1939),1904—1935年任主教职。

一个富有的、年轻的妻子在丈夫去世后守寡,一个新娘在新郎死后照顾她的公公婆婆——这是女英雄,而家族的成员们向她们表示感谢并建立这些百年不会腐朽的牌楼。①

韩宁镐对中国"贞节"的描摹,生动地展现了一位在中国生活多年的西方传教士对中国贞节观的观察和体会。

在现实生活中,东西方"守贞"观差异极大,"守贞"生活大异其趣,虽然两种文化都主张"性"的忠贞,但在中国,以儒家伦理为核心的传统社会,强调的是封建礼教束缚之下的"贞节",主张、赞扬女子为守贞而不失身、不改嫁,并以贞节牌坊——一种标榜功德的建筑物来体现其最高价值;而天主教的"贞",则是面向彼岸世界——一个超越的、永恒的天主,并以现世的有限生命,活出基督的博爱精神。

二 "贞女"界说

"贞女"的拉丁文为 virgo,英文为 virgins② 或 consecrated virgins,汉文译为童贞、处女、贞女,也有西方学者把 virgin 译为"黄花女、室女、处妾"③,意指一生不结婚的女性。从神学角度解释,"贞女",就是以童贞/virgin 为生活的状态及心态,促使整个人走向天主/上帝和近人,使人预尝到天使般的天堂境界。④ 按照这种解说,天主教有三种女性合乎"chastity"的要求,她们是修女、贞女和女性独身教友(多为知识女性)。因此,贞女应该分为广义与狭义两类:广义的贞女包括以上三类女性;而狭义的贞女则专指那些在家(或组成团体)过守贞生活、完全献身于教会事业的独身女性——这也是本书重点研究的对象。

---

① [德]赫尔曼·费尔希:《奥古斯定·韩宁镐主教传 一位德国人在华工作53年》,雷立柏(Leopold Leeb)译,台湾圣家献女传教修会2006年版,第278—279页。
② virgins 一词也可指圣母玛利亚。
③ 参见 J. A. Herrign, *The Foursquare Dictionary*, "virgin"(p. 128),台湾美亚出版股份有限公司1969年版。"室女"、"处妾"指童女。
④ 参见谷寒松主编《基督宗教——外语汉语 神学词语汇编》"virgin"条,台湾光启文化事业2005年版,第1074页。

（一）广义的贞女

修女称为贞女（或守贞女子），文献多有记载：

> 同治九年七年初八日，准贵国大臣照会称，五月二十三日，天津残害守贞女子九人。①

此处所言被害守贞女子，是指教案中殒命的欧洲修女。

又如：香港华籍耶稣宝血会修女会规中说："善守此规者必得天主所许明哲，贞女之和平降福及永远常生焉。"② 这里的贞女也是指修女。

在中国，对修女还有一些俗称，下文列举之：

欧洲女修会进入中国之后，培训女童、开办教育是其工作内容之一。光绪27年（1901年），昆山东乡"有法国天主教堂一所，华式瓦房四十九间，教士敖以游与教民吴汝霖常来堂传授天主教，现均不在堂内，仅有女教民沈氏住堂看守，系浦东人，并无眷属携带，并有法国人童贞姑娘四口在堂训蒙学徒十四名"③。这里的"童贞姑娘"显然指法国修女。这种称呼是修女的俗称，相类似的称谓还有"修道"等（详见本章"贞女与修女称谓的相叠与区别"部分）。

信仰天主教的独身女性教友也可称贞女，有一位名各肋大的女教友，去世后保留下来的"炼灵通功"单，反映了其生平事迹：

> 敬恳者三女之缄，圣名各肋大，生于前清光绪二十九年二月初八日，自幼热心事主，矢志守贞；先后毕业于汉口圣若瑟女子学校、北平圣心学校及美国圣德肋撒大学。二十二年长（掌）教鞭于汉口市立第一女子中学及圣嘉纳女子中学校。不意去冬因劳致疾，中西名医，虽具经延诣，但不克有起沉疴，于本年五月十四日申刻竟蒙主

---

① "钦命总理各国事务衙门清档·天津民教滋事"，载台湾"中央研究院"近代史研究所编《教务教案档》第二辑（一），同治六年—同治九年，1981年，第295页。
② "香港华籍耶稣宝血会修女会规"，载《教务丛刊》（Collectanea Commissionis Synodalis），Februarius, 1931, p. 137。
③ 台湾"中央研究院"近代史研究所编：《教务教案档》第七辑（二），光绪二十六年—宣统三年，1981年，第665页；"外务部收南洋大臣刘坤一文，附清册·咨送二十七年春季分江宁等州府厅设立教堂处所清册"。

召，年仅三十有一。兹恳各方信友，为彼代祷，天主宽恕往罪，早赐升天，存殁均感！

反服生廖辅仁泣恳。①

炼灵通功单文字虽然简洁，但基本勾画出一位天主教独身女性的人生轨迹：为了信仰，矢志不渝终其一生；受过高等教育且服务于教会学校，可惜英年早逝。从独身的缘由来看，各肋大是名副其实的贞女，但她有自己的事业和稳定的工作，尚不能列入教会贞女群体，仅仅是一位信仰虔诚的独身女性。

在今天的中国台湾、中国香港以及中国内地，仍有这样的天主教独身女性，她们受过良好的教育，有一份稳定体面的工作，但同时又为教会工作。台湾有人戏谑这类独身教友："一人赚钱一人花，一人流泪一人擦。"②

在中国内地的福建、广东基督徒较为集中的地区，亦有这类独身女性。这些"一人赚钱一人花"的独身者与修女、贞女有着很大的差异：修女有严格的会规和组织纪律约束，每一修会还有明确的服务宗旨；贞女是全身心投入教会工作，多没有经济收入。但这三类独身女性皆因为信仰而"矢志守贞"，从更宽泛的意义上说，均可称为贞女。

（二）狭义的贞女

狭义的贞女是指全职服务于教会，且没有进入修会团体的独身女性。关于这类贞女（狭义）之界说，学者们在相关的著述中均有阐释：

> 贞女，就是那些从年轻时开始独身，并将自己奉献于教会工作的女性。③

> 贞女现象，意即那些不结婚，并且为教会工作，奉献自己的年轻

---

① "炼灵通功"，载《我存杂志》第 4 册（原第三卷第七期，1935 年），全国图书馆文献缩微复制中心 2006 年版，第 1769 页。

② 参见《神学论集》第 119 号关于张瑞云著《当代女性独身教友》一书的介绍，1999 年，第 138 页。

③ Raymond Renson CICM, Rome, "Virgins in Central Mongolia", *The History of The Relations Between The Low Countries and China in The Qing Era*（1644—1911）, Edited by W. F. Vande Walle Co-editor Noël Golvers, Leuven University Press, 2003, p. 343.

妇女。①

英国学者荻德满（Tiedmann）对贞女的解说比较详尽："中国天主教的贞女指那些定居在家，把自己的一生献给上帝和传道的女性……这些中国贞女大多数用贞洁誓愿来约束自己，和家人住在一起，在自己的家乡建立两、三个小团体，用天主教信仰来教导妇女和儿童，教他们祈祷文，照看教堂和救死扶伤。"②

法国学者沙百里（Jean Charbonnier）则就贞女的职能给予诠释，认为她们是"女性使徒"③，传播信仰是主要职责。

根据学者们关于贞女的解释，这个天主教独身女性群体的特点可以归纳为三个基本元素：

第一，为信仰而独身。在她们看来，"决定守童贞就是献身于基督，紧密地跟随基督，视基督为自己的新郎，其人生就是以贞洁的生活传播福音。"④

第二，守贞既是人生选择，同时要与天主缔结"契约"，即需要向天主发誓，表示已经与天主建立一种特殊的关系，恰如Daniël Verhelst在讨论蒙古代牧区的贞女时说："修道的女性称为贞女（Vierges），她们宣发修会暂愿，住在家中或小团体中，在圣婴会的孤儿院中工作。"⑤ 但是，贞女与修女宣发誓愿不同，在内容上，贞女只发贞洁愿，而修女发三愿（贞洁、神贫、服从）；在形式上，贞女发私愿（在主教或神父面前立下守贞誓言），而修女的发愿则要举行公开的仪式。

第三，全身心为教会工作（主要在基层教会服务），且没有任何薪酬。她们可居住在家，也可仿效女修会过团体生活。贞女的全身心奉献工作是多方面的，她们是"传教的助手，在学校培育女童，在自己家中祈

---

① 张瑞云：《当代女性独身教友》，台湾光启出版社1999年版，第1页。

② R. G.. Tiedmann，"The Formation of Diocesan Religious Congregation and Sisterhood in the Late Qing Some Preliminary Observation on an Elusive Phenomenon"，Paper to be presenter at the 8th International Symposium on the History of the Chinese Catholic Church Leuven, Belgium, 31 August – 3 September, 2004, p. 1.

③ [法]沙百里：《中国基督徒史》，第十八章标题为"女性使徒"，耿昇、郑德弟原译，古伟瀛、潘玉玲增订，台湾光启文化事业2005年版。

④ 参见Cardinal Vincenzo Fagiolo：L'OSSERVATORE ROMANO, (1995) 24, (June 14), p. 3。

⑤ Daniël Verhelst：《向中国传教的比利时》，古伟瀛主编《塞外传教史》，台湾光启文化事业2002年版，第144页。

祷，为濒临死亡的弃婴施洗，帮助濒临死亡的成年人，总之，给信徒也包括非信徒树立一个好榜样"[1]。

与修女相比，贞女不参加修会，直接受教区主教或本堂神父管理；与纯粹的独身女性相比，贞女全职服务教会，并以传播福音为终生使命，而信仰天主教的独身女性则无法达到这一要求。[2]

按照天主教的守贞理论，童贞（Virginity）又可分为暂时童贞（如童男童女）和永久童贞，永久童贞又称之为独身（celibacy）。广义上的贞女均是永久童贞，其中修女、贞女所受的"贞节规则"更为严格。

三 贞女的称谓

称谓是人在社会的符号，表示一个特定的人在社会上的身份、地位、职业、角色以及与他人之间的关系，其中蕴涵了诸多的文化信息。中国幅员辽阔，不同时期进入中国不同地域的传教修会十分复杂，加之各教区均有为数不少的贞女群体，因而关于她们的称谓十分繁多，透过这些称谓，可以窥见贞女在家庭（家族）、社群、教会中的地位，所承担的社会角色以及人际关系等种种特点。

（一）世俗称谓

贞女是平信徒，在教会内称之为"教友"。教友是"在天主教会内，接受圣洗圣事而成为耶稣的信徒，天主的子民"[3]。但是，贞女又不是一般的教友，获德满（Tiedmann）在研究中国天主教贞女的过程中注意到其称呼的多样性，如"住家的（zhujiadi）、姑娘（guniang）、姑太太（gutaitai）、姑姑（auntie）"，也可称之为"童贞、贞女、贞洁的女人、老妈妈、阿姨"。[4]

---

[1] Raymond Renson CICM, Rome, Virgins in Central Mongolia, *The History of The Relations Between The Low Countries and China in The Qing Era* (1644—1911), Edited by W. F. Vande Walle Co-editor Noël Golvers, Leuven University Press, 2003, p. 363.

[2] 天主教独身女性一般是利用业余时间服务教会，关于这类独身女性，参见张瑞云《当代女性独身教友》，台湾光启出版社1999年版。

[3] 周长耀：《教会中国化之我见》，台湾光启出版社1969年版，第88页。

[4] R. G. Tiedemann, "Controlling the Virgins: female propagators of the faith and the Catholic hierarchy in china", *Women's History Review*, Vol. 17, N. 4, September 2008, p. 502.

事实上，中国风俗不一，人口众多、方言复杂，因而各地对贞女的称呼远远不止以上几类，下文举例说明之。

对贞女直接称之为"贞女"：通州"东南乡张芝山镇华式天主教分堂一处……女司事顾贞女"①。直呼"某贞女"是一种比较正式的称谓，称呼时常加上贞女姓氏，如"张贞女"、"李贞女"等，以示区别。中国是一个看重情感的社会，称谓能够拉近人与人之间的距离，进而加深情感、增进友谊，因而中国贞女的称呼不仅具有地域特色，而且充满了人情味和亲切感。

河北是中国天主教信徒最为集中的地区，这里的贞女常被称之为"大姑"，"这是对献身女性的尊称之一"。② 20 世纪 30 年代，河北献县张家庄有男女学校各一座，"冀州张大姑教读。大陈家庄女校一座，每主日讲道处，南皇亲庄范大姑教读。"③ 张大姑、范大姑是要理学校的教师，承担着培训教友的工作。

在山东，贞女多称为"姑娘"，负责人称为"大姑"，如韩承良神父的姑母是贞女院的负责人，人称"韩大姑"。④ 贞女负责人称之为"大姑"，是因为她们年龄较长、在教友中更有威望。

在山西，"老姑"是一种非常亲切的称谓，临县大岭天主堂"常住四位老人家：李神父、闫金花、冯翠花和陈姓的三位老姑"⑤。

"姑娘"称谓一般在南方比较流行，1850 年，在南方传教的耶稣会神父维尔纳（P. Theodor Werner S. J.）在信函中说到教区贞女的情况，其中涉及贞女的称谓：

  在海门岛，你会发现与别的地方一样（如江南）也有很多类似

---

① 台湾"中央研究院"近代史研究所编：《教务教案档》第七辑（二），光绪二十六年—宣统三年，1981 年，第 702 页；"外务部收南洋大臣刘坤一文，附清册·咨送二十七年春季分江宁等州府厅设立教堂处所清册"。
② 范文兴、耿永顺等：《景县（衡水）教区史资料汇编 1939—2002》，台湾辅仁大学出版社 2005 年版，第 121 页。
③ 孙玉林"开教成绩"，载《圣母会刊》（原件藏法国里昂市立图书馆），献县教区，1934 年，第 17 页。
④ 参见韩承良《杨恩赉总主教的生平》，台湾至洁有限公司 2000 年版，第 145 页。韩承良神父 1928 年出生于山东禹城，方济各会士，曾在西班牙学习神学，后至香港工作，2004 年去世。
⑤ 漠羽：《一位山村守贞女的追寻》，载《圣心蓓蕾》（天主教吉林教区主办），2005 年 9 月 15 日第 8 版。

天主拣选的人，这些守贞姑娘在这个世界上只认可一位"新郎"，那就是主耶稣基督。在海门岛，一旦有女孩子决定守贞，她的父母也支持这种选择，这要给这女孩一个名称"Ku‐miang"（姑娘），这个名称就是"贞女"的意思，这是一种尊敬的称呼，人们都知道这个名称的意思。①

倘若一位"姑娘"承担着传教任务，则称之为"传教姑娘"。

清中叶的四川教会，有一些独身女性被非基督徒称之为"施洗女"②，因为给病人、特别病重的弃婴施洗而得名。巴黎外方传教会的梅神父（Moÿe Jean‐Martin，1730—1793年）③1779年在四川传教，他按照主顾修女会（Sisters of Divine Providence）的模式重新组建贞女团体，并建议称呼贞女们为"圣母会的姑娘"④。

在西南边陲云南，"省城南门外严家堡九甲韩家村，距城二十里，设有小教堂一处，传习天主教，名曰天主堂，共计瓦房七间，堂内女教士一口，名萧姑娘，系四川人"⑤，这位萧姑娘就是贞女。

在中国内地东南沿海以及台湾地区，贞女被称之为"姑婆"。日据时代台湾尚没有培养女性传道员的机构，"1900年，聘请厦门教区两位通晓闽南语的女传道员（含笑姑婆、phai姑婆）来台北协助传教，成效良好，

---

① Die Katholischen Missionen（Illustrierte Monatsschrift），35. Jahrgang（1906/1907）6：S. 123.

② ［法］沙百里：《中国基督徒史》，第232页。原文曰："梅神父的那些'施洗女'的狂热，可能间接地阻碍了贞女能够从事的福传工作。"

③ Moÿe Jean‐Martin（1730—1793年），巴黎外方传教会会士名录235号，亦有"慕雅"及"梅慕雅"两个中文译名。其简历如下：真福慕雅，圣名若望·玛定（Jean·Martin法文；John·Martin英文），法国人，在麦慈（Metz）教区晋铎，创立普照修女会，从事女子宗教教育。后加入巴黎外方传教会，于1771年来华，在四川省传教，成绩卓著。后奉命回国，从事照顾病人的工作。1793年病逝。1891年1月14日，教宗良八世（Léon XIII）根据诉讼案件提请的法令，宣布慕雅为天主的"精修真福"。梅神父长期在四川传教，对发展中国天主教的贞女制度有过重要贡献（说详后文）。

④ Moÿe to Dufresse，19 Aug，1780，reprinted in Marchal, p. 440，原文为："proposed calling the women Virgins of the Congregation of the Holy Mother（Shengmuhui de guniang）"，参见 E. Entenmann, "Christian Virgins in Eighteenth‐Century Sichuan", *Christianity in China, from the Eighteenth Century to the Present*, Stanford University Press, Stanford, California, 1996. p. 188.

⑤ 台湾"中央研究院"近代史研究所编：《教务教案档》第七辑（二），光绪二十六年一宣统三年，1981年，第1047页，"外务部收云贵总督丁振铎文，附清册·咨送光绪三十一年本省各属外国设立教堂清册"。基督教新教的单身女传道也多称为"姑娘"，说详本书第十二章。

1906年又聘请四位女传道（月姑婆、添姑婆、种姑婆与銮姑婆）到中南部各教会推行福传工作，颇受教友敬佩"①。姑婆一般是对年长的贞女，对年轻的贞女多称之为姑。1921年，台湾天主教会开办女传道学校，"由圣道明传教女修会管理，招收十名志愿者，经过四年训练与教育，有江要（爱姑）、扬罗撒姑、陈残姑、潘理姑、许随姑、翁姑、税姑等七位学成毕业，投入各地福传工作"②。

贞女的主要任务是传教，其中一部分人经过培训，担任要理学校的教员，或巡回于乡村讲授要理。近代以后，担任传道工作的贞女增多，河北仍然称之为"大姑"，山东圣言会管理的教区以及耶稣会管理的江南教区，多称之为"传教姑娘"。③

贞女称谓最为复杂的地区恐怕要数福建和云南。

在福建，有称贞女为"修道"者，档案记录：

> （乾隆）十一年五月初七日，范差官带省兵暨外委共二十余人到福安……查拿修道二名，一陈富使，当堂刑讯，并无一言……后至穆洋……郭全使、郭晓使二修道俱有青竹仔攒子拷打非常……至十□日，穆洋拿出白主教，并修道郭洒使、缪振使。④

清朝中期的福安，贞女颇多，守贞一时成为风气，其称呼也很复杂，如"贞女"、"小贞"、"童贞身"、"圣女"等，这些称呼折射出与"童贞"（virginity）和"贞洁"（chastity）相关的概念，反映了福安官府对天主教贞女的基本认识：如身体的完整（integrity）、宗教的委身以及新输入的天主教关于守贞的概念，等等。⑤

---

① 林淑理：《传道员的故事》，台湾光启文化事业2007年版，第133页。
② 林淑理：《传道员的故事》，第133页。广东有"自梳女"，亦称姑婆。关于贞女传道员说详本书第十章。
③ 参见普路兹·米格《真福福若瑟神父传》，薛保纶译，天主教圣言会，1997年，第49页。
④ "报诸友单"（乾隆十二年，1747年），载吴旻、韩琦编校《欧洲所藏雍正乾隆朝天主教文献汇编》，上海人民出版社2008年版，第148页。
⑤ Eugenio Menegon, " Child Bodies, Blessed Bodies: The Contest Between Christian Virginity and Confucian Chastity", *Nan Nü: Men, Women, and Gender in Early and Late Imperial China*, 6.2. 2004, Brill, Leiden (The Netherlands), p. 229.

对于贞女，天主教会和中国社会是两种截然不同的态度，如圣女本是带有褒义的敬称，但在反对天主教的官方文告中，却是另一番含义。乾隆年间福安府禀文中说："（天主教）将守童贞女称为圣女，居养家中，男堂与女堂后门相连，男人不许擅入女堂，惟西洋人早晚出入无忌，务使各人舍身认主，各为灵魂，不认祖宗，不信神明，以父母为借身，以西洋人为大父，以西洋名耶稣为真主。"① 这些文字反映了中国官绅在不了解天主教信仰的情况之下，对贞女的内涵以及守贞生活的歪曲，字里行间充斥着对天主教贞女的不解、不满，甚至仇恨。

在教会内部，贞女还有一个神圣的称呼——"福女"。17世纪初，在福建传教的多明我会传教士把欧洲天主教会的"福女制度"（Beatas）引入传教区。这个独身女性的制度源起于中古时期西班牙教会，主要是把守寡及未婚妇女组织起来，为教会服务，协助司铎牧灵，多明我会传教士将这一制度引入中国福建，于是形成了中国天主教历史上最早的贞女体系。

福建的贞女被称之为"Beata"，意指"受赐福或被祝福的童贞女"（blessed [virgins]）。"Beata"是西方语言中的一个常用词汇，拉丁语的意思是"最快乐幸福的人"，英文意思是"受赐福的妇女"。Bèata（汉译"贝娅塔"）也是拉丁语常用人名，因而Beatas具有"the blessed ones"的意思。② 所谓Beata，汉译"福女"，表明这些为了信仰而守贞的女性将得到天主的"赐福"。

或许是地域辽阔、民族以及族群复杂等原因，云南贞女的称呼也比较复杂，如贞女、姑娘、贞姑、娘娘、姑婆等，有的甚至称贞女传道员为"教士"（出现在官方文件中，教友并不这样称呼）。下文撷取几条说明：

（1）直接称"贞女"。光绪三十一年（1905年），昆明县"县属省城小东城内平政街羊角巷内设有女教堂一处，传习天主教，名曰女学堂，坐西南向东北，建自光绪八年间，系买冯姓房屋修建，共计瓦房七间，堂属

---

① "福建福宁府董启祚访查天主教通禀文"（乾隆十一年五月初十日，1976.06.28），载吴昊、韩琦编校《欧洲所藏雍正乾隆朝天主教文献汇编》，第61页。

② See Eugenio Menegon, Child Bodies, Blessed Bodies: The Contest Between Christian Virginity and Confucian Chastity, *Nan Nü: Men, Women, and Gender in Early and Late Imperial China*, 6.2. 2004, Brill, Leiden (The Netherlands), p.216.

法国,中华式样,教士一人,名邓贞女,系云南昭通府大关厅人"①。

(2)"娘娘"。这是大理地区对贞女的称呼:1873年,云南教区副主教罗尼设(R. P. Leyuilifer)被派遣到滇西负责传教事务,初到大理,罗尼设暂住在教友麦子发家,并到昭通接来中国娘娘唐庚秀协助传教。②

(3)"姑婆"。"陆凉州州属南乡海彝村,距城一百里,设有小教堂一处……姑婆张氏,系云南曲靖府人。"③

(4)"贞姑"。云南"禄丰县县属二乡小东村,距城一百三十里,设有小教堂一处,传习天主教,名曰天主堂,坐东向西,建自光绪十二年间,系买何姓房屋修建,共计瓦房十五间,堂属法国,中华式样,现住教士一人李廷楷,系四川人,于本年春到堂替换,前教士雷贵鼎回国公干,女教士一人邓贞姑"④。邓贞姑是一位与传教士合作的贞女传道员,晚清时服务教会,说明此时天主教会环境日渐宽松。

总之,关于贞女的称呼,北方称"大姑"、"姑姑"较为普遍;南方称"姑娘"、"姑婆"较多;中部地区,如湖北,称贞女为"姑奶"或"老姑娘"。

(二)本名、圣名及称谓的变化

姓是家族(家庭)的符号,名是个人在社会的符号。按照中国的传统习俗,贞女都有自己的名字,且多喜爱使用贞、珍、素、淑等字。如:李临贞,1912年5月26日圣神降临瞻礼出生,取名临贞。⑤

刘思贞,1919年出生于河北威县寺庄世代教友家庭,一生服务堂区,

---

① 台湾"中央研究院"近代史研究所编:《教务教案档》第七辑(二),光绪二十六年—宣统三年,1981年,第1046页,"外务部收云贵总督丁振铎文,附清册·咨送光绪三十一年本省各属外国设立教堂清册"。

② 参见李飞泉《大理天主教史要》,载云南省社会科学院宗教研究所编《云南宗教研究》1989年第2期,第33页。转引自刘鼎寅、韩军学《云南天主教史》,云南大学出版社2005年版,第109页。

③ 台湾"中央研究院"近代史研究所编:《教务教案档》第七辑(二),光绪二十六年—宣统三年,1981年,第1051页,"外务部收云贵总督丁振铎文,附清册·咨送光绪三十一年本省各属外国设立教堂清册"。

④ 同上书,第1049页。

⑤ 参见"九·八"编辑委员会编《廿世纪大陆教会的女性典范》,台湾光启出版社2000年版,第13页。李临贞后加入圣堂会。

1997年去世。①

有的贞女还有乳名，其中也蕴涵度贞洁生活的意向，如陈瑞芳（汕头贞女）的乳名为"榕贞"，"榕"指是榕树，意思是"永远度守贞生活"。

有的贞女直接取名"贞姑"，如上文所提云南的邓贞姑、江宁的王贞姑等。②

中国贞女的世俗称谓体现出本地特色，但按照天主教的规矩，每一位教友都有圣名，即受洗时所取的名字，多由神父起名。有些贞女长大成人后还希望拥有一个自己喜欢的圣名，可以再取新的圣名。

贞女的圣名（亦包括天主教女教友）多源自圣经，如"伊撒伯尔"（以利沙白），从若翰母亲而来，原意是"神是我的誓约"。《新约圣经》（路1：26—38）记载，当天使报信给童女玛利亚，玛利亚惊惶万状。天使说："况且你的亲戚伊撒伯尔在年老的时候也怀了男胎，就是那素来称为不生育的，现在有孕六个月了"，以帮助玛利亚树立信心。后来玛利亚赶了4天艰难的路程，来到以撒伯尔家，她们一同住了3个月。这位曾经帮助玛利亚的姐妹，由于其高尚的品德，成为教会女性效法的榜样。③

亚拿是位女先知，名字原意是"恩典"、"祷告"，其美好的灵性与其名相符。④

玛利亚：一个非常普通的名字。据美国1955年的统计，约翰和玛利亚这两个名字使用频率非常之高，美国有130多万个玛利亚（不包括那些不同拼法的同名者）。⑤ 同样，中国贞女也喜爱用玛利亚作为自己的

---

① 刘思贞的生平参见光来《生活的福音见证——追念守贞大姑刘思贞》，载《信德》1997年8月1日第13版。

② 参见台湾"中央研究院"近代史研究所编《教务教案档》第七辑（二），光绪二十六年—宣统三年，1981年，第701页，"外务部收南洋大臣刘坤一文，附清册·咨送二十七年春季分江宁等州府厅设立教堂处所清册"。原文曰："王贞姑、王秀文、张翠文均海门厅人，属本城廉神父管。"

③ 参见史祈生《圣经中的女性》，时雨基金会，1985年，第131页。

④ 参见史祈生《圣经中的女性》，第141页。

⑤ 参见史祈生《圣经中的女性》，第171、196页。旧约中除了摩西的姐姐米利暗这个名字，按希伯来文跟玛利亚是同一字根外，再也没有别人称为玛利亚。而新约中有六位玛利亚，有51段经文记载她们的事迹。经学家特别在她们的名字前，冠以不同的称呼，以资识别。她们是：耶稣的母亲称为"拿撒勒的玛利亚"（路：一26—27）；耶稣从她身上赶出七个鬼，称为"抹大拉的玛利亚"（可一六9）；拉撒路的姐姐称为"伯大尼的玛利亚"（约一一，1—2）；约翰马可的母亲称为"耶路撒冷的玛利亚"（徒一二12）；保罗的同工称为"罗马的玛利亚"（罗一六6）；雅各和约西的母亲称为"那个玛利亚"（太二七61）或"使徒的玛利亚"。原书人名依新教习惯翻译，此处引文改为天主教译法，特作说明。

圣名。

贞女取圣名的规则多与自己出生的月份相对应，一般是选择教会历史上著名圣女作为自己的主保，并以她的名字作为自己的圣名。贞女的圣名多有寓意，如"亚加大"（Agatha）：慈爱；"依搦斯"（Agnes）：洁净；"亚纳"（Anna）：可爱者；"加大利纳"（Catharina）：洁净；"加拉"（Clara）及"路济亚"（Lucia）：光明；"玛利亚"（Maria）：海星；"罗撒"（Rosa）：玫瑰花；"德肋撒"（Theresia）：爱兽者；"乌苏拉"（Ursula）：欢乐女，等等。① 在日常生活中，人们称呼贞女多用世俗称谓，但如果一位贞女离世，她的墓碑上一定镌刻上圣名。

贞女除了姓、名、圣名，还有一些特别的称谓。有意思的是，在现实生活中，人们称呼贞女，名姓似乎不太重要，而称呼最多的是各种特殊的称谓，而且这种特殊的称谓会随着年龄的增长而有所变化。以广东为例：当地人一般称贞女为"姑娘"、"阿姑"、"家姑"，年长者称为"姑婆"。如果一个堂口仅一位贞女服务，教友们在称谓上会略去名姓，直接称其为"阿姑"；如果一个堂口有多位贞女，为了区别，需要在称谓前加上姓或名，如汕头西胪有一位贞女，人称"曾姑"（已去世）；普宁南径镇大埔寮村天主堂的贞女全都姓张，人们分别称为"桃姑"（春桃）、"云姑"（云华）、"婵姑"（淑婵）；如果一个家庭同时有几位女性守贞，则以排行称呼，西胪陈家有三个女儿同时守贞，她们是陈勇贞、陈瑞芳、陈素贞，根据排行分别称之为"四姑"、"五姑"、"六姑"。

人们对贞女的称呼（无论是年轻还是年长），都折射出人们对贞女人生选择的尊重，反映了基督徒对他们服务和奉献生活的认同。

（三）以"姑"为核心词的称谓特征分析

贞女的称谓多达十多种，虽然各地对贞女的称呼有一定的差异，但使用频率最高的是姑、大姑、姑娘、姑婆。以"姑"为核心词素（词根）的称呼，既表现出年龄的扩展，其中也蕴涵着辈分的变化和敬意。

"姑"之本义指父亲的姐妹。《诗·邶风·泉水》曰："问我诸姑，遂

---

① 参见《圣人圣名释义》，《教务丛刊》（Collectanea Commissionis Synodalis），Martius，1934，pp. 345 – 251。

及伯姐。"山西称未婚女子为姑子。《乐府诗集·四五欢好曲》云："淑女总角时，唤作小姑子。"山西太原西柳林村是一个天主教村庄，新中国成立初人口仅700多，但清末民国村子里大约有30位女孩子守贞，守贞姑娘比例之高，"不出神父出姑子"是当地人对西柳林村守贞风气的经典概括。

中国世俗社会的独身女子亦用"姑"称之，如《高邮王氏遗书》"传六"有"旌表贞孝王姑事略"篇，王姑名淑仪，曾祖父、祖父为王念孙、王引之，为孝守贞。①

在世俗社会，以"姑"为中心的称谓，打上了"父系嗣系群"的烙印，表明未婚女子作为父系血缘成员的资格，假如这个独身女子一旦结婚，父系嗣系群的归属（affilation）就要改变。② 同样，在以父系血缘家族为核心的居住环境中，天主教贞女与父母生活在一起，父母殁，与兄弟、侄儿在一起，一生不离开自己的血缘家庭。

近代以后进入中国的西方传教士也注意到贞女称谓的有趣性，他们在解释"姑娘"一词时，既从汉字的角度给予诠释，也融入了天主教的神学意义：

> 贞女们服务于一个至高无上者，以母亲般的爱帮助他人，同样，她们也把这种乐于助人的精神给予了非信徒。在救世主的家园中，她们是花朵，永远恩宠的阳光一直照射着她们，这些蕴意正好表现在"姑娘"这个字上。"姑娘"在中国南部也称那些弃家修道的人。
>
> "姑"是父亲姐妹的意思，可以表示贞女或贞女的特性。"娘"是尊敬的称呼，表现母亲的特性。"姑娘"这一个词，可以指修女（Orensschwester），这是一个美丽的名字，可指那些修女们，天国的女儿们。这个词表示贞女性与母性的结合，它被赞美，具有恩宠性。③

中国人的称谓含有辈分、远近、亲疏、情感、人际关系等多种元素，

---

① 王淑仪生平参见王念孙等撰，罗振玉辑印《高邮王氏遗书》，江苏古籍出版社2000年版，第54—57页。
② 参见林美容《汉语亲属称谓的结构分析》，台湾稻香出版社1990年版，第295页。
③ Marjorie Topley, Marriage Resistance in Rural Kwangtung, Edited by Margery Wolf and Roxane Witke, Women in Chinese Society, Stanford University Press, Stanford, California, 1975, p. 59.

就贞女的称谓体系来说,以"姑"为核心词素,鲜明地反映了"血缘模拟"的特征,这种"模拟"将中国传统社会种种最亲近、最需要的人际关系引入教会,使贞女更容易融入族群、社群以及整个社会。

(四) 贞女与修女称谓的相叠与区分

梵二会议有《告妇女书》,说:"现在向妳们各界妇女、少女、妻子、母亲及孀妇,还有献身的贞女及独身的妇女致意,你们是人类大家庭的一半。"① 显然,梵二会议对不同类型的独身有相应的区分,而《告妇女书》中所说"献身的贞女"包括修女在内,修女和贞女(狭义)在童贞的内涵里,是最纯粹、最圣洁、最高层次的守贞。正因为如此,贞女与修女的称谓常有重叠之处。

最早进入中国的欧洲女修会是法国仁爱会,樊国梁主教著《燕京开教略》称她们为"仁慈贞女",是书记曰:"是年(按:1848年)有遣使会所属之仁慈贞女十二名由法国抵华,溯中国仁慈堂之创设,自是而始。"②

贞女与修女在教会的使命、角色、职责不同,为了明确她们不同的身份,教会在称呼上有所区分。德国圣神婢女传教会的修女们于1905年进入中国,到达中国的第一个传教点是山东阳谷坡里庄,这个教友村有许多贞女,德国修女来到之后,为了区分两类不同的独身女性,"村子里的人叫修女为'姑奶奶',修会的负责人为'当家姑奶奶',中国贞女是'姑娘'"③。但并不是所有的教会都有如此明细的分类,许多地方教会对于修女、贞女常用同样的称谓,如云南称贞女为"娘娘",对修女亦然。1940年,教区主教甘有为(Bishop Jean Larregain, M. E. P. 1938—1942年任职)批准在昆明教区成立的"耶稣圣心婢女会",初建时由圣保禄会长代为管理,法籍修女郭伦任院长,中国籍修女杨文珍任师母。这位杨文珍修女是

---

① 转引自陈淑慎《女性地位的初步探讨》,载台湾辅仁大学神学院编《神学论集》第66号,1986年,第554页。梵二会议是"第二次梵蒂冈大公会议(1962—1965)"的简称,会议颁发的数个文件,标志着天主教进入一个新的发展阶段。

② 樊国梁:《燕京开教略》,载陈方中编《中国天主教史籍汇编》,台湾辅仁大学出版社2003年版,第411页。

③ Sr. Edberte Eva Irene Moroder SSpS, China Es begann vor 100 Jahren, Steyler Missionsschwestern in China seit 1905 1. Teil, Die ersten Jahre, Roma, 2004, S. 131.

路南人，人称杨二娘。①

在山东，"大姑"指贞女，亦可指修女。韩承良神父在他的书中记录了这样一个故事：济南教区的教友们都知道有一位陈大姑，名陈桂英，山东胶东人，年轻时进入玛利亚方济各传教修女会，成为"保守生"（望会期），时间大约在1950年。此后西方各国传教会撤离大陆，修会随之解体，陈桂英遂留在济南照顾孤儿院的孩子，一干就是40多年。在这段人生岁月里，陈桂英私下认定自己是"保守生"，直到20世纪90年代，教会才正式批准她加入修会，成为玛利亚方济各会传教修女会（亦称白衣会）的修女，但济南的教友们仍然亲切地称其为"大姑"。②

在河北献县城内，有"医院一处，修女大姑二位常居院内看病；姆母每瞻礼四、六赴监狱所看病……"③ 这里出现了"大姑"和"姆母"两种称呼。一般来说，被称之为"大姑"者，多是中国修女，而"姆母"则多是欧洲修女。关于欧洲修女，北方多称之为"姑奶奶"或"修女"，南方多称为"姆姆"。④

近代欧洲女修会进入中国后，开始实施培养本地贞女之计划，国籍女修会开始出现，一些国籍女修会也冠以"贞女"之名，但实际上是修会团体。之所以沿用"贞女"之名，或许是其生源多来自贞女，或许她们认为修女与贞女的独身意义无多大差异。下文举几例说明之：

圣道贞女会：1913年创立于四川叙州（今宜宾），华籍修女团体，任务是开办慈善事业。

贞女传信教授会：1924年创办于山西太原，以华籍修女为主，接受外籍女修会的指导，主要工作为育婴及救护。

安龙童贞院：巴黎外方传教会在贵州安龙地区设立的修女院，1937年12月20日成立，由安龙教区管辖，法国圣母天神之后女修会指导，学

---

① 参见昆明市宗教事务局、昆明市天主教爱国会编《昆明天主教史》，云南大学出版社2006年版，第71页及注释2。杨二娘加入保禄会，后到香港发展，20世纪80年代去世于昆明某养老院。

② 参见韩承良《杨恩赉总主教的生平》，台湾至洁有限公司2000年版，第224—225页，作者在是书中说陈大姑"作了三十多年的保守生，可谓世界上为时最久的保守生了"。

③ 孙玉林"开教成绩"，载《圣母会刊》，献县教区，1934年，第19页。

④ 参见范文兴、耿永顺等《景县（衡水）教区史资料汇编1939—2002》，台湾辅仁大学出版社2005年版，第121页。

生毕业后到教区所属机构服务。①

民国以后，许多教区设立了培训本地修女的机构，名称多为"童贞院"，以云南教会为例，1911年，法国圣保禄女修会到昆明开办分会和孤儿院，并培训中国修女。1923年正式更名为"中国贞女初学院"，1917年路南县（今石林彝族自治县）开办美邑童贞院，但仅招收修女五至六名，1918年与昆明圣保禄女修院合办，修生转往昆明。②

这些冠之以"童贞院"的独身女性团体，实际上是国籍女修会组织。

通过对"贞女"称谓的疏理和分析，可以发现天主教贞女的独身理念来自信仰，独身体制来自西方天主教教会。但一旦进入中华土壤，"贞女"就逐渐表现出本土化的种种特色，这种现象或许是任何一种外来文化入住中土的定律。

---

① 这些本地女修会的具体情况，参见郭卫东编《近代外国在华文化机构综录》，上海人民出版社1993年版，第169、184、200、206页。

② 参见昆明市宗教事务局、昆明市天主教爱国会编《昆明天主教史》，第66、196—197页。

第二章 中国天主教贞女制度的缘起

在讨论天主教贞女制度缘起之前，有必要对明末以降西方传教士对中国女性的传教方法进行阐说。

中国封建制度漫长，由此而形成了相对应的女性文化。受宗法社会的影响，女性逐渐沦为男性的附庸。"男女不杂坐，不同施枷，不同巾栉，不亲授"①，是防止女子"失贞"而实施的保护措施，孟子所说的"男女授受不亲，礼也"②，几乎成为旧时代公共生活空间性别划分的标尺。宋代之后，男女之分更为严格。针对这种特殊的国情，明朝末年来到中国的传教士与女性接触，以及向她们传授天主教信仰，都十分谨慎。在实践中，传教士们摸索出一套针对中国女性的传教方法。

一 西方传教士对中国女性的传教方略

明清之际，在华耶稣会士以学术为媒介进而达到传播福音的目的，这在士大夫中间似乎有所成效。但由于"男女授受不亲"封建意识的制约，传教士难以突破中国封建藩篱禁梏之下的男女之大防。为了扩大传教成果，传教士们在了解中国社会风俗习惯的基础之上，探索出一些适合中国国情的传教策略。

（一）男女有别，保持距离

利玛窦（P. Matth. Ricci）等早期进入中国的耶稣会士，在向女性传播天主教信仰时，发现尊重、迎合中国的习俗是一条较为安全的路径。

中国是一个多种宗教存在的国家，信仰空间基本由佛、道教以及各类

---

① 《礼记·曲礼》。
② 《孟子·离娄上》。

民间宗教占领，而天主教信仰与中国的各类宗教大异其趣，刚刚进入中国的耶稣会士，曾面临着佛、道信徒的攻击，正如利玛窦所说，一些人"指责救主圣像是我们祖先的像，甚至就是我们自己的像，让人叩拜一如神明。有人指斥我们的道理野蛮、荒唐、标新立异、男女混杂不成体统，有人批评我们伤风败俗，竟然给妇女布道，并谓给妇女授洗，涂画她们的脸，有违男女授受不亲的习惯。虽然如此，民众仍然成群结队前来听道"①。

天主教礼仪遭到中国传统宗教的排斥，矛盾的焦点是公共礼仪活动以及神父对女性的传道。为了不引起冲突，早期进入中国内陆的耶稣会士非常谨慎，利玛窦在北京郊区诸圣村等处传教时，就采取了分别进行要理讲授的方法，他在信函中说："我们把教理分开讲授；望教者学习要理后，就讲给别人听，这样简单、省时，也不增加听众的负担，而很快的学得教会的要理……年长妇女与已婚妇女由我讲授要理与经文，徐修士给男士讲解，经过训练的青年给年老未婚女士宣讲。大家每天在一起，讲论天主、信德的奥迹，诵念天主经、圣母经、信经等经文。"② 这种按性别和年龄分别宣讲福音，既满足了不同传授对象的需求，也适应中国男女授受不亲的文化习俗。

在利玛窦之后，后继者们依然小心谨慎地对待中国女性。费奇观（P. Gaspard Ferreira）在京师附近传教，"时人教者甚众，费奇观神父乃分其众为三部：男子部由徐必登修士讲授教义；老年妇女由费神父自任讲解之职，年轻妇女及少女，则由经过培训的儿童或女孩为之讲解。"③

龙华民（P. Nic. Longobardi）是一位老耶稣会士，通过数年在中国传教的实践，摸索出一套适应中国习俗的传教方法："鉴于中国人多疑的习性，有些圣事如傅圣油等，以及某些非必要的仪式，均予免除，以避免外教人的恶言歪曲。对女性望教者的传道工作，他采取由丈夫向妻子，由父亲向女儿辅导教理方法。待达到适当理解程度，则在丈夫或父亲面前，

---

① "利氏致罗马总会长阿桂委瓦神父书"（1607年10月18日），载《利玛窦全集》第四册（《利玛窦书信集》下），罗渔译，台湾辅仁大学出版社、台湾光启出版社1986年版，第343页。

② "利氏致罗马总会长阿桂委瓦神父书"（1607年10月18日），载《利玛窦全集》第四册（《利玛窦书信集》下），第342—343页。

③ ［法］费赖之：《明清间在华耶稣会士列传1552—1773》，梅乘骐、梅乘骏译，天主教上海教区光启社1997年版，第92页。费奇观，葡萄牙籍耶稣会士，1571年生，1599年入会，1604年来华，1649年12月26日卒于广州。

向她们进行公开口头考核；凡符合要求的，则仍在丈夫或父亲面前，为她们举行授洗仪式。随后，女教友们在她们中间，以读圣书形式，或重复神父们在公开场合的讲道，进行相互辅导，以臻完善。然后，由这些女教友们向其他妇女们进行再一轮的传道工作。"①

利玛窦采取的是将两性划为不同空间进行要理讲授的方法，龙华民则是以家庭的男性为媒介，进而让女性接受天主教信仰。这种家庭内部的传授模式，达到了使那些封闭在深闺之中女性皈依的目的。由于这些男性基督徒初识教理，传授的多为零星的、一知半解的知识，很难从深度上准确把握教义的真谛，因而这种传播方法有一定的弊端。但在晚明天主教传播刚刚起步的阶段，这种尝试对于龙华民来说是不得已而为之。龙华民的"家庭传教"模式强调一个重要环节：即在吸纳女性入教的过程中，当事人必须在丈夫或父亲面前经过"考核"和"授洗仪式"。这一切既保证新皈依女信徒的质量，又可以避免不必要的麻烦和冲突。当这些女信徒的灵性生命日渐成熟，她们又成为向其他的非基督徒女性传授信仰知识的媒介。

在中国天主教传播的起步阶段，明清之际教会提供的礼仪及要理学习的空间十分有限。当妇女回到家中，如何继续进行宗教知识的学习，如何继续保持信仰，则是一个难题。耶稣会士沙守信（P. E. de Chavagnac）康熙年间在江西的传教，积累了一些让女性在家庭保持信仰的方法：

> 传教士们既不能亲自向妇女们布道，也不能通过传教员去做。必须先归依其丈夫，再通过丈夫向妻子传教，或者通过一些女基督教徒上她们家向她们解释教义。此外，一旦受洗以后，她们也不能和男人们相聚在同一座教堂。到目前为止，我们每年召集妇女六七次，有时在妇女专用的教堂，有时在某位基督教徒的家里，以行圣事。在这样的聚会上，我们为那些条件成熟的妇女施洗。②

耶稣会士柏应理（Philip Couplet）也主张用这种方法向妇女传教：

---

① ［法］费赖之：《明清间在华耶稣会士列传 1552—1773》，第 71 页。
② "耶稣会传教士沙守信神父致本会郭弼恩神父信"（1703 年 2 月 10 日于江西抚州府），载［法］杜赫德编《耶稣会士中国书简集》第 I 卷，郑德弟等译，大象出版社 2001 年版，第 244—245 页。

"中国妇女与世绝少往来，一生潜居深闺中，比深野尤深，无从觌面，因此化导她们，很不容易，只得由她们的丈夫，先行讲劝开导。她们到堂望弥撒，领圣事，一年中仅可四五次，司铎行圣事又须格外谨慎，只可带领一孩童进堂辅祭，其他男子一概不许入内。"①

耶稣会士傅圣泽（Mgr. J. -F Foucquet）也认识到中国妇女接受天主教信仰的难度，所以他尽量利用已经受洗的老教友去影响新人："在老教堂，入教的妇女负责教导同性别的人，使她们接受洗礼。这样做在中国是必要的，因为中国的女人们天生羞怯拘谨，她们几乎不敢在一个男人面前露面，更不用说对一个外国男人说话，听他的教导了。"②

对于明清之际的天主教传播来说，外国神父不能直接与女性接触，而中国修士因无语言障碍、无文化背景的差异，相对来说则较为便利。中国修士钟巴相（又名钟鸣仁、铭仁），其"出色的圣德赢得了人们的信任，因此他被授予为中国妇女们讲道和付洗之权"③。国籍修士邱永修协助李玛诺（P. Emmanuel Diaz）神父在南昌传教，在神父和修士的共同努力之下，明宗室中有数人皈依了天主，王室的母亲亦有皈依之意，"邱永修修士遂去其家辅导教理；因中国传统的封建习俗，男女之界甚严，故邱永修修士在内室门口隔簾为之讲解"④。

清初杨光先兴历狱后，传教士被驱逐至广州，传教工作一度处于低谷，但欧洲传教士仍不忘在特殊文化背景下的传教工作："在成际理神父的主持下，举行了一次教史上有名的会议，会议闭幕于1668年1月26日。这次会议，各修会的传教士都参加并签名。会议商讨内容是传教士们在拜孔祭祖的中国礼仪问题上存在的观点分歧……以及关于同妇女交谈时应注意的事项。"⑤ 即使如此，天主教信仰仍然无法让大多数国人接受，传播十分艰难。清朝中期，乾隆皇帝还曾下谕："西洋人传教惑众最为风

---

① ［比］柏应理：《一位中国奉教太太——许母徐太夫人甘第大传略》，徐允希译，台湾光启出版社1965年版，第19页。耶稣会士柏应理神父曾是甘第大的神师。
② "傅圣泽（Foucquet）神父致法国贵族议员德·拉福尔斯（Le la Force）公爵的信"（1702年11月26日于中国江西省首府南昌），载［法］杜赫德编《耶稣会士中国书简集》第Ⅰ卷，郑德弟等译，大象出版社2001年版，第154页。
③ ［法］费赖之：《明清间在华耶稣会士列传 1552—1773》，第60页。
④ 同上书，第89页。李玛诺，葡萄牙籍耶稣会士，1559年生，1576年12月30日入会，1601年来华，1639年卒于澳门。
⑤ ［法］费赖之：《明清间在华耶稣会士列传 1552—1773》，第317页。

俗人心之害。"①

"通过严守男女之大防的规定对妇女加以隔离是传统中国家族维护家族团结及其专制统治的一个主要手段……男女大防的松懈向来被视作是对宗教制度凝聚力的严重威胁,而宗族制度对传统社会政治秩序来说至关重要。"② 来华传教士通过对中国风俗习惯的了解后发现,严格划分性别空间是宗族稳定乃至国家稳定的一种手段。因此晚明以后,无论面对怎样的环境和氛围,传教士们一直小心谨慎地面对妇女传教之难题,始终与女性保持距离,并实行间接传教的策略。

鸦片战争之后,随着天主教女修会进入中国,清政府仍然就限制妇女信教等问题作出规定:"中国妇女不准出入教堂,亦不准女修士在中国传教。"③ 晚清至民国,虽然教会组织不断扩大,信徒人数逐渐增多,特别是诸多女性皈依了天主,但传教士与女性接触方面,仍然小心翼翼,谨慎行事。这种策略不是基于政治,而是尊重中国几千年的风俗习惯。明末由耶稣会士开启的与女性保持距离的传教策略,作为中国教会的传统延续到近代。如德国圣言会规定:"天主教妇女参加宗教礼仪以及与神父谈话的时候要遮住面部,以表示尊重。神父与女性谈话的时候,必须保持三尺距离,这是大家都知道的规则。在坡里庄,当一位神父与女性谈话时,所有的窗户都敞着。此外,一位女性绝不可能单独与神父谈话。"④

圣言会主教韩宁镐"要求传教士保护教会的荣耀、教会的名声和公平正义,而一位老传教士——曹州府教区的主教何方济(Hoowaarts)——补充另一点:如果韩宁镐主教看到传教士们与基督徒有很友好的来往,他都喜欢。但是,他对女孩子的态度是比较严肃的和冷淡干脆的(ziemlich kurz und ernst),如果他看到传教士们对女孩子客气或与女孩子

---

① "山西巡抚农起奏报拿获天主教神甫解京及追捕逃犯事折",乾隆四十九年十二月初六日(1785年1月16日),载中国第一历史档案馆编《清中前期西洋天主教在华活动档案史料》第二册,中华书局2003年版,第598页。

② [美]杨庆堃:《中国社会中的宗教》,范丽珠等译,上海人民出版社2007年版,第191页。

③ "钦命总理各国事务衙门清档·通行教务","附呈清折一扣,第四款",载台湾"中央研究院"近代史研究所编《教务教案档》第三辑(一),同治十年—光绪四年,1981年,第2页。

④ Leo Leeb, Chinese Catholics and Priests Perceiving the SVD and SSpS Mission in China, Steyler Missionswiss Institute, 2001, pp. 12–13.

谈话很长时间，他就不喜欢。他始终要求所有的传教士们——当他们与女孩子或小男孩儿有来往时——谨慎遵守'不要接触我！'（Noli me tangere！）的原则"①。

韩主教的担心不无道理，男女之大防是中国特有的传统习俗，虽然近代之后信徒人数逐渐增长。如1847年，中国有天主教信徒153000人。②1900年上升至1200000人。③但从人口比例上看，信仰天主教的国民仍然是极少数。天主教传入中国虽然给中国社会注入了新的文化元素，但却难以进入中国文化系统，影响十分有限。传教士继续与女性保持距离，无疑是谨慎明智之举。

（二）弥撒礼仪中的两性隔离与女教堂的建立

天主教初传中国时期，无论在城市还是农村，来自欧洲的传教士均继承和发扬了利玛窦创造的隔离方法，以推动教会有序的发展。随着教务的进展以及女性教友的增多，礼仪中为女性划出独立的空间，专为女性修建的教堂出现了。

---

① ［德］赫尔曼·费尔希：《奥古斯定·韩宁镐主教传 一位德国人在华工作53年》，雷立柏（Leopold Leeb）译，台湾圣家献女传教修会，2006年，第219页。何方济（Franz Hoowaarts）1878年生于Bottrop，德国人，1893年入圣言会，1905年晋铎，1910年在坡里庄，1919—1920年因第一次世界大战被驱逐出境，1925—1930年在单县，1935年2月24日祝圣为菏泽的主教，1935年—1949年在菏泽，1951年回国，1954年死在斯泰尔——参见注释334。Noli me tangere为拉丁语，希腊语是 me mou hatou，源自《圣经·若望福音》20章1—10节：在那里，玛利亚想接触复活的耶稣，但他说："不要接触我"，这样，玛利亚同时经验到，耶稣的临在和他的距离——参见注释335。

② 传信部档案《传信部议事记录》第13卷，第384面；参见卫清心《法国对华传教政策》（下卷），黄庆华译，中国社会科学出版社1991年版，第575页注167。

③ "A History of Christianity in Asia, Volume II：1500—1900", by Samuel Hugh Moffett, Maryknoll, New York, U. S. A. 1998, p.488. 是书对列出1900年与2000年中国信仰各宗教的人数及比例，兹录如下，以作参考：

	1900	2000
Chinese folk religion	376,300,000 (79.7%)	360,000,000 (28.5%)
Buddhist	60,000,000 (12.7%)	106,000,000 (8.4%)
Muslims	24,000,000 (5.1%)	19,000,000 (1.5%)
Christians (professing)	1,670,000 (0.4%)	89,000,000 (7.1%)
Roman Catholic	1,200,000 (0.2%)	7,000,000 (0.6%)
Protestant (PIA)	436,000 (0.1%)	71,000,000 (6.0%)
Orthodox	34,000	
[double count:	-800,000]	

在北京，热心的女教友一般在她们自己的小堂内祈祷。① 清朝初年，"妇女的团契活动在南堂和圣母小堂举行，汤若望（P. J. Ad. Schall von Bell）常去那儿听告解，教会负责人傅泛际（Francisco Furtado, 1587—1653）也多次去主持弥撒，封建时代的中国人不习惯男女同在公共场所活动，参加仪式的信徒与祭台之间树起一道屏风或'障碍物'，通过一种隔离来讲道和举行圣事。"②

为了给处于隔离状态的北京女信徒提供宗教活动场地，意大利神父马国贤（Matteo Ripa）很是下了一番工夫，他在回忆录中说：

> 回到北京后（1720年初），我在一个住在宫殿附近的忏悔者的房子里建了一所小教堂，这样，附近的天主教妇女就可以履行她们的宗教职责了。这个计划的成功，出乎我的意料。我还在北京建了另一个小教堂，地址是畅春园，两所小教堂都是专为妇女设立的。因为过分的嫉妒的戒备，她们被严加看护，不能进入专为男人设立的崇拜场所。耶稣会士在北京就有一个专为妇女的教堂，不允许男女同时进堂，但不同的时间是可以的。在专门指定给妇女的那一天，还有两个卫兵把门，防止男人闯入。③

公共礼仪中将两性隔离的做法，甚至影响到明清时代教堂建造的布局。当时修建教堂时，必须考虑女性的特殊需求和中国的风俗习惯。下文是一位方济各会传教士关于中国天主教堂建制的理念和思路，可见当年在华西教士对待异性传教时小心翼翼的心态：

> 中国的习俗严格禁止男人与女人在房间会面，非信徒对教堂中男女共同崇拜的仪式十分憎恶，男女同在一个空间进行神圣祭拜，导致

---

① 参见［美］魏若望《明末清初时期北京基督教会的发展》，载卓新平主编《相遇与对话 明末清初中西文化交流国际学术研讨会文集》，北京宗教文化出版社2003年版，第128页。

② ［美］魏若望：《明末清初时期北京基督教会的发展》，第133页。

③ ［意］马国贤：《清廷十三年 马国贤回忆录》，李天纲译，上海古籍出版社2004年版，第84页。马国贤（Matteo Ripa, 1682—1745），意大利那不勒斯人，1701年5月加入意大利本土一个传教会，1705年教宗克莱芒第十一（Clement, XI）在传信部建立学院，培养到中国去的传教士，马国贤在学院学习；1710年马国贤到澳门，1724年离开广州，在中国生活了14年，其中13年在北京，1745年11月在意大利去世。

非信徒责备基督徒不知羞耻。因此,中国的教堂建造得相当宽阔,用布或木制的屏风将男、女分开,让两性保持相当的距离,教堂也就分为两个部分。我们传教必须坚持这种理念才能成功。①

弥撒礼仪将两性隔离的理念以及建筑教堂时考虑性别划分等元素,明清之际的天主教会已经开始尝试和实践,且取得了良好效果。如在上海,耶稣会士潘国光(P. François Brancati)主持教务,"1640 年,潘国光见教徒人数激增,遂购买城内安仁里北潘姓旧宅,改建为教堂,名'敬一堂'。该堂嗣后屡经修缮扩充,即今'上海城内老天主堂'。当时城内已有教堂两座,敬一堂特敬救主耶稣,专为男教徒之用,教士住院,设在堂内。徐光启所建旧堂,特敬圣母,名圣母堂,专为女教徒之用。"②

在常熟城内,"有一座专为女性教友所用的供奉圣母的小教堂,就是建于 1647 年(荣振华)。这在目前的地图中也可以找到,保存于一处专为女教友使用的天主教堂的历史记录中。禁教之后,这座教堂被改为一座庙宇,称为 Chieh-hsiao tz'u(虔孝祠?——译者注)或'贞洁孝女祠'。"③

清初杭州天主教发展十分兴盛,"著名的救世堂是信徒集会之处,这是复杂建筑的一个部分,这些建筑包括神学院、宿舍、图书馆,妇女的教堂与此分离,称之为圣母堂。"④

明清之际在华活动的传教士已经注意男女授受不亲的敏感性,了解程朱理学意识形态支配下的中国社会"对于女性的贞节十分看重,这种偏见反映在宗教聚会中严格的两性分离"⑤。于是,在中国风俗民情的基础之上尽量创建适合中国文化的教堂格式,或在礼仪中实行两性的分离,是

---

① Rev. John Jesacher, O. F. A. "The Chinese Woman", *Catholic Mission*, April, 1925. p. 93.
② [法]高龙鞶:《江南传教史》(*Histoire de la Mission du Kiang-nan*)第一册,周士良译,台湾辅仁大学出版社 2009 年版,第 243 页。
③ [比]高华士:《清初耶稣会士鲁日满常熟账本及灵修笔记研究》,赵殿红译,刘益民审校,大象出版社 2007 年版,第 159 页。荣振华(Joseph Dehergne, 1903—1990)为法国耶稣会神父,研究天主教历史的著名学者。
④ D. E. Mungello, The Forgotten Christians of Hangzhou, University of Hawaii Press Honolulu, 1994, p. 34.
⑤ H. Verhaeren, C. m.; "Ordonnances de la Sainte Eglise (Shengjiao guicheng)," Monumeta Serica (Peiping) 4 (1939—1940); 463, 475 (article 33). D. E. Mungello, the Spirit and the Flesh in Shandong, 1650—1785, Rowman and Littlefield Publishers, Inc. Lanham · New York · Boulder · Oxford, 2001. p. 127.

教会的明智之举。

弥撒礼仪中划分两个隔离空间，来自欧洲的传教士想尽了各种办法，最终通过教务会议取得了一致意见。1667年召开的广州会议，耶稣会与道明会就关于圣事礼仪达成一致：

> 弥撒、学习要理、行圣事的时候，男人女人一定要分开，特别是在传教士住的地方。如果在农村没有条件实行，至少男女之间应该有一道墙将两性分开。此后在乡村，如果女人与男人同在一教堂举行礼仪，那么这种教堂的修建十分特别，内部有两个部分，形成90度的直角，直角处是祭台，能够看到两个处于不同方向的男女教友，而位于不同方向的男女教友则不能相见。教堂容纳女人的地方与女苦修会的修道院相似，有特别的栅栏围住，如果到了领圣体的时候，栅栏可以打开，但弥撒的大部分时间，栅栏是关闭的。①

耶稣会解散之后②，由遣使会③接替其在华传教工作。后继者秉承前辈耶稣会的作风，小心谨慎地面对异性："罗旎阁在朝效力，不忘宣传圣教……逢大瞻礼日，堂中庆礼之仪文，圣体出游之彩饰，必皆一一举行，不令贻误，除庆辰礼日宣讲圣道外，不时复集信友。公作避静之功，恒者守规敬主之效，女信友等，依当时例，不准入堂。罗旎阁特建女堂数处，派司铎举行大祭。"④

张家口外的西湾子是遣使会管辖的教会（后由圣母圣心会接管），教

---

① Benno I. Biermann O. P., Die Anfänge der neueren Dominikanermission in China. Münster 1927, S. 161. （S. 为德文文献页码标记）

② 1733年7月21日，教宗克雷芒十四世发出解散耶稣会敕令，1814年教宗庇护七世又下令恢复耶稣会。

③ 遣使会（Congregation de la Mission）是天主教修会之一，其传教方法与耶稣会不同，他们以派遣会士到乡间向下层民众传教为宗旨，会士们大都从事实际的传教工作，因其第一座会院建立在巴黎辣匝禄教堂，亦称"辣匝禄会"（Lazaristes），创始人是法国人味增爵（Vincent de Paul, 1581—1660，又译圣文生），除传教外，这个修会还兼办慈善事业，活动遍及亚洲、非洲和拉丁美洲。耶稣会解散后，传信部于1783年命遣使会接管中国的传教工作。当时遣使会管辖的区域有蒙古西湾子（今河北崇礼县）、河北、河南、湖北、浙江、江苏、江西、四川、贵州等省。

④ 樊国梁：《燕京开教略》，载陈方中编《中国天主教史籍汇编》，台湾辅仁大学出版社2003年版，第400页。罗旎阁又名罗广祥（Raux），为遣使会会长。

友多是移垦汉人或汉化的旗人。清中叶禁教时期，男教友可以进堂，女教友聚集在另一小堂。后来，孟振生（Joseph – Martial Mouly, C. M.）神父①将新教堂建成八字形，祭台放在八字叉处，如此男女教友可以同时念经望弥撒，但不可相望，这种"八字形"教堂在北方颇为普遍。②

直角形教堂、八字形教堂的功能是将男女信徒分列于教堂的两个方位，双方不能互看，同时又达到了不影响弥撒礼效果之目的。直角形教堂在河北称之为"牛鞘头教堂"（牛鞘头即牛轭，是给牲畜脖子上配以大小适当的颈箍以防走脱的工具），河北景县教区深州市穆村教堂就是这种样式，这所"牛鞘头教堂"于1949年之后被毁。

如果没有条件分建男女教堂，而所用教堂又非直角形、八字形，教会同样要求实行男女分离的原则。"1668年广东的传教会议上决定，那些不可能实现男女分开在不同教堂的地方，他们必须在不同的时间段分开进行活动。"③ 这个决定对那些没有"达标"的堂区是一个提示，且很快得到各地教区的响应。

康熙年间，西班牙方济各会士在山东传教，弥撒中间有布幔，分男女两边，不能互相观看，以免有人告发天主教是"男女混杂"的教会。④ 著名的方济各会士利安当（Antonio de Santa Maria Caballero, OFM, 1602—1669）1650年10月到达济南，"他根据中国男女不能共处一室的风俗，利安当在周六为妇女举行弥撒，周日则是为男信徒的弥撒"⑤。

瞿安德（P. Stanislas Torrente）神父在海南传教，"负责两座圣堂和分散在小村小镇间的9所小堂……当时那里的女教友还没有专用的圣堂，她们就在某一女教友家中参与圣事，每月一到二次"⑥。

鄂西北磨盘山地理位置偏僻，经济落后，教会虽然没有条件设立女

---

① 孟振生（Joseph – Martial Mouly, C. M., 1807—1968），1840年任蒙古代牧主教。
② 参见P. Octave Ferreux C. M.《遣使会在华传教史》，吴宗文译，台湾华明书局1977年版，第164—165页。关于西湾子教堂的变化，作者进一步说明：八字形教堂"在二十世纪逐渐消失了。现在的圣堂为一间长方形的房子，男教友在左面，女教友在右面，往往只有一扇门"。
③ [美]孟德卫：《灵与肉：山东的天主教1650—1785》，潘琳译，张西平审校，大象出版社2009年版，第95页。
④ 参见韩承良《杨恩赉总主教的生平》，第49页。
⑤ [美]孟德卫：《灵与肉：山东的天主教1650—1785》，第19页。
⑥ [法]费赖之：《明清间在华耶稣会士列传 1552—1773》，第384页。瞿安德，意大利籍耶稣会士，1616年生，1659年来华，1681年3月30日卒于海南岛。

堂，但"每月第三个瞻礼七，则为女教友们举行集会，地点在圣堂里"①。

明末以后进入中国的欧洲传教士在逐渐认识、了解中国的风俗习惯之后，采取了对女性小心谨慎的传教策略：或以家庭男性为中介，或教堂中采取男女分离的方法，或建立专为女性服务的小教堂等。种种严格的规定是防微杜渐，避免引起不必要的麻烦和冲突。但尽管方法多样，天主教传播的速度依然缓慢，将欧洲教会独身女性制度引入中国，利用独身者无家庭拖累的优势推动天主教发展成为教会的又一种选择。于是，本书的主角——贞女群体——进入中国社会成为历史的必然。

二 明清之际贞女群体出现

天主教是以出世的心态，面对现实社会的一种宗教。其特征是开展诸多社会工作来展示信仰的内涵，如：为弃婴和流浪街头的病人施洗，儿童要理培训，开办孤儿院等。大量的工作需要女性基督徒参与，因此，在虔诚的女教友中发展贞女，是推动教会发展的一个关键。随着教务的推进，守贞女性开始出现。

谁是中国天主教第一位贞女？最早的贞女群体出现在哪个地区？明清之际的天主教贞女有哪些特征？厘清这些问题，需要从一位传奇女子说起，她，就是被誉为中国天主教第一位贞女的陈子东。

（一）陈子东逸事

陈子东（1625—1710）出生于福安县下邳村（今福建省福安市溪尾镇下邳村），乳名玫瑰，圣名柏蒂纳（Petronilla Chen，又译柏蒂纳·陈），后因敬仰圣方济各·嘉彼来神父②，改名刘子东。其父陈煜宗（字朵炎），先后娶罗氏、严氏、林氏，其中林氏（陈子东生母）是福安顶头村（著

---

① ［法］费赖之：《明清间在华耶稣会士列传 1552—1773》，第887页。
② 方济各·嘉彼来（S. Franciscus de Capillas 中文名刘方济，1607—1648）西班牙巴格林（又译巴伦西亚）省人，1623年在华拉达里城加入道明会，1631年前往菲律宾（时为执事），1632年6月5日在菲律宾马尼拉晋升铎品，1641年7月到台湾传教，次年4月进入福建福宁。进入中国内陆之后方济各·嘉彼来改用汉姓刘，教友称为刘方济神父。1647年（清顺治四年）11月13日，刘方济到福安城为病危教友行临终圣事时被清兵抓获，次年（1648）1月15日被斩首。刘方济是第一位在中国殉道的西方传教士，1909年5月2日，他被教徒封为真福，2000年封为圣人。

名的天主教村）人，后领洗入教，圣名保纳，时年子东刚满十一岁。

关于陈子东皈依天主，对福安贞女做过深入研究的美国学者梅欧金（Eugenio Menegon）认为，陈子东"从小吃斋，信佛。通过家族一位信仰天主教的叔叔（亦顶头村人）认识天主教，11岁受洗，能背诵要理，18岁发愿守贞"①。

根据陈子东的传奇经历，福安教友编辑了一本小书——《中华第一朵童贞花——陈子东》，讲述了陈子东成为贞女的经历：

1639年，陈子东的父母按照当地的婚俗，把她许配给福安溪填村的周家为妻，而陈子东决定将自己的一生奉献给天主。得知女儿的叛逆行为，父亲十分恼怒，强迫其成亲。性格刚烈的陈子东在新婚之夜拒绝新郎进入洞房，当新郎准备施暴之际又以命相拼，无法成婚的周家对陈子东实施折磨和威逼，都始终没有改变她守贞修道的想法。

教会出面调解，周家无奈，最终同意陈子东返回娘家。此后陈子东在家修道，谨言慎行，守斋克苦，在广大教友中具有崇高的威信。

陈子东去世后，教友们常去墓地祈祷，据说由墓地采回的青草、树叶皆能祛病，因而福安一带的教友（包括非信徒）皆尊称其为圣女。②

陈子东矢志守贞的故事发生在理学依然盛行的晚明时期，无疑具有极

陈子东画像

---

① Eugenio Menegon, "Child Bodies, Blessed Bodies: The Contest Between Christian Virginity and Confucian Chastity", *Nan Nü: Men, Women, and Gender in Early and Late Imperial China*, 6.2. 2004, Brill, Leiden (The Netherlands), p. 221.

② 《中华第一朵童贞花——陈子东》表现当地教友对贞女的推崇之情。另《罗文藻史诗集》卷二有《陈子东史诗集》，分有序歌、童年事迹、归化过程、发愿守贞、婚姻波折、双全办法、周郎食言、刘神父来访、施会长来访、祖父母劝责、潜会被获、转变、回家、善生福终、奇迹遗作等部分，用生动的语言记录了这位贞女的一生。

强的叛逆色彩。由于陈子东属于最早的一批天主教贞女，对年轻的女性教友选择独身具有示范作用，因而被当地教会誉之为"中华第一朵童贞花"，但从时间上看，这样的称誉未必恰切合宜。

（二）"童贞第一花"寻踪

明末，南京是天主教比较活跃的一个地区。1611 年，意大利籍耶稣会士王丰肃（P. Alphonse Vagnoni）在南京创立了"诸天使之后善会"，这是中国天主教妇女的善会组织，"会员甚众，以实行默祷补赎与终身守贞为宗旨"①。耶稣会神父也利用善会为载体将守贞女组织起来，南京的贞女们常在一位贵族家中聚会，国籍修士钟鸣仁曾帮助工作。由此看来，1611 年，南京就有了贞女群体，其特点是以善会为依托，而陈子东发愿守贞的时间是 1639 年之后，晚于南京的贞女。

许太夫人（徐光启的孙女甘第达）家亦有贞女。"太夫人自 1637 年寡居之后，至 1645 年而明祚告终，这时常居松江，对于教务发展，极多贡献。她把家务委托于一个名叫罗撒理（Rosalie）的女仆。罗撒理守贞不字，年事已长，遇事谨慎。太夫人则总揽家政，常召集家中妇女诵经祈祷，暇则从事刺绣，女红所得，用来资助教士与教会。"② 罗撒理守贞时间约在 1637 年，也应早于陈子东。

与此同时，晚明的江南、北京等地也出现为了信仰而选择童贞生活的女性，如毕方济神父（P. Franç. Sambiasi）明末在江南等地活动，"曾培育数名贞女，专务修德，尤以仁爱热忱而见称。其中一名贞女于 1637 年去世，在葬后 15 年，发现遗骸丝毫未变，其貌如生。"③ 这恐怕是最早涉及贞女奇迹的记载，而奇迹的传说透露出教友们对信德高尚者的尊重和怀念。

北京教会是明末天主教发展的重心。崇祯年间，天主教已经进入宫

---

① Bartoli, Cina, pp. 554, 631. 转引自［法］费赖之《明清间在华耶稣会士列传 1552—1773》，第 100 页。创建中国天主教贞女善会的 Alphonse Vagnoni 神父初来中国取华名王丰肃，后发生南京教案被逐出境，于 1624 年重新进入内地传教，改名高一志。关于"善会"，参见拙文《晚明至清中叶天主教善会述论》，载《基督宗教研究》第七辑，北京宗教文化出版社 2004 年版。

② ［法］高龙鞶：《江南传教史》（Histoire de la Mission du Kiang-nan）第一册，第 251 页。

③ ［法］费赖之：《明清间在华耶稣会士列传 1552—1773》，第 162 页。毕方济（P. Françis Sambiasi），意大利籍耶稣会士，1582 年生，1613 年来华，1649 年卒于广州。

廷。明代入宫者多是平民百姓的女儿。① 当时，"宫廷有50位后妃及宫女皈依了天主教，但她们不允许见神父，也从来不领受圣事。宫中有一座小教堂，她们在教堂内共同祈祷，已经接受洗礼的太监王约瑟给她们讲宗教课。这些后妃及宫女互相帮助，互称'基督内的姐妹'。她们敬童贞女玛利亚，做一些使徒的工作，其中有一些发终身童贞愿。"②

葡萄牙籍耶稣会士费乐德（P. Rodrigue Figueredo）在开封传教，"曾组织一个贞女善会，以仁爱与德表而闻名，由一位年高德劭的寡妇带领。"③ 1642年，李自成农民军攻开封，官兵掘黄河堤，费乐德溺死（一说决堤后、教堂倒坍而亡）。费乐德组织的贞女善会在1642年之前就已经开始活动了。

早在陈子东之前，南京、松江、开封以及北京宫廷均已出现贞女群体，将陈子东誉之为"中华第一朵童贞花"言过其实。出现这种情况，其原因不外以下几点：

（1）早于陈子东守贞的童贞女，大多没有留下名姓。她们的事迹只言片语地保留在传教士的著作、书信之中，而"陈子东（Petronilla Chen）的人生颇有戏剧性，她的故事说明：尽管妇女在婚姻问题上存在很大的压力，陈子东和那个时代的贞女发现，度一种半修道式的童贞生活会有更多的回报。"④

（2）因为陈子东开福安守贞之风气，在当地颇有知名度。守贞事迹不仅保留在教会历史的文字记录中，也镌刻在广大信徒的集体记忆里，其戏剧性故事还被编为歌曲吟唱，流传后世：

福安"圣地"远扬声，史迹人文卓有名；
教道兴传明代末，牧徒深造国民庚；

---

① 参见《利玛窦全集》第一册，刘俊余、王玉川译，台湾辅仁大学出版社、台湾光启出版社联合出版1986年版，第61页。

② Alfon Väth S. J., "Die Marianischen Kongregation in der älteren Mission Chinas", In Die Katholischen Missionen, 1935, S. 118. 参见 Gail King: "Candida Xu and the Growth of Christianity in China in the Seventeenth Century", in Monumenta Serica 46 (1998), S. 49–66.

③ ［法］费赖之：《明清间在华耶稣会士列传 1552—1773》，第184页。

④ Eugenio Menegon, "Child Bodies, Blessed Bodies: The Contest Between Christian Virginity and Confucian Chastity", Nan Nü: Men, Women, and Gender in Early and Late Imperial China, 6.2. 2004, Brill, Leiden (The Netherlands), p. 222.

丰功伟业谁先立，超性精神孰永呈；
文藻子东方济是，中华首屈圣贤成。①

诗歌最后一句："文藻子东方济是，中华首屈圣贤成"，印证了中国教会的发展离不开贞女的贡献。

（3）陈子东升格为"中华第一朵童贞花"，地域因素发挥了一定威力。一本歌颂陈子东的小册子让陈子东在福安教区颇有知名度，这本反映贞女故事的小书，成为赞美、传颂守贞理念的载体。闽东福安是中国天主教最早兴盛的地区之一，西班牙多明我会传教士把天主教的守贞传统传入此地。这里有首位殉教的欧洲传教士、有首位中国籍的主教罗文藻，教友们也希望有首位中国的童贞女。因而，陈子东之后，守贞之风日盛，并一直延续到今天。

（4）陈子东的名声还与死后的"神迹"——一种神秘、灵异的文化现象有关。1637年去世的江南贞女的神迹表现在"遗骸丝毫未变，其貌如生"。而陈子东离世后，教友到其墓地祈祷，或取墓地青草、树叶祛病，誉之为"圣女"。由贞女而圣女，说明陈子东"守贞"的含金量高于一般贞女。其被圣化的历程，虽然是口耳相传的传奇故事，但对于将其推上"贞女第一"的位置无疑起了推波助澜的作用。

明清之际，陈子东的知名度之高有多种原因。从时间上看，陈子东不是最早的贞女，但她却是福安或者福建的第一位贞女，她的虔诚信仰和执著精神，成为后世贞女效法的榜样。由此看来，谁是"童贞第一花"并不重要，问题的关键是明末天主教贞女群体已经出现，她们将在中国天主教历史上扮演着一个不可或缺的角色。

（三）明清之际贞女的特点

利玛窦传教的时期，尚不见守贞女性；但当时的传教士按性别划分礼仪空间的做法，既满足了女性对宗教的心理需求，又丰富了她们对信仰的认知，同时也为中国天主教会的贞女出现提供了契机。

---

① 这首诗编入《罗文藻史诗集》，其内容主要赞扬福安天主教的著名人物，如罗文藻、陈子东、刘方济等，诗集登载于天主教宁德教区网站。罗文藻，字汝鼎，号我存。拉丁名为Gregorio Lopez，约1611—1616年间出生于福建省福安县罗家巷村，1691年2月27日逝世于江苏南京，天主教首位中国籍神父和主教。

明末最早出现贞女群体的地区是南京。不久，北京、福建、江南一带也出现了贞女，独身女性教友开始认识守贞生活的价值和意义，并以实际行动投入教会的工作之中。明清之际贞女的特点主要表现在以下几个方面：

（1）贞女多生活在家庭（家族）或宫廷。

前文说到，崇祯年间，宫中有一群互称"基督内的姐妹"的贞女，她们的信仰知识来自一位基督徒太监王约瑟。宫廷尔虞我诈的险恶环境让这些皈依者对现实世界失去信心，只能夜伴青灯、在念经祈祷声中打发孤寂的时光。

在分散于家庭的贞女中，最有代表性的是许太夫人家中那位名叫罗撒理（Rosalie）的女仆。这是一位非常幸运的贞女，她依托于许太夫人的威望和庇护，能够平静地度过自己的一生。

在北京城内，也有类似罗撒理这样的独身女性。时在北京传教的耶稣会神父殷弘绪神父（P. Fr. – X. d'Entrecolles）在写往法国的信函中记录了这样一位贞女：

> 另一个女基督徒在一个非常富有的人家当婢女，她的女主人要在家人中给她选一个丈夫。那位道德优良的新入教徒坚决回绝这个恩宠，她的理由是她要为基督耶稣贡献她的童贞，永远不嫁人。那位非基督徒夫人非常欣赏她的道德，让她管理其他年轻的婢女。她刚刚担当了这个职务，就马上以基督教教理来教导这些婢女们，向她们的年轻心灵灌输基督教感情。不久前，他带了其中两个到我处来，我觉得她们受到了良好的训导，就给她们付了洗。[①]

在大户人家做婢女的贞女向身边的伙伴传授教理教义，这是清初北京城内贞女的生活方式。婢女的地位虽然低下，但灵性生活却充实，这位传播教理不辍的女教友是中国早期教会贞女传道员的典范。

明清之际，分散于家庭、或在一个大家庭的庇护下度守贞生活，基本属于个人行为。此时的守贞女性尚没有结成正式的团体，教会对她们也没

---

① "耶稣会传教士殷弘绪神父致本会杜赫德神父的信"（1726年7月26日），载［法］杜赫德编《耶稣会士中国书简集》第Ⅲ卷，朱静译，大象出版社2001年版，第206—207页。

有完善的管理制度。

（2）贞女群体以善会为载体。

善会是平信徒组织。1609 年 9 月 8 日，利玛窦在北京建立起第一个天主之母会。一开始，成员有 40 个，大部分是文学爱好者，他尝试让这种团体成为有影响力、热心且有道德规范的组织。① 这些善会基本为男性特别是文人士大夫中的基督徒设立。

入清之后，教会创立的善会开始增多。据白晋神父（P. Joachim Bouvet）记载，北京善会分为四组，其职责分别为教育新信徒、教育基督徒成年子女、为病人和临终者提供精神安慰以及教化非基督徒等，但专门针对女信徒的善会还没有成立。他在信函中说："等我们为女子建造一个单独的教堂后，我们希望根据教廷赋予的权限，为她们创办类似的善会。考虑到中国习俗对女子活动的容忍程度，该会章程将有所不同。"②

"1650 年代，耶稣会士在江南的一些城镇组建了愿意度奉献生活的女性善会群体，传教士避免直接与这些女性接触。这种做法则是产生出特别的社会组织。耶稣会士仍然帮助妇女，但他们的方法总体上说十分谨慎。"③ 清初，江南是天主教信徒较为集中的地区。据在这里活动的传教士记载："在中国传教区中促进基督徒生活最重要的方法，是参照欧洲的方式组织所谓的善会（Sodalitates）……由于贾宜睦和鲁日满的努力，在 1665 年初即记录有 14 个这种组织，3 个奉献给耶稣基督，9 个奉献给圣母，2 个奉献给（守护）天使。"④ 圣母善会多是女教友团体，其中贞女是中坚力量。

作为平信徒的基层组织，善会把关爱、团结、互助当作宗旨，并根据信徒的年龄、性别以及个人专长进行分工。"慈善的最终结果是给别人带来好处，带来快乐……所以，虽然行善和其他任何一种欲望的满足一样都是自我的满足，但是，在许多情况下，这种个性的单纯发挥往往被认为是

---

① 参见 Cecilio Gómez Rodeles："Variedades – Las antiguas Congregaciones Marianas en Pekin", In El Siglo de las Misiones. Revista mensual ilustrada de Misones.

② "传教士白晋神父的信"（1706 年），载 [法] 杜赫德编《耶稣会士中国书简集》第 Ⅱ 卷，郑德弟译，大象出版社 2001 年版，第 33 页。

③ Eugenio Menegon, " Child Bodies, Blessed Bodies: The Contest Between Christian Virginity and Confucian Chastity", *Nan Nü: Men, Women, and Gender in Early and Late Imperial China*, 6.2. 2004, Brill, Leiden (The Netherlands), p. 210.

④ [比] 高华士：《清初耶稣会士鲁日满常熟账本及灵修笔记研究》，第 340 页。

人类幸福的首要因素。"① 善会是利己利人、主张"爱与奉献"的平信徒团体，他们所做的工作比较宽泛，已经逾出了宗教范围，体现出终极关怀和人道主义精神。

（3）明朝著名天主教信徒的后裔创办贞女团体。

明朝天主教三柱石——徐光启、李之藻和杨廷筠的后代均成为信仰虔诚的天主教徒，并继续为教会的发展积极努力。

许太夫人终生不遗余力的帮助教会，尊重家中女仆的守贞选择并亲自带领她们诵经祈祷、刺绣女红，则从另一个侧面反映出许太夫人对教会的情感和热心。

天主教著名历史学家方豪先生在撰写杨廷筠传记时，发现其离世后，子女们仍然热心教会事业，并以此作为对先父的祭奠和回报。传记云："公卒后，次公子将田房原契赠泰西先生；长公子又加若干田亩，为公所献墓地守护之需。女公子依搦斯南京保卫教会，创立贞女院，都能继承公的遗志。"②

这位杨依搦斯并非童女守贞。萧若瑟记曰："初嫁某宦家，热心敬主，有乃父遗风，及夫去世，专志修己淑人，在南京杭州，各立贞女院一所，仿西洋修女院之制。"③ 费赖之书也有类似的记载，"杨廷筠之女名亚加大夫人者主持（南京贞女院）多年"④。明末清初，"艾格尼斯（Agnes Yang，即依搦斯）在镇江组织了一个贞女团体，这些贞女从事于献身天主的工作。"⑤

杨依搦斯因丈夫去世而守贞，她创办的贞女院聚集了一些守贞姑娘，这类贞女院是中国天主教贞女团体的雏形。

由于教会处于草创时期，明清之际守贞的女性并不多见，贞女的学习和培训尚没有展开，相关的管理制度也没有建立。但这些贞女院毕竟揭开了中国天主教贞女历史的扉页，其价值和意义将会在以后的历史中逐渐

---

① ［英］弗格森：《文明社会史论》，辽宁教育出版社1999年版，第58页。
② 方豪：《中国天主教史人物传》，上海光启社2003年版，第101页。杨廷筠仅一女，依搦斯、艾格尼斯同指一人。
③ 萧若瑟：《天主教传行中国考》，载陈方中编《中国天主教史籍汇编》，台湾辅仁大学出版社2003年版，第149页。
④ ［法］费赖之：《明清间在华耶稣会士列传 1552—1773》，第184页。
⑤ R. G. Tiedemann, Controlling the Virgins: Female Propagators of the Faith and the Catholic Hierarchy in China, *Women's History Review*, Vol. 17, N. 4, September 2008, p. 503.

彰显。

  在中国社会，守贞不嫁违背儒家人伦常理，守贞的人生并不被中国社会认同。陈子东为了保持童贞而进行的抗争，反映出天主教女性选择守贞之艰难，贞女不为世俗社会所容的事实。随着清中叶禁教的开始，形势将会更加严峻。雍正继位后，教会活动进入秘密状态，并向偏僻的乡村转移，清中叶之后的贞女活动将以另一种态势保存在教会历史之中。

第三章 清中叶禁教后的贞女群体：以区域教会为例证

从清朝雍正初年开始，政府开始严禁天主教的传播，教会活动进入隐秘状态，传教资源逐渐转入偏远的乡村。在这种形势之下，贞女群体并没有萎缩，本章选择三个较有代表性的地区进行论说。

一 福建贞女

（一）教会发展及贞女群体增容

福建天主教的兴盛与发展离不开著名耶稣会士艾儒略（P. Jules Aleni），由于他的努力，明清之际，福建天主教一度出现这种盛况：

> 在福州的大街上，人们成群结队，手持烛光，提着焚香炉，在乐队的吹奏声中，抬着耶稣救主像，隆重地举行迎圣大会。因着艾儒略的热忱和威望，使信德之光终于在福建省中生根发芽，发扬光大。①

继艾儒略之后在福建活动的郭纳爵神父（P. Ignace da Costa）负责管理延平属下的所有堂口。当时"延平有三座教堂，救世主堂，专为女教友的圣母堂和天神堂"②。三个教堂中两座专为女教友，女性比例明显占据了多数。

福建是天主教发展较为迅速的地区，仅福安的穆洋村，康熙年间就设有

---

① ［法］费赖之：《明清间在华耶稣会士列传 1552—1773》，第 150 页。艾儒略（P. Jules Aleni），1582 年生，1600 年入会，1613 年来华，1649 年 8 月 3 日卒于延平。

② 同上书，第 249 页。延平管辖的地区有建宁府、邵武府、长乐县、清流县等地。

教堂两处。① 清初在中国传教的方济各会士 Ibáñez 注意到，"福建省的天主教徒比中国其他任何地方都多"②。雍正元年，福安县内教堂有十五六座。③

明清之际，进入福建传教的还有多明我会，且其影响很快超过了耶稣会，福建成为这个修会的传教重心。④

最早进入福建的多明我会传教士是安吉尔·科齐（Angel Cocchi）等三人，他们从台湾进入福安，建立了多明我会在福建的第一所教堂。之后，又在顶头村立足。不久，福安、福州、厦门、顶头、穆阳、罗园、延平和福宁等地处均有了多明我会的传教点。⑤

"康熙五十五年，有西洋人白多禄者潜来福安，住居穆洋村郭惠人家。雍正二年内至广东澳门，乾隆三年复至惠人之家，经惠人同胞姑郭全（作者按：应为郭全使）合买比邻村刘荣水房屋。"⑥ 信徒帮助传教士买房，目的是传教，这些简陋的乡舍既是传教士的住宅，也是信徒参加聚会的教堂，为买房而积极活动的郭全使为贞女（郭惠人为其侄）。由此可见，在福建福安，贞女已经成为教会的骨干、传教士的资助者和支持者。

明朝末年陈子东守贞，开福建天主教贞女之先河，随着堂口的发展、信徒的增加，守贞群体开始出现。乾隆十一年（1746年），福安禁教，官

---

① 参见台湾中央研究院近代史研究所编《教务教案档》第六辑（二），光绪二十二年—光绪二十五年，1981年，第1390页，"总署收闽浙总督边宝泉文，附清折·福安县属穆洋村教堂刻难修复"。原文曰：（光绪年间有）"教民二千，康熙年间已设天主堂两处。"。

② Sinica Franciscana, Vol. 3, 225, D. E. Mungello, *The Spirit and the Flesh in Shandong*, 1650—1785, Rowman and Littlefield Publishers, Inc. Lanham · New York · Boulder · Oxford, 2001. p. 62.

③ "福州府严禁福宁州及福安、宁德等县天主教事（雍正元年八月初六日，1723，09，05）"，载吴旻、韩琦编校《欧洲所藏雍正乾隆朝天主教文献汇编》，上海人民出版社2008年版，第25页。

④ 多明我会（拉丁语：Ordo Dominicanorum，缩写为 O. P.），又译为道明会，亦称"宣道兄弟会"。会士均披黑色斗篷，因此称为"黑衣修士"，以区别于方济各会的"灰衣修士"，加尔默罗会的"白衣修士"，是天主教托钵修会的主要派别之一。多明我会由西班牙人多明戈·德·古斯曼（Domingo de Guzman，1170—1221）于1215年创于法国南部的普卢，1217年获教宗批准，其会规接近奥古斯丁修会和方济各会，也有设立女修会和世俗教徒的第三会。1631年初，多明我会进入中国福建，在顶头村皈依大批信徒，并建造了教堂。1696年，福建成立独立的监牧区，传教中心有：福安、顶头、穆阳、罗源、福宁、福州、厦门、延平等地，信徒不仅人数众多，而且十分虔诚。1707年，罗马教廷将福建传教区交给多明我会，耶稣会撤离福州。

⑤ 参见崔维孝《明清之际西班牙方济各在华传教研究（1579—1732）》，中华书局2006年版，第43—44页。

⑥ 手抄稿，藏巴黎外方传教会档案（胶片），Vol. 435, Chine Letters 1747—1748, No. 17. p. 1004。

方统计福安信徒人数有两千余，守童贞有二百余口。① 由于教务发展迅速，福安一带形成了数个教友村，嗣据署福安县张元芝禀称："邑民从教者十之五六，而守童贞不嫁之女指不胜屈。"② "指不胜屈"折射出福安守贞一时形成风气、贞女人数颇多的态势。

（二）"守贞"引发矛盾冲突

明末以后进入福建福安一带的多明我会传教士各负其责："白多禄、华敬、德黄正国、施黄正国、费若用设堂各有其地，从教各有其人。"③ 由于守贞人数增多，开始引起地方社会的不满和反感，雍正元年，政府颁布告示，严厉禁止这一有悖中国习俗的天主教制度：

> 本年（雍正元年）五月十二日，奉总督闽浙部院觉罗满宪牌，照得福安县地方，访闻有遵奉天主教者，无论贫富，俱各归从，在城在乡，俱有教堂，甚有闺女奉教，不许适人，名曰小童贞，宣教之时，男女不分……除各处教堂饬行捕衙查明，着落乡保长收管外，合行晓谕严禁，为此示仰阖邑士民，着乡保长人等知悉，嗣后遵照宪行，从前尊崇天主教者，速行省悟，改弘易辙，勿信外国之教惑人，以致男女不分，风俗颓靡，其闺女名曰小童贞者，速行领回择配，勿得仍前执迷不悛……④

福安一带女性守贞不嫁并没有因为官府的严禁而中止，反而有愈演愈烈之势。乾隆十一年，福宁府再发告示：

> （福宁府为查实禀请宪示行事）卑府访得福安地方惑于天主教者

---

① 参见"福建巡抚周学健奏严禁天主教折"，乾隆十一年五月二十八日（1746年7月16日），载中国第一历史档案馆编《清中前期西洋天主教在华活动档案史料》第一册，中华书局2003年版，第88页。
② "福建漳州府漳浦县袁本濂、邵武府建宁县王文昭会审福福安天主教案招册（乾隆十一年，1746年）"，载吴旻、韩琦编校《欧洲所藏雍正乾隆朝天主教文献汇编》，上海人民出版社2008年版，第129页。
③ 同上书，第125页。
④ "福安县告示（雍正元年五月二十六日，1723.06.28）"，载吴旻、韩琦编校《欧洲所藏雍正乾隆朝天主教文献汇编》，上海人民出版社2008年版，第20页。

众，并有处女守童贞之恶风，是以通禀，设法饬禁在案。兹卑府细访信奉天主教者各乡皆有，其盛莫如穆洋、溪东、溪前、桑洋、罗家港、白石司之鼎头寺村。查西洋人之经禁，逐嗣后潜来，总在穆洋、溪东二处，或有时散在各乡，不久仍回该地。①

地方官绅视守贞为"伤风败俗"之恶习，欲尽快铲除之而后快，反映了天主教贞女与中国社会习俗之间的张力。贞女违背传统礼教，不被世俗社会所容，矛盾与冲突不可避免。

（三）福安女子热衷守贞的缘由

提倡、鼓励年轻女性度守贞生活，是西班牙多明我会传教士的一个特点。明末，虽然南京等地开始出现天主教贞女，但人数最为集中的地区当数福建福安。这一带的"老教友家庭中常有一两位女儿，不愿出嫁，而愿守贞。因为无法成立修会，使她们度团体生活，所以教友守贞姑娘住在父母家中，和外界没有接触。"②

福安贞女虽然人数较多，但守贞的原因各异，归纳起来分为两类：

一是客观原因，其家中有麻风病患者占据很大比重。

福安是麻风病患者较为集中的地区，其时"北门外麻风病院圣堂一座，县东门外麻风病院圣堂一座，离县二十五里……一堂或百人或两三百人不止。"③在缺医少药的情况下，家中出现麻风病人，无疑让整个家庭背上沉重的精神包袱。由于担心病源传播和感染，人们对麻风病的恐惧殃及患者家庭的所有成员。倘若一个年轻女性出生在这样的家庭，守贞不嫁是摆脱窘境的一种明智选择。

陈真使、陈清使、陈催使、陈旦使、陈足乃等人均因父亲染上麻风病而守贞不嫁，乾隆十一年福安县官初审被捕贞女案中反映了这一情况：

---

① "福宁府为查实禀请宪示行事"（手抄稿），藏巴黎外方传教会档案（胶片），Vol. 434, Chine Letters 1741—1746, No. 15。乾隆十一年四月二十九日，五月八日发出。

② Het Godsdienstondericht in de Missie, Verslagbuek der XVe missiologische week van Leuven, genouden te Nijmegen, 1937, p. 55. 转引自［比］燕鼐思（J. Jennes, C. I. CM）《天主教中国教理讲授史》，第 110 页。

③ "福州府严禁福宁州及福安、宁德等县天主教事（雍正元年八月初六日，1723, 09, 05）"，载吴旻、韩琦编校《欧洲所藏雍正乾隆朝天主教文献汇编》，第 26 页。

问陈真使：你是哪一年从教？

供：是从小从教，不出嫁的。

又问：你是谁人妹子？

供：是陈廷柱叫做妹子。

又问：你怎么不出嫁呢？

供：小妇人父亲因患麻风病故，没有人要娶的。

问陈清使：你是哪一年从教呢？

供：是从小父亲从下来的。

又问：你出嫁没有？

供：没有出嫁。

又问：你父亲名叫做什么？

供：父亲名叫陈耿，如今死了。

问：陈催使、陈旦使、陈足乃……你们出嫁没有呢？

仝供：小妇人父亲因患麻风，小妇人没有人要娶的。①

这几位贞女深知"麻风病人家中的女孩子没有人要娶"的道理，她们守贞是出于无奈。在麻风病无法医治、世人视麻风病患者为洪水猛兽的封建时代，她们别无选择。为了摆脱现世的苦难而走进天主，或许是她们人生的真正慰藉和唯一的希望。

二是主观原因，即为了信仰而守贞，这种理念代表着天主教守贞的主流和方向，是真正意义上的守贞，福安贞女郭全使即是她们中的典型代表。审讯记录曰：

问郭全（使）

问：你今年多少岁？

供：今年五十九岁。

又问：你嫁有丈夫么？从教多少年了？

供：小妇人自小就从教了，没有出嫁的。

又问：你为什么不出嫁呢？

---

① "福建周县官初审问供"（手抄稿），藏巴黎外方传教会档案（胶片），Vol. 434，Chine Letters 1741—1746，No. 13。

供：是为天主不出嫁的。①

福安贞女为了信仰守贞的理念十分简单，她们企盼皈依天主之后，能够在彼岸世界找到幸福的归宿，十七岁的郭晓使（圣名路济亚）就持守这种理念。她在教案中被捕，审讯中，她如实道出守贞的原因：

总因小妇人们听白多禄们说，平日从教念经忏悔，死后会升天得道，情愿从他们守童贞的法度，终身不嫁是实。②

在郭晓使看来，通过信仰所认定的传教士是"西洋圣人"，接受信仰的最终目的是"升天得道"，所以自愿遵守"童贞的法度"，希望在结束现世的人生旅途之后，进入一个美好的彼岸世界。因此，郭晓使的现实人生充满了希望，而这种希望恰好成为"升天得道"精神台阶。

福安人数颇多的贞女群体，无论出于主观还是客观因素，在教会的培育之下，她们都能遵循守贞规则，并热心于教会服务。但是，由于清中叶的禁教形势，福安贞女的活动空间相对狭小，她们在社会上的影响亦十分有限。

（四）福安贞女的特点

（1）守贞人数不断攀升。

为什么福安女性热衷于守贞？这与多明我会的传教"业绩"相关，因为这些传教士的追随者多是女性。以传教士秦朗（Franz Diez）为例："这位传教士差不多有两年时间在福安，即1644—1646年。他曾给二百人施洗，差不多都是女性。"③ 这种情况引起地方官绅的非议和不解。1647年，福安的地方官员问西班牙传教士卡皮亚斯（Fr. Francisco Capillas）："你们是否对基督徒实施了巫术，如果没有，妇女们不可如此亲近你们，

---

① "福建周县官初审问供"（手抄稿），藏巴黎外方传教会档案（胶片），Vol. 434，Chine Letters 1741—1746，No. 13。

② "福建章州府章浦县袁本濂、邵武府建宁县王文昭会审福安天主教案招册（乾隆十一年，1746）"，载吴旻、韩琦编校《欧洲所藏雍正乾隆朝天主教文献汇编》，第140页。

③ Benno I. Biermann O. P., Die Anfänge der neueren Dominikanermission in China, Münster 1927. S. 163.

其亲近程度甚至超过了她们的丈夫。"①

女性成为教会的生力军为贞女队伍的扩充提供了丰富的资源。明末以降，福安贞女人数一直处于攀升的态势。据统计，1649 年 12 人；1695 年 24 人；1714 年 50 人；1740—1760 年从 130 人上升至 200 人。② 到 18 世纪中叶，福安一地有二百多贞女。③

贞女人数的快速增长，传教士们也始料未及。乾隆十一年（教案发生前），一位传教士对福安贞女人数增长的情况作出如下评论：

> 我们可以从 1671 年 Nachricht von Varo 写的报告中了解福安的贞女，当时有 12 位，一个除外，都是贵族家庭出生。从现在的情况看，到处都有被赐福的女人（Beatas），到处都有这样的贞女。④

福安的贞女为什么热衷于天主教信仰？——是对现实生活不满、对彼岸世界充满了希望？还是公共崇拜礼仪为女性提供了交往的条件和机会？或许这几种原因都是，或许还有更多的复杂因素。

贞女人数增多与信徒的总人数（特别是女信徒）的增长相伴随，虽然雍正之后政府禁教，但福安教会发展起初并没有遇到大的麻烦，但乾隆十一年由福建巡抚周学健挑起的教案，使形势急转直下，贞女的生存开始面临着严峻的挑战。

（2）守贞的动力来自传教士的鼓动和家庭的支持。

天主教童贞观是多明我会传教士通过传教讲道，传授给福安信徒的。在教会发展中，福安的天主教家庭也逐渐增多，"十七、十八世纪，随着基督徒人数的增长，女信徒中的中坚分子放弃婚姻生活，选择进入第三会

---

① Letter by Gapillas dated 1647, in Archivum Generale Ordinis Praedicatorum, Rome (hereafter AGOP), ms., X 1120.4, Ⅳ. See Eugenio Menegon: Child Bodies, Blessed Bodies: The Contest Between Christian Virginity and Confucian Chastity. Nan Nü: Men, Women, and Gender in Early and Late Imperial China, 6.2. 2004, Brill, Leiden (The Netherlands), p. 214.

② See Eugenio Menegon, "Child Bodies, Blessed Bodies: The Contest Between Christian Virginity and Confucian Chastity", Nan Nü: Men, Women, and Gender in Early and Late Imperial China, 6.2. 2004, Brill, Leiden (The Netherlands), p. 119.

③ Ibid., p. 118.

④ Benno I. Biermann O. P., Die Anfänge der neueren Dominikanermission in China. Münster 1927, S. 165.

第三章　清中叶禁教后的贞女群体：以区域教会为例证　　47

或做贞女。"① 如果贞女来自教友家庭，家庭可以帮助她们遵守三会的规定。② 于是，家庭成为贞女完成守贞生活的坚强后盾，而贞女的童贞生活又为家庭（家族）下一代的女性生活树立样板，进而催生出新一代贞女。这样一个不断复制的循环链条，终于导致一个有影响力的贞女群体出现。

选择童贞是一种自愿，"传教士们认为贞女有权力进行选择，去追求一种圣洁的生活。"③ 将独身理念与圣洁生活相联系，对试图选择独身的女孩子以及她的家庭成员来说具有一种诱惑力。诱惑转为动力，传教士的鼓动与家庭的支持构成一股合力，刺激福安贞女人数持续增长。

(3) 守贞规则初步形成。

福安贞女守贞要遵守两个规则：

一是宣发誓愿，这是进入守贞生活的起点，发愿从陈子东守贞开始，作为规则延续下来。最初福安贞女宣发誓愿没有年龄规定，至18世纪，教会规定三十岁以上的女性才能发愿成为贞女。

二是按照第三会的要求生活。天主教历史悠久的修会多有三会组织：一会为神职人员，二会为女修会，三会是平信徒组织，每一会均对会员有不同的要求。④ "进入第三会，并选择独身，西班牙多明我会在菲律宾传教已经开始尝试，1682年，多明我会传教士在马尼拉建立了第一个守贞

---

① Eugenio Menegon , " Child Bodies, Blessed Bodies: The Contest Between Christian Virginity and Confucian Chastity", *Nan Nü: Men, Women, and Gender in Early and Late Imperial China*, 6.2. 2004, Brill, Leiden (The Netherlands), p.216. 作者在述说福安选择独身的女性基督徒时，使用的是 tertiaries or beatas。

② Benno I. Biermann O. P. , Die Anfänge der neueren Dominikanermission in China. Münster 1927, S.163.

③ Ibid. , S.164.

④ "三会"全称"第三修会团体"，同时意味着有还有第一会、第二会。天主教几个古老的大修会都有"三会团体"，例如"本笃会"、"方济会"、"多明我会"等。"第一会"是该修会的男会士（创始团体）；第二会是按照该会会规、会宪和章程创立的"修会团体"，通常是指女修会，如佳兰修女会、奥斯定修女会、慈幼会（鲍斯高会）的母佑会等。"第三会"指按照会规精神而创立的"传教修会团体"，其人员可以是"修女团体"，如武汉的"方济训蒙传教修女会"（地方）；宜昌的"耶稣圣婴方济传教修女会"（地方）等，都属于"方济第三会"，要守"修会三愿"（参考梵二文献修会生活法令8, 10）。

三会更多的是"在俗修会团体"，其人员包括主教、神父和平信徒，这种情况在湖北、陕西、山西、东北较常见，如"方济三会团体"、"多明我三会团体"、"本笃在俗团体"等，这些团体不守严格的"修会三愿"，但要按照该会的三愿精神去生活（参考梵二文献修会生活法令11）。"三会"有国际性的，也有地方性的：地方性可升格为国际性，其条件就是该修会团体发展到其他国家或教区，然后向教廷申请备案，获准即可。

的女性团体（community of beatas）……之后，传教士把这种禁欲主义守贞理念带到福安的信徒之中。在布道之中，多明我会的传教士们向福安的妇女们宣讲著名的第三会成员的故事，如 St. Catherine of Siena and St. Rose of Lima，这些女性保持童贞，把他们的一生奉献给了天主。"[1] 经过多明我会传教士们的宣传，福安贞女严格遵守欧洲第三会的规则（多明我会管理的平信徒组织），[2] 以提高宗教生活的质量，规范宗教生活。

多明我会是最早把欧洲天主教的贞女制度以及相关制度引入中国的修会团体。草创时期的贞女规章尚不成熟，但这些规则却为此后来华的欧洲传教士管理贞女，建立更完善、更详细、更为合情，且适合中国国情的贞女制度奠定了基础。1744 年，巴黎外方传教会的马青山主教（Martiliat, Mg MEP）拟定了一份规章，其中大部分内容借用了多明我会关于贞女的规章制度。[3] 通过这个章程，人们依稀可见当年福安贞女的信仰理念和生活方式。

福安是中国天主教最早出现贞女团体的地区之一，守贞风气之盛既有地域文化的影响，也与多明我会的传教理念相关。在清中叶禁教时期，教会通过贞女似乎看到了发展的希望："从 18 世纪开始，中国贞女存在的意义和使命对中国整体的传教工作而言，是十分突出、不可或缺的。此时期正是礼仪之争最为激烈之时，传教士的活动受到很大的限制，贞女们就承担了大量的传教工作。"[4]

---

[1] Eugenio Menegon: Child Bodies, Blessed Bodies: The Contest Between Christian Virginity and Confucian Chastity. Nan Nü: Men, Women, and Gender in Early and Late Imperial China, 6.2. 2004, Brill, Leiden (The Netherlands), pp. 216—217. Saint Catherine of Siena T. O. S. D (1347—1380，中文译名加大利纳，多明我第三会会员，中世纪士林哲学家和神学家，其著作有《加大利纳对话》以及书信四百封，对天主教的灵修问题有精确的见解，1461 年被荣列圣品，1970 年被教宗保禄六世尊为教会的圣师。St. Rose of Lima 是利马的圣女罗莎（1586—1617），她是美洲第一位圣人，加入道明第三会，度隐修生活，一生刻苦，1671 年，教宗克来孟十世（Pope Clement X）将其列为圣品。

[2] Eugenio Menegon, "Child Bodies, Blessed Bodies: The Contest Between Christian Virginity and Confucian Chastity", Nan Nü: Men, Women, and Gender in Early and Late Imperial China, 6.2. 2004, Brill, Leiden (The Netherlands), p. 218.

[3] 参见燕鼐思《中国教理讲授史：自十六世纪至一九四〇年天主教在中国传布福音及讲授教理的历史演变》（Four Centuries of Catechetics, History evolution of Apologetics and Catechetics in the catholic in the Catholic Mission of China from the 16th century unity 1940），栗鹏举、田永正译，台湾天主教华明书局 1976 年版，第 110 页。关于马青山制度的规章，参见本书第七章。

[4] Vgl. Jennes C. O. C. M., Jos, a. a. O., S. 467.

但是，女子不嫁终究为中国传统习俗不容。福安贞女虽然经历明末清初的兴盛，但天主教带来的异质文化与本土文化引发的冲突和碰撞如果突破了临界点，将会导致灾难的发生，1746 年发生在福安的教案正是两种文化博弈的结果。

二　四川贞女

（一）起源与发展

四川贞女缘起较早，康熙末年就已经有了守贞姑娘。据美国学者鄢华阳（Robert E. Entenmann）研究，当地最早的基督徒贞女叫杨依搦斯（Agnes Yang）。白日昇神父最初拒绝给她施洗，原因是依搦斯已经与一位非基督徒订婚。神父担心她在婚后会放弃信仰，但依搦斯仍发了贞洁愿。[1]"天主的激励最终使杨依搦斯从巨大的障碍中解脱，因为在这一年，她的未婚夫离世。这件事发生在 1707 年白日昇神父离开之前。马青山在 1733 年拜访了她，这时依搦斯已经 50 多岁了。"[2]

清中叶禁教之后，地理位置偏远的四川天主教仍在发展，贞女制度亦较有特色。关于她们的生活，鄢华阳（Robert E. Entenmann）教授作了较为详细的报道：

> 有一些规定是为保护贞女的贞洁和名誉制定的。基督徒贞女必须住在她们父母的房子里，因为四川没有修女院，未婚女子住在一起会被人怀疑是妓女。更有甚者，基督徒贞女不像佛教尼姑，不必剃头或穿特别的衣服以表明她们的宗教志愿。没有父母和司铎准允，她们一般不外出，除非有人陪同。她们必须回避与直系亲属以外的，且超过十岁以上的男性亲属发生接触，并在神父的监督下保持最严格的矜持。
>
> 基督徒贞女过着简单和苦行的生活。她们穿着简朴的黑、白、蓝色衣服，避免在穿着上作任何炫耀。她们的举止必须庄重；她们不能

---

[1] See Robert E. Entenmann, "Christian Virgins in Eighteenth - Century Sichuan", Edited by Daniel H. Bays, *Christianity in China, from the Eighteenth Century to the Present*, Stanford University Press, Stanford, California, 1996. p.182.

[2] Ibid.

谈那些"徒劳无用的事",而须虔诚地投入宗教生活;她们必须与男人分开参与弥撒,绝对禁止她们像男人那样担任领导众人祈祷的角色;她们不能去听戏,也不能吃精致美味的食物,或者饮酒,除非医疗上的理由。每天她们都要念《宗徒信经》(*Apostel' Creed*) 3 次,《天主经》(*Lord's Prayer*) 和《圣母经》(*Ave Maria*) 各 83 次;她们的时间都已经作了明确的规定。绝大多数时间只能做那些"适合于妇女"的工作,如纺织或者做饭。①

四川贞女的日常生活虽然简朴,但宗教生活则十分丰富。在艰苦的生活环境下,贞女们从信仰中获取力量,寻找生活的真谛和意义。但是,贞女的生活方式在 18 世纪的中国不可能得到认同。在保守而传统的中国人看来,那些在家守贞的女孩子,"选择独身的使命感违反了中国社会的通常规范,有时还会导致与家族的冲突。例如,在 1748 年,中国籍神父李安德报告说有一位姓赵的族长拒绝认他的妹妹和孙女,因为他们作为家庭的成员居然选择了独身,他把她们看成是'举止古怪的人或佛教的尼姑'。"②

根据马青山的报告,四川"在十八世纪四十年代,有十八或二十个这样的女性团体分布在七个不同的基督徒团体(chrétientés)之中,她们与自己的家人住在一起,不是过团体生活。(这种生活方式)使她们成为流言攻击中伤的目标。中伤者绝大多数是非信徒,这些人对基督徒中盛行的美好德行充满妒嫉,制造谣言以损害贞女的名声。但天主的恩宠使这些人的阴谋不可能得逞。"③ 在非天主教的严峻形势下,贞女如何持守童贞规章、如何健康持续发展,这是摆在教会面前的一大难题。

(二)梅慕雅神父的贡献

在推动四川贞女发展、健全贞女制度的活动中,有一位重要的人物,他就是巴黎外方传教会的梅慕雅神父(Moÿe, Jean Martin,又译为穆雅、

---

① Robert E. Entenmann, "Christian Virgins in Eighteenth – Century Sichuan", Edited by Daniel H. Bays, *Christianity in China, from the Eighteenth Century to the Present*, Stanford University Press, Stanford, California, 1996. p. 185.
② Ibid., p. 183.
③ Ibid., p. 182.

第三章 清中叶禁教后的贞女群体：以区域教会为例证

梅耶）。

梅神父1771年12月30日来华，1782年离开中国，其间主要在四川传教。① 1779年，梅神父决定征召贞女去完成教育女童的工作，同时按照主顾修女会（Sisters of Divine Providence or The Sisters of Providence of Portieux）的模式组建贞女团体，并将她们作为该团体的分支，并建议称呼贞女们为"圣母会的姑娘"②。

在创建贞女团体的基础上，梅神父还创办了女子学校，由方济各·任对贞女进行培训，但动荡的局势以及社会的偏见难以维持学校的正常运行。首先是办学经费不足，"尽管贞女节衣缩食，但维持一个学校每月至少要花费约60法郎，才能支撑12—15名女孩的生活。一些家长为了拒绝送自己的女儿到学校有各种各样的理由，如他们不愿意看到女孩受教育，或者希望自己的女儿待在家里干活；有些人还担心他们的女儿会追随老师的榜样选择独身的生活，这样就会使家庭一直供养她们。"③

尽管如此，梅神父创办女校的举措开中国女子基础教育之先河。正如比利时学者燕鼐思所说："巴黎外方传教会会士穆雅神父是创办教会女子学校和培植女老师的开山鼻祖。因为中国从未有过这类学校，这是需要极端慎重的创举，对中国的特殊情况不能不加考虑。"④

梅神父重视对贞女的培训，积极调动贞女的积极性为教会服务，这与

---

① 关于梅神父的生平，《天主教百科全书》记曰："1773年，梅神父在四川传教，然而传教工作由于清朝的禁教常常被中断。现实使梅神父认识到在东方传教必须依靠当地教友的支持和帮助。在艰苦的环境中工作了9年之后，他于1782年建立了基督徒贞女团体（Christian Virgins），这些女教友在家中守贞并遵守守贞的规则。她们的主要工作是照顾病人，皈依非基督徒妇女和儿童。这些基督徒贞女的工作成功地延续了一百年，现在她们仍然在中国各地教会传教。"（Edited by Charles G. Herbermann: The Catholic Encyclopedia An International Work of Reference on the Constitution, Doctrine, Discipline and History of the Catholic Church. Volume X , New york, Robert Appleton company, 1911. p. 609. ）由此可见，梅神父对中国教会最大的贡献，就是培训贞女。

② Moÿe to Dufresse, 19 Aug , 1780, reprinted in Marchal, p. 440, See E. Entenmann, "Christian Virgins in Eighteenth – Century Sichuan", In Christianity in China , from the Eighteenth Century to the Present , Stanford University Press, Stanford , California, 1996. p. 188.

③ Robert E. Entenmann, Christian Virgins in Eighteenth – Century Sichuan, Edited by Daniel H. Bays, Christianity in China , from the Eighteenth Century to the Present , Stanford University Press, Stanford , California, 1996. p. 189.

④ 燕鼐思（J. Jennes, C. I. C. M）：《中国教理讲授史：自十六世纪至一九四〇年天主教在中国传布福音及讲授教理的历史演变》（Four Centuries of Catechetics , History evolution of Apologetics and Catechetics in the catholic in the Catholic Mission of China from the 16th century unity 1940），第103页。

他来华前的传教经历有关。当年在法国,梅神父就组建了法国的主顾会。① 在工作实践中,他积累了组织独身女性为教会服务的经验。他认为妇女从事传教工作将成为赢得新信徒的主要力量;他创办女子学校,为培训贞女以及女信徒奠定了坚实的基础;他强调"建立贞女制度有四大支柱,即简朴、奉献、神贫和贞洁"②,这些理念对于纯洁贞女的信仰生活、提升贞女的综合素养,具有十分重要的指导意义。

但是,梅神父关于贞女的培训计划并非一帆风顺。由于其工作理念具有超前性,实行这一模式时曾遭到教会领袖的质疑。如范益盛主教(Pottier,即博主教)认为,一般说来,这些姑娘们太年轻,她们很早便宣誓(在15—25岁之间),以后便被派往各教友团体,在私家为女孩子开办学校,并给妇女讲授要理。倘若学生太多,则学校太容易被外教人发觉。年轻姑娘住在另一个教友家中,没有充分保障,难免遭受道德危机,这种畏惧也不是没有理由的。③

随着开办女校的增多,其中不免出现了一些不守规范者,教会方面开始对这种现象进行检视,冯若瑟(Mgr. de Saint‑Martin)主教经过考虑,于1793年9月1日发布牧函(后又增加了数项决议)。其主要内容为:女子学校不宜太多,每区只办两三所即可。每所学校不得超过十二个学童。开办半年后,应该在同一地区的其他处所重新开办。为避免一切虚荣和无用的通讯来往,有人认为不应教守贞姑娘和女孩子写字,这情形直到冯若瑟主教向传信部陈述意见后,才得改变。主教建议,倘若由父母和女孩子(作者按:指贞女)来教女童写字,必不会有任何危险。1821年9月26日,教廷复函批准了这项建议。④

虽然教会内部关于贞女培训以及开办女校有不同的声音和意见,但并没有阻止梅神父的工作步伐。在全国大多数教会停止运转的形势下,四川教会在贞女的帮助之下持续发展,特别是各类学校开办的颇有声色:

---

① See Right Rev. J. M. Blois, P. F. M., "Chinese Virgins", *Catholic Mission* (Monthly), June, 1923, p. 140.

② Robert E. Entenmann, Christian Virgins in Eighteenth‑Century Sichuan, Edited by Daniel H. Bays, *Christianity in China, from the Eighteenth Century to the Present*, Stanford University Press, Stanford, California, 1996. pp. 188–189.

③ 参见燕鼐思《中国教理讲授史:自十六世纪至一九四〇年天主教在中国传布福音及讲授教理的历史演变》,第110页。

④ 同上书,第103—104页。教会关于贞女制度的不同意见及争议,参见是书第七章。

"1793年，四川有32所学校，其中11所为男校，21所为女校。6年之后，又建了10所以上的男校，5所以上女校。重庆有2所天主教学校，其中一所既讲授宗教课也学习中国的经书，由一名男教师任教，一所女校则仅仅学习宗教课程，基督徒商人资助了这些穷人家庭的女儿接受教育。很明显，贞女任教的学校使一些女孩子有了受教育的机会，这在中国社会非同寻常。"① 到1803年，四川男女学校增加到35所和29所。男校的增多以至非信徒的父母也要把儿子送到学校，而女校并不能吸引非基督徒家庭。②

天主教开办的男女学校的课程设置显然有所差异，男校的教学已经突破了纯粹传播信仰的框架，注入经学内容以迎合社会需求，表现出为政治制度服务的倾向，以便吸引非信徒的孩子入校学习。女校以教理为主，对于女孩子的道德培育具有不可忽视的作用。

经过培训，四川贞女的工作范围扩大了。对此，鄢华阳有一段总结性的评论："维持教会的活力和成长最具负责精神的人就是基督徒贞女。这些妇女负责教育女孩，训练望教者受洗，为濒死的婴孩付洗。她们还从事赈灾和医疗救护，积极地寻找皈依者。她们最持续的贡献无疑是作为教师在学校里教育女孩子们。"③

清中叶，四川教会对贞女培训以及开办学校在中国天主教历史上具有开创性意义。但处于尝试、摸索阶段的工作仍然存在着一些缺陷和问题，如学校以传授宗教知识为主、中国古籍所占分量偏少，其中易经和诗经还被视之为迷信和不道德之书加以禁止。④ 因为学习科目过窄，教学内容单调，同时由于禁教形势的制约，与近代以后的贞女比较，18世纪中期四

---

① Dufresse to Denis Chaumont, 26 Sept. 1798, Nouvelles lettres édifiantes, 3: 323. See Rawsli's discussion of female literacy, pp. 6 – 8; Robert E. Entenmann, Christian Virgins in Eighteenth – Century Sichuan, Edited by Daniel H. Bays, *Christianity in China, from the Eighteenth Century to the Present*, Stanford University Press, Stanford, California, 1996. p. 192.

② Dufresse to MEP, 28 Oct, 1803, AME 1250: 988; E. Entenmann, Christian Virgins in Eighteenth – Century Sichuan, Edited by Daniel H. Bays, *Christianity in China, from the Eighteenth Century to the Present*, Stanford University Press, Stanford, California, 1996. p. 192.

③ E. Entenmann, Christian Virgins in Eighteenth – Century Sichuan, Edited by Daniel H. Bays, *Christianity in China, from the Eighteenth Century to the Present*, Stanford University Press, Stanford, California, 1996. p. 181.

④ 参见燕鼐思《中国教理讲授史：自十六世纪至一九四〇年天主教在中国传布福音及讲授教理的历史演变》，第116页。

川贞女实际上"所受的培训不太充分,但她们会祈祷,懂得四本要理"①。虽然如此,梅神父依然坚持他的传教思路,教会的发展离不开贞女的支持与帮助,守贞姑娘在传教方面能够担任重要角色,只要对她们进行必要的训练,她们将是给妇女老幼讲道的适当人选。

由于梅神父的努力,四川的贞女制度"从一种松散的非正式的注重默祷的小组演变成为在传教事业富于活力的组织"②。梅神父建全贞女制度的尝试、所创办的女子学校,让封闭在小天地的女性有了一条获取文化知识的渠道。这些与中国传统妇女角色相冲突的独身女性在一定程度上开始展现自我,逐渐意识到女性的生存价值。③

三 鄂西北磨盘山的贞女

鄂西北磨盘山是清朝雍正初年由基督徒移民建立的天主教社区,此处交通不便、经济落后,但偏僻的地理环境却为天主教的生存发展提供了保障机制。清朝中期,传教会开始组建善会(confraternity),同时,在基督徒移民骨干中选拔传道员,将一个有序的管理模式注入社区之中。其中,贞女的培育及发展主要体现在以下两个方面:

(一)以善会为载体训练贞女

法国耶稣会神父纽若翰(P. J. - S. de Neuvialle)是领导磨盘山社区走向发展、兴盛的关键人物。他要求乡村信徒背诵要理问答,规定专门的时间、腾出专用地点对女信徒讲授宗教知识和礼仪;他建立了平信徒善会团体,以此为载体培养女信徒并从中挑选信仰坚定者作为贞女。

耶稣会士创建的这个平信徒团体是"一个组织严密、对会员要求严格的善会,它是当地团体的中坚力量。因此,即使教士不在,团体也能继续存在。善会成员分为5组,分别负责礼仪、教理问答、教规纪律、知识

---

① Verbum SVD, Vol. 16—1975, Romae Apud Collegium Verbi Divini, S. 61. 《四本要理》是关于天主教信仰最基本的读本,一本书中分为四个部分。

② E. Entenmann, Christian Virgins in Eighteenth - Century Sichuan, Edited by Daniel H. Bays, *Christianity in China, from the Eighteenth Century to the Present*, Stanford University Press, Stanford, California, 1996, p. 180.

③ 关于四川贞女,参见秦和平《关于清代川黔等地天主教童贞女的认识》,载《四川大学学报》2004年第6期。

传道、照料病患并为死者祈祷。其中还有女教友组成的类似机构，其中多名成员发愿永守童贞"①。

经过耶稣会神父的训练，社区中的女基督徒拥有自己的善会组织"圣母会"。这个组织规定每周应当行善的具体日子和每月的集会，成员彼此学习救助人灵的宗教工作。而发愿永守童贞的女性在欧洲女修会没有进入中国之前，曾发挥了独身女性服务教会的特殊作用。

磨盘山方圆150平方公里的土地，分布有十多个自然村落，进而构成一个完整的社区。历史上，曾依次由法国耶稣会、法国遣使会及意大利方济各会管辖，在中国天主教历史上具有十分重要的地位。这里的守贞传统十分悠久，耶稣会管理时期，就开始有女性发愿守贞。当年在磨盘山传教的耶稣会神父纽若翰在信函中说，一些女教友"对于圣母具有极其慈爱的虔敬。如果我有能力建造一座修道院的话，那么其中便会充满虔诚的童贞女"②。

清中期的磨盘山贞女多分散于各自家庭，没有条件建立相应的团体组织，纽若翰希望能引进欧洲女修院制度，以便教会从管理层面对贞女进行有效的培训。但在禁教的形势之下，纽若翰的"修道院"之梦不可能实现。

（二）董文学创建"天主教中华修女会"

耶稣会士纽若翰希望建立类似欧洲的女修院，遣使会士董文学（Jean Gabriel Perboyre）进行短暂的尝试。1836年冬，他在茶园沟成立"天主教中华修女会"，同时组建育婴堂。这个团体是继耶稣会组建贞女善会之后、乡村社区又一个独身女信徒组织。这些信仰虔诚的女孩子在加入该会之前要发愿，经过一段时间的考验和神父的考评，可晋升修道。修女会的主要工作是在育婴堂中照顾儿童，负责神父、修士的日常生活以及承担推磨碾米、打扫卫生等杂役。事实上，董文学组建的这个女性团体名为"修女会"，但在管理程序等方面尚不能与近代进入中国的欧洲女修会相比。这些乡村独身女性除了集中活动，其服务地方教会的工作性质与贞女

---

① ［法］沙百里：《中国基督徒史》，第261页。
② "耶稣会传教士纽若翰（Neuviale）神父致同会布里松（Brisson）神父的信"，载［法］杜赫德编《耶稣会士中国书简集》第Ⅳ卷，耿昇译，大象出版社2005年版，第277页。

并没有什么区别。在欧洲女修会进入中国之前，贞女在教会中的工作和所发挥的作用弥补了中国没有女修会的缺憾。但由于董文学被捕殉教，由遣使会士组织的修女会中止其活动。虽然如此，修女会服务工作成为社区慈善事业的起点，并为鸦片战争之后贞女转入修会奠定了基础。

在磨盘山，封闭的地理环境一度使乡村信徒拥有一个相对宽松的信仰空间，贞女的活动十分活跃。乾嘉年间发生的教案时常威胁着山区教会的生存。道光年间，董文学在鄂北、豫南一带传教，1839年，清朝军队又一次进入鄂北磨盘山，董文学藏匿于李贞女家。关于这一段经历，贞女回忆说：

> 董牧匿竹林中，待夜深黑，乃潜至此（李贞女家），继有他教友踵至，董牧相与畅叙当日遭境，时外间风传多数教友业为差兵拘获，而董牧容色言词于忧中含有喜态，敦劝面前众人，忠信耶稣，谓若与主旨相合，即致命亦所不辞云。董牧与家伯（李世明）促谈尤久。夜未艾，献祭礼，家伯请为去须，俾易隐讳，盖闻县官定有清山之举也。董牧恐累吾家，决往近林深处，坚留不允。家伯与之偕行，复有跟随邢理详、堂兄李自华、教友王广金，囊裹糇粮藏身。其余教友，于毗连山林中蔽藏者，无虑数十。迨闻凶耗，或即次日，予亦往观，至则差兵解之行矣。皆欷歔而归，一如羊之失牧者然。①

李贞女是董文学被捕的见证人，其回忆真实地反映了道光年间中国乡村教会生存环境艰难，传教士与贞女及教友们关系密切等多种信息。

1839年与董文学同时被捕的教友有数名，他们或被投入监狱，或死于流放途中，更有被捕贞女沦为奴隶者。如贞女高亚纳被捕，差役强迫其跪铁链，并令她脚踏十字架，把刀放在她的脖子上恐吓她。高亚纳说："砍我的头吧，我决不背弃信德。"高亚纳被押至武昌总督衙门受审，仍不屈服，被判发配四川成都给一满族官吏为奴。此人以鞭打、凌辱、饥饿迫使她放弃信仰，她忍受二年之久。一日，主人见高亚纳在地上睡着了，

---

① 成和德：《湖北襄郧属教史记略》，上海土山湾印书馆1924年版，第51—52页。1839年李贞女十五岁，1912年去世。成和德生于1873年，曾在磨盘山一带传教数年，1904年开始撰写《湖北襄郧属教史记略》，历经六载，因而这一段记录真实可信。

第三章 清中叶禁教后的贞女群体：以区域教会为例证

狠狠地一脚结束了她的生命，这一年是1844年。①

禁教时期的贞女群体发展较为完备的三个地区，各有其特点。多明我会管理下的福安贞女人数较为集中，且以住家型为主，规章制度处于草创时期；巴黎外方传教会管理的四川贞女分散各地教会，梅神父对她们进行教理以及文化知识的基础培训，为贞女此后进入更加系统的各类知识学习，组织更多的女性服务教会、开拓工作空间，奠定了基础。同时，借鉴多明我会对贞女管理的经验，马青山主教制定了《童贞修规》（说详第七章），四川贞女的规章制度逐渐规范；鄂西北磨盘山在雍正年间就有贞女依托于善会参与各类宗教活动，法国遣使会神父董文学还组建了贞女团体。雍正至鸦片战争爆发前的百余年间，中国天主教处于隐秘状态，但贞女们却以实际行动证明："在禁教时期，勇敢的贞女们在以一种明显的方式自己管理自己，她们是新皈依者的主要支持者。"②

---

① See Gubbels, Trois cents ans d'apostolat, pp. 269 – 271, Rev. Joseph Motte, S. J.：CHINESE LAY APOSTLES, pp. 176 – 177. De Moidrey, Confesseurs de la Foi en Chine 1784—1863, Imprimerie de Tòu‐sè‐uè, pres Zi‐ka‐wei Shanghai, 1935, pp. 118 – 119.

② Right Rev. J. M. Blois, P. F. M. Chinese Virgins, *Catholic Missions* (Monthly), June, 1923, p. 139.

第四章 与贞女相关的两次教案

清中期发生的教案，多指清政府及地方官员将天主教视为邪教，并以此为理由对传教士及信徒进行迫害的案件。① 雍正之后，清王朝对于天主教的态度和政策转向严格控制和无情打击，天主教的生存状况较之顺治、康熙时代有了很大的变化。与贞女相关的两次教案发生在福安和苏州两地，有多名贞女及传教士被牵连。

一 福安教案述略

（一）1723 年："山雨欲来风满楼"

雍正元年，福安教会处于"山雨欲来风满楼"的形势之中。是年发生的教案与乾隆十一年教案相比是小巫见大巫，但却是风暴之前的序曲。下文以在京廷服务的耶稣会士记录为依据，对这一年的福安教案进行分析。

白晋（P. Joachim Bouvet）是清初活跃在宫廷的耶稣会士，因深谙西洋科学，曾得到康熙皇帝的青睐。关于雍正元年政府针对天主教引发的事端，白晋说：

> 一七二三年（雍正元年）福建省发生教案。福安县新来了两个传教士，一儒生听其说即改信天主教，旋又因不满其态度而叛教，并进而与其他儒生共谋上书当局，密告说该两教士潜伏民间散布邪道，

---

① 清朝中期与 1840 年之后发生的教案有很大的差异。鸦片战争以后，西方殖民主义国家利用不平等条约，派遣大批传教士进入中国境内进行各种活动，其中引发多起民教冲突，导致冲击教堂，殴打甚至杀害传教士，夺回被教会侵占的土地和财产等一系列事件。而每次教案的结局都是清政府既道歉又赔款，因而近代教案常常被视为中国近代历史上中华民族反对帝国主义侵略斗争的一个部分。清中叶的天主教会力量十分薄弱，政府处理涉案的传教士及信徒易如反掌，因此教会许多著作指称这一时期的事件为"教难"或"宗教迫害"，本书仍使用中性词"教案"。

破坏中国传统的善良风俗。福建总督保满接报,认为连儒生都改信了天主教,何况一般无知的民众,更受不住邪教的煽惑了。乃立刻下令拆除教堂逮捕教士,并公布了严厉的禁教令。①

另一位在京廷服务的耶稣会士冯秉正(P. de Moyriac de Mailla)的信函更加详细记录了事件的原委:

> 点燃全面迫害之火的最初火花是去年(1723年)在福建省福宁州福安县出现的。该地基督教徒由布拉兹·德拉西埃拉(Blaz de la Sierra)神父和厄泽皮奥·奥斯多(Eusebio Ostot)神父管理,他们是西班牙多明我会士,不久前刚从菲律宾到达那里。一名信基督教的秀才对某个传教士不满,放弃了信仰,随之又串联了另外几名秀才,把自己的不满告诉了他们。他们联名向地方官递了诉状,其中有多项指控。从官员的命令中可以看到,这些指控主要是说欧洲人躲在幕后,却用信徒们的钱盖起了大教堂,教堂里男女混杂,还指定幼女当修女等等。无疑,最近几年来出现的这些做法其本意是好的,但同样毋庸置疑的是,这样做毕竟是对中国人习俗的无知或忽视;因为其他传教会——不论是耶稣会士还是散布于这个辽阔帝国各地的方济各修会、奥古斯丁修会的神父们及外方传教会的先生们——知道中国人非常讲究男女授受不亲,因此特别注意不在这一问题上引起中国人的不安;因为鉴于中国人的特性,没有任何东西比这一问题上的失误更能诋毁宗教,使它变得可憎可鄙了。②

信函所云"教堂里男女混杂"是指男女信徒共同参与弥撒礼,由此看来多明我会的传教士并没有严格实施公共礼仪中男女分离的政策。"指定幼女当修女(作者按:应为贞女)"表明福安的贞女很多,且贞女人数快速增长与当地教会发展有一定的联系。通过冯秉正的信函,可以看出这位耶稣会士对多明我会的传教方法不敢苟同,他认为在福安的传教士

---

① [法]白晋:《清康乾两帝与天主教传教史》,冯作民译,台湾光启出版社1966年版,第15页。
② "耶稣会传教士冯秉正神父致本会某神父的信"(1724年10月16日),载[法]杜赫德编《耶稣会士中国书简集》第Ⅱ卷,郑德弟译,大象出版社2001年版,第314—315页。

"对中国人的习俗的无知或忽视"已经成为教案的导火索,也为那些对天主教反感的士绅们取缔天主教提供了有力的依据。福安的一些士绅们也的确向省府告状,此事传到朝廷,礼部决定禁教,雍正照准,全国性的禁教由此拉开序幕。

在福安,"知县接到总督命令后迅速发出告示,张贴于城中各热闹处。按中国惯例,他在告示中先转引总督命令,随之补充道:我据此发布本告示晓谕大众以便检查。下级官吏须遵照执行。五个区的地保应集中前往城内教堂,亲自认真察看它有几间正屋、几个房间、长宽各占地多少、剩余多少可用材料,并开列清单,予以保管,负责到底;清单应交我向上报告。需有官员检查多少女子当了修女。我命令各族长和地保立即准确探明情况,不准她们继续留居教堂,否则便违反了我上官之命。望迅速遵照执行。"①

关于天主教童贞女的调查是福安官员执行公务的重要内容。除了统计有多少女子作了修女(作者按:应为贞女),官员还对过多的女性进入教会表示不满:"年轻的妇女和姑娘们也加入该教。她们在僻静处悄悄向洋人吐露心中秘密:他们把这称作忏悔。"②守贞不嫁、抛头露面、与洋人过从甚密,这些是官府认定的"贞女形象"。

陈子东开福安守贞先例之后,守贞不嫁一时成为风气。由于有教堂为依托(福安时有教堂18座),贞女常集中于教堂活动,这种有悖中国传统伦理和习俗的人生选择,成为官方打击天主教的口实。恰如知县向总督汇报所说:"这个教派破坏五常和真正的的道德,破坏家庭和睦及良好的民俗。"③

是年底,福建总督保满上奏皇帝,请求取缔天主教。雍正二年(1724年),雍正批准保满上奏,下令拆毁教堂,并将传教士逐往澳门。

(二) 1746 年:福安教会在劫难逃

1746 年的教案与福建巡抚周学健有着直接联系,或者说周学健是挑起事端的主角。

---

① "耶稣会传教士冯秉正神父致本会某神父的信"(1724 年 10 月 16 日),载〔法〕杜赫德编《耶稣会士中国书简集》第Ⅱ卷,第 315—316 页。
② 同上书,第 319 页。
③ 同上书,第 316 页。

第四章 与贞女相关的两次教案

周学健（1693—1748），字勿逸，号力堂，江西省新建县厚田乡社林村人。雍正元年（1723年），以易经中式第一名中举人和殿试二甲第六名中进士，正二品。作为海疆重臣，周学健一方面长期巡抚地方，在任江南河道总督期间曾多次赴江南治灾赈，兴修水利，著有《治河方略》、《力堂集》等著作，曾为乾隆前期的政治、经济作出过重大贡献；另一方面，周学健为礼学名臣，担任过三礼馆总纂。站在传统儒学立场，周学健对天主教无法理解，更不能容忍福安日趋发展的天主教，于是上奏，历数天主教的罪状：

> （乾隆十一年九月）福建巡捕周学健奏，接奉军机大臣等议复前奏请严治西洋天主教一折。令臣将现获夷人，勒限回国，并分别量拟惩治。然臣观该国夷人，实非守分之徒，有难加以宽典者。查西洋人精心计利，独于行教中国一事，不惜巨费。现讯据白多禄等并每年雇往澳门取银之民人缪上禹等俱称：澳门共有八堂，一堂经管一省；每年该国钱粮运交吕宋会长，吕宋转运澳门各堂散给。又西洋风土原与中国相似，独行教中国之夷人，去其父子，绝其嗜欲，终身为国王行教。甚至忘身触法，略无悔心。至中国民人，一入其教，信奉终身不改，且有身为生监而坚心背道者。又如男女情欲，人不能禁，而归教之处女，终身不嫁。细加察究，亦有幻术诡行。臣前于福安各堂内搜出番册一本，讯系册报番王之姓名。凡从教之人，已能诵经，坚心归教者，即给以番名。每年赴澳门领银时，用番字册报国王，国王按册报人数多少加赏。现在福安从教男妇，计二千六百余人。夫以白多禄等数人行教，而福安一邑，已如此之多，合各省计之，何能悉数？①

周学健奏疏，有诸多内容涉及贞女，如"臣查西洋夷人在各省地方行天主教，久经严禁，该县（福安）妇女既尚有信奉邪教守童不嫁之人，民间必有私行崇奉邪教之事"②。"幼女守童贞不嫁，朝夕侍奉西洋人，男

---

① 《清高宗实录》卷275，中华书局1985年版，第599页。
② "福建巡抚周学健奏报拿获天主教夷人并办理缘由折"，乾隆十一年五月十二日（1746年6月30日），载中国第一历史档案馆编《清中前期西洋天主教在华活动档案史料》第一册，中华书局2003年版，第78页。

女混杂,败坏风俗,其为害于人心世教者最深且烈,不可不痛加涤除以清邪教耳。"① 痛斥守贞现象之中还包括对贞女的妖魔化描述:"归教之处女终身不嫁者甚多,讯之夷人狡供,处女从教之时以铜管吹面,去其魔鬼,即能守贞。"②

周学健上奏的主旨主要是渲染传教士"以番民诱骗愚氓"的种种不法之事,在维护纲常伦理的名义之下,对天主教实施严厉打击。

在周学健的督责之下,地方官员快速响应,福宁府也给按察司送去了请示报告:

> （福宁府为查实禀请宪示行事）卑府访得福安地方惑于天主教者众,并有处女守童贞之恶风,是以通禀,设法伤禁在案。兹卑府细访信奉天主教者各乡皆有,其盛莫如穆洋、溪东、溪前、桑洋、罗家港、白石司之鼎头寺村。查西洋人之经禁,逐嗣后潜来,总在穆洋、溪东二处,或有时散在各乡,不久仍回该地……具有暗室地窖,重墙复壁,易于藏身。兼之教堂众多,齐心协力,避风缉拿,百计避匿……逢瞻礼念经,日期从前明目张胆,今则敛迹藏形,夜聚晓散。又查凡奉教之家,必有一守童贞终身不嫁……朝夕奉侍西洋人。每年食用钱粮,上下半年遣教中干办之人,假扮行商,密往广东澳门两次运回,每月给留匿之家中号番银元,以供饮食,故贪利之徒视为奇货,惟恐留其不久。初时奉教者每月供以大番银一元,令其招以村民入教……将西洋人称为神父,呼为老爷,每五十人设立会长一人,管理教中一切事务,由是富者捐资,贫者出力,创建男女教堂。又将守童贞女称为圣女,居养家中,男堂与女堂后门相连,男人不许擅入女堂,惟西洋人早晚出入无忌务,使各人舍身认主,各为灵魂,不认祖宗,不信神明,以父母为借身,以西洋人为大父,以西洋名耶稣为真主,又创为天堂地狱之说……又设解罪两次,堂内另置密室,凡奉教

---

① "福建巡抚周学健奏严禁天主教折",乾隆十一年五月二十八日(1746年7月16日),载中国第一历史档案馆编《清中前期西洋天主教在华活动档案史料》第一册,中华书局2003年版,第86页。

② "福建巡抚周学健奏陈严惩行教西洋人折",乾隆十一年九月十二日(1746年10月26日),载中国第一历史档案馆编《清中前期西洋天主教在华活动档案史料》第一册,中华书局2003年版,第117页。

男女至期跪向西洋人，诉其罪过，不许丝毫隐讳，不许旁人窃听，诉其代为念经解释，所以信奉之心牢不可破。尤可恶妇女解罪暗室之中，孤男独女，密语细声，一切亵情秽行不可告之……雍正元年，以前督宪满，查拿饬禁，将各处教堂拆毁归官，西洋人逐回广东澳门，不许地方官容隐信奉，取具奉教绅士会长自新过耳。①

这份报告涉及贞女的内容归纳起来共有三点：

其一，贞女与洋教士走动频繁（与周学健奏疏相似）、"朝夕奉侍"、"洋人早晚进入女堂"违背中国男女之大防；其二，贞女"居养家中"不嫁违背儒家孝道伦理；其三，告解圣事被理解为"亵情秽行"，由此演绎出一系列的邪恶联想。

雍正初年福安教会虽曾遭受打击，但传教士并未停止其活动，并有新的传教士陆续入住福安。② 多明我会毫无顾虑的传教活动令周学健十分恼怒，遂准备打击重新恢复的福安教会。而此时的多明我会的传教士却不清楚他们正面临"螳螂捕蝉"的险恶环境，白多禄主教继续传教活动，在下乡行坚振礼中与四位神父相聚时被告发。随后，官府逮捕了5名传教士及多名信徒。③ 被捕的西班牙多明会传教士有：白多禄（Pedro Sanz, 1680—1747）、德黄正国（Francisco Serrano, 1685—1748）、华敬（Joaquim Royo, 1690—1748）、费若用（Juan Alcober, 1694—1748）和施黄正国（Francisco Diaz, 1712—1748）。④

对于周学健等中国传统士大夫来说，文化的隔膜以及传统的"华夷之辨"往往使他们对外来文化的认知处于朦胧阶段；加之中国以君主制

---

① "福宁府为查实禀请宪示行事"（手抄稿），藏巴黎外方传教会档案（胶片），Vol. 434, Chine Letters 1741—1746, No. 15（文件于乾隆十一年4月29日详，5月8日发出）。

② 手抄稿，藏巴黎外方传教会档案（胶片），Vol. 434, Chine Letters 1741—1746, No. 16。记载："雍正元年，又有西洋人华敬德来至福安，住居穆洋村郭近人家。雍正五年三月，又有西洋人德黄正国来住福安溪东寡妇缪喜使家，雍正八年搬住官埔陈从辉家。雍正八年又有西洋人费若用来住福安穆洋生员陈钿家，乾隆二年搬住仝村王鹗荐家。乾隆三年又有西洋人施王正国来至福安，亦从陈从辉家。五人各设教堂，肆行煽惑，无论男妇，悉从其教。"

③ 参见［法］白晋《清康乾两帝与天主教传教史》，第124—125页。

④ 乾隆十一年（1746年）六月，福安县破获西洋教士秘密传教的案件，四位神父费若望、德方济各、施方济各、华若亚敬被捕。在酷刑拷问之下，他们供出了住福宁府城的福建教区主教白多禄（又名桑主教，桑斯主教）。白多禄在雍正年间被驱逐出境，乾隆初潜回福安，闻知消息之后，白多禄到官府自首。

法，法律程序是司法从属于行政，在处理外来宗教事务，多以礼教为指导原则，因而周学健十分轻松地拿获了传教士及数名基督徒。而对于多明我会传教来说，不清楚中国禁教的严峻形势、不了解中国的文化习俗，仅凭着满腔的传教热忱，企图让这个东方大国皈依，传教失败成为必然。

（三）贞女遭受酷刑

1746 年 5 月，清兵前往福安的穆洋、溪东、大北门等处，开始搜捕基督徒，其中 8 名贞女被捕。第一次解省，"贞女郭全使拶、掌嘴，陈富使拶，郭晓使拶，寡妇缪喜使拶，在家受刑，贞女郭腊使拶，郭惠人女子年十四拶……受害教友只知甚多，并不知多少"①。郭全使"受拶共三次，指血淋漓"②。第二次解省，"贞女缪振使、郭晓使、陈魄使、郭洒使并寡妇缪喜使俱系十分信德不屈者，郭晓使拶一次，陈魄使亦受一次，缪喜使受三次，其三人于初被拿时，在福安县中俱有受刑"③。耶稣会士尚若翰神父的信函中，对贞女玛利亚所受酷刑有较为详细的记录：

>范氏军官亲自赶往村庄，令人当场审问他们刚刚抓住的女基督徒。他审问她是否还保持着童贞。她回答说自己至今仍保持着童贞。他又补充说："谁迫使您这样做呢？"她回答说："我保持童贞完全是出于自愿，没有任何人强迫我这样做。"军官又问："您知道欧洲人在哪里吗？"她回答说："我不知道。"军官于是便命令再次用力将木棒夹于那名女基督徒手指之间，用巨力将它们拉紧，以施酷刑。这正是当地人对女子所施加的最严厉的酷刑。

>这名年仅十八岁的勇敢的童贞女叫马利亚，她对于为了教法（信仰）受苦而感到了一种非常强烈的欢乐，以至于使她喜形于色，并敢于触怒那个范氏军官。他对她大发脾气并以一种威胁性的口吻对她说：您知道吗？我很乐意让人将您拷打至死。马利亚回答说：这是

---

① "报诸友单（乾隆十二年，1747 年）"，载吴旻、韩琦编校《欧洲所藏雍正乾隆朝天主教文献汇编》，上海人民出版社 2008 年版，第 148—149 页。拶（zǎn）是一种酷刑，一般用于女性，以绳穿五根小木棍，套入手指用力紧收，叫做"拶指"，简称"拶"。

② 同上书，第 151 页。

③ 同上。被捕教友被审多次，因内容重复，略去。

我的头颅，您可以自作主张地把它砍下来，这将是我最高的荣幸。①

贞女被捕遭受酷刑，不仅是肉体的蹂躏，更是精神的摧残。面对肉体与精神的双重考验，贞女们在淫威之下表现出她们的坚强和自尊。

（四）教案结局：革面不能革心

教案中被捕的五位传教士都遭受了大小审判数次及重刑，其中白多禄受刑最苦：

> 计审十余次，共掌嘴六十五，至院审，又掌二十五，司铎施在福安县，仝范守备会审时，夹二夹棍□嘴，以西洋人有术不痛，用屎尿泼遍全身，后至省，又夹责。德在漳浦县审时，掌嘴夹杖。②

经过审讯和酷刑，官方公布了审判的结果："今取问罪犯一议得白多禄等各所犯，白多禄应照妄邪言，煽惑人心为首例，拟斩立决。华敬、施黄正国、德黄正国、费若用均照为从例，皆斩监候。"其余教友或绞刑、或流放、或枷号、或杖苔。贞女及女教友，"各杖一百"。郭全、陈富使、郭洒使、郭晓使、缪振使等贞女"先行分别枷号，折责发落"③。

乾隆十二年（1747年）五月，白多禄被处斩，其余四名教士死刑暂缓执行。乾隆十三（1748年）年秋，皇帝作出决定，将监候待决的费若望等四名传教士秘密处决。地方政府同时发出告示："嗣据署福安县张元芝禀称……奉抚院出示许令，从教男女赴县自首免罪，随经遍示晓谕。现据县民纷纷投首，不嫁之女择配者甚众，除给照许令改过自新，免其拿究，容候造册。"④ 对于贞女，地方政府要求："责成伶保父兄，限一年之

---

① "尚若翰神父就中国帝国1746年爆发的全面教案而自澳门至圣——夏欣特夫人的记述"，载［法］杜赫德编《耶稣会士中国书简集》第Ⅳ卷，第324—325页。
② "报诸友单（乾隆十二年，1747）"，载吴旻、韩琦编校《欧洲所藏雍正乾隆朝天主教文献汇编》，第148页。
③ 参见"福建章州府漳浦县袁本濂、邵武府建宁县王文昭会审福福安天主教案招册（乾隆十一年，1746）"，载吴旻、韩琦编校《欧洲所藏雍正乾隆朝天主教文献汇编》，第143—144页。
④ "福建章州府漳浦县袁本濂、邵武府建宁县王文昭会审福福安天主教案招册（乾隆十一年，1746）"，载吴旻、韩琦编校《欧洲所藏雍正乾隆朝天主教文献汇编》，第129—130页。

内出嫁。"①

当福安的多明我会传教士被捕之时,北京的传教士尚不清楚福安教案的结局。他们开始积极活动,如郎士宁②、戴进贤③为福安被捕的传教士说情;刘松龄给乾隆皇帝上奏(1747年)④,但无济于事。教案的结局是:五位欧洲传教士殒命,教堂没收,信徒被迫放弃信仰,贞女团体解散。

关于教案之后福安信徒及贞女的人数的变化,官方档案有所记录:

> 福建按察使司按察使臣觉罗雅尔哈善谨奏……嗣据署知县事张元芝禀称,奉檄谕被诱之人许令自首免罪,现经自首者三千余家,其从教不嫁之女名曰守童身一百三十余人。⑤但两年之后(乾隆十三年),闽浙总督的奏折告诉人们这样一条信息:"福安县民人陷溺蛊惑于天主一教既久,自查拿之后将教长白多禄明正典刑,稍知敬惧,然革面未能革心,节次密访各村,从教之家几开堂诵经及悬挂十字架念珠等类彰明较著之恶习虽已屏除,而守童不嫁、不祀祖先不拜神佛仍复如故。"⑥

用武力和行政手段对天主教的血腥打压并没有遏制福安的天主教信仰及守贞之风。教会的顽强生命力以及贞女的"重生"能力,让反教者感到惊讶和不解。打压之后,信徒"革面未能革心",这说明扎根于灵魂深

---

① 巴黎外方传教会档案(胶片),Vol. 434,Chine Letters 1741—1746, p. 1069, No. 19。

② [法]费赖之:《明清间在华耶稣会士列传 1552—1773》,第767—768页:"1746年在福建发生了一场教难,随即蔓延全国;郎士宁修士再次出面为一些被拘捕和判处死刑的传教士向皇上说情,即使他没有达到目的,也已尽了他最大的努力。"

③ 同上书,第776页:"1723年在福建首先出现了教难势头,戴进贤神父出而试图遏止。此后,特别是1733年,神父又为教会挺身而出,为被流放广州后又被驱逐至澳门的传教士们,上疏陈奏实情要求宽释。"

④ 同上书,第926页:"1747年,(刘松龄)上乾隆帝的奏章,为1746年发生的教难作抗辩。"

⑤ "奉旨著令免将西洋人傅作霖治罪",乾隆十一年八月初二日(1746年9月16日),载中国第一历史档案馆编《清中前期西洋天主教在华活动档案史料》第一册,中华书局2003年版,第104页。

⑥ "闽浙总督喀尔吉善福建巡抚潘思榘奏为密陈严禁西洋人行教折",乾隆十三年八月初七(1748年月29日),载中国第一历史档案馆编《清中前期西洋天主教在华活动档案史料》第一册,中华书局2003年版,第160页。

处的信仰不可能用暴力清除。

二 福安教案原因分析

为什么福安接连发生教案，综合各种因素，主要原因有以下几种：

(一)"守贞不嫁"不为中国社会所容

18世纪的中国，天主教信仰不为广大国人所接受。福安绅士甚至认为："天主教与白莲教是一事，教士们传邪教谋害清朝，男女行奸淫，用邪法迷惑女子不出嫁。"[①] 将天主教与邪教混为一谈是中国官绅的思维方式，加上不实之词则是反教者的一个特点。

在福安教案中，"守贞"成为官方禁教的主要原因之一。以地方官奏折为例：

> 福安县地方从前原有西洋人在彼倡行天主教，招致男妇礼拜、诵经，屡经禁逐，近复潜至乡愚，信从者甚众，其教不认祖宗，不信神明，以父母为借身，种种诞妄不经，难以枚举……又创男女教堂，女堂他人不得擅入，惟西洋人出入无忌。又凡奉天主教之家必令一女不嫁，名曰守童身，这西洋人役使，称为圣女，颇伤风化。[②]

> （福宁府为查实禀请宪示行事）卑府访得福安地方惑于天主教者众，并有处女守童贞之恶风……又将守童贞女称为圣女，居养家中。[③]

反教者以中国传统习俗作为道德标准的参照系，将守贞视为一种恶习，批评文字中充斥着对独身女性的反感、对贞女离经叛道行径的鞭笞，因而教案判决之时（乾隆十一年十一月），"改信天主教的少女被称为童

---

① P. Roeser S. V. D.：《中华光荣》，兖州府天主堂1925年第二版，第134页。
② "福建将军新柱奏报查拿福安县西洋人行教折"，乾隆十一年五月二十四日（1746年7月12日），载中国第一历史档案馆编《清中前期西洋天主教在华活动档案史料》第一册，中华书局2003年版，第82—83页。
③ "福宁府为查实禀请宪示行事"（手抄稿），藏巴黎外方传教会档案（胶片），Vol. 434, Chine Letters 1741—1746, No. 15, 乾隆十一年四月二十九日详，五月八日发出。

贞女，一生过独身生活"① 是其罪证之一。

（二）天主教礼仪遭到误解

礼仪是信仰的外在形式，是以生动、形象的表现手法来诠释教理的实质内容。天主教礼仪复杂，许多礼仪程序中国人难以理解。在福安，经常引起误解和歧义的礼仪有以下几类：

（1）"驱魔"比附民间赶鬼。

"驱魔"是一种把恶魔或其他邪恶灵体从人体内驱逐出去的行为方式，此仪式远古就已经开始，现在依然是很多宗教信仰体系中的一个组成部分。

在基督宗教的信仰中，《圣经》记载有耶稣驱魔的故事，由此而形成了"驱魔礼"。礼仪的目的是保护人不受魔鬼的攻击和伤害，医治被魔鬼附体的人。教会历史中有许多驱魔者，他们效法基督的爱德，医治被恶魔所困之人。因此，天主教的"驱魔"成为礼仪中的一项内容延续下来。当年的福安教会亦有驱魔活动：

> 白多禄来闽最久……其授教之法，每七日一会，名曰做弥撒。白多禄坐在堂上，入教男女用白布蒙头，参拜之后，分立两旁，用水注其额上，教以经典并十诫，名曰领洗。又用铜管或竹木管内从教妇女面上吹赶。其男人只用口吹，名曰吹魔鬼，似此死后，灵魂可以升天。②

白多禄所行的驱魔仪式，反教者极有可能联想到邪教仪式或中国的民间赶鬼。事实上，无论是天主教的驱魔、还是中国民间宗教的赶鬼，都涉及人的身、心、灵，更多的是一种心理活动或心理暗示。天主教驱魔礼的意义在于坚持要求，驱逐、命令邪灵离开人或一个地方，不再在这个地方

---

① ［法］白晋：《清康乾两帝与天主教传教史》，第129页。
② 手抄稿，藏巴黎外方传教会档案（胶片），Vol. 434，Chine Letters 1741—1746, No. 16。基督宗教教义中有魔鬼与天使之概念。魔鬼指"邪恶的天使"（参见《伯多禄后书》2章4节），天使代表善良，魔鬼代表邪恶势力（参见《若望福音》8章44节），圣经中也称之为"撒旦"（《默示录》12章9节；《格林多后书》11章14节），即仇恨之意。天主教认为：魔鬼是实际存在的精神体，是一种邪恶势力。如果魔鬼附身，将诱惑人，使人产生邪恶之念而犯罪（参见《玛窦福音》4章1—11节，《宗徒大事录》16章16—18节等）。从圣经学的传教学的角度分析，驱魔仪式让人远离邪恶；从宗教心理学的角度，驱魔具有心理治疗和心理暗示的功能，因而担任驱魔礼仪的执行者必须有虔诚的信仰和纯洁圣善的生活，事先要做长时间的祈祷。

作恶或骚扰人。直到今天,驱魔礼仍然在教会举行。

(2)"傅油礼"的疑惑。

傅油礼是指礼仪中主礼者把祝圣过的橄榄油抹在信徒的额头等部位,一般在坚振礼、终傅礼中实施。中国传统社会强调两性不可接触,而傅油礼因为要接触人的身体,自然引起反教者的猜疑,甚至产生关于性犯罪的联想。

> 1643年,按照耶稣会男女隔离的方法,福安建立了一个完全属于妇女的教堂。为了避免麻烦,道明会士给教友讲解礼仪。如果是傅油礼,不用手,而是用工具涂抹,这样就避免了中国人的反感和嫉妒。但是危险依然存在。如果有非教友听到陌生男人与中国女人接触,就会发生危险。①

这是明末清初福安教会学习耶稣会的方法、对傅油礼所进行的改革。

但并不是每一位传教士都如此谨慎。清初,在江南一带传教的耶稣会神父柏应理说道:"有几位从菲律宾来的神父热心过度,给妇女付洗时要擦胸部,终傅时擦脚部,几(激)起了绝大风波。"②天主教神职实施的是独身制度,主礼者(特别是洋人)对女信徒的"涂抹",以中国传统伦理为圭臬的中国人是无法接受的。由此,将天主教演绎为邪教,主礼者也因此被想象为行为不端、心怀邪念的魔头。

(3)"告解圣事"惹来麻烦。

明末利玛窦在公共礼仪中对两性实施行之有效的"隔离"方法对推动教会有序发展发挥了一定作用。但是,天主教信仰终究与中国人的思维方式相去甚远,礼仪的内涵与程序中国人难以理解,更无法接受。

告解是天主教七项圣事之一。明末清初,耶稣会士柏应理曾就施行告解阐说过自己的体会:

> 教士施行圣事,非常谨慎。听妇女告解时,先张大帷一幅,两两相隔。盖中国风俗,男女不通闻问,不容觌面相谈,为此缘故,有数

---

① Benno I. Biermann O. P., Die Anfänge der neueren Dominikanermission in China. Münster 1927, S. 161 – 162.

② 柏应理(Philip Couplet):《一位中国奉教太太——许母徐太夫人甘第大传略》,徐允希译,台湾光启出版社1965年版,第67页。

处讲道,神父竟面对祭台,不向妇女发言……统观中国圣教初兴时所受艰难,及魔鬼所用诡计,与泰西圣教初创时相仿。每见朝廷奏本,刑部案卷,说我们堂中礼拜,男女混杂,注水额上,以为可赦罪过;若人重犯罪愆,须跪伏认罪,口中呐呐作语,便说罪过已赦;生了重病,须召教士用油擦五官,说如此可与天主和好……从此可见,在中国劝导妇女,实是难而又难。①

明清之际,在华耶稣会士在实施礼仪时小心翼翼、如履薄冰的心态由此可见一斑。

福安开教之初,因为语言障碍以及对中国社会文化不甚了解,传教士在告解圣事方面还比较谨慎。由于"妇女平常只会说方言,传教士只会说官话,所以与妇女说话需要一个翻译,一般常常是丈夫陪伴去办告解,丈夫在告解的过程中充当翻译的角色。此外,妇女在陌生人(作者按:指传教士)前面常常很紧张,这样就影响了圣事的效果,也影响了灵魂的拯救"②。女性告解最初需要丈夫的陪伴。随着与传教士的熟稔,陪伴逐渐放松,为教案的发生留下隐患。

清中叶的禁教、反教,原因之一涉及守贞及告解圣事。对于这一敏感而棘手的问题,住北京的耶稣会士冯秉章在给本会神父函件中专门转述了总督给知县的信:

> 年轻女性和姑娘们也加入该教。她们在僻静之处悄悄向洋人吐露心中秘密:他们把这称作忏悔……禁欲的修女终身不嫁,丧妻之鳏夫宁肯无后也不续弦。这岂不是一种蛊惑百姓、离散家庭、败坏淳厚民风的宗教吗?事态严重,不容耽搁。为此我恳请您尽早发布严令,俾使诸事恢复正常,被败坏之民俗得以重振。至于教堂如何处置,窃以为拆除为宜。③

---

① 柏应理:《一位中国奉教太太——许母徐太夫人甘第大传略》,第67—68页。
② Benno I. Biermann O. P., Die Anfänge der neueren Dominikanermission in China. Münster 1927, S. 162.
③ "耶稣会传教士冯秉正神父致本会某神父的信"(1724年10月16日),载[法]杜赫德编《耶稣会士中国书简集》第Ⅱ卷,第319页。

第四章　与贞女相关的两次教案　　71

大约 1723 年（雍正元年）7 月底，福建总督和巡抚联名下令全省检查天主教堂，其中涉及对天主教信仰的批评：

> 我们仔细研究过该教，发现信教者把我们先贤先师及家族祖先一并视若鬼魅……他们劝女儿不嫁，从其议者被称为小修女。此外，他们还有一间暗室，人们看到男男女女进入后悄声说话，这就是他们所谓的忏悔。①

不理解告解，并将其邪恶、丑化，是文化隔膜的一种反映。但福安信徒特别是虔诚的女信徒经过传教士的训练，告解频率非常之高，女信徒热衷告解而招致种种非议和麻烦，对福安天主教颇有研究的梅欧金对此做过如下评论：

> 西班牙传教士行告解圣事，进行交流，这些基督徒妇女违反了家族规矩，同样也与这个国家的思想意识相违背。②

天主教对告解的要求是随时悔改、省察，在信徒的信仰生活中占据重要的位置。而在清中叶国人不了解天主教信仰的形势下，告解频率越高，引发的曲解、猜测越多。恰如李安德神父日记所说：

> 仇教的人们，为破坏天主教主教和神父们的名誉，诬告他们，借着办告解的说辞，在僻室的暗处，秘密地与妇女们做不好的事。这就是这次燃起教难的主因。③

---

①　"耶稣会传教士冯秉正神父致本会某神父的信"（1724 年 10 月 16 日），载［法］杜赫德编《耶稣会士中国书简集》第 II 卷，第 320—321 页。

②　Eugenio Menegon，"Child Bodies, Blessed Bodies: The Contest Between Christian Virginity and Confucian Chastity"，*Nan Nü: Men, Women, and Gender in Early and Late Imperial China*，6.2. 2004，Brill，Leiden（The Netherlands），p. 211.

③　See JOURNAL D'ANDRÉ LY PRÊTRE CHINOIS（《李安德日记》），MISSIONNAIRE ET NOTAIRE APOSTOLIQE 1746—1763，PAR ADRIEN LAUNAY，HONGKONG Imprimerie de Nazareth，1924，p. 258。此为拉丁文献。作者李安德（1692—1775），中国神父，出生于陕西一天主教家庭，后随父母迁四川，15 岁随两位巴黎外方传教会神父到澳门，1725 年晋铎，次年到广东，曾在湖广传教 3 年，后转入四川，用拉丁文撰写的日记，是研究清朝中期天主教的重要资料。

告解最终成为地方官府攻击天主教的突破口。福安府在调查天主教的案件中,多次提及告解之罪过。为此,李安德提醒教会,告解圣事必须谨慎。他强调说:

> 我希望传教士,除非到了紧急关头,不在夜间或者僻静的房间里面听人的告解,男人和女人不在同一时间见面,结婚的人也要分开,以免办告解遇到不必要的麻烦。告解只可以在日间,在公共处所,遵循慕肋诺主教(D. Mullener)的法典上的指示。告解时,神父与告解的人中间要隔着一条帘帐。①

告解圣事的实质本是人对天主告白,进而得到天主的宽恕,因为只有天主才是"绝对的道德标准"。通过这一圣事,达到人与天主和好的目的。但是,这一宗教礼仪的形式无法得到国人的认同。最后,告解室(亭)被理解为"解罪暗室",信徒的忏悔被描述成"孤男独女,密语细声",一项天主教的神圣礼仪变成了"亵情秽行"。

非教者对告解的歪曲和诽谤此后成为来华传教士的警鉴。一些传教修会开始把告解应该注意的事项写入教理书中,以提醒传教士谨慎地实施告解圣事。如德国圣言会对女教友告解的规矩为:

> 女教友不该在屋里办神工,在堂里没有告解架子,女教友办神工的时候,总该有个布帐子,或一领干净席隔着。就是有病的女教友在床上办神工,有帐子隔着也不十分要紧,敞着门就够了。这是告解头里当知道的规矩。②

(三) 多明我会传教士的疏忽

明清之际,登陆福建传教的是西班牙多明我会的传教士。西班牙占领吕宋(今菲律宾)后,把天主教信仰带入这个岛国,接着又将天主教传入中国福建。这些多明我会传教士把在吕宋土著的传教经验直接用之于中

---

① JOURNAL D'ANDRÉ LY PRÊTRE CHINOIS, MISSIONNAIRE ET NOTAIRE APOSTOLIQE 1746—1763, PAR ADRIEN LAUNAY, HONGKONG Imprimerie de Nazareth, 1924, pp. 268 – 269.
② P. Roeser:《问答释义》卷三,"告解",兖州府天主堂,1925 年第五次印刷,第 82 页。

华，而较少考虑文化适应问题。

耶稣会士自明末进入中国之后，通过对中国传统文化的了解，一直实施远离女性的传教策略。龙华民是在中国传教时间最长的一位，"他于1597年来到中国，在此工作了58年之久，勤劳尽职，成绩卓著。抵中国后，先由范礼安神父遣往韶州，执行教务多年；长时期内，仅有一名修士为其供应膳食，而他本人则在城乡之间来往奔波。"① 神父因为工作繁忙，常需要有人照料其生活起居。龙华民请一位修士照顾生活琐事，说明这位老传教士一直严格遵循远离中国女性的处世原则。

与耶稣会的小心谨慎相比，在福建传教的多明我会则显得较为随意。在对待女性皈依问题方面，"事实上从一开始，多明我会的传教士没有实施耶稣会士对女性的'安全'的疏远的策略。"② 当清代大多反异端邪教的谕旨中都提到，僭越男女大防是异端组织的一大弊病的时候，③ 多明我会传教士反应似乎有些迟钝。雍正年间，德黄正国神父曾在寡妇教友家落脚，这显然有违中国的风俗习惯，且对传教不利，以后搬至陈从辉（男性教友）家。贞女们照顾神父生活，表现出对神父的景仰和爱戴。但交往过密，自然引发人们的议论和猜测。对此，住北京耶稣会士冯秉章认为，多明我会传教士的做法是对中国人习俗的无知或忽视。④ 这位耶稣会神父还发现，当时在华的耶稣会、方济各会、奥古斯丁会都注意到中国的特殊习俗，而多明我会却在这方面显得十分幼稚。

多明我会在福安，主要在穷人中传福音，"教友们多在偏远的地方，非农即商，精通文字的很少；没有一个人会作高深的推论。略作考究的讲说，或者稍为冗长一点的讲演，他们便难以领略。"⑤ 福安的皈依者虽然信仰虔诚，但整体文化素质偏低。传教士与信徒、非信徒乃至与地方社会

---

① [法]费赖之：《明清间在华耶稣会士列传1552—1773》，第70—71页。

② Letter by Gapillas dated 1647, in Archivum Generale Ordinis Praedicatorum, Rome（hereafter AGOP）, ms., X 1120.4, Ⅳ. 转引自 Eugenio Menegon: Child Bodies, Blessed: The Contest Between Christian Virginity and Confucian Chastity. Nan Nü: Men, Women, and Gender in Early and Late Imperial China, 6.2, Brill, Leiden（The Netherlands）, p.214.

③ [美]杨庆堃：《中国社会中的宗教》，范丽珠等译，上海人民出版社2007年版，第190—191页。

④ "耶稣会传教士冯秉正神父致本会某神父的信"（1724年10月16日），载[法]杜赫德编《耶稣会士中国书简集》第Ⅱ卷，第314—315页。

⑤ JOURNAL D'ANDRÉ LY PRÊTRE CHINOIS, MISSIONNAIRE ET NOTAIRE APOSTOLIQE 1746—1763, PAR ADRIEN LAUNAY, HONGKONG Imprimerie de Nazareth, 1924, p.266.

之间缺乏文化层面的交流和沟通,进而导致多明我会很少考虑文化适应问题。终于,教案发生了,传教士也为此付出了生命的代价。

三 苏州教案——福安教案的延续

(一) 黄安多与谈方济

就在福安教案发生的第二年,苏州也发生类似事件。此案件的主角是两位耶稣会士——黄安多(王安多尼)和谈方济。

费赖之在其著作中记载了两位黄安多,其一:

黄(在官方的审询记录上写作"王")安多(P. Antoine. - Joseph Henriques),1707 年 6 月 13 日生,1727 年 12 月 25 日入会,1727 年来华,1745 年发大愿,1748 年卒于苏州府。①

其二:

Ant. - Jos. Henriques,汉名黄安多,葡国人,1707 年 6 月 13 日生,1727 入会和来华,1745 年发愿,1748 年卒于常熟。(按:来华时间与江苏巡抚安宁奏报有差异)②

两人实为一人,中文名黄安多,又名王安多尼,曾在里斯本的耶稣会公学就读,后作为葡王使节到中国,返回澳门后受传教士们的影响和鼓舞,进入澳门耶稣会初学院,之后到马尼拉学习,1737 年被指派到南京教区,"那是最兴旺的一个教区,但在教难期间也是经受最残酷摧残的教区之一"③。

黄安多曾在苏州、松江、太仓、常州、镇江等地传教,"1740 年他在丹阳,住在一位王姓教友家里。1743 年他住在常熟姓沈和姓唐的教友家里"④。1744 年 11 月 3 日,南京主教任命黄神父为主教权,管理教区事务。

---

① [法] 费赖之:《明清间在华耶稣会士列传 1552—1773》,第 859 页。
② 同上书,第 915 页。
③ 同上。
④ 同上书,第 860 页。

在诉讼公文中,黄安多名为王安多尼,1747年12月21日在震泽附近东河(苏州与嘉兴府之间)王斐理家中被捕,1748年8月13—14日在苏州被处决(另说为1748年9月12日)。①

谈方济(P. Tristan d'Attimis),1707年7月28日生,1725年7月28日入会,1744年来华,1740年发大愿。1748年9月12日在苏州为主致命。②

荣振华《16—20世纪入华天主教传教士列传》亦有谈方济的简单资料。谈方济于1747年12月1日在常熟附近的东阁寺从事祈祷时被捕,1748年9月13日在苏州殉教。③

江南一带从明末开始就是天主教传播的活跃地区,清中叶约有6万教友,8名耶稣会神父在这里工作。

  1747年北京朝廷颁发禁教令后,引起了江南和浙江两省对教士和教友的持续和严密的搜捕,在嘉兴和杭州一些被拘押的教友承认不久前黄神父曾到过那里探望教友。当年5月,黄神父写道:"由教外人掀起的教难已经平息,但一些新教友却还在兴风作浪,而且这种来自内部的敌人更为可怕。"④

黄安多的预感最终得到应验,一位有名无实的教友向官府告发了他,官府派人搜查,黄安多正好与谈方济神父会晤,两人被捕,后殉教。事实上,告密只是偶然,两位耶稣会神父的被捕与之前发生的福安教案存在必然联系,禁教形势以及地方官员和士绅对天主教的反感使各地教会都面临着危机。

---

① 参见[法]荣振华、[法]方立中、[法]热拉尔·穆赛、[法]布里吉特·阿帕乌主编《16—20世纪入华天主教传教士列传》,耿昇译,广西师范大学出版社2010年版,第183—184页。
② [法]费赖之:《明清间在华耶稣会士列传 1552—1773》,第1001页。
③ 参见[法]荣振华、[法]方立中、[法]热拉尔·穆赛、[法]布里吉特·阿帕乌主编《16—20世纪入华天主教传教士列传》,第60页。关于谈方济殉教时间,荣振华书与费赖之书稍有误差。
④ 《书信集》卷三,第825页,又Welt – Bott, No. 694, p. 97 seq.,转引自[法]费赖之《明清间在华耶稣会士列传 1552—1773》"谈方济神父传略",第860页。

（二） 教案述略

与福安教案相比，苏州教案的起因、过程及结局比较简单。①

时间：乾隆十二年（1745年，福安教案的第二年）。

地点：江苏昭文县。

犯罪人及犯罪事实：西洋人谈方济和王安多尼宣传邪说，诱惑居民。

结案：江苏巡抚安宁请旨将其处以绞刑，皇帝为此密谕安宁：此等人犯若明正典刑，转似于外夷民人故为从重；若久禁囹圄，又恐滋事，不如令其瘐毙，不动声色，而隐患可除。今王安多尼、谈方济二犯，亦应照福建之案速行完结。但此等信息，稍不慎密，恐不待传播而彼处已知。应于接到谕旨之日，即传司府，密谕遵照办理，不得稍稽时日，以致泄漏。于是两名西洋传教士均以"在监病故"之名，于乾隆十三年闰七月二十日在狱中绞死。②

教会资料亦有苏州教案记录，其中较为详尽者有三种。

一是《苏州致命纪略》。这是最早一本专门记录苏州教案的著作。该书的"序"客观而明确地阐述了书的形成、各种文字的版本及主要内容：

> 此书叙述黄谈二位神父致命的事迹。二位神父都是耶稣会士，致命后，便有同会神父纪类思和沈若望据衙门中的案卷，和同时被难教友的口述，编了一本纪略，便在一七五一年，即致命后的第三年，在葡京刊行，明年又译成意文及德文，登载月刊书报中。此外，记载尚属不少，不幸过了不多年，耶稣会大受风波，会中神父离散以后，二位致命的事迹就没有人提说了。到了一八七〇年，江南郎主教委晁德莅神父就地访察，及一八八八年，倪主教复委苏州总铎罗以礼神父正

---

① 《清高宗实录》卷327记载："又议奏（原署江苏巡抚安宁奏）奏称：西洋路西亚国人王安多尼、意大利亚国人谭方济各在江苏昭文县行教，往来江苏、安徽、浙江三省各属，煽惑男妇，事发拿获，将王安多尼、谭方济各照化外人犯罪律，拟绞。窝顿之昭文县民唐德光、常熟县民妇沈陶氏，照左道惑人为从律，发边外为民。听入教、混称会长之尤元长等照违制律杖枷，附教载送之唐兴周等，杖笞有差。失察之地方官参处，除王安多尼、谭方济各及从犯唐德光，俱在监病故。毋庸议外，沈陶氏系妇人照例收赎，余俱如所拟，从之。"中华书局1985年版，第408页。

② 参见《清朝编年》"卷5"（乾隆朝上）。《编年》所记时间有误，乾隆帝密谕安宁暗杀传教士事在乾隆十三年十月而非闰七月（参见《清高宗实录》卷327）。

第四章　与贞女相关的两次教案

式调查。罗神父便集新旧记录大小十余种，葡文意文拉丁文都有，德文的则译了法文石印作一本。一九一〇年又依各种记籍，用拉丁文编成一册。去岁，黄修士佩孟译作华文，鄙人即据刑部奏章、苏州府志、东华续录等书略加修正，辑成此编。①

此书可以说是一本严肃的天主教史籍。

关于教案的起因，该书记载：

> 一日，福建抚台周学健升了江南河督，正到苏拜谒抚台安宁。言谈之际，闻安宁有释放洋人回国之意，便说道："上年吾在福建杀了一洋人，监了四个，皇上闻了大加褒赏，赐宴酬勋，擢余为江南河督。"安抚台一听，亦望朝廷褒奖，便悔变前志。②

二是萧若瑟著《天主教传行中国考》。其中有专论苏州教案的文字：

> 时旗员安宁做江苏巡抚，安宁与周学健素善，均以仇教为宗旨，饬令缉捕黄神父务获。黄神父若从此举足远扬，必无弋获之理，乃闻谭神父被逮，必欲来苏州一望，其意欲救脱谭神父……不料，被人侦出，出城不远，即被官役追及，遂被捕，与谭神父押禁一处，此乾隆十二年十一月间事也。
>
> 安宁委府县连番审讯……时周学健路过苏州，安宁与相商，周曰：现福州尚监押洋人四名，已请旨重办矣。安宁意愈决，改委他员接审，授以己意。于是提两神父过堂，以匪刑究治，如治凶恶大盗，桎梏其手足，敲击其胫骨，批面打嘴，困辱多方，过堂后，神父已残废……安宁已将神父罪状奏明皇上，请旨将神父绞决。七月十八日，朝旨发到，是否系皇上亲旨，抑系部臣矫诏，外人不得而知。朝旨命将两神父秘密处死，于是盛设酒筵，请神父饱食一顿，神父疑其有异，不欲沾唇。嗣因狱吏再三敦请，谭神父略食少许，顿觉腹痛如

---

① 《苏州致命纪略》（ACTA MARTYRUM SOOCHOW 12 sept, 1748），南京主教惠大司牧准刊并序，上海土山湾慈母堂印行1932年版，第44页。
② 同上书，第35—36页。

割，呕吐不止，遂知官意欲将二人毒毙，万无生活之理。从此预备致命，愈加热心，彼此告解，互相慰勉。至夜，数役进监，戏谓神父曰：快升天了，遂将神父缚于柱上，用绳绞死，时乾隆十三年七月十九日也。①

三是方豪撰《中国天主教史人物传》。在前人研究的基础之上，该书更加详细地阐释了事情原委：

> 乾隆九年（1744年），黄神父任江南会长。次年，谈方济（萧若瑟《天主教传行中国考》作谭方济）新来中国，亦在江南传教。谈为意大利威尼斯人……时常熟有不良教友尤某，曾于十一年（1746），因与族人争夺田产，为黄神父所责，怀恨在心；十二年阳历12月11日，由尤某之侄向按察史翁藻密告二神父所住教友家，谈神父及其随从汪钦一乃同时被捕……翁藻即禀报署理江苏巡抚安宁，宁即令严拿教友，于是苏州、太仓、镇江及浙江嘉兴各府州所属县境，地方官均四出搜捕，对黄安多神父尤严令缉拿归案。谈神父被捕前，曾与黄神父会晤；被捕后，黄神父即与沈东行神父（生平略）同往苏州，暗通狱吏，请善待谈神父，旋即乘教友沈天如商船，拟往浙江海盐宋家暂避，不意甫出葑门，天将黎明，舟尚在黄天荡，即为衙役赶上，解往城中，与神父一同收禁。黄神父被捕为1747年阳历12月21日……时京中耶稣会士刘松龄（Augustinus Hallerstein）、郎世宁（Joseph Castiglione）均曾设法营救，终亦徒劳。乾隆十三年阴历七月十八日（1748年9月10日）上谕到达苏州，着将二神父绞死，但特旨减等处决，在监中秘密行刑……闰七月二十日傍晚，二神父互行告解后，九时，即分别绞死于狱中。有邹、徐、沈三教友，谋赎尸身，未果，乃捐钱十四千，贿狱卒，毋使尸体受损。初由同仁堂施棺两具，写明二神父中国姓名，翌日掩埋城外胥门与盘门间之义冢。乾隆十五年（1750年），义冢改筑南御道，教友捐银六十两，另

---

① 萧若瑟：《天主教传行中国考》，载陈方中主编《中国天主教史籍汇编》，台湾辅仁大学出版社2003年版，第211—212页，《中国天主教传行中国考》初版于1923年，《中国天主教史籍汇编》采用的版本为1937年的第三版。作者萧若瑟（萧静山）为耶稣会献县代牧区神父。

易新棺，迁葬白鹤山教友公墓。数年后，浦东汤家巷教友，复移二棺到汤家巷，转运至澳门，安厝于圣若瑟院，迄今犹在云。①

方豪所述苏州教案虽然与萧若瑟书相似，对整个事件进行深入考察更加深刻，关于黄安多的情况清晰而详尽。

（三）周学健与苏州教案

就记述苏州教案的过程而言，各类文献基本相似。与官方文献比较，教会史料均涉及朝廷重臣周学健。除了《苏州致命纪略》、《天主教传行中国考》记录之外，费赖之也在其著中作了补充：

> 在最近的福建教案中，周巡抚因处死了5名洋人，而有功晋级。因此，安宁也想借机高升。②

关于周学健与苏州教案的关系，诸著者中以方豪所记最为详细：

> 十次审讯中之第五次，何以忽趋忽厉，乃因周学健于乾隆八年（1743年）署理福建巡抚，十一年（1746年），福建多明我会士桑主教（白多禄）……被人告发，次年四月，学健即先将桑主教正法，四神父监禁候决；九月，学健升江南河工总督，巡抚安宁见可得朝廷欢心，乃托故以傅椿升苏松巡道，擢太仓知州姜顺蛟代理府事，密嘱穷究此案；又饬三县会审，从速了结，时乾隆十二年（1747年）十二月。③

周学健是在福建巡抚任上发起对天主教的打压。在处理完福安教案后，他于1747年9月任江南河道总督。苏州教案发生于1747年12月周学健上任之时，江苏巡抚正在审理此案。从时间、空间上，两人极有可能会晤面谈。

周学健的擢升与教案是否有关，官方档案语焉不详，但他的政治生涯却以悲剧收场。乾隆十三年（1748年）闰七月，周学健因在孝贤皇后丧

---

① 方豪：《中国天主教史人物传》，天主教上海光启社2003年版，第567—570页。
② ［法］费赖之：《明清间在华耶稣会士列传 1552—1773》，第863页。
③ 方豪：《中国天主教史人物传》，天主教上海光启社2003年版，第569页。

中剃发，被罢官、抄家。之后，又被发现贪赃罪证，最终被乾隆帝赐死，享年55岁。

按照费赖之书和《苏州致命纪略》所记，苏州教案与周学健的煽风点火、推波助澜有关，是周学健怂恿安宁严惩了欧洲传教士和中国信徒。但这仅是事件发生的导火索，因为禁教的形势之下，全国各地教会随时都有可能面临遭打击的灾难。

四 关于苏州教案的"奸情"分析

据《苏州致命纪略》记载，教案除了两位耶稣会神父，前后还有教友被捕，其中包括数名贞女。与教会文献不同的是，官方档案记录不仅审讯记录繁复，而且还牵出了匪夷所思的"奸情故事"。下文将两类文献资料进行对比分析，以期澄清事情的真相。

（一）官方文献中的"奸情"记录

官方审讯记录以江苏巡抚安宁所记最多，下文撷取其中一段：

问王大姑、王二姑、王三姑、沈七姑、许四姑："你们各多少年纪了？是几年上入天主教的？取何法名？如何被王安多尼诱惑到沈寡妇等家密室居住，与王安多尼聚在一处，明有奸淫不法情事，各实招来。"

据王大姑即丁王氏供："小妇人三十六岁了，十五岁上许丁家，二十二岁生痨病，到二十五岁病重得狠（很），那丁家丈夫又是单传，见小妇人生痨病就不肯娶。如今他也死了，小妇人是不曾嫁人的，小妇人因父亲王天佩入了天主教，也入教的，法名得助（应为"肋"）撒。小妇人与二妹、三妹同居守贞。是王安多尼说一处念经礼拜容易升天，故此乾隆八年五月二十日，小妇人同二妹、三妹、沈七姑、许四姑五个人到常熟沈寡妇家住的。那王安多尼住在何公祠内，也不时到沈家来讲经礼拜，同住一处，他说入了教不妨在一处的，他原来屡次调戏过小妇人，小妇人不依他。到十一年春间，记不起月日了，那日将晚，在沈家屋里，小妇人同二妹、三妹们在王安多尼房里讲经，后边众人都出去了，那王安多尼就扯住小妇人在他房里成奸的，二妹也被她奸过的。至于三妹与沈四姑、许七姑都不曾有奸

第四章　与贞女相关的两次教案　　81

是实。"据王二姑即孙王氏供："小妇人三十三岁了，从小许过姓孙的，没有过门丈夫就死了。小妇人向有吐血病，同姐姐妹妹入了天主教，守贞不嫁，法名加大理纳。乾隆八年五月内，是故父王天佩哥子王奉加送小妇人们到常熟沈寡妇家住的。那年王安多尼也来同住一处，曾拉扯过小妇人几回，小妇人不依他。到十一年秋里，忘记了月日，那王安多尼在沈家屋里将点灯时，众人们都在外边屋内做晚课念经去了，小妇人因日间做生活辛苦，独自一人睡在自己房里，不想王安多尼走进来扯住小妇人，成奸有的……"①

按照安宁的说法，是王安多尼到沈寡妇家"讲经礼拜"，而沈寡妇家又住着五位丹阳贞女，于是相互熟悉，其中两名贞女与神父"有染"。

审讯记录

（原件藏巴黎外方传教会档案馆，卷宗号：CHINE LETTRES 1749–1763 Ⅱ，436。）

---

① "江苏巡抚安宁详报会审西洋人王安多尼等事（乾隆十三年，1748年）"，载吴旻、韩琦编校《欧洲所藏雍正乾隆朝天主教文献汇编》，第 223—224 页。王三姑等三位女性供词相似，略去。

关于对王安多尼的审讯，安宁的报告与审讯贞女的记录无多大差别：

> 该臣看得西洋人王安多尼等左道惑众一案，缘昭文县戈庄地方向有天主堂一所，雍正年间奉文拆改，有先经来昭之西洋人何天章即何安东尼于堂旁建造楼房三间，平屋三间，窝住在内……乾隆四年天章物故，葬于堂内，即改为何公祠。适西洋路西达尼亚国人王安多尼航海而来，先至广东澳门，凭南安府人谢伊纳爵及已故五河县人许伯多禄，并广东澳门人谈文拉引领，于乾隆二年十一月十五日潜至昭县何祠居住，违禁行教……乾隆五年，王安多尼又至丹阳王奉加即凤佳之故伯王天佩家，乾隆八年九月，又至沈天如家……迨后王大姑等五女经王天佩、王奉加送到常熟沈寡妇即沈陶氏家，与王安多尼共处密室，王安多尼遂与王大姑、二姑调戏成奸，复往来唐德光家潜住。①

安宁在汇报中还重点转述了王安多尼的供词：

> 在沈寡妇家，并不是设了做邪淫事的，小的该死，与王大姑、王二姑苟且过的。②

从审讯记录看，涉及"奸情"的男女双方对犯罪事实均供认不讳，由此导致犯罪嫌疑人罪情加重，两位神父被处以死刑。与神父"不清不白"的"贞女"也给予法律制裁：

> 王大姑即丁王氏，王二姑即孙王氏，除听从入教，轻罪不议不拟外，均合依军民相奸例，枷号一个月，满日杖一百，系妇女，杖罪的决，余罪收赎。③

（二）教会文献关于犯罪嫌疑人的记载

教案奸情涉及教会的形象、神职人员的品行以及贞女的道德等诸多

---

① "江苏巡抚安宁详报会审西洋人王安多尼等事（乾隆十三年，1748年）"，载吴旻、韩琦编校《欧洲所藏雍正乾隆朝天主教文献汇编》，第232—233页。
② 同上书，第206页。
③ 同上书，第229页。

第四章　与贞女相关的两次教案　　　　　　　83

问题。有意思的是，教会的相关报道与安宁审讯记录大相径庭，下文再列举相关文献进行对照、勘比，或许能够抖落历史的尘垢、还原事实的真相。

（1）王安多尼的人品。

安宁审讯报告记曰：

> 据苏州按察使翁藻会同苏州布政司布政使辰垣呈详前事，内称问得一名王安多尼，年四十二岁，系西洋路西达达尼亚人，状招王安多尼赋性淫邪，罔顾法纪。①

但教会历史学家对王安多尼的品行极为称道，如萧若瑟的著作对其评价是"德才并美"②；方豪列举黄安多、谈方济两位神父去世后教友捐钱贿狱卒，赎出遗体掩埋，后由教友转运至澳门等事实，证明教友对两位神父的尊重景仰之情；耶稣会同事也对黄安多（王安多尼）抱有好感。埃玛努限（P. Joseph Emmanuel）是葡萄牙籍耶稣会神父，1740 年来华，曾在江南传教，是黄安多听神工的神父，对其有较深的了解。他说：

> 他只有些微小过失而已。他为人良善谦和的特点，在他的所有德行中居于同样不凡的程度。③

对黄安多论说最为详尽的是《苏州致命纪略》，在这本严肃的天主教史籍中，有对黄安多其人的评价：

> 黄神父待自己甚严，待人很宽厚，受人侮辱，不思报复，反而戴之若恩。④

---

① "江苏巡抚安宁详报会审西洋人王安多尼等事"（乾隆十三年，1748 年），载吴旻、韩琦编校《欧洲所藏雍正乾隆朝天主教文献汇编》，第 198 页。
② 萧若瑟：《天主教传行中国考》，载陈方中主编《中国天主教史籍汇编》，台湾辅仁大学出版社 2003 年版，第 211 页。
③ ［法］费赖之：《明清间在华耶稣会士列传 1552—1773》，1997 年，第 860 页。
④ 《苏州致命纪略》（ACTA MARTYRUM SOOCHOW 12 sept, 1748）"徐允希序"，南京主教惠大司牧准刊并序，上海土山湾慈母堂印行 1932 年版，第 8 页。

通过教会提供的翔实资料看,世人面前的黄安多是一位尽职敬业的耶稣会神父,从他对年轻同事谈方济的关爱、对传教事业的热心以及死后教友对他的尊重,人们丝毫无法把他同与所谓"奸情"联系在一起。

(2) 贞女的表现。

据当年在华耶稣会士记载,与两位耶稣会神父同时被捕的贞女,是在一位叫沈陶氏的寡妇家中长大的,沈陶氏以其道德而受人尊重,并担任贞女的会长和女导师。① 也就是说,贞女在纯正的宗教氛围中成长,并接受过良好的宗教训练。

至于贞女被捕后的表现,安宁的记载与教会史料亦相去甚远。在安宁的笔下,贞女们唯唯诺诺,是没有思想、没有主张的乡村愚妇。她们经不起王安多尼的诱惑,其中两位(王大姑、王二姑)竟与神父"苟且";但在《苏州致命记载》中,贞女却以另一番态势出现在强权和暴力前面:

> 又按:刑案中,称王大姑、王二姑、王三姑是王天佩之女。王氏谱则称天培生二女,长适戎,次适张。又载子涟生三女,次矢守贞,赞有云:"表独立以超萃兮,抚高洁之弥量,身羁縻于岁月兮,神系恋乎天乡。"官想他们胆小柔弱,便命衙役拿圣堂中抢来的耶稣圣母像各一尊,放在地上,叫她们践踏,哪知该妇女不约而同的一齐跪下,当着大众,恭恭敬敬伏拜圣像;官见了大怒,命衙役鞭挞她们的足,人想这般女子都是从小裹足,娇弱堪怜,哪里受得这种酷刑,岂知她们毫不顾痛,兀然跪着不动。②

被捕的贞女身陷囹圄,经受了严刑拷打。当被迫践踏耶稣圣母像时,她们却用以坚定的信德和大无畏的勇敢捍卫了心中的神圣。如此坚贞刚烈的女性实在难以与安宁笔下唯唯诺诺的女人联系在一起。

如果把安宁的报告与教会各类文献勘比,可找出许多不同点以及一些疑点:

---

① 参见"耶稣会士傅安德致同一耶稣会的帕图耶神父的信",载[法]杜赫德编《耶稣会士中国书简集》第Ⅳ卷,第360页。
② 《苏州致命纪略》(ACTA MARTYRUM SOOCHOW 12 sept, 1748),第44页。

其一，安宁称王大姑等人"俱因夫故守贞"①，事实是，除王大姑、王二姑因病及未婚夫亡故而不嫁，其余均为自幼守贞。安宁等人将贞女的守贞动机推向世俗原因，既淡化了守贞的神圣性，也为犯罪堕落埋下了伏笔；为了增加犯罪事实的可信度，选择两位中年女性（年龄30余岁）作为奸情故事的主角。虽然审讯记录显现王大姑、王二姑承认了犯罪事实，但却无法提供具体时间（只云某年某季），说明证据不足。极有可能是在疲劳审讯之下的供词，亦有可能是审讯者的捏造与杜撰。

其二，奸情没有确凿的人证（旁证），而被捕的诸位教友提供的证明恰恰证明了神父的清白。如：

> （1748年）2月20日提审教友，目的要使教友们诬告神父们制造谋反；其次要了解这些西洋人是否和异性有不正当的关系。唐若瑟始终实事求是，肯定他们是有圣德的人，决不会做出无耻的勾当。他的这番老实话竟使他受到掌颊十五下，槌打踝骨二十下。这位忠诚老实的教友唐若瑟在历次庭审中曾被7次上刑，但从未说过一句违背良心的话，或有损于两位传教士品德的诬陷不实之词。他最终被判充军，但因不胜酷刑之烈而死于狱中……王斐理伯教友在历次审问中也作了同样的答词，也勇敢地承受了各种酷刑，他曾3次被上剧刑，始终不渝地捍卫了圣教和神父们的尊严。谈保禄开始时也是坚强的，但在刑役收紧夹棍时，失却理智，竟诬告两位神父犯有野蛮残酷，甚至荒诞不经难以置信的罪行，连记录员也产生了怀疑而不敢下笔，更难以公开宣读了。但这些诬陷不实之词就成为日后两位神父受审的主要问题。②

被捕信徒唐若瑟（唐德光，江苏常熟人）、王斐理伯（汪钦一，安徽歙县人）表现出勇气和牺牲精神，但必须为此付出生命的代价，唐德光死于狱中，王斐理伯因伤重释放，不久去世；惟"谈文多拉种种谎言，

---

① "江苏巡抚安宁详报会审西洋人王安多尼等事（乾隆十三年，1748）"，载吴旻、韩琦编校《欧洲所藏雍正乾隆朝天主教文献汇编》，第228页。

② ［法］费赖之：《明清间在华耶稣会士列传 1552—1773》"黄安多神父传略"，第863—864页。

但为避刑而已"①。

显然,安宁在审讯中采取了非法的严刑逼供手段,在没有严格证据约束的司法体制之下,构成虚假的奸情故事,以此作为打击天主教的口实。

五　两次教案的共同点:关于性的纠结

发生在福安和苏州的教案具有共同点,就是将中国人深恶痛绝的两性关系嵌入教会。如果说两地教案稍有区别,那就是福安教案中的神父与贞女的关系被传播的扑朔迷离、迷雾重重,而苏州教案则是相关人物对号入座。随着教案的升级,关于性的纠结,不仅成为反教者打击天主教的杀手锏,也成为世俗社会关注的一个焦点。

中国封建社会严格将两性分离,男女私情无论在道德层面还是法律视域,国人均视之为洪水猛兽。对于两性关系的失检,旧式的中国人重视其社会性远远超过其法律性,如果以"性"来诬蔑、诽谤某人(无论男女),恐怕是对一个自尊的中国人所能加之的最大侮辱。正因为如此,典型的"中国式咒骂",永远和性关系相关联。比如"王八蛋"、"混账"、"小舅子"、"狗养的",等等。②

发生在福安和苏州两地教案,审讯多涉及"两性"内容,如男女共同参加礼仪活动、贞女与神父的接触、告解中的隐秘等。为此,循规蹈矩于传统之中的士绅们对天主教这种异质文化表现出强烈不满,恪守儒家伦理道德的官员们欲置于死地而后快,教案的发生无法避免。

福安教案中,审问者最有兴趣的问题是男女之事,无论是对贞女、对神父,还是男性教友(希望从中获取旁证)均如此,下文撷取当年审问的部分记录,按人物分类进行阐释。

审问之一:教友

> 问(王鹨荐):你今年多少岁?在哪里居住?教名叫什么?有父母兄弟妻子没有?你窝的西洋人费若用哪一年来的?

---

① 《苏州致命纪略》(ACTA MARTYRUM SOOCHOW 12 sept, 1748),第40页。
② 在西方语言中,此类话语极少出现,如英文里所能找到的同类话语是:"Son of bitch, Son of gun, Bloody bastard",这些话语一般在社交中都是使人蹙额,甚至加以禁止。

第四章 与贞女相关的两次教案　　87

> 供：小的今年三十九岁，住在福安县穆洋地方，教名叫做达陡……费若用雍正八年到福安……名下从教的约有好几百的。
>
> 又问：他在你家怎样行教？每年有多少两银子给你，并分给从教的人？那从教的妇女怎么每夜轮流伺候？到底他贪的是女色，还是别的图谋呢？
>
> 供：这费若用在小的家设堂行教，遇有斋会日期，上堂设法把番经教那从教的人，他每年只有一百个番钱，哪有什么银子给小的，并给予从教的人。若从教的人没有饭吃，或遇死丧大事，也有借他些少。那妇人（按：指贞女）不过日间替他饮煮饭食，浆洗衣服，晚上就回去了，并没有贪图女色，平日只是教人实心从教，死后会升天的话。他有无别的图谋，小的不晓得的。①

审问的核心问题之一是贞女与神父的关系，但教友王鹗荐认定，神父并无"贪图女色"之事。

另一位名郭近人的信徒也有相似供词：

> 问（郭近人）：那从教的妇女，每夜多少人去轮流伺候他的事（按："他"指神父华敬）？
>
> 供：那从教的妇女有替他三餐煮饭，做菜并浆洗衣服，晚间都回去了，并没有轮流伺候他的事。②

审问之二：传教士
审问神父德（黄）正国：

> 问（德正国）：你来行教为什么要那守童贞的女子伺候呢？明有奸淫的事了，从实招来。
>
> 供：天主是圣母所生，圣母是童贞，故教中有童贞的名目，从教

---

① 手抄稿，藏巴黎外方传教会档案（胶片），Vol. 435, Chine Letters 1747—1748, No. 17。之后审问信徒郭惠人等同，亦同样内容。
② "福建福州府侯官、闽县、长乐三县会审福安天主教案禀文（乾隆十一年，1746）"，载吴旻、韩琦编校《欧洲所藏雍正乾隆朝天主教文献汇编》，第113页。郭近人，教名路加，住福安穆洋村，59岁，兄弟4人，居长，父母去世。生有4个儿女，父亲郭一禄在康熙年间信教。

的人妾也不敢娶的,哪里敢有邪淫的事。若是西洋人行教,敢有这种事情,大国的人也决不肯信了。①

神父的回答表现出几份机智,其供词没有承认所谓"奸情"之事。

> 审问神父费若用
> 问:你年多少岁?
> 供:小的今年五十二岁的。
> 又问:你怎五十二岁头发灰白,想必是童身色恋了。
> 供:没有这事的……②

白多禄主教关于这类问题的回答更加直截了当:"我行教并没有奸淫妇女,也没有什么采补的工夫,总是每日教他念经,他也有替我煮饭做菜,浆洗衣服的。"③

传教士与教友的审讯回答一致,至于贞女与神父之间的关系非常简单,相互帮助与合作,贞女们负责传教士的日常生活,传教士给贞女们教授宗教知识。

> 审问之三:贞女
> 问:缪上禹、缪允喆、陈墨仔、缪允义,你还不出嫁么?
> 供:小妇人情原(愿出嫁),但年纪老了,求免小妇人嫁人,就感恩了。
> 问:陈富使、郭洒使、缪振使、郭晓使,你们各有多少岁?教名叫什么?为什么日夜去伺候这西洋人呢?
> 仝供:……白日都有替他(按:指白多禄)煮饭做菜,浆洗衣

---

① "福建福州府侯官、闽县、长乐三县会审福安天主教案禀文(乾隆十一年,1746)",载吴旻、韩琦编校《欧洲所藏雍正乾隆朝天主教文献汇编》,第74页。
② "福建周县官初审问供"(手抄稿),藏巴黎外方传教会档案(胶片),Vol. 434, Chine Letters 1741—1746, No. 13。审讯记录亦参见吴旻、韩琦编校《欧洲所藏雍正乾隆朝天主教文献汇编》相关章节。
③ 手抄稿,藏巴黎外方传教会档案(胶片),Vol. 435, Chine Letters 1747—1748, No. 18, p. 1086。中国官员不谙天主教信仰,对贞女与神父的工作关系感到不解,进而联想到道教的"采补功夫"。

服是有的，晚上并没有伺候他的事。

又问：你们守童贞不嫁，到底贪图的是什么呢？

同供：听得教主说，平日念经忏悔，死后就会升天得道的。故小妇人们才去从教领洗。①

贞女是集体审讯，受审人达十一位，为传教士提供的服务仅仅是"煮饭做菜，浆洗衣服"。

福安教案涉及奸情的猜测，引起北京耶稣会士的关注，他们在发往欧洲的信函中述说了贞女的清白和无辜：

> 他们传所有囚犯出庭，首先审讯一名叫做德肋撒（Thérèse）的女基督徒。有人问她："谁劝您保持童贞？"她回答说："是我自己劝我保持童贞。"有人接着又审问她："你们伺候欧罗巴人并供他们寻欢作乐者，共有几人？"德肋撒回答说："你们对他们行为的无耻想法已使人清楚地看到，你们对他们丝毫不了解。你们应该知道，我非常厌恶地听到了你们强加给我的有辱名誉的行为。"一旦当她作出此种答复，范氏军官便下令拷打德肋撒。他们后来又审问其同伴，她们所有人都回答说：没有任何人阻止她们选择婚姻状况，但她们更偏爱贞节婚姻，正是受德肋撒的启发，她们才作出了这种道德行为。德肋撒接着说："是啊！是我提出这种建议。如果这其中有什么罪行的话，我应该独自为此而受苦，恢复她们所有人的自由吧。"②

德肋撒无疑是福安贞女中的优秀代表，她痛斥审讯者的"无耻想法"，对有辱贞女名誉的行径提出了抗议。

为什么教案审讯中法官们对贞女与传教士的关系饶有兴趣？为什么纠缠于贞女与欧洲传教士之间的关系，盼望能演绎出具有戏剧性的丑闻？究其原因，不外两个方面：

一是天主教教义、礼仪与中国文化相去甚远，文化隔膜导致文化冲突

---

① 手抄稿，藏巴黎外方传教会档案（胶片），Vol. 435, Chine Letters 1747—1748, No. 18, No. 17, p. 1009。

② "尚若翰神父就中国帝国1746年爆发的全面教案而自澳门至圣——夏欣特夫人的记述"，载［法］杜赫德编《耶稣会士中国书简集》第Ⅳ卷，第327页。

成为必然。如乾隆十一年福安教案：

> 警官樊某写成了一份"传教士蹂躏修女贞操，并使用魔术"的侦察报告书。他所以如此中伤的原因，是因为从传教士的衣服里搜出了"药"，并且搜出了艾尔克贝（按：指 Alcober，中文名费若用）存放在教徒家里的"骨箱"。然而警官樊某认定这是传教士残杀幼儿取其头骨所制成的"性药"，而做蹂躏修女贞操时的"兴奋剂"，而且附带说"这欧洲的秘药对避孕很有效"。福安的法官即据此侦察报告审问传教士。传教士当然当庭否认此种罪证，答辩说"这只是遭土匪之毒手而惨死的教友的遗骨，因为无机会将其送回死者的祖国才寄放在教徒家中"①。

所谓"骨箱"，是传教士山方济各在顺治年间遭贼杀害，头骨寄回西洋，余骸留教堂。②"福安的人尊重他，把他的骨殖收藏。"③ 而法官却凭借想像，希望从中发现"性犯罪"的材料，但终因证据不足而放弃。

二是独身女性与独身神职人员的接触常常成为人们猜疑的目标，反教者常常捕风捉影，以满足一种猎奇心态。

从两性关系入手攻击宗教神职人员，也曾是欧洲社会涉及的一个主题。④ 天主教神职人员以出世的生活理念，从事入世的传教工作，这种生活模式对于神职人员来说是严峻的考验，如果稍有不慎，就会引起人们的猜疑和误解。

中国传统社会强调两性隔离远甚于西方，早在先秦时期，《礼记》就有相关记载："七年，男女不同席，不共食。十年，出就外傅，居宿于外。"⑤ 可见男女之大防严格之极。在中国封建时代，所有的家庭（家族）都依照

---

① ［法］白晋：《清康乾两帝与天主教传教史》，第127页。文中"修女"应为贞女。
② 参见手抄稿，藏巴黎外方传教会档案（胶片），Vol. 435，Chine Letters 1747—1748，No. 18，p. 1080。
③ 手抄稿，藏巴黎外方传教会档案（胶片），Vol. 436，Chine Letters 1749—1763，No. 1，p. 42。
④ 美国学者孔飞力著《叫魂》涉及这一问题："和尚遭到批判的主要原因在于他们的虚伪或不道德的行为，尤其是他们在性生活上的放纵（在欧洲，这也是人们对僧侣攻击时通常会涉及一个问题）。"上海三联书店1999年版，第154页。
⑤ 《礼记·内则》。

性别划分两个群体，各有不同的生活空间。女子在内，男子在外。①

社会生活是家庭生活的放大，作为独身女性的贞女，在社会的大家庭中，应该遵守男女之防的原则，为此，马青山制定了严格的《童贞修规》，以使贞女严格根据修规的条款，规范自己的行为：作为来自欧洲的传教士，应该清楚中国是一个性别空间严格划分的社会，以理性、谨慎的作风实施神职人员的职责。但是，传教士繁忙的传教工作以及贞女的信仰热情让贞女们自愿承担了照顾神父生活的工作。日常家务本是妇女的长项，而已婚妇女有家庭的拖累，没有时间精力顾及旁人的日常琐事，于是，独身的贞女成为负责神父日常生活及兼管教堂杂务的最佳人选。而独身女性对信仰的渴慕、对神职人员的景仰、对教会事务的热心，导致她们成为教案打击的重要对象。

福安教案关于审理所谓两性关系之事，由于捕捉无获，定案为"并无奸淫"②，最终还当事人一个清白，但传教士仍难摆脱接受死刑的命运。档案记载：

> 讵施黄正国等于起解时逞凶不服，县民往送者数千人，向西洋人扳舆号泣，更有妇女多人跪献茶果，群挽番衣，哭声震野，而生员陈绅敢当众倡言"为天主受难，虽死不悔"等语。③

此为官方记录，所记信徒对传教士的态度更为可靠，客观上反映了信徒对传教士的情感认同及人品的景仰。

关于五位多明我会传教士殉教，教会资料记载：

> 乾隆十一年洋历十一月初一日，五人俱拟死案。次年洋历四月二十一日，皇上允议处斩。洋历五月二十六日，主教先刑，临死欢呼曰：余升天后，必作中国主保。其他四修士与信友多名，复监候一年

---

① 参见杜正胜"内外与八方，中国传统居室空间的伦理观和宇宙观"，载黄应贵主编《空间、力与社会》，台湾"中央研究院"民族学研究所1995年版，第229页。
② 手抄稿，藏巴黎外方传教会档案（胶片），Vol. 436, Chine Letters 1749—1763, No. 3, p.139. "并无奸淫"四字写在审讯记录的上方。
③ "福建漳州府漳浦县袁本濂、邵武府建宁县王文昭会审福安天主教案招册（乾隆十一年，1746年）"，载吴旻、韩琦编校《欧洲所藏雍正乾隆朝天主教文献汇编》，第129页。

之久,皆屹然不屈。乾隆十三年,降生后一千七百四十八年,洋历十月二十八日,亦俱授首致命,后于光绪十九年,降生后一千八百九十三年,蒙当今教皇良第十三位,一并列入福品。①

列真福品是教会对五位多明我会传教士道德操守的肯定,也是对当年反教者以谣言伤害贞女的拨乱反正。

本章附言:

在中国,民族自尊心和贞操观念是引发教案的一个重要原因。至于所谓奸情,有两位西方学者在他们的研究中涉及这类问题:一是美国学者孟德卫所著《灵与肉:山东的天主教 1650—1785》,书中说到两位传教士贝维拉瓜、兰达尼尼曾经与中国女性有不正当的性关系,教会方面进行了处理;② 二是英国学者拉曼在其著作述说了在山西传教的保禄神父(Paulus Van)利用告解圣事进行性犯罪事实,并引用了保禄1806年7月29日给他上级的信函(直接寄往罗马)。拉曼认为:"好色的神父对于校正明显的社会误解没有起任何作用。"③ 相反,在严禁天主教的形势下,却为官方的禁教以及民间的反教情绪提供了证据。教会是由人组成的团体,是人就有七性六欲。因此,天主教信徒不一定都是圣人,天主教神父不可能全部进入坐怀不乱的圣人境界,正因为如此,神职人员以及平信徒均有着丰富的灵修生活,通过个人的灵修,走向美善和圣洁。因此,山东和山西教会的神父性犯罪,不代表教会的主流,仅仅是个别现象。本章的内容是通过教案中所谓神父与贞女的"私情",分析清中叶中国天主教的处境、中国社会对守贞现象的认识以及贞女群体在教案中的表现。发生在山东及山西的性丑闻事件,文献并没有提及"贞女"二字,因而溢出本研究的范围,兹不赘述。

---

① 樊国樑:《燕京开教略》,载陈方中编《中国天主教史籍汇编》,台湾辅仁大学出版社2003年版,第392—293页。五位在福安教案中殉教的多明我会传教士2000年被封为圣人,其详细资料参见香港教区圣神研究中心编《中华大地的荣耀》,2001年,第50—53页。
② 参见[美]孟德卫《灵与肉:山东的天主教 1650—1785》第六章"地下教会中的羔羊、狼和殉道者",潘琳译,张西平审校,大象出版社2009年版。
③ Lars Pert Laamann, Christian Heretics in Late Imperial China, Christian inculturation and state control, 1720—1850. Simultaneously published in the USA and Canada, 2006, p.95.

第五章 鸦片战争之后贞女团体的发展

明清之际是天主教贞女体制的发轫期，贞女分散在北京、福建以及长江中下游地区活动；清中叶以降，以四川和福建的贞女人数最多，发展最为迅速，较为完善的规章制度已经出台；第二次鸦片战争之后，贞女群体发展至全国各地，较有代表性的有河北西湾子、山东坡里庄等。随着欧洲女修会进入中国，大部分贞女陆续转入女修会，同时催生出各类国籍女修会诞生；进入民国，开始呈现出女修会（国际修会与本土修会）与贞女团体共同服务教会、服务中国社会的格局，天主教独身女性发挥的作用和能量日益在社会彰显。

一 贞女制度发展大势及特点

鸦片战争之后，中国天主教进入发展时期，与1840年之前相比，贞女制度呈现出这一历史时段的一些特点。

（一）贞女人数持续增长

在清中叶定型的贞女制度一直延伸到近代，各地贞女人数的增长说明有越来越多的女性加入独身的行列。

就地域来说，清中叶的福安一地就有贞女200名，而1840年上海开埠之后，随着教务的进展，海门和崇明已有250名贞女。[1]

巴黎外方传教会十分重视贞女的培训，所管辖的地区贞女较多。据统计，"1892年四川有1060名贞女，另有434名由巴黎外方传教会管辖的贞女分散在云南、贵州、广东、西藏和东北等地。四川有2945名学生在

---

[1] Die Katholischen Missionen (Illustrierte Monatsschrift), 35. Jahrgang (1906/1907) 6: S. 125。数据来自P. Werner神父的信函。

贞女的指导下就读于231所学校,她们拥有231所孤儿院"①;到1925年,虽然不断有贞女加入女修会,但四川仍有2450名贞女。②

圣言会进入中国较晚,但建立的传教区亦十分重视调动贞女的积极性为教会服务:"1886年,圣言会传教区有14位贞女;1900年有90位,1925年,有390位。贞女的工作是教授要理,开办女孤儿院。在坡里庄,贞女发挥了很大的作用,会长的女儿和另外4位贞女,领导并管理女孤儿院。"③

近代义和团运动使中国天主教遭受惨重打击,而恰恰因为这次惨烈的冲击,再一次刺激贞女群体的增加。以河南安阳地区的田家井村为例,庚子年义和团起事,潞安、卫辉等地教友到此躲避,此后教务发展迅速,民国前后,一个村就有近20位贞女。④

自欧洲女修会进入中国,天主教独身女性的守贞方式走向多元:她们或进入修会,或进入贞女团体,少数人仍然固守传统,在家中修道。于是独身女性的生活方式主要分为三种类型:欧洲女修会(多为国际型修会)、国籍女修会(在欧洲修会的帮助下或教区支持下成立的本土女修会)及贞女团体。

下面是1906年中国天主教不同类型的独身女性人数的统计,由此可窥见中国贞女制度的变化:"中国除了600名欧洲修女之外,大约有500名中国修女,还有三四千度奉献生活的贞女。我们同时也应看到,世界上没有一个国家的女性,像中国的贞女那样参与传教工作,贞女就像花朵找到了合适的土壤。"⑤ 在欧洲女修会逐渐立足中国、一部分贞女转入女修会的情况下,仍有许多贞女在教会服务,说明中国教会依然需要大量贞女协助工作。

20世纪上半叶是国籍女修会发展的黄金时期,国籍女修会人数激增,

---

① Launay, Histoire géneale, 3: 557, 576, 588; E. Entenmann, "Christian Virgins in Eighteenth – Century Sichuan", *Christianity in China, from the Eighteenth Century to the Present*, Stanford University Press, Stanford, California, 1996, p. 192.

② Foucauld, p. 49; E. Entenmann, "Christian Virgins in Eighteenth – Century Sichuan", *Christianity in China, from the Eighteenth Century to the Present*, Stanford University Press, Stanford, California, 1996, p. 192.

③ Verbum SVD, Vol. 16—1975, Romae Apud Collegium Verbi Divini, S. 65.

④ 参见保禄《邯郸天主教史略》(内部资料),2005年版,第159页。

⑤ Die Katholischen Missionen (Illustrierte Monatsschrift), 35. Jahrgang (1906/1907) 6: S. 127.

第五章 鸦片战争之后贞女团体的发展

且超过外籍修女，1928 年，中国已有 3988 名修女（国籍 2641，外籍 1347），1948 年，修女人数增至 7463 名（国籍 5112，外籍 2351）。[①] 贞女人数估计超过 3000 人[②]，贞女仍然占较大的分量，这些独身女性将是各类女修会的合适人选。

本土修女人数逐年递增，且超过外籍修女，折射出进入 20 世纪之后中国天主教独身女性选择独身方式的价值取向，同时也透露出大批贞女转入女修会的信息。在教务的发展中，贞女成为各女修会的人才储备库；反过来说，女修会的发展（特别是国籍女修会）又离不开贞女的支持和加盟。下面表格中的数字，能够从一个侧面反映国籍女修会成长的情况。

时间	欧美修女	国籍修女	贞女	资料来源
1900	500	不详	3000—4000	R. G. Tiedemann, Controlling the Virgins: female propagators of the faith and the Catholic hierarchy in china, *Women's History Review*, Vol. 17, N. 4, September 2008, p. 507.
1906	600	500	3000	Die Katholischen Missionen, 35. Jahrgang (1906/1907) 6: S. 127.
1928	1008	2830	3000	Rev. Frederick C. Dietz, Pro-Vicar of the Maryknoll Vicariate of Kongmoon, china, "China's Brighter Side", *Catholic Missions*, Number 1, 1928. Bureau Sinologique de Zi-ka-wei, 1949, p. 16.
1936	1995	3418	不详	《我存杂志》第 6 册（1937 年），第 2770 页。
1948	2351	5112	3000	Bureau Sinologique de Zi-ka-wei, 1949, Annuaires de l'Église Catholique en Chine 1949 Shanghai, Table "B" (5).

[①] Bureau Sinologique de Zi-ka-wei, 1949, Annuaires de l'Église Catholique en Chine 1949 Shanghai, Table "B" (5). Bureau Sinologique de Zi-ka-wei, 1930, Missions Séminiaires, Oeuvres Catholique en Chine 1928—1929. Shanghai, Table "B" p. 15. 转引自梁洁芬《中国修女的贡献和面对的问题》，载台湾辅仁大学神学院编《神学论集》，第 137 号，2003 年，第 330—331 页。此外，Rev. Frederick C. Dietz, Pro-Vicar of the Maryknoll Vicariate of Kongmoon, china, "China's Brighter Side", *Catholic Missions*, Number 1, 1928. 原文统计数据如下："现在中国大约有 2,830 位国籍修女，国籍修女有一半属于本地的修会，大约 15 个。中外神父比例是 10：7、中外修女的比例是：26：10，与神父相比，中国修女所占比例高于神父 2.5 倍。本地女修会分布在 70 个代牧区的 34 个。"（p. 16）原文没有外籍修女数字，根据中外修女比例 26：10，推算出外籍修女为 1008 位。法文和英文提供的数据出现误差，估计与统计截止时间有关。

[②] See R. G Tiedemann, "Controlling the Virgins, Female Propagators and the Catholic Hierarchy in China", *Women's History Review*, Volume 17 Number 4, September, 2008, p. 507.

中国地域辽阔，众多的教区分属于不同传教机构，对天主教独身女性进行准确的量化统计是一件艰难的工作。虽然参加国籍女修会的人数在逐渐攀升，但国籍修女及贞女的人数极有可能漏录。以张家口外的西湾子教会为例，"1913年至1922年期间有170名贞女（包括寡妇）在孤儿院和收容所（hospices）工作，仅有10位住在家中。1922年教区分离之后，蒙古教区管辖的贞女大约有40多位，大多过团体生活，只有少数住在家中"①。在鄂西北磨盘山，清末开始有修女院，但同样有贞女服务教会，至1949年，山区仍有50余名贞女度守贞生活。②

民国以后，仿效女修会团体生活方式逐渐成为中国贞女发展的方向和主流，进而刺激贞女人数的增加；同时，相对宽松的环境也为天主教的独身女性根据自身需要来选择不同类型的独身方式提供了方便。

（二）组建团体成为守贞生活的主要模式

"团体"亦可以理解为"社群"，即"一群人住在同一个地方，或是拥有同样趣味、特性或文化的团体"③。明清之际，贞女以住家型为主，她们多与自己的父母生活在一起。晚清以降，团体生活的形式逐渐成为中国贞女发展的方向和主流。有些组成团体的贞女会给她们的团体命名，20世纪初，"在北京有一个属于教区的小型贞女团体，以'圣亚纳'命名，有15名成员"④。

自欧洲女修会进入中国之后，中国贞女开始学习、仿效女修会团体的生活模式。随着大部分贞女加入修会，余下的贞女多结为团体，分散于家庭者逐渐减少。组成团体与分散于家庭的贞女比例各地不一，这种情况主要取决于教区领袖的意见以及教务进展的需要。一般来说，贞女较为集中的老教区，团体生活起步较早，如西湾子教会，民国初年进入团体的贞女的比例已达94%以上，是中国天主教贞女转型较快的地区。

---

① Raymond Renson CICM, Rome, " Virgins in Central Mongolia", *The History of The Relations Between The Low Countries and China in The Qing Era* (1644—1911), Edited by W. F. Vande Walle Co - editor Noël Golvers, Leuven University Press, 2003, p. 349.

② 磨盘山贞女数字为张家炎先生提供，张于新中国成立初在当地进行过人口统计工作。

③ 肯·霍尔斯:《口述历史》(*Oral History*)，陈瑛译，台湾播种者文化有限公司2003年版，第110页。

④ Die Katholischen Missionen (Illustrierte Monatsschrift), 35. Jahrgang (1906/1907) 6: S. 127. Anna 传说是圣母玛利亚的母亲，该团体以此命名。

如果一位年轻的女性决定守贞，教会需要对她进行一系列考察。一般来说，进入团体的贞女相比分散于家庭者，在信德、灵修、奉献精神等方面要求更高，因为"只有那些虔诚的，到了成熟年龄的贞女才能进入团体。这些贞女要有长时间的考验，要有好的声誉"①。

（三）贞女学校质量提高

清朝中期巴黎外方传教会的穆雅神父在四川开办贞女学校，实为中国贞女培训工作的开端。当时禁教甚严，培训工作时断时续。近代以后，随着天主教生存环境的宽松，贞女培训工作开始全方位启动。

西湾子是天主教老教区，贞女培训工作开始较早。1836 年（此时由法国遣使会管理），"孟振生主教（Msgr. Martial Mouly）为贞女们建立了一所学校，这所学校在贞女的管理之下，关于这所学校，主教写道：我们已经在城里为那些女孩子建立学校，人们起先认为那些女孩子建立学校似乎不可能，但学校的发展比我们预期的要好。我们现在有 60 位女学生，年龄在 8 至 16 岁。这所学校由两位贞女和两位已婚的女传道员负责，她们 4 个都是虔诚的基督徒，为这些女孩子的教育努力工作。这所学校将成为其他学校的榜样，并将为教会输送女教师。一位贞女住在家中，另一位贞女住在学校租来的房子里。根据形势的发展，可能还将建立孤儿院。对于乡村女孩子的培养，我们挑选了 6 位贞女，她们的工作是流动性的，6 位贞女分为 3 组，每组两人，去培育大约 20 位女孩。"② 这类女校的目的是培养未成年的女孩子，她们中有的可能会成为新一代的贞女。在西湾子，除了在学校任教的贞女，还有许多贞女到更偏远的地方去教导孩子们。③

在直隶教区，"1856 年，在华耶稣会领导鄂尔壁（Joseph Gonnet）

---

① Raymond Renson CICM, Rome, "Virgins in Central Mongolia", *The History of The Relations Between The Low Countries and China in The Qing Era*（1644—1911）, Edited by W. F. Vande Walle Co - editor Noël Golvers, Leuven University Press, 2003, p. 363.

② Valère Rondelez, Het Katholieke dorp Siwangtze（Scheut - Brussel, 1941）, pp. 53—60; Raymond Renson CICM, Rome, "Virgins in Central Mongolia," *The History of The Relations Between The Low Countries and China in The Qing Era*（1644—1911）, Edited by W. F. Vande Walle Co - editor Noël Golvers, Leuven University Press, 2003, pp. 346—347.

③ 参见隆德理《西湾子圣教源流》（1939 年），古伟瀛主编《塞外传教史》，台湾光启文化事业出版社 2002 年版，第 37、41 页。

神父，集中了9位不同年龄的贞女在一个基督徒家庭，对她们进行特殊的训练，以便使这些贞女担负起培训其他贞女的责任，这9位贞女跟从一位年长的学者学习。1867年，这位耶稣会神父在西湾子建立了另一所学校，贞女怀着极大的热情不仅学习宗教知识，而且学习四书，这所学校主要服务于那些年轻的初学者，学生们也要学习最基本的灵性生活知识。1892年，相类似的学校在直隶东南建立（耶稣会管理的教区），入学的学生年龄20岁以上，这些女孩子准备将来担任妇女传道员或教师。"①

19世纪后半叶教会开办的贞女学校，无论是文化课程学习，还是信仰的培育，较之清中叶有较大的提高。在耶稣会管理的直隶东南教区（Südost—Techeli），贞女学校招收学生相当严格，"一个女孩子必须年满20岁才能进入学校学习，其间还需要经过好几年的圣召考试。宗教培育以及其他知识的学习在老一代贞女的指导下进行，时间是5年。在学习期间，除非特殊情况，如家人生病，可以回家探亲，一般不允许离开学校。贞女在学习期间与外面世界没有联系，她们受到很好的、系统的教育，特别在信仰方面以及贞女应该遵守的伦理道德方面。除了认真学习宗教课程，贞女也学习四书、学习实用的医药知识，贞女特别擅长的是中国的针灸医术。在这里，只有最优秀、最有天分的贞女才能担任教师工作，其他的贞女只能做一些其他的工作。在这个地方，现在有了3个初级学校，112名学生。408名贞女，其中283人是担任了教师工作。"②

19世纪中叶以后天主教贞女学校的培训理念、管理模式以及课程设置有了很大的变化。特别是课程设置，18世纪中期学校教学以宗教课为主；19世纪中叶以后，为提高贞女的综合素质而补充中国文化典籍和自然科学内容，则成为贞女学校的特点。随着贞女学校教育水平的提高，贞女的工作由封闭走向开放，她们所承担的工作越来越多，服务社会的空间也越来越大。

---

① Raymond Renson CICM, Rome, "Virgins in Central Mongolia", *The History of The Relations Between The Low Countries and China in The Qing Era* (1644—1911), Edited by W. F. Vande Walle Co-editor Noël Golvers, Leuven University Press, 2003, pp. 345 – 346.

② Die Katholischen Missionen (Illustrierte Monatsschrift), 35. Jahrgang (1906/1907) 6: S. 127.

二 各地贞女团体扫描

明清之际,在华活动的修会主要有耶稣会、方济各会、多明我会、遣使会等;近代以后,不断有新的修会加盟中国传教队伍,如圣言会、圣母圣心会、玛利诺会、白冷会等。欧洲女修会亦进入中国,开始参与对中国贞女的培训,并与贞女携手开展友好合作。

教会的发展伴随着天主教本土化的进程,一批国籍女修会也随之诞生。虽然有部分独身女性进入不同修会,但属于地方教会管辖的贞女依然存在,且制度更加完善,工作内容更加丰富。

由于近代进入中国的欧洲修会较多,各传教会在培训、管理贞女方面具有各自的特点和优势,下文选择近代较有代表性的地方教会分别论说。

(一) 山东的贞女

山东教会分属于不同的修会,各教区均有贞女服务,如济南属于方济各会,这里"所有的贞女属于第三会。贞女的组织存在于所有的传教区内,她们为了天主的意愿保持童贞,并且贞女们很高兴在每一个代牧区照顾、看管教区的事务。在方济各会的传教区中,多年来关于贞女的行为举止,均由主教来规定"①。

济南教区是贞女较为集中的地区。到1949年前夕,有98位修女,分属4个修会,其中一半为中国修女,而贞女有423位(传教姑娘),她们分别在不同的教堂工作。②

坡里庄(亦称坡里)属于德国圣言会管理,圣言会虽然进入中国稍晚,但同样把中国的传教视为修会事业的重要组成部分。曾担任圣言会总会长的海因里希(P. Heinrich Barlage)说:

中国一直是圣言会的"挚爱",这是基于我们的传统。圣言会最早的会规(1876年)也提到:中国是东亚异教徒中最大的民族,我

---

① Vitalis Lange O. F. M., Das Apostolische Vikariat TSINANFU. Franziskanische Missionsarbeit in China. Werl, 1929, S. 99.

② 参见韩承良《杨恩赉总主教的生平》,第261页。

们传教工作的首要目标就是中国。杨生神父（修会的创始人）在第一次传教士的派遣札中也强调："作为传教会院的耕耘之地——中国始终在我们的视野之中。"①

正是因为圣言会对中国的传教热情，才成功地在中国建立了数个有影响的教会，坡里庄仅是他们辛勤劳动的成果之一。

坡里庄被誉之为鲁西天主教会的摇篮，这个普通的中国乡村位于阳谷县北25公里处，距离聊城西南20多公里，地理环境十分闭塞。随着不断有传教士进入，坡里庄很快成为山东天主教的重镇。鉴于部分教区"已经有了本地修会，山东南部除了坡里庄，其他的堂口都是新开辟的传教点"②，在急需贞女帮助的形势下，坡里庄以度团体生活入手对贞女进行培育。

1892年8月，教区在坡里庄召开传教会议，福若瑟神父在会议上提出重修《传教士手册》、《传教员手则》、《贞女守则》、《会长守则》及祈祷经书的建议，建议得到参会者的响应，于是各类手册、守则提交会议讨论、修正，最终得以在会议中通过。③

《贞女守则》是贞女信仰生活及世俗生活的理论指导，根据形势变化对守则进行修改补充，可见圣言会对贞女制度的重视和关心。

让贞女进行福传是福神父的工作重心，他培养的贞女传道员称之为"传教姑娘"④。同时福神父还在坡里庄开办贞女学校（20世纪初），给贞女中国式的基础教育，培育的导向和目标是让贞女适应福传生活，并规定贞女25岁发童贞愿。⑤

随着教会的发展，坡里的贞女培训日渐规范，"每个主日都有对贞女的培训课程，其中主要内容是讲修道院的工作规则"⑥。培训是为那些立

---

① P. Heinrich Barlage, "China und die Mission der SVD. Der Stellenwert des SVD – China – Apostolates", In Generalat SVD (Hrsg.), China und die Mission der SVD, Rom 1995, S. 1.

② Ortrud Stegmaier SSpS, "MISSIONSDIENST AM EIGENEN VOLK, Die Heranbildung einheimischer Ordensfrauen durch Steyler Missionare und Missionsschwestern", VERBUM SVD; Vol. 16—1975, ROMAE APUD COLLEGIUM VERBI DIVINI. S. 63.

③ 参见普路兹·米格《真福福若瑟神父传》，薛保纶译，天主教圣言会，1997年，第87页。

④ 同上书，第49页。关于坡里的贞女传道员，参见本书十章"贞女传道员"部分。

⑤ 参见 Ortrud Stegmaier SSpS, "MISSIONSDIENST AM EIGENEN VOLK, Die Heranbildung einheimischer Ordensfrauen durch Steyler Missionare und Missionsschwestern", VERBUM SVD; Vol. 16—1975, ROMAE APUD COLLEGIUM VERBI DIVINI. S. 66。

⑥ Ibid., S. 69.

志过团体生活的独身女性打下基础，同时也预示着中国本土女修会将进入一个快速发展时期。

山东贞女要理学校的学生

"山东修女和贞女接受了福若瑟神父的精神。"① 由于积劳成疾，福神父于 1908 年不幸病逝。福神父离去之后，由他开创、支持的贞女团体继续发展，其中以坡里庄为核心的贞女团体形成了自身的一些特点：

（1）严格而刻苦的宗教生活。

坡里庄的"生活方式的特点是穷困和自愿的苦行。韩宁镐曾写下这样的报告：'在坡里的人们作很多祈祷。他们很早——夏天是早上四点——一起床就开始宗教活动：早祷、默想、弥撒、感恩祈祷。守贞的女士们特别热心地祈祷。她们与传教士一样一个星期恪守几天的斋戒。神父们和修士们一个星期中有三天的斋戒日。'"②

---

① Sr. Edberte Eva Irene Moroder SSpS, China information: Steyler Missionsschwestern in China, Die ersten 50 Jahre 1905—1955, 2 Teil, Roma: Casa Generalizia CM SSps, 2004, S. 62.
② ［德］赫尔曼·费尔希：《奥古斯定·韩宁镐主教传 一位德国人在华工作 53 年》，第 82 页。

山东贞女教孩子学习要理

除了参加各种礼仪,贞女的教理和灵修培训也得到重视。韩宁镐神父在坡里庄当院长两年,"他给修会团体——特别是传教修士们和管理女育婴堂的贞女们——讲很多苦修方面的道理(aszetische Vortraege)。他每次很认真的写出他将要讲的道理。"[①] "每一个星期给孩子们讲道理,每周或每两个星期给贞女们讲信仰方面的道理,使她们有更深入地理解基督徒信仰的机会,并使她们学习生活中的美德。"[②]

教理和灵修培训的目的是提高信德,刻苦的宗教生活是一种意志的磨炼,这一切均为贞女们从事更加艰苦的工作奠定了基础。

(2)山东的贞女团体:"炼灵互助会"。

"炼灵互助会"是一个以祈祷为主的贞女团体。由于"在家贞女传教会的培训一度缺乏合适的指导者,1935 年,李柏梁神父帮助贞女在坡里恢复了'炼灵互助会'(Saviors of the soul in the Purgatory),这个团体与以前有很大的不同,组织发展很快,有 500 名贞女参加了这个团体,其中有一些寡

[①] [德]赫尔曼·费尔希:《奥古斯定·韩宁镐主教传——一位德国人在华工作 53 年》,第 109 页。

[②] 同上书,第 82 页。

妇。不仅在坡里,这个团体还发展到文上、临清和兖州。负责这个团体的是李柏梁神父(Rev. Li Benliang)。团体的规则是:每一位成员一年交一块银元,如果一位成员加入团体时间少于 5 年,需要用 50 台弥撒祭奠亡者的灵魂;如果加入团体的时间是 5 年以上,将献 100 台弥撒。这个团体的主要目标是祈祷,原因是很多年长的成员不可能做更多的传教工作。"①

祈祷是基督徒每日的礼仪功课,为他人祈祷是信徒的一项责任,年长的贞女用虔修、祈祷来表示对天主的感恩和赞美,从礼仪层面展现出天主教信仰的另一个特色。

(3)参与慈善事业。

坡里庄的"慈善机构包括男童孤儿院——副执事陵格菲(Gottfried Riehm)和一位善良的新教友指导这个孤儿院。一个女童孤儿院——这是本地贞女们指导的"②。负责管理女孤的生活,几乎是各地贞女的工作任务之一。坡里庄的贞女也不例外,她们以爱心参与慈善事业、为教会树立圣善形象发挥了重要作用。

山东贞女管理的孤儿院

---

① Leo Leeb, *Chinese Catholics and Priests Perceiving the SVD and SSpS Mission in China*, Steyler Missionswiss Institute, 2001, p. 32.

② [德] 赫尔曼·费尔希:《奥古斯定·韩宁镐主教传 一位德国人在华工作 53 年》,第 82 页。

(4) 向周边地区传播天主教信仰。

经过严格培训的贞女不仅立足本地、还向周边传播天主教。如"坡里有一些贞女被派往王庄（临沂），但不是太多。贞女是年轻照顾老的，老的培养年轻的。后来圣言会管理教区的贞女（山东、河南）都组成了团体。"① 随着组建团体的增多，跨地区的传教活动将更加频繁。

（二） 江南地区②的贞女

江南一带是天主教传入较早的地区。明末，南京就有了贞女群体。清中叶禁教，贞女活动跌入低谷。鸦片战争之后，江南教会很快恢复，贞女们的活动亦十分活跃。《江南传教史》记载：（1845年）"除会口办事人外，神父们最得力的助手是贞女们。那是江南最初的传教士们仿效教会初期成立的美妙组织。几乎每个小康之家，都有一两名或更多的这样的好姑娘。她们为了献身于传教和慈善事业，放弃了结婚，有的就生活在父母家里，有的则三三两两或更多的人聚集在属于她们会口的公所里，组成一个个小小的团体。多亏她们的努力，使孩子们学会了经言，学得了教理，病危垂死的也得了扶助，小圣堂得到了维护并保持了整洁。"③

江南的海门是贞女较为集中的一个地区，在教区工作的耶稣会神父维尔纳（P. Werner）在信函中生动地描述了贞女的辛勤工作：

> 对于海门的贞女来说最盛大的节日是传教士的到来，这个时候她们要装饰教堂，布置祭坛，安排传教士的日常起居，她们不知疲倦地工作，把平常节省下的钱集中到一起，用于传教士的8至14天的开销。贞女们还把住在其他地方的基督徒介绍给传教士，这些人需要找传教士咨询一些问题。贞女们精力充沛地工作，领导祈祷，给非信徒讲授要理，并给予他们鼓励。在传教士来到的第一天，贞女把那些皈依者带到神父那里，给大家讲述这些人由非基督徒自愿转化为基督徒

---

① Leo Leeb, *Chinese Catholics and Priests Perceiving the SVD and SSpS Mission in China*, Steyler Missionswiss Institute, 2001, p. 32.

② 江南指长江以南地区，也包括江南教区所管辖地区。

③ ［法］史式微：《江南传教史》第一卷，天主教上海教区史料译写组译，上海译文出版社1983年版，第22页。

的故事。在培育望教者方面，贞女是最为重要的一股力量。哪里缺乏贞女，哪里的福传工作就会终止，教会的发展就会受到影响。一些非教友父母对孩子缺乏人道的关爱，我在半年之内给250名小孩子施洗，是因为有了这些贞女的帮助。贞女一直关爱和照顾这些小天使，为他们服务，为他们奉献出自己的积蓄。①

1851元月，维尔纳（P. Werner）在另一封信函中"介绍了一些令人感动的贞女的事例：所有的贞女都把她们微薄有限的钱财，把她们的时间、精力以及健康奉献给了爱的事业和拯救灵魂的工作"②。神父对贞女的肯定和赞扬说明海门贞女在教会中扮演了重要角色。

浙江西部的蔴蓬村是一个教友村。禁教时期，就开始有基督徒移民在此定居，守贞也成为蔴蓬村的习俗，这一特点在该村教务发展史有所反映："道光初叶，始有傅姓出献土墙一屋，上下两进，作为瞻礼诵祷之所，俗称老堂。后山傅多默会长，献助大厅一座，及楼屋一幢，将楼下三间改经堂，两旁厢屋，作为女信友念经之所，间隔栅栏，以便领圣事。老堂遂改作历代守贞女士住所。"③ 文献虽然没有交代历代贞女的数目，但可以推论该村贞女人数不少。而让贞女们集中居住于老教堂内，既方便管理，同时也为她们的生活和工作提供了方便。

上海是天主教江南教区的龙头，明末著名天主教信徒徐光启以及后裔（特别是孙女甘第达）为教会发展作出过重要贡献。近代上海开埠以后，教务发展很快，教区所辖堂口贞女也逐渐增多。档案记载："法租界新北门外永安街有天主教堂一所，内有男女塾及教士并神父、童身姑娘住宅，离城半里。"④ 这些住堂型贞女多担任传教工作。

1855年，由耶稣会神父薛孔昭（Sica Louis, S.J）发起、经郎怀仁

---

① Die Katholischen Missionen（Illustrierte Monatsschrift），35. Jahrgang（1906/1907）6：S. 124. 文中所说"非教友父母的不人道"，是批评旧中国溺女婴以及抛弃残疾幼儿的现象，而援助这些幼小生命是贞女的一项经常性的工作。

② Ibid., S. 126.

③ 倪儒范：《浙江徽瞿属蔴蓬教务史略》，载《我存杂志》第3册（原第三卷第四期，1935年），全国图书馆文献缩微复制中心2006年版，第1497页。

④ 台湾"中央研究院"近代史研究所编：《教务教案档》第五辑（二），光绪十三年—光绪二十一年，1981年，第709页，"总署收南洋大臣刘坤一文附清折·咨送上海县开呈英法美各国教堂清折"。

(Adrien Hippolyte Languillat) 主教①同意，横塘（现松江区）聚集了一批有志于精修的贞女，她们的任务在于协助传教工作。1864年，贞女们迁于徐家汇王家堂，组成团体"献堂会"（说详第六章），为江南一带的教务发展以及社会服务作出了重要贡献。

近代以后，上海贞女十分活跃，有竹枝词唱道：

> 小姑不字励贞修，
> 天主堂中结伴游，
> 记得明朝逢礼拜，
> 五更灯火照梳头。②

词中"小姑"指准备过守贞生活的年轻姑娘，她们立志"贞修"，结伴参加教堂主日弥撒是她们的集体行动。这些女孩子将是贞女或修女的候选人，正因为上海教会立志守贞的女孩子较多，由此而产生了在江南极有影响的"献堂会"（说详第六章）。

（三）甘肃的贞女

位于大西北的甘肃是天主教进入较晚的一个地区，在这里传教的主要有圣言会和圣神女修会。关于甘肃贞女的情况，当年在此生活的传教士工作记录中留有她们的印记：

> 中国女性处于一个隔离的状态，西方传教士难以直接向妇女传教。在这种情况下，让基督徒女性帮助是十分必要的。贞女们给予教会极大的帮助，她们与妇女联系，讲授信仰的道理。在秦州（Tsinchow）有女孤儿院，贞女担任教育女孤的工作。传教会的发展呈现出新的希望，贞女的工作将得到来自欧洲女修会的支援。1924年3月，第一批圣神会的4位修女到达了这里，另外还有3位在正在路途中。

---

① 郎怀仁（Adrien Hippolyte Languillat），耶稣会会士，1864年9月9日，罗马诏令他从直隶东南教区移驻江南，1865年3月22日他到了上海，1878年11月27日，死于徐家汇。
② 顾炳权：《上海洋场竹枝词》，转引自罗苏文《论清末上海市女装的演变（1880—1910）》，载游鉴明主编《近代中国的妇女与社会（1600—1950）》，台湾"中央研究院"近代史研究所2003年版，第115页。

修女们将管理孤儿院，给妇女讲授要理。①

虽然甘肃贞女群体起步较晚，但她们的工作任务与其他地区一样。由于圣言会重视对贞女的培训以及圣神会修女的帮助，这里的贞女整体素养得到了提高。"1924年，茵州教区圣言会的传教士们，在甘肃省东部找到了7位贞女，她们每天完全按照天主教教义生活。对相对数量比较多的贞女进行继续教育，即将成为圣神女修会的工作。这个信息传给了主教Walleser OMCap。随后，教会开设了女子中学，进行基础教育。开始的教育为四年制，后来学制延长。"②

开办贞女学校给没有机会接受正规教育的女孩子提供了绝好机会，因此，培训工作将持续下去。曾在中国工作的德国圣神会修女们记录了贞女候选人接受基础教育的情况：

> 在偏远的甘肃，德国圣神女修会的修女Antonelle Götzken观察到，在抗日战争前夕（1937年），来自乡村的女孩子作为贞女候选人，大多数都希望在年轻的时候进入学校学习。但给予这些女孩子基础的教育，教授最基本的日常知识需要极大的耐心，对于很多的女孩子来说，经常性的加强训练使她们难以承受。欧洲修女们常常坚持清洁的卫生习惯的做法成为障碍，严格的制度，如每天的个人清洁卫生，一周一次清洗内衣，擦洗地板，洗衣服，这些给刚刚进入学校的贞女们极大的惊讶……Antonelle修女报告说，她们很快克难了困难，逐渐提高了这些女孩子的教育水准和纪律意识。当这些女孩子能够阅读，完成了四年的初级学校的学习之后，再进入贞女培训学校。③

甘肃贞女多来自贫困的乡村——那是一块贫瘠、荒凉的土地。在进入

---

① Rev. Gabriel McCarthy, O. M. CAP, "The Cave Men of Kansu", *Catholic Mission*, Number 8, 1927, p. 256.

② Sr. Edberte Eva Irene Moroder SSpS, China information: Steyler Missionsschwestern in China, Die ersten 50 Jahre 1905—1955, 2 Teil, Roma: Casa Generalizia CM SSpS, 2004, S. 69.

③ Sister Antonella, "Ausbidung der Katechistinnen", pp. 217-218, R. G. Tiedemann, "Controlling the Virgins: female propagators of the faith and the Catholic hierarchy in china", *Women's History Review*, Vol. 17, N. 4, September 2008, p. 512.

学校之前，这些女孩子除了信仰之外一无所有。接受学习培训对于乡村女孩子来说是一种脱胎换骨的改造，她们不仅获取文化知识，而且要抛弃落后的生活习惯、接受新的文明的生活方式。

虽然甘肃贞女接受欧洲修女培训，但加入修会的贞女不多，"一个原来打算进入女修会的女孩子，来到甘肃东部独自生活，每天按照修院规矩自行灵修，一些传教士把这件事看作一种典型范例。"① 单独灵修，需要坚强的毅力和高度的自律精神，这位独自修行的贞女是一个特例，在整个贞女体制中十分罕见。

（四）其他地区的贞女

随着天主教的传播，全国各教区均有贞女服务，这种状况不仅出现在老教区，新开辟的传教区也是如此。

（1）东北贞女。

东北天主教开教稍晚，初期教会亦有守贞姑娘，但多属住家型。由单独活动到组织团体、进而由女修会给予训练，这是东北贞女发展变化的基本特征。

关于东北贞女的基本情况，巴黎外方传教会的传教士有如下记录："南满代牧主教苏斐理（Felix M. Choulet）在1913年组织一个类似女修会的团体，并且给这个团体一个外国名字，看到贞女们负责管理东北南部的数座学校，真是令人欣慰。这个团体的总会设在沈阳（Moukden），就在大教堂附近。贞女需要学习中国古典文化知识和宗教知识，一年后作为初学者，她们进入团体开始过集体生活。这些女性被团体接受的仪式很简单，内容有发贞洁愿、服从愿，一年一次，且要对蓝色头巾祝福。她们的服装与中国妇女相差不多，只是包裹在头上的蓝色头巾能够证明她们的身份。"②

在教务的发展中，大部分贞女转入修会，但初学生的学习生活十分艰苦："他们的集体宿舍是纯粹的东北风格，有一个很长的大厅，顶头处有两个平面式的火炉，以代替直立式的烟囱。烟囱的长度顺着房间下

---

① Sr. Edberte Eva Irene Moroder SSpS, China information: Steyler Missionsschwestern in China, Die ersten 50 Jahre 1905—1955, 2 Teil, Roma: Casa Generalizia CM SSps, 2004, S. 119.

② Right Rev. J. M. Blois, P. F. M., "Chinese Virgins," *Catholic Missions (Monthly)*, June, 1923, p. 139, New York, by the Society for the Propagation of the Faith.

用砖砌成的平台延伸,通向户外。通过平台内流过的烟以及热量取暖。由砖砌成的平台上铺上垫子就是床,空间也就被分隔成一个个小寝室。"①

东北地区的贞女历史不长,但一经建构,规章制度十分完善,如发愿的要求、服饰的规定等。同时,东北贞女也是最快向女修会转型的地区之一。由于东北天主教的发展阶段正好与欧洲女修会进入中国内地的时间同步,因而贞女体制起步伊始就不断有贞女进入修会团体,这也是东北贞女的一个特点。

(2)云南贞女。

清中叶,受四川贞女的影响,云南也出现守贞女性。但位于西南边陲的云南教会重视对贞女培训是进入民国以后。

1933年,比利时籍传教士雍守正(Georges – Marie De Jonghe d'Ardoye)担任昆明教区主教。他认为,中国贞女缺乏系统的世俗教育、文化素质较差,难以较好地承担对女童、少女及女信徒传授教理等项工作,有必要提高其文化程度。于是,要求贞女院学生必须达到中学毕业的水准才有资格传播教理。为此,他创办学校,发展教育,训练女童。②

或许是地理位置偏远,云南天主教发展远不如内地。截至1949年,信徒仅万余人,但对贞女的培训却十分重视,可见贞女制度已经成为当地教会体系中的重要组成部分。

(3)河南贞女。

位于中原的河南虽然毗邻河北,但天主教影响不大,亦有贞女服务。天主教村子一般开办孤儿院,孤儿长大成人后成为教友,许多女孤都成为男教友结婚的对象。③ 守贞姑娘在生活中遇到困难,教会也会尽力帮助。④

(4)鄂西北磨盘山的贞女。

鄂西北磨盘山在清中叶开始就有女信徒为了信仰而守童贞,贞女成为教会的骨干和中坚,虽然经历教案的冲击,但贞女群体不断扩大。鄂西北

---

① Right Rev. J. M. Blois, P. F. M., "Chinese Virgins", *Catholic Missions* (*Monthly*), June, 1923, p. 139, New York, by the Society for the Propagation of the Faith.
② 参见昆明市宗教事务局、昆明市天主教爱国会编《昆明天主教史》,云南大学出版社2006年版,第69—70页。
③ 参见罗渔《中国天主教河南省天主教史》,台湾辅仁大学出版社2003年版,第121页。
④ 同上书,第183页。

代牧区成立之后（1870年），由于主教府位于磨盘山，这一带成为华中天主教重心，贞女开始创办育婴堂、协助教区开展慈善事业。

1872年，贞女胡德肋撒将收养的弃婴集中照看，孩子多为非基督徒家庭所遗弃。德肋撒之举得到毕礼主教的认可，收养弃婴从此作为社区的传统而延续下来，同时，人们把德肋撒的善举视为育婴堂之缘起。次年，教会购得更大房产，扩大育婴堂规模，由吴依理思贞女负责这项工作。

德勒撒收养弃婴这一年正遇自然灾害，山区粮食减产，教堂附近弃婴很多。教区决定创建女修道院，以收养婴儿为宗旨。于是，派胡德肋撒和郭玛利亚贞女前往汉口教区修女院学习，"求修女德操精神与公教教育智识"①。

1876年6月，两位贞女在汉口修院完成学业，偕徐路济亚（郧西县人）、唐玛大肋纳（白河县人）一起回到磨盘山。这几位贞女在汉口修道期间参加了方济各仁爱修女会，②从此，修女和贞女共同服务于地方社会，育婴堂与修女院两个组织实际联为一体。

磨盘山教会历史上没有欧洲修女会进入，因而教友们称本地修女组织为"华贞女修道院"；汉口修女院由欧洲教会开办，称"西修女院"。

19世纪中期以后，在中国大地上，无论是老教区、还是新开拓的传教点；无论是中心城市、还是偏僻的边陲，均能见到天主教贞女的身影。近代以来贞女队伍扩大，贞女活动的空间拓展（开始跨地区的活动）应该是全国教会的共同特点。

三 义和团运动，贞女再受打击

近代以后天主教的传播是在不平等条约的保护之下进行的，传教士虽然获得了传教自由，但天主教仍然没有被中国社会和大多数国人认同。19世纪末，全国形成了反洋教浪潮，庚子年间的义和团运动更是将反教运动推向巅峰，天主教再次遭受重创。

---

① 成和德：《湖北襄郧属教史记略》，上海土山湾印书馆1924年版，第160页。
② 仁爱修女会是方济各的女友圣女嘉辣根据方济各的精神而创立，嘉辣去世后，其弟子们对方济各的精神有不同的领会，因而方济各会分裂，形成第一会，男性独身者（神父、修士）为其成员；第二会为女修会，也称圣嘉辣会（即仁爱会）；第三会为平信徒，亦称"在俗方济各会"。三个修会有一个共同的总会长，总会长住罗马。近代以后，磨盘山归属方济各管理。1928年，山区成立方济各会，下设一会一个，三会两个。

（一）贞女遭受迫害的原因

晚清各地教案的起因大多相似，一些乡民相信洋教士犯下了各种荒唐而恐怖的罪行：如吃婴儿肉、剥人皮、挖小孩眼睛、军事间谍、男女淫乱等。其中，与女性相关的传闻主要有以下两点：

（1）公共礼仪误为"秽乱之事"。

天主教的弥撒礼是公共礼仪，从16世纪末开始，来华传教士注意在公共礼仪中按两性划分不同的空间，但仍然难以消除人们对天主教的误解。反教者认为："中国素以名节廉耻为重，男女异居，不相授受，礼至肃也。天主教开禁以来，妇女入堂，男女不分，各处教堂，相习成风，无怪百姓轻视传教，且疑有秽乱之事。"① 晚清以后，教会礼仪活动的公开化、男女同进教堂更是中国人无法接受的事实。

（2）"生女不嫁"违背中国传统伦理。

以独身女性作为攻击教会的口实，清末档案多有记载。如光绪二年（1876年），河南反教者认为，天主教"为异类屡入中州，假名通商，传教诬民，公议条规，普告同人，协力遵守，共保桑梓，以弭乱源事"②。在所列天主教罪状中，"生女不嫁，留待天主，其敢于无夫妇者"③ 最为常见，天主教贞女的人生选择因有违中国国情和伦理道德，最容易引起国人的误解和反感。

光绪九年（1883年）湖南反教揭帖中也有对贞女进行污蔑、诽谤的内容：

> 照录粘单，常德阖郡愚民揭贴（帖）……天主教没祖先，不认父母，他们传教的头子看见谁家女子好，就叫来陪着睡觉，起名叫同真（按：应为"童贞"）女，不准嫁人……④

---

① 同治十年总理衙门致书各国公使，详述教案起因，共拟章程八条，转引自萧一山《清代通史》卷下（四），商务印书馆（台湾）1963年版，第1490页。
② "钦命总理各国事务衙门清档·照录清折"，载台湾"中央研究院"近代史研究所编《教务教案档》第三辑（一），同治十年—光绪四年，1981年，第587页。
③ 同上书，第588页。
④ 台湾"中央研究院"近代史研究所编：《教务教案档》第四辑（二），光绪五年—光绪十二年，1981年，第694页，"总署收南洋通商大臣左宗棠文，附常德郡民揭帖"。

反教者编造的故事不仅荒诞离奇，且充满着"性"的想象力。在文化隔膜与冲撞之中，义和团运动将矛头对准广大信徒，迫害贞女的事件也无法避免。

（二）"神系恋乎天乡"：殉教的贞女

近代最早殉教的贞女是贵州的林昭。

林昭（Agathe Lin，圣名亚加大，1817—1858年），原籍贵州晴隆县马场村，根据教会的需要，刘玛窦神父建议林昭去贵阳，因为有四川来的贞女袁雅妮（Vierge Annie Yuan）在那里开办了一所女校。林昭在贵阳学习两个月之后，学校被关闭，林昭和袁雅妮转去遵义继续学习两年，以后回到家乡，二十五岁时按照《童贞修规》（马青山制定）条例正式发愿。1854年，白主教去世，代理主理童文献（Paul Perny）派遣林昭到郎贷地区的苗族村，向当地妇女传教。1858年，林昭被捕，后被处死，1909年，教宗庇护十世列林昭为真福品。[①]

林昭是中国天主教贞女的优秀代表，也是第一个将宗教信仰传入苗族的贞女传道员。她殉教于第二次鸦片战争之前，此时大规模的反洋教气氛尚未形成，信徒死于迫害的案例并不普遍。庚子年间的义和团运动就不同了，这是一次波击中国大部分地区的反教运动，特别是华北（北京、天津、直隶、山东、山西）以及内蒙等地有46名欧洲传教士、近4万中国基督徒丧生，[②] 其中包括一大批贞女。

义和团运动最为剧烈之处在直隶、山东，贞女殉教人数最多的地区是直隶（河北）。1900年，直隶东南教区被杀害的贞女有以下数位：

> 罗撒，22岁，吴桥县油房赵家村人，传教员。
>
> 范惠（圣名罗撒），45岁，吴桥县范家庄人，担任女童教师多年，虔心事主，待人忠诚，举止端方，爱慕贫穷。
>
> 傅桂林，圣名玛利亚，37岁，深县洛泊村人，自幼失志守贞，在献县仁慈堂毕业后帮助传教，创建武邑大间村会口。

[①] 关于贞女林昭的生平事迹，详见［法］沙百里《中国基督徒史》，第234—237页。

[②] 参见［法］卫清心《法国对华传教政策》（下卷），黄庆华译，中国社会科学出版社1991年版，第725页。

陈家姐妹：陈金姐，圣名德肋撒（姐姐），25岁；陈爱姐，圣名罗撒，22岁，冀县冯家村人。两位贞女情格不同：金姐幽娴严肃，沉默寡言；爱姐活泼好动，思想敏锐。

王亚纳，14岁，威县马家庄人，是一位热心、贞娴、克己、端庄、听命、勤学、守规的贞女。①

以上几位殉教贞女，传道员罗撒最为惨烈，她与母亲、妹妹同被杀害，尸骨被毁。一位老教友后来回忆这位贞女时说："罗撒贞女是一位典型的传教先生，她热心、贞娴、恬静、谦诚，有爱德，肯牺牲。我虽然是一个贫穷可怜的女人，可是她从来没有轻视过我。"②

朱家河是河北著名的教友村，庚子年有58位贞女殉道，1902年，教会修建"古井殉道贞女墓"，③ 以表示对她们的怀念。

贞女所从事的工作主要是开办学校及慈善机构，下表以景县为例，通过义和团运动前后数字比较，可了解贞女遭受迫害以及所创办的各类机构遭到严重损失的情况：④

	义和团运动前（1900年春）	义和团运动后（1900年冬）
传教贞女（36位在学校）	285	50
传教贞女初学院	2	2
初等女学校	221	19
孤儿孤女院	8	3
施诊所	87	无

经过义和团运动的打击，景县贞女人数损失80%之多，所创办的学校、孤儿院以及诊所或遭重创，或荡然无存。

献县是耶稣会管理的老教区，主教府设在此地，反天主教运动中，献

---

① 详见张奉箴：《直隶东南教区五十六位致命真福传》，香港真理学会1955年版，第19、20、29、41、47页。殉教的贞女1955年被列为真福品。
② 张奉箴：《直隶东南教区五十六位致命真福传》，第20页。
③ 参见范文兴、耿永顺等《景县（衡水）教区史资料汇编 1939—2002》，台湾辅仁大学出版社2005年版，第76页。殉道贞女墓1948年被毁。
④ 同上书，第109页。原表格内容有多项，本书仅选择与贞女相关内容。

县教会经历了一波又一波的打击,"同治七年,捻匪入献县境,大肆劫掠。教友遇害者多名。内有贞女二名,教妇一名,皆因贞操不屈,遇害。"① 庚子拳乱,献县有数名贞女被杀,留下的名字的有:段玛利亚、李苏撒纳、萧德肋撒、王保辣、李玛利亚、范罗撒、傅玛利亚、高玛达肋纳、勒玛利亚、安玛利亚等。②

在整个直隶东南教区,1900 年春有贞女传教员 447 名,义和团运动之后(1900 年冬),仅剩 80 名。③

同样,庚子年间,山西亦有贞女被害,太原"慈幼堂贞女与收养之女孩共二百二十人,亦被拘禁,官方多劝令背教,不从,乃杀为首之两贞女"④。

反教运动还波及偏远的大西北,"陕甘总督何文称,光绪二十六年十一月初六,承贵亲王电开,法使函称请严饬甘肃宁夏道台转饬各处,将二十四顷地方教会院之贞女孤女,及归化城摆民妇女之卖与回回者,赶紧送交下营子地方教士,如不在该处,送交牧师亦可。又以上各处妇女多被库伦官员拘管衙门杀害,该员及各员之通同谋害者,如何惩治之处,本大臣嗣后再请查办。"⑤

贞女作为教会"忠实的女性助手,不幸被外教视为盲信者,伤风败俗的女人,与被禁止的异端邪教中的巫婆同属一类,甚至被看作腐化堕落的女人。因此,不少修女(应为贞女)被逮捕,受严刑拷打、坐牢,或被送进教养院,或被流放,有的甚至被当着欧洲传教士和中国教士、教徒的面砍下脑袋"⑥。对于中国世俗社会来说,贞女的生活理念和生活方式不被接受,因而"不仅是招来恶意诽谤的原因,而且也是中国迫害教徒,

---

① 萧若瑟:《天主教传行中国考》,载陈方中编《中国天主教史籍汇编》,台湾辅仁大学出版社 2003 年版,第 247 页。
② P. Raymundo Liou. S. J.:《献县教区义勇列传》(河北献县主教恩利格刘准),1932 年,卷一:第 90、103、122 页;卷二:47、84、137 页;卷三:27、80、110、113 页。
③ 详见张奉箴《直隶东南教区五十六位致命真福传》,香港真理学会 1955 年版,第 7 页。
④ 萧若瑟:《天主教传行中国考》,载陈方中编《中国天主教史籍汇编》,台湾辅仁大学出版社 2003 年版,第 274 页。
⑤ 台湾"中央研究院"近代史研究所编:《教务教案档》第七辑(二),光绪二十六年一宣统三年,1981 年,第 1099、1051 页,"总署收陕甘总督何文,附三道河教民原禀·法使请交还二十四顷地及归化等处教民妇女并教会教民财物两节应由山西查办甘肃民教并无事故"。
⑥ 萧若瑟:《教会史》第 2 卷,第 92 页,转引自〔法〕卫清心《法国对华传教政策》(上卷),第 359 页。

驱逐传教士和禁教的借口"①。

为什么近代教案中（特别是义和团运动）有数名贞女殉教？厘清这一问题，需要从两个方面分析：

其一，天主教信仰与中国社会存在很大的隔膜，难以融入本土文化。正如旅欧天主教学者卫清心所说：

> 19世纪初，中国基督徒的总数为202,000人，这个数字还没有超出中国人口的二千分之一。比起其他宗教团体来，这个数字是微不足道的。尽管如此，中国基督徒还把自己的同胞——非基督徒视为"魔鬼"，并称之为"可怜无知的异教徒"，或"崇拜偶像的小瞎子"。一方面，传教士禁止中国基督徒与这些"魔鬼"保持家族和社会上的联系；另一方面，中国基督徒也把自己看成是"国家的高贵人物"。然而，中国的非基督徒对中国人信奉基督教却有着完全不同的看法，他们认为，如果中国多出现一个基督徒，国家就少了一个良民。从那时起，中国教徒就脱离了同帝国社会的关系，在这种恶劣的气候条件下，仇恨便成了自然生长的植物。②

其二，在天主教传播中，女性基督徒占据很大比重，独身的贞女成为教会运作的中坚和骨干，而教会为"形势所迫，传教士只能依靠这些女助手在下层社会活动，发展新教徒"③。贞女的信仰理念、生活模式偏离中国传统轨道，在反教运动中成为重点打击的目标。

有意味的是，贞女面对反教者的暴力，表现出视死如归的气概，其中一个重要因素涉及天主教的死亡观以及对生命的认识。天主教徒认为："人在死后他的灵魂是永久存在，而教徒的灵魂则由神来接到天国，去享受天国里无上无限的清福，所以凡是虔诚的教徒都能欣然殉教。这种殉教精神，换句话说就是：倘国家以国法来禁止宗教，那教徒就因笃信教法的要理，而甘愿去触犯国法，因此在教法之前显得国法无力。乾隆帝就是从这一观点，才确认天主教有害于国家。不仅乾隆有如此观点，就是古代罗

---

① ［法］卫清心：《法国对华传教政策》（上卷），第359页。
② 同上书，第19页。
③ 同上。

马皇帝也有如此观点。这连西哲孟德斯鸠也曾为政治在宗教面前无力而慨叹,他说:'不论法官处以如何的极刑,对于确信极刑完了就是他天国幸福生活的开端的人,更显得国法在教法面前的无力。'"①

贞女将守贞与致命视为生命中最为宝贵的两大元素:"如为主守贞,甚至致命,此功最大,非众人所能行。"② 贵州贞女林昭在面临死亡时说"升天堂有两条路近,一条是守贞,一条是致命"③,即典型地反映出这种教法高于国法的生命伦理理念。④

---

① [法]白晋:《清康乾两帝与天主教传教史》,第208页。
② 罗雅谷:《斋克》上卷,载钟鸣旦、杜鼎克、蒙曦编《法国国家图书馆明清天主教文献》第十九册,台北利氏学社2009年版,第507页。
③ P. Roeser S. V. D.:《中华光荣》,兖州府天主堂1925年第二版,第212页。
④ 中国天主教有11位贞女被封为圣人,其资料详见天主教台湾地区主教团宣圣委员会编《中华殉道圣人传》,天主教教务协进会出版社2000年版。

第六章　由贞女而修女

明末至清中期，欧洲女修会尚没有进入中国内地，而教会事务繁多，需要女性（特别是独身女性）的帮助、支持和参与，于是贞女顶替了修女的角色。但是，初期守贞姑娘多分散于家庭，管理方面存在一些漏洞，时在华耶稣会士意识到这一问题，他们创办孤儿院，对女童进行培养，希望从中发现贞女的合适人选，以弥补中国没有女修会的缺憾。时在江西传教的马若瑟神父曾做过这样的尝试，他在信函中说：

> 这些济贫院主要收容女孩；当一个家庭的父母担心孩子过多时，她们最容易被遗弃；父母对她们的怜悯比对男孩更少，因为他们认为女孩更难打发、更难让她们自食其力。因此，我们将按宗教准则抚育她们到一定年龄，同时教她们适合自身条件、适合其性别的技艺。到了十四五岁，我们就会像在法国一样把她们安置于某位喜欢使唤她们而不喜欢崇拜偶像者的信奉基督教的太太，或是让她们进修道院祈祷或工作。毋庸置疑，有了第一批社团的榜样，由更专门人员组成的其他团体也会像在欧洲修道院里那样建立起来。中国女子非常爱好离群索居的生活，除禀性虔诚外，她们在娘家生活是完全游离于社交活动以外的。因此，我们可以想象，修道院生活对她们并不困难。我们无须跟他们谈论教会各种修会里有大批选择耶稣基督为终身伴侣的童贞女，因为我们感到她们愿意为上帝作崇高而慷慨的牺牲。[①]

[①] "马若瑟神父致本会郭弼恩（Le Gobien）神父的信"（1700年11月1日于江西抚州市），载［法］杜赫德编《耶稣会士中国书简集》第Ⅰ卷，郑德弟等译，大象出版社2001年版，第154页。

耶稣会专为弃儿设立济贫院,是希望通过对年幼女孩子的集中训练,让她们成长为信仰虔诚、有生活技能的女性,并从中发现贞女候选人,以便将来服务于教会。但是,政府禁止天主教传播的政策打断了耶稣会士的计划,随着天主教会进入秘密状态,雍正之后的贞女主要向偏僻的乡村发展。清朝中期,巴黎外方传教会的穆雅神父在四川尝试过对贞女的培训,但仍然存在许多局限。欧洲女修会进入中国之后,终于打破了男性神职人员负责培训贞女的格局,而女性与女性之间的沟通、联络、合作使教会的发展呈现出丰富多彩的态势。

一 欧洲女修会进入中国及中国贞女的身份转型

鸦片战争前,国人对欧洲修女几乎没有完整的的概念,人们只能从极少量的文献资料中找到关于西洋修女的记录,如傅恒编《皇清职贡图》记曰:

> 大西洋有教化治世二王,贸易者皆治世类,夷僧则教化类也,奉天主耶稣像,夷人敬信之。有大事疑狱不能决,必请命焉。其法王削发、留须、带青斗帽衣,缁衣出入,张盖树旛幢,僧维卫之,男女见之,辄跪捧足,俟过乃起。凡通晓天官家言,曾游京师者,皆留髭须,解华语,能制仪器。大西洋国女尼以白布缠领及胸,缁缦、缁衣、革带、革履,夷人敬奉尤甚于僧,一女为尼,一家皆为佛,眷人罹重辟,得尼片纸立宥之,然其始必捐千金归公,既入寺,则终身不出,其在澳门者,僧居三巴寺龙松庙等处,尼亦别立寺庙,戒律颇严。①

通过傅恒的生动描述,可知澳门的西洋修女会会规甚严,且修女地位甚高,亦受尊重。由于中国内地没有修女进入,国人对这种独身女性制度并不了解。真正认识修女,应该从仁爱修女会进入中国内地开始。

---

① 傅恒编:《皇清职贡图》卷一。

第六章　由贞女而修女　　　　　　　　　　　　119

修女与家人合影，家庭有修女是一种荣耀

（一）"白帽子姆姆"拉开欧洲修女入华之序幕

率先进入中国的女修会是法国仁爱会，因其修女着长袍，戴白色大檐帽，人们又称之为"白帽子会修女"。

1848 年，法国仁爱会修女（Sisters of Charity of Vincent of Paul, Filles de la Charite，亦称圣保禄雅脱女修会）抵达澳门[①]，此后进入中国内地腹地开展活动。

仁爱会的创始人是法国圣妇路易丝（St. Louisa de Marillac1591—1660）。这位出生贵族家庭的女性早年生活十分不幸，出生后不久母亲离世，15 岁时父亲又撒手人寰，本想加入修会，因为身体状况不佳而放弃。后来，路易丝嫁给一个很有地位的男人，婚姻生活十分美满，但又遭命运

---

① 参见［法］卫青心《法国对华传教政策——清末五口通商和传教自由（1842—1856）》（上卷），第 88 页。亦有认为仁爱会于 1847 年来华，雷立柏编《基督宗教在华历史词典》（非正式出版）记曰：仁爱修女会 1633 年由圣味增爵（文生，Vincent de Paul 和卢易丝（Louise de Maurillac）成立，从事慈善和传教工作，1847 年入华。详细资料参见雷立柏编《基督宗教在华历史词典》非正式出版，第 200—201 页。而韩承良著《中国天主教传教历史》（根据方济会传教历史文件）认为：第一批到中国来传教的修女是嘉诺撒会，她们于 1876 年由明位笃主教邀请来汉口传教。参见是书第 106 页。

白帽子姆姆医治病患

捉弄,心爱的人也因病离开了这个世界。

经历一连串打击的路易丝决定过独身生活,恰好圣味增爵(St. Vincent de Paul)计划成立一个永久性组织来推行永久性慈善事业,他需要一个有领导才能的女领袖,遂邀请路易丝加入,两人全力合作,成立了仁爱女修会(Daughters of Chrity)。修会于1633年开始收录初学生,而路易丝本人也于次年宣发圣愿。①

经过在欧洲二百余年的发展,仁爱会逐渐成为一个管理规范、工作目标明确且在社会产生一定影响力的女修会团体,这个组织不仅在法国各地建立了机构,并向世界各地发展。进入中国之后,仁爱会以慈善、医务为工作重心,并对适合修会人选的中国贞女进行培训。

继仁爱会来华之后,又有一些欧洲女修会进入中国内地,但仁爱会仍是较有影响的一支。下表为1934年仁爱修女会在中国活动的基本情况统计表,从中可窥见这个修会的活动范围之广、影响之大。

---

① 路易丝完成女修会创办的使命之后,辛勤地在这块土地上耕耘,1660年3月15日,路易丝因病去世,圣味增爵亦于六个月之后离开这个世界。17世纪成立的仁爱会以慈善事业为宗旨,1934年统计,全世界共有仁爱会慈善机构4000所。关于仁爱会的创立,参见《公教报》(香港)2007年11月11日,第11版。

仁爱修女会在中国[①]

地点	时间	地点	时间
进入中国	1848	天津	1862
上海	1863	杭州	1869
北平圣味增爵医院	1872	九江圣味爵医院	1882
上海仁爱会医院	1886	嘉兴城内	1915
吉安	1902	上海广慈医院	1907
温州	1913	保定	1913
北平中央医院	1918	南昌法国医院	1922
宁波	1852	北平	1862
舟山	1868	宁波圣若瑟医院	1869
正定	1882	九江育婴堂	1887
鄱阳	1895	南昌	1902
顺德	1909	上海新普育堂	1913
保定圣亚纳医院	1920	唐山	1920
北平中法学校	1930	松江圣若瑟医院	1927
赣州	1920	杭州仁爱医院	1927
海盐车辋滨	1892		

  仁爱会进入中国之后，即开始与中国贞女合作，"1862年，修女 Agais 在北京创设无原罪始胎总院——仁慈堂——并接受华籍贞女管理的育婴堂。"[②] 在公益事业的管理、筹集经费等方面，欧洲女修会具有丰富的经验和实力，她们与中国贞女联手开展慈善事业，对于树立教会形象、让国人正确认识天主教信仰具有重要的意义；而中国贞女与欧洲修女的合作也将促使部分贞女转型——由"贞女而修女"的身份变化。

  随着仁爱会工作的推进，越来越多的贞女进入修会。1906年，上海

[①] 参见"仁爱会概况"，载《我存杂志》第2册（第二卷第一期，1934年），全国图书馆文献缩微复制中心2006年版，第698—699页。仁爱会来华时间记为1851，表以卫清心书为准。

[②] "仁爱会在华事业创始的梗概（续一）"，载《我存杂志》第6册（原第四卷第十期，1936年），全国图书馆文献缩微复制中心2006年版，第2711页。

土山湾的"仁爱修女会（die Barmherzigen Schwestern）有 31 名修女，中国人仅 3 名"①。1934 年，中外籍修女共 380 人（国籍修女人数不详）；1937 年，全国仁爱会修女 440 名，其中国籍 241 名，外籍 169 名。② 贞女进入国际修会且本土修女人数攀升并超过外籍，这些从一个侧面反映出中国天主教本土化的历史进程。

关于仁爱会在华的具体工作以及工作量的统计，教会重要刊物《我存杂志》有所记录：

> 1934 年，（仁爱会）工作领域涉及教育、医疗、慈善以及传教等多方面，修会共有学校 49 座，学生 4,991 人；男女工人 1,379 人；医院 49 座，病人 3,2084 人；养老院 22 座，养老人 1,346 人；施诊所 58 所，施诊数 202,8990 人；看顾病人 20,214 人，看顾监牢犯病人 1,230 人，诊治监犯病人 44,792 次；孤儿院 16 座，孤儿 6,205；1934 年收养的婴儿 5,436 人，领洗 29,320 人③。

> 1937 年，仁爱会所办事业，分布于全国 13 个代牧区。计办有：中小学 30 座，女工厂 14 座，男病院 20 座，女病院 18 座，61 处施诊所，探监狱 1,540 次，男养老院 12 座，女养老院 11 座，男慈幼院 3 座，女慈幼院 21 座。④

翔实的数据证明，仁爱会的修女们承担着十分繁重的社会服务工作。作为最早进入中国内地的欧洲女修会，其鲜明的服饰特色给人们留下深刻的印象，"白帽子姆姆"成为修女们的昵称，一些年轻的贞女甚至把

---

① Die Katholischen Missionen（Illustrierte Monatsschrift），35. Jahrgang（1906/1907）6：S. 126. 第三会是平信徒参加的一种团体，有规定的祈祷，并有一定的会规。会员一般分散各种家庭，但有固定的聚会。一般一年一次。
② 参见"仁爱会修女在华工作之小统计"，载《我存杂志》第 6 册（原第五卷第一期，1937 年），第 2818 页。
③ 数据载《我存杂志》第 3 册（第三卷第一期，1935 年），全国图书馆文献缩微复制中心 2006 年版，第 1275—1276 页。
④ 参见"仁爱会修女在华工作之小统计"，载《我存杂志》第 6 册（原第五卷第一期，1937 年），第 2818 页。

"白帽子姆姆"作为人生的理想。河北献县路德庄的何真荣贞女幼时的梦想就是参加仁爱会,终因身体病弱遭拒绝,终其一生在家守贞。①

对于中国贞女来说,白帽子仁爱会的吸引力不仅在于那身美丽、端庄的服饰,更在于实践和完成基督的服务精神。

(二) 大部分贞女进入修会

继仁爱会之后,又有数个欧洲女修会陆续来华,贞女转入修会成为一种趋势,天主教独身女性守贞生活也开始呈现多样化的格局。贞女转入修会大致有两种模式,其一是参加国际性修会(如仁爱会等);其二是随着国籍女修会的创建,参加本地修会。

贞女转入修会大约在19世纪下半叶就开始了,北京的若瑟女修会1872年由田类思主教成立,是最早成立的国籍女修会团体,第一位修女是南堂的贞女王嘉撒纳,此后这位贞女成为该修会第一位院长。② 至于各地贞女进入修会的情况,通过传教区报告,我们可大致了解其端倪:

> 一些贞女已经加入欧洲修女的团体,或者加入第三会(Tertiarinnen),产生了很好的效果。1875年,北京代牧主教表扬了圣约瑟女修会(St. Josefsschwestern),这个女修会完全由本地修女组成。同一年,湖北宗座代牧也夸奖了贞女。这些贞女加入加尔默会(Canossianerlnnenn)之后,更多的本地女修会出现了。耶稣会士贝克尔(S. J. Becker)说:我们的贞女还要联合成一个修会,我们应该思考,在形成修会团体之前,考虑修会团体组成的条件和元素,如果这样做,这个组织的建立就会容易一些。

本地女修会的发展能够推动传教工作,使传教工作富于成效。他们的活动也富有秩序,很有系统化。对于非基督徒的皈依,贞女是一股不可忽视的力量。本地修女的工作主要是服务孤儿院、医院、学校及收养无家可

---

① 参见康志杰《守贞姑娘今安在》,载香港《鼎》2007年夏季号。
② 详见李德彰《北平若瑟修女会略史》,载北平中华公教进行汇总监督处编《公教妇女季刊》第一册,北京线装书局2006年版,第217—218页;原一卷4期(1934年)。

归的老人。①

贞女纷纷进入修会,这显然得到了教会领导层的赞同和支持;而本土女修会的组建,又为贞女转型提供了更为广阔的生存空间,同时也有利于教会健康、有序的发展。

宁波是贞女较早实行"转型"的地区之一,1904 年就有了中国最早的本土女修会。20 世纪 30 年代,宁波仁爱会"有童女三百余名,还有寄托在外甫乳之婴孩二百名,又堂内原有之婴孩及其他事业,如保守养成所、学校、圣母童女会、手工所及刺绣工作场……至今不少已嫁的妇女们,仍是继续工作,赖以此维持她们的生活,此外还有各种慈爱善举,如妇女病院、年老妇女和残废者的收容所、施医药诊所以及各乡村、监狱,巡视疾病等"②。随着新鲜血液——中国贞女更多输入仁爱会,国际女修会更加壮大、更有活力,宁波仁爱会的发展就是一个典型例证。

宁波援助会的修女们(1904 年 5 月)

---

① Johannes Beckmann, Die katholische Missionsmetfiodc in Chinain neuester Zeit (1842—1912), Gcscbidididic Untcrsudiung über Arbeitsweisen, ihre Hindernisse und ErfolgeVerlag des Missionshauses Bethlehem Immensee (Sdiweiz), 1931, S. 87.
② "仁爱会在华事业创始的梗概(续一)",载《我存杂志》第 6 册(原第四卷第十期,1936 年),全国图书馆文献缩微复制中心 2006 年版,第 2712 页。

第六章　由贞女而修女

　　进入 20 世纪之后，参加修会的贞女逐年增多，下文是 1906 年部分教区贞女加入修会的概况，从中可窥见中国天主教发展变化的一个侧面。

　　虽然进入女修会十分严格，且要进行长时间的考试，但是今天（1906 年），有许多的中国女教友进入了修会，在土山湾，33 位加尔默会修女，其中 21 位是中国人……在江南传教区，341 名修女中，其中 230 名是中国人。同时加上 800 左右的贞女，分布在 1，238 以上的"堂口"工作，发挥着她们的作用。在遣使会传教区，最近从贞女中同样分出 3 个类似女修会的团体。最老的是约瑟会团体（Josephinen），1884 年北京代牧主教田嘉璧（Luis Delaplace，1870 年任北京代牧）认可，有 136 名成员来自贞女团体。约瑟女修会的母会（Muttetrhaus）在北京，从北京派出七、八个分会在外地工作，这个团体的主要工作是对女孩子进行教育。
　　1894—1895 年，在中国援助修女会（Chinesischen Helferinnen der armen Seelen）的帮助下，浙江教区成立了一个具有修会特点的女性团体。这个团体的工作分为两个方面，对内是默想、为别人做补赎以及为炼灵祈祷，对外是开办孤儿院和学校。仁爱修女会（die Barmherzigen Schwestern）把她们的修会生活介绍给这个中国女性独身团体，这个团体已经有 48 位成员，从 1904 年的圣诞节开始，这个团体在宁波成为一个独立的修会，她们有自己的会规，有自己的中国会长，每年发修会三愿。她们是第一批中国修女，接收了欧洲修女的生活方式和适合的会衣，代牧主教赵保禄（Renaud，1884—1926 年任浙江代牧）对第一个中国修女团体的虔诚、奉献精神以及对会规的忠诚给予高度的赞扬。
　　在其他传教区，特别是在不太富裕的中部和北方省，直到今天，（贞女）还没有形成真正的修会团体，古老的贞女制度在寻找另一些方法以使工作更加完善。
　　在方济各会和道明我会管理的传教区，所有的贞女都进入第三会，从外表看，这些贞女与别的妇女没有什么区别。①

---

① Die Katholischen Missionen（IllustrierteMonatsschrift），35. Jahrgang（1906/1907）6：S. 126 – 127.

浙江本地修女

20世纪初，中国天主教独身女性群体尚处于不平衡的发展阶段。江南一带，由于仁爱会的努力推动，宁波出现了第一个女修会团体；但在中部及北方地区，传统的贞女制度继续发挥其功能；而多明我会、方济各会管理的教区，则以第三会的方式将信徒骨干组织起来，以巩固教会组织，尽可能地发挥教会作用。①

至于进入中国内地的欧美女修会，先头部队当数仁爱修女会（die Barmherzigen Schwestern）和来自法国沙特尔的圣保禄女修会（St Paul - Schwestern von Chartres）。其后依次进入中国的修会有：

1860年，意大利的嘉诺撒仁慈女修会（italienischen Canossianerinnen）；

1867年，援助修女会（Helferinnen der armen Seelen）；

1868年，约瑟女修会（Josephsschwestern）；

---

① 平信徒组织"三会"在发展中亦可催生出国籍女修会团体，如香港第一个国籍女修会——耶稣宝血女修会的前身是意大利嘉诺撒仁爱女修会的第三会，成立于1922年。但这种类型在中国女修会的发展史中并不多见。关于耶稣宝血女修会，详见梁洁芬《双城记（教会篇）：香港和澳门天主教会》，澳门天主教教友协进会——澳门《观察报》2010年版，第26、28—29页。

第六章　由贞女而修女

1869年，加默尔女修会（nubeschuhten Karmelitessen）；

1875年，主顾会（Schwestern von der Vorsehung）。

稍后，道明会（Dominikanerinnen）、方济各会（Franziskaner Missionschwestern，又称玛利亚方济传教修女会，俗称白衣会）、安贫小姐妹会（Kleinen Schwestern der Armen）、圣神会（Steyler Missionschwestern）、[①] 圣母无原罪修女会（迁中国台湾后改名圣功修女会）、美国春田（Springfied）医务修女会（或方济医务修女会）、美国方济各女修会（专门从事教育事业）、美国玛利诺外方传教女修会、吴苏乐会等也陆续进入中国。

直隶圣母无原罪修女会

近代欧美女修会进入中华，让传统的中国贞女有了仿效的榜样，也为她们的守贞生活提供了更多的选择空间。大体上说，19世纪下半叶至20世纪初，中国贞女群体开始分流，大部分贞女转入修会团体，促使本土女修会不断出现。在教务发展中，进入各类修会的女性又呈逐年递增的态势，中国天主教守贞女性的身份、角色以及工作内涵开始发生新的变化。

二　姐妹情——以圣神会修女与贞女的合作为例证

众多的西方女修会进入中国，起步工作就是培训贞女。中国地域辽

[①] 关于欧洲女修会进入中国的情况，参见 Die Katholischen Missionen（Illustrierte Monatsschrift），35. Jahrgang（1906/1907）注释部分。

阔，欧洲女修会对贞女培训以及与之相互合作也表现出地域性差异，在友好互助的工作关系中，常常呈现出某一地域活动的女修会协助中国贞女成立本土女修会的情况，以表格展现之：

欧美女修会	与本土女修会合作	主要活动区域
法国援助会、拯亡会	献堂会（1958年正式成为修会）	江南、河北献县
德国圣神婢女传教修女会（圣神会）	圣家会	山东南部、甘肃、河南部分地区
法国拯亡会	炼灵主母会（后改名圣望会）	河北献县
美国吴苏乐会	众心之后	广东汕头
荷兰圣若瑟小姐妹会	依撒伯尔修女会	山西潞安
法国圣保禄女修会	广西圣家女修会	广西
天津方济各女修会	耶稣圣心传教会	河北易县、涞水等地

欧美女修会陆续进入中国成为国籍女修会的催生素，中国贞女则成为国际女修会源源不断的新生力量，是20世纪以降中国教会的一个特点；而修女与贞女的合作，各地教会均有很好经验，下文选择德国圣神会与山东贞女的合作作为讨论对象，希望从中得到一些有益的启示。

（一）相识坡里庄

提及圣神女修会，必须说到德国的杨生神父（Arnold Janssen, 1837—1909年）。

杨生（又译杨森），德国圣言会创始人，1875年创建圣言会之后即开始考虑建立女修会的计划。杨生认为，教会"没有传教修女的协助有许多困难。为了管理学校、孤儿院、医院、诊所以及给妇女讲授要理等，修女的协助是必要的。如果圣言会的传教士与一个女修会联手合作，将取得更大的成效和默契。"[1]

1889年12月8日，在荷兰士泰尔（Stely），杨生在玛利亚施海伦和

---

[1] 罗伊泰：《圣言的传播者 真福杨生神父传》，薛原译，河北天主教信德编辑室1998年版，第155页。

若瑟法两位修女的协助下创建了"圣神婢女传教修女会"（Steyler Missionschwestern，又译圣神婢女传教会，简称圣神会），新成立的女修会发展很快，20 年后已有发愿修女 450 位，80 名初学生。① 修会定名为"圣神婢女修女会"，意味着加入修会者即成为"圣神的婢女"。为了向人们传达修会的理念，修女们用会服表现其中的深刻意蕴：蓝色会衣、蓝色的肩领、白色的头纱。蓝白搭配的色彩蕴涵一种特别的信息——她们圣召的基本德行是谦逊和圣洁。② 而她们在中国的工作表现不仅实践着谦逊圣洁，而且展现了女性的勇敢和坚强。

王若沙和蔡（Can）玛达肋纳，她们是中国圣神女修会第一批望会者

1905 年 8 月 7 日，首批圣神会修女到青岛，韩主教接见她们。修女去了济南府洪家楼，见到中国贞女。修女们说："我们的愿望终于实现了"，这是德国修女和中国贞女第一次见面。德国修女身材高大，脚也很大，还没学会中文，中国贞女看着高大的德国修女，也不说一句话，只是傻傻地站着。第二天，修女和贞女一起晨祷，德国修女第一次从中国神父手中领受了圣体。③

东西方两个国家的贞女首次相见，展现了一幕颇有戏剧性的画面：德国修女的知性和干练与中国贞女的羞涩和木讷似乎形成鲜明的反差，虽然文化背景、生活习俗差异极大，但共同的信仰拉近了她们之间的距离，同时为下一步的工作合作奠定了基础。

青岛、济南只是德国修女的中转站，她们的最终目的是阳谷的坡里庄。④ 进入新的工作环境，修女们既新鲜又兴奋，她们像忙碌的蜜蜂，开

---

① 参见圣言会台湾省会编《圣言会的轨迹 创会 125 周年纪念》，第 9 页。
② 参见［美］周华德《天国的拓荒者》，薛保纶译，台湾天主教圣言会 1996 年版，第 152 页。
③ Sr. Edberte Eva Irene Moroder SSpS, China Es begann vor 100 Jahren, Steyler Missionsschwestern in China seit 1905 1. Teil, Die ersten Jahre, Roma, 2004, S. 119–120.
④ 参见 Sr. Edberte Eva Irene Moroder SSpS, China Es begann vor 100 Jahren, Steyler Missionsschwestern in China seit 1905 1. Teil, Die ersten Jahre, Roma, 2004, S. 199. 进入坡里庄的共六位德国修女，两个月后有三位调兖州工作，建立修会的第二个传教站。

圣神女修会候选人在学习要理

始辛勤地劳作在新的园地，并把她们在中国乡村的工作写入信函之中。如布拉第娜（Sr. Blandina）说："第一批圣神婢女传教会在坡里住了两个月，在第一个主日，时间是 1905 年 8 月 20 日，这个村子的贞女拜访了我们，给我们留下了很好的印象。每天早晨 4 点 30 分有弥撒，在去教堂的路上念着早祷。修女们刚开始的工作是给孤儿洗澡，孩子身上的泥很厚，必须用苏打水浸泡才能洗下来。"[①]

中国乡村的传教工作既艰苦又充满乐趣，但是还有更多的工作正等待着修女们，因此，与中国贞女展开合作，才是提高工作效率、完成繁重而艰巨工作的唯一途径。

（二）携手合作

当德国圣神会修女还在赶赴中国的旅途之中，时在山东传教的福若瑟神父就给总会长杨生神父写信，表现出盼望德国圣神会修女们早日到来的心境：

> 尊敬的会长，我要说说我的请求：现在有 6 位勇敢、勤劳的修女和一

[①] Sr. Edberte Eva Irene Moroder SSpS, China Es begann vor 100 Jahren, Steyler Missionsschwestern in China seit 1905 1. Teil, Die ersten Jahre, Roma, 2004, S. 128.

第六章 由贞女而修女

位精干的院长,正在前往坡里,那里已经为修女们准备好住处。德国修女开始学习中文,学习中国的风俗习惯,一旦学习了基本的东西,她们应该接管对中国贞女的培训工作,也包括对女性望教者的教育,管理孤儿院,此后,还有负责照顾病人和其他的工作,这是多么光荣的使命啊。①

德国圣神会的修女们对于在中国的使命十分清楚,她们经常思考的问题是:"我们应该怎样对待那些立志献身天主的贞女?尽管贞女有她们自己的团体,我们和她们没有什么关系,可是我们同样肩负责任,为了尽职尽责服务天主的事业,我们应该培养贞女。"②

在主教、神父以及地方教会的支持下,圣神会修女与贞女开始了一系列的合作,工作特点体现在以下几个方面:

（1）拓展慈善事业。

圣神会修女进驻坡里庄后,"立即在孤儿院开展工作,而这些工作此前是在圣言会领导下的贞女们完成的"③。同样,"在兖州,修女们一样是在贞女的带领下从事孤儿院和护理工作"④。

德国修女初来乍到,人生地不熟,与贞女们互相合作,将取得事半功倍的效果。同时,中国贞女长期在乡村基层工作,缺乏培训、学习的机会,而德国修女的到来,正好让部分贞女腾出时间参加培训。正如圣神会修女在信函中所说:"修女们照顾孤儿,管理一所贞女学校,并为贞女团体创办了一所初学院。而几位天赋较好的贞女赴耶稣会开办的学校学习,学校设在河间（Hokiefu）。"⑤ 培训贞女也得到主教的支持,当圣神会修女抵达山东之后,韩宁镐主教派遣了五位较为成熟的女孩子到芝罘（烟

---

① Sr. Edberte Eva Irene Moroder SSpS, China Es begann vor 100 Jahren, Steyler Missionsschwestern in China seit 1905 1. Teil, Die ersten Jahre, Roma, 2004, S. 63. 福神父的信写于1904年9月11日。

② See Sr. Edberte Eva Irene Moroder SSpS, China Es begann vor 100 Jahren, Steyler Missionsschwestern in China seit 1905 1. Teil, Die ersten Jahre, Roma, 2004, S. 335.

③ Sr. Edberte Eva Irene Moroder SSpS, China information: Steyler Missionsschwestern in China, Die ersten 50 Jahre 1905—1955, 2 Teil, Roma: Casa Generalizia CM SSps, 2004, S. 28. 坡里庄有男女两个孤儿院,副执事陵格菲（Gottfried Riehm）和一位善良的新教友指导男孤儿院;女童孤儿院由本地贞女们指导。参见[德]赫尔曼·费尔希（Hermann Fischer）《奥古斯定·韩宁镐主教传 一位德国人在华工作53年》,第82页。

④ Ibid., S. 29.

⑤ Sr. Edberte Eva Irene Moroder SSpS, China Es begann vor 100 Jahren, Steyler Missionsschwestern in China seit 1905 1. Teil, Die ersten Jahre, Roma, 2004, S. 69.

台）的修女院进修学习，以提高她们的文化涵养和工作能力。①

照顾孤儿是一项繁重的工作，因为遭遗弃的孩子人数总是不断增长。关于女孤的数字，修女来坡里之前有 43 人，兖州 59 人，而现在（1905 年之后）坡里 102 人，兖州 150 人；在山东南部，被遗弃的孤儿很多。②尽管工作遇到不少困难，但修女和贞女在教育孩子方面取得了进展：

> 1901 年 2 月，坡里有 65 名孤儿。布拉第娜（Blandina）修女认为，以前由于修女们对中国人性格缺乏了解和自身语言的不够，造成孤儿教育方面的缺失，现在需要解决这些问题。她在信函中说：我们必须掌握语言，同时对每一位孩子的性格进行彻底的了解，要克服困难。在进入孤儿院之前，孩子们处在不规律的生活之中，他们完全被人利用，为他人工作、赚钱，甚至被强迫偷东西。这些孩子进入孤儿院后最初时间里，还保持着原来生活的惯性，孩子需要付出努力来改正他们的以前的坏习惯。让人很高兴地看到，他们已经自觉地去做一些事情，例如祈祷宽恕他们以前的错误，这种现象常常在圣事中得以进展。我们希望天主赐福给这些孩子，以后成为好的家庭主妇和贞女。③

修女和贞女的工作宗旨是用基督的博爱胸襟去关爱那些失去父母和家庭的孩子，特别是身患残疾的女童："女孤儿院有一些盲童，她们到了十八岁能够结婚。"④ 在修女和贞女的帮助之下，盲童过上了正常人的生活。

（2）向中国女性传授生产、生活技能。

德国圣神会的修女多在欧洲受过良好的教育，并掌握了一些适合女性

---

① 参见［德］赫尔曼·费尔希《奥古斯定·韩宁镐主教传 一位德国人在华工作 53 年》，第 277 页。

② Sr. Edberte Eva Irene Moroder SSpS, China Es begann vor 100 Jahren, Steyler Missionsschwestern in China seit 1905 1. Teil, Die ersten Jahre, Roma, 2004, S. 206.

③ Sr. Edberte Eva Irene Moroder SSpS, Licht in Dunkeln Steyler Missionsschwestern in China 1905—1953, Band 3, Roma: Casa Generalizia CM SSps, 2005, S. 7. 修女所述"问题孩子"（被人利用、偷东西等）多指男孤。

④ Leo Leeb, *Chinese Catholics and Priests Perceiving the SVD and SSpS Mission in China*, Steyler Missionswiss Institute, 2001. p. 11.

的生产技能,特别是女工技艺方面,主教希望修女对贞女进行培训,让贞女们学习刺绣和手工。①

在济宁,修女开设手工课程,参加这项活动的女性多来自殷实家庭,其中包括一些满族妇女;在兖州府,圣神会会院成为女性经常光顾的地方,对女工感兴趣的中国妇女常来会院学习手工技艺,其中也有来自曲阜等地的女性。各类手工课程为女性提供了交往的平台,同时也成为引导女性皈依的有效媒介。

(3)战胜困难,共闯难关。

对贞女进行培训、同时与贞女合作是圣神会修女的工作重点。一位20世纪初在华的传教士曾作过如下评说:"圣神会修女对天主具有虔敬和坚定的精神,在圣神会的领导下,已经打下基础的贞女将会得到更全面、更完美的教育和培养。从另一角度看,修女也可以向贞女学习在贫困、严峻的形势下培养儿童的经验。"②

圣神会修女来华正值中国的多事之秋,社会动荡经常导致工作时断时续。修女 Assumpta 在信函中写道:

> 1912年是很艰难的一年,革命、抢劫、饥饿,还有伤寒病,混战不断,兖州府的女子要理学校和济宁的女子师范学校在这种形势下难以保持平静,因为土匪和强盗的骚扰,学校内的女孩子们被迫被送回家乡,教会为这些女孩子开设了一座小型要理学校,地点坡里庄。③

20世纪20年代,山东旱灾连连,坡里庄的孤儿院陷入衣食无着的窘境,修女们带着孩子祈求天主帮助,④ 终于得到了一笔款项,解了燃眉

---

① 参见 Sr. Edberte Eva Irene Moroder SSpS, China Es begann vor 100 Jahren, Steyler Missionsschwestern in China seit 1905 1. Teil, Die ersten Jahre, Roma, 2004, S. 185。

② Die Katholischen Missionen(Illustrierte Monatsschrift), 35. Jahrgang(1906/1907)6:S. 127。

③ Sr. Edberte Eva Irene Moroder SSpS, China information: Steyler Missionsschwestern in China, Die ersten 50 Jahre 1905—1955, 2 Teil, Roma: Casa Generalizia CM SSps, 2004, S. 63。

④ 关于这次灾难,《公教白话报》(兖州府天主教印,1927年1月15日)"杨神父传(续)"一文记载:"山东省阳谷县坡李(里)天主堂,向来就收养着很多的婴孩,只因近年来旱灾流行,连年歉收,衣食增贵,费用自然加增。外方的哀矜又直是不来,故此彼处圣神会的修女,为支持婴孩们的生计,已经数次借了款项,到底因为这不是个常久办法,所以一位修女令众婴孩都热心祈求天主可怜,救助他们的急难。"(第29—30页)

之急。

圣神会修女和坡里庄孤儿院的孩子们

1936年，黄河改道，"巨大的水流成一个宽达50到100公里的河流，而这种巨河通过山东的平原。无数的农村被破坏……500万人没有家，没有食物。"① 面对严重灾害，"教会提供了五所医院，而政府为了医疗工作也提供了另一些房子给教会。进行救灾和医疗工作的人是传教士、圣神会的修女们以及本地的女修会，如圣家会和'在俗贞女会'的修女和贞女们。各种救灾委员会提供了一些物品给主教，譬如他一次收到了3500件外衣，也接受了许多药品。"② 突如其来的天灾人祸让发展中的天主教会经历了磨炼，而修女和贞女也在磨炼中逐渐走向成熟。

"进入中国的修女工作是丰富多彩的"③，圣神会修女不仅在孤儿院工作，还"指导贞女学校……教妇女们一些手工；她们也许很快就能指导一个本地修女会的初学，最后她们也可以在医院中作护士——德国的医生就提出了这个建议"④。而贞女则承担着讲授要理、社会服务、照顾老人、

---

① [德] 赫尔曼·费尔希:《奥古斯定·韩宁镐主教传 一位德国人在华工作53年》，第360页。
② 同上。
③ Sr. Edberte Eva Irene Moroder SSpS, China Es begann vor 100 Jahren, Steyler Missionsschwestern in China seit 1905 1. Teil, Die ersten Jahre, Roma, 2004, S. 206.
④ [德] 赫尔曼·费尔希:《奥古斯定·韩宁镐主教传 一位德国人在华工作53年》，第277页。

第六章　由贞女而修女　　135

病人、孤儿以及协助修女等工作。

（4）合作赢来更多圣召。

圣神会来自欧洲，进入中国之后，开始注意吸收本地贞女成为修会发展的重心。1913年，圣神修女会总会长德肋莎（Mutter Theresia Messner）成功地巡视山东南部传教区修女们的工作之后，圣神修女会参议会决定接受本地圣召。第一批被吸收入会的中国修女候选人 Sr. Scholastika 和 Sr. Ignese（Agnes）于1923年9月8日宣发初愿。

从贞女中挑选修女候选人得到了主教的支持。韩宁镐主教认为，中国地域辽阔，希望能够有更多的欧洲修女进入中国。而欧洲修女的首要工作，就是为那些矢志守贞，度奉献生活并想进入修会的贞女实现她们的愿望。[①]

本地修女施粥

神长们的支持以及修女的榜样激发出贞女参加修会的愿望，如"在坡里，有越来越多的贞女要求参加修会，神父认为，这事应该让主教知

[①] 参见 Sr. Edberte Eva Irene Moroder SSpS, China Es begann vor 100 Jahren, Steyler Missionsschwestern in China seit 1905 1. Teil, Die ersten Jahre, Roma, 2004, S. 81。

道。随着时间推移,坡里的一些女孤儿也想成为修女"①。

女孤是圣召的后续力量,诺依斯修女(Sr. Perboyre Neuss)在 1914 年的一封信函中说:在坡里,有些孤儿成年后结婚成为女望教者,而有些女孤则想做贞女,想专心慕道。1905 年兖州府有 89 位贞女,现在(1914 年)坡里庄有 36 位,兖州府(Yenfu)有一百多位。② 随着贞女队伍的扩大,圣言会管辖教区已经具备了成立本土修会的条件。

抗日战争中修女救治伤员

(三) 西北的圣神会修女与贞女

山东南部的圣神会在华工作逐渐积累了丰富经验,在此基础上,德国修女开始向大西北发展:

> 在西宁的一所学校,有 6 位修女在此工作,其工作内容有三项:一项是培养本地贞女,会长 Alexandria 给予特别的关照;第二项工作

---

① P. Pieper, Tailia, 15.09.06 an A. Janssen, 64.208—211. RH203, Sr. Edberte Eva Irene Moroder SSpS, China Es begann vor 100 Jahren, Steyler Missionsschwestern in China seit 1905 1. Teil, Die ersten Jahre, Roma, 2004, S. 162.

② 参见 Sr. Edberte Eva Irene Moroder SSpS, China Es begann vor 100 Jahren, Steyler Missionsschwestern in China seit 1905 1. Teil, Die ersten Jahre, Roma, 2004, S. 212.

是照顾病人；第三项工作是教授天主教要理。在这个城市，修女们还在伊斯兰学校授课，这是因为市长请修女们给予帮助。因为修女的奉献，青海西宁教会与政府的关系融洽，但在教育部门，有一位先生不喜欢天主教，所以修女们不能有自己的学校，只开办了一所祈祷学校（Gebetsschule）。①

虽然天主教在西宁的发展遇到一些困难，但修女们的工作内容与山东相似：如培训中国贞女、照顾病人等。修女进入伊斯兰学校工作是圣神会在西宁服务的一大特点，西北是穆斯林较为集中地区，得到穆斯林群众的认可并处理好与当地政府的关系至关重要，修女们在这方面做得十分成功。

在甘肃，圣神会修女常与贞女一起工作：

> 1939年8月，由于甘肃省政府的原因，修女离开原来的住地，被迫迁到陇西（Lungsi），陇西县长愿意给修女们提供帮助，但由于条件所限，只能为修女们提供一个内有偶像的庙宇作为栖身之地。此时修女采纳贞女的建议，把庙宇隔离出三分之一作为每日晨祷和弥撒的小教堂，其余的空间作为日常生活的场所。②

虽然西北天主教传入较晚，且生活条件艰苦，但修女与贞女相互帮助，共同为教会、为中国社会作出了积极贡献。

（四）本土修会"圣家会"

进入20世纪之后，修女与贞女合作、互补成为一种明显的态势：由于欧美女修会的培训，修女综合素质得到提高，西方修女生活上的帮助使她们尽快适应新的环境；同时，在新的形势之下，天主教独身女性可以继续留在家中度守贞生活，也可以选择进入不同类型的女修会。这种格局说明：本土女修会成立的时机已经成熟。圣家会正是在这种形势下应运而生。

---

① Sr. Edberte Eva Irene Moroder SSpS, China information; Steyler Missionsschwestern in China, Die ersten 50 Jahre 1905–1955, 2 Teil, Roma: Casa Generalizia CM SSps, 2004, S. 138–139.

② Ibid., S. 132–133.

(1) 圣家会诞生。

福若瑟是圣言会资深传教士,他曾给会长杨生写信,希望根据教会的需要,组建属于教区的女修会。杨生认为,这个提议应该等到一个新的主教被任命之后才能实施。而这个主教的任务就是在代牧区创建团体。[①] 于是,创建本土女修会的任务历史性地落在韩宁镐主教的肩上。

1910 年,本土修会圣家会(Oblatinnen der Heiligen Familie, O. H. F.)成立,10 月 7 日,第一届预试生入初学,此日订为新修会正式创立的纪念日,1912 年初正式定会名"圣家献女传教修会"(简称圣家会):"韩主教授予 10 位贞女'头巾',标志着她们正式进入初学望会期。"[②] 同时,韩主教将指导和培育新修会的任务交给了圣神会,希望新成立的本土修会尽快进入工作轨道。

1915 年 10 月 7 日首届圣家会的修女们合影

1922 年,德国圣言会的工作扩展至甘肃西部。1927 年,应兰州代牧

---

① 参见 Sr. Edberte Eva Irene Moroder SSpS, China Es begann vor 100 Jahren, Steyler Missionsschwestern in China seit 1905 1. Teil, Die ersten Jahre, Roma, 2004, S. 67。

② Ortrud Stegmaier SSpS, "MISSIONSDIENST AM EIGENEN VOLK, Die Heranbildung einheimischer Ordensfrauen durch Steyler Missionare und Missionsschwestern", VERBUM SVD; Vol. 16 - 1975, ROMAE APUD COLLEGIUM VERBI DIVINI. S. 71.

区主教邀请，圣家会修女进入大西北服务。两年后，兰州已有近百位圣家会修女。1940 年，创始于山东兖州的圣家会发展到山东曹州、阳谷、河南信阳、甘肃兰州、凉州、南京、汉口以及上海等地。1944 年，罗马传信部批准了会规，并认可本会为教区法定的女修会，以兖州府为总会，此时，创始人韩宁镐已经离世，舒德禄任职主教。

开封火车站，1937 年 7 月主顾会修女为伤员服务

（2）圣家会的特点。

"圣家会创立之后的前 30 年发展较慢，会员们没有会服，在牧灵服务中，人们通过'发型'来辨认她们。会员外出须两人同行，她们在乡下自由传教，修女所做的工作，她们都能完成。"① 虽然早期圣家会修女的人数不多，但凭着努力奉献，修会的声誉越来越高。"圣言会总会长 Gier 在他的 1922/23 年度巡视报告中写道：'与代牧区的本地神职人员相配合的还有特别兴盛的本地修女团体——圣家会。她们的母院在兖州府，现在共有 36 位发愿修女，还有很多初学生和申请

---

① Ortrud Stegmaier SSpS, "MISSIONSDIENST AM EIGENEN VOLK, Die Heranbildung einheimischer Ordensfrauen durch Steyler Missionare und Missionsschwestern", VERBUM SVD; Vol. 16 – 1975, ROMAE APUD COLLEGIUM VERBI DIVINI. S. 85 – 86.

入会者……她们在传教区拥有学校、药店等机构 7 处。圣家会修女们处处享有好声誉,传教士们都称赞她们,她们生活完全如同普通老百姓:简单的住房和饮食。她们来自贫穷的百姓,并在他们中间工作和服务……'"①

与圣神会相比,圣家会在管理模式、工作目标方面有自身的一些特点:"圣家会是教区修会,修女们发的圣愿是简单愿(einfache Geluebde)。主教是修女们的指导者,而她们就像本教区的本堂传教员姑娘那样工作。她们在小堂口、医疗方面、在学校和新信徒的教育方面工作,并获得杰出的成就。"②

作为国籍女修会,圣家会修女们的使命是"为信仰的传播而服务,在传教过程中与圣神会的修女们密切合作"③。宗旨是以纳匝肋圣家为楷模,善度福音生活,参与耶稣基督救赎的使命,秉承会祖韩宁镐主教的特殊神恩,主张"同心同德弘真道,献灵献身法圣家",在信仰与荣主救灵上效法圣家纯朴、勤勉、谦逊的特质,并借多元化的服务引人认知、热爱并皈依天主。使命和宗旨可用一段诗文概括:

> 圣家献女知人性,
> 关怀社会之情形,
> 鼓励家庭须相挺,
> 发挥圣家之亲情。④

圣家会是国籍女修会中的一个典型,也是中国本土女修会成长发展的一个缩影,修会的工作目标代表着中国女修会发展的方向。

---

① Hartwich, Richard, Steyler Missionare in China. Bd. V. Aus Kriegsruinen zu neuen Grenzen 1920—1923, Rom 1989, S. 198 – 199.

② [德]赫尔曼·费尔希(Hermann Fischer):《奥古斯定·韩宁镐主教传 一位德国人在华工作 53 年》,第 280 页。文中所说圣家会所发"圣愿是简单愿(einfache Geluebde)"指修会初创时期的情况,随着修会的发展,修女发愿日渐规范。

③ Ebd., S. 33. "Aus dem Institut der beruflichen Katechistinnen entwickelte sich in Südshantung die chinesische Schwesterngenossenschaft der Oblatinnen der Heiligen Familie. Bischof Henninghaus bezeichnet P. Peter Röser … als ihren Gründer und P. Josef Freinademetz als ihren Wegbereiter." (Fleckner, Johannes, Thomas Kardinal Tien, St. Augustin 1975, S. 56.)

④ [德]赫尔曼·费尔希:《奥古斯定·韩宁镐主教传 一位德国人在华工作 53 年》,附录四:"圣家修会的神恩、精神、使命"(主教韩宁镐 1931 年 8 月 10 日准印),第 435 页。

第六章　由贞女而修女　　　　　　　　　　　　　　141

圣神女修会与圣家会修女在一起

（五）"在俗贞女传教会"及其他团体

在圣言会管理的传教区，圣家会的成立只是国籍女修会的开始。不久，教区又有新的本土女修会以及贞女团体出现，这种态势折射出守贞女性人数增长、守贞生活方式多样化、活动空间不断拓展、视野也更加开阔等特点。

韩宁镐主教创建圣家会后，"又组建了传道员贞女团体，名称是'信仰传播的帮助者（Helpers in the Propagation of the Faith）'，中文名是'在俗贞女传教会'（或译在家贞女传教会），其规则是：一天两次共同祈祷，一次圣事崇拜。这些贞女一般没有受过太多的教育，不能阅读中文，但是她们能够读罗马体书写的圣经和中文祈祷书，她们使用的字母表称之为'古经字母'，通过这种方法来快速掌握汉字"。

赫尔曼·费尔希撰写的《韩宁镐主教传》中也说到这个团体：

在比较大的城市中也有比较大的慈善机构，而在那些机构中有欧洲的修女们服务。她们在华人贞女中培养一些助手，并叫这些助手为"加入团体者（Aggregatinnen）"，韩宁镐主教于1927年结合了这些本地贞女并创立了第二个本地修女会，即"在俗贞女传教会（Helferinnen bei der Verbreitung des heiligen Glaubens）"，或"协助会"。她们的主要任务是协助圣神会修女的工作,并将来能够独立地指导比较大的慈善机构。①

这是以贞女传教员为核心组建的团体,教区常常视其为第二个本地女修会,因而"协助会"的工作重点是从事慈善事业并协助圣神会工作。

不断有新的本土女修会或贞女团体组建,这说明教会的发展需要更多的独身女性参与其中,圣言会在这方面的实践比较成功,"他们发明了一个地区所需要的方法,其他一些地方的修会也是这样做。山东南部至少有四个本地女修会是从贞女团体转变而来。"②

韩宁镐是创建本土修会、推动天主教本地化的重要人物,在任期间对独身女性团体给予了充分的关注、指导和培育,当他1935年退休时,兖州教区拥有173位传教修女,即72个圣神会修女、88名圣家会修女和13名协助会修女。③ 韩主教的工作理念和方法给后继者树立了榜样。1941年1月6日,田耕莘主教创立了一个新的本地女修会团体,这个修会团体是以雷鸣远(Vinzenz Lebbe)神父所创立的修会——德兰小妹妹会为榜样,第一批修女均来自阳谷代牧区。④ 团体名称是"中华圣母传教修女会"(中华圣母会),修会的工作是以慈善事业为核心,修女们曾参与创办医院、孤儿院、养老院以及学校等工作。

实践证明,本土女修会是教会发展的一支生力军,下文是本土修女的工作报道,透过具体时间、具体人物及具体事例,可以见证平凡中的伟大。

现今在牛村是兴盛时期(1938年),这里有一所拥有40个男女生的学校。在此本地修女们怀着极大的热情投入到工作中,并给那里的女孩子和妇女们带去了信仰的勇气。⑤

---

① [德]赫尔曼·费尔希:《奥古斯定·韩宁镐主教传 一位德国人在华工作53年》,第280页。
② Ortrud Stegmaier SSpS, "MISSIONSDIENST AM EIGENEN VOLK, Die Heranbildung einheimischer Ordensfrauen durch Steyler Missionare und Missionsschwestern," VERBUM SVD; Vol. 16—1975, ROMAE APUD COLLEGIUM VERBI DIVINI. S. 60.
③ [德]赫尔曼·费尔希:《奥古斯定·韩宁镐主教传 一位德国人在华工作53年》,第280页。
④ Vgl. Fleckner, Johannes, Thomas Kardinal Tien, St. Augustin 1975, S. 56. 一说这个国籍女修会团体创建于1940年。
⑤ "Kurzberichte", SVD, Kaomi Regions Korrsepondenz 1939, No. 2, S. 30.

第六章　由贞女而修女

1939年5月，区会长艾伯特（Olbert）作巡视旅行期间，在探访Kikiashan时发现：教友们的信仰生活逐渐有了质量，他们的确在参与礼仪和领受圣事方面比以前提高了许多。通过两位本地修女忘我、热忱地工作，很多年老力衰的人悔改行善。①

本地修女们也在学校和药店工作。1939年，一座新的贞女院落建成，其中包括教室、药店以及宿舍，两位修女要搬到那里去工作。②

进入20世纪以后，仅在圣言会管理的山东南部，独身女性团体有欧洲女修会、国籍女修会、贞女团体等多种类型。立体式的组织机构的功能不限于传播信仰，而是将耶稣基督的福祉推向整个社会，具体表现就是各种慈善事业的兴办。虽然大部分贞女加入了圣神会、圣家会等修会团体，但传统的贞女体制依旧存在，1941年，山东仍有423位贞女分布在各个堂口服务。③

齐齐哈尔国籍修女

天主教的组织制度极为严格，不同修会的隶属关系、管理模式有差异，会规会宪、工作重点也有所不同，圣神会是欧洲修会，由欧洲总会管理指导；圣家会是教区修会，由教区统筹，但随着工作推进，亦可能向其他地区拓展。在教务发展之中，本土女修会在管理、运作方面更为方便，

---

① "P. Regional auf Visitationsreisen", SVD, Kaomi Regions Korrsepondenz 1939, No. 4, S. 105.
② Vgl. "Nachrichten aus Nah und Fern", SVD, Kaomi Regions Korrsepondenz 1939, No. 12, S. 325. 文中所说"贞女院"应为国籍修女团体。
③ 参见韩承良《杨恩赉总主教的生平》，第161页。

且能够减少其中的掣肘；而贞女则是一种更为灵活的守贞生活，一般在堂口、会口服务，多与本堂神父联络。由此看来，贞女和修女是教会体系中不可或缺的两个方面，相比较而言，贞女的工作最具有灵活性。

但是，本土女修会（或教区修会）、贞女团体在初创时期，又离不开国际女修会的指导和帮助，她们在多项合作中建立的姐妹情谊是天主教历史中的宝贵经验；而诸多本土女修会的创立又基于无数不知名姓的贞女支撑，她们是女修会团队源源不断的人力资源。20世纪初，在中国各地，特别是在乡村建立的各种不同类型的女修会团体又反过来刺激了天主教女性守贞的激情，这样一个逻辑关系链在圣言会管理的教区中得到了充分的证明。

三 姐妹情续篇：其他地区的修女与贞女的合作

欧美女修会对本土女修会进行指导，圣神会比圣家会较为典型，随着教会的发展，这种合作在其他教区也开始呈现，下文选择部分教区的实例分析之。

（一）"吴苏乐会"与"众心之后"

吴苏乐会（Company of St. Ursula, Ursulines，或译乌尔苏拉会）16世纪成立，1922年进入中国，主要在广东汕头一带活动。

在粤东地区，守贞是教会的传统，但贞女文化程度不高，进而影响工作的质量和效率。吴苏乐会修女到汕头之后，开始对贞女进行培训，并帮助建立孤儿院及圣婴堂。[①] 当时有来自美国的葛修女在河婆（揭西）专门从事训练贞女，"接受培训的贞女有八位，她们的工作是准备祭台，打扫圣堂，教授要理，探访非教友家庭及为临终的病人付洗。"[②]

贞女接受培训获得了提高文化涵养和工作经验的双赢，由此刺激更多的天主教家庭的女孩子决定加入贞女队伍，至1934年，河婆学校有120名学生，其中有"众心之后"的15名准修女在此接受培训，教室已经容

[①] Irene Mahoney, O.S.U., *Swatow: Ursulines in China*, RKG FundRaising Services, 1996. p. 44.

[②] Ibid., p. 119.

第六章 由贞女而修女　　　　　　　　　145

不下这么多的女孩子。①

"众心之后"是经过吴苏乐修会培训，且正在筹建的一个本土女修会。1936年，经过培训之后的"众心之后"初学修女有3位到汕头为神父工作，另有3位在汕头读书，其余在当地修院学习，她们至少要得到小学文凭才能工作。②

吴苏乐会与"众心之后"之间的关系类似于德国圣神会与圣家会，其发展仍是欧美女修会培育中国贞女、然后组建国籍女修会的模式，这种模式在实践中最终形成了"马太效应"。以汕头为例，在吴苏乐会的支持与参与下，教区不仅有了本土女修会，而且贞女人数也持续攀升，1938年，华主教（Bishop Vogel）授权，在河婆另建房屋给贞女居住，以便把修院与孤儿院分开。新组建的"众心之后"也有了暂行的会规，且有30位女青年在葛修女（Marie de I'Incarnation）的指导下，准备到河婆的洛田坝（Lokthien - pa, at Hopo）开展工作。③

广州本地修女及候选人

---

①　Irene Mahoney, O.S.U., *Swatow: Ursulines in China*, RKG FundRaising Services, 1996. p. 145.

②　Ibid., p. 164.

③　参见 Irene Mahoney, O.S.U., *Swatow: Ursulines in China*, RKG FundRaising Services, 1996. pp. 174 - 175。华主教（Bishop Vogel）原为汕头本堂，后任主教；葛修女（Marie de I'Incarnation），法籍，1922年到中国传教。

吴苏乐会工作最为艰苦的阶段是抗日战争时期，"众心之后"的发展也在这一阶段。但是，战争并没有阻止这些女性工作的美丽脚步，仅在河婆，"就有10位贞女接受培训，21位贞女或在读书，或在传教。"①

为什么汕头教区的贞女培训工作以河婆为据点，其原因是贞女的培训需要一定的经费。在广东东部，汕头的消费高于河婆，② 教务支出以及培训成本常常是教会不得不考虑的问题。

在贞女的培训中，吴苏乐会修女经常讨论的问题是：欧美女修会如何关心贞女？贞女在教会的地位如何？贞女的首要工作有哪些？贞女的陶成计划是什么？正在筹建的本土修会，正式名称是什么等。根据各堂口贞女较多的实际情况，吴苏乐会修女们开始将贞女组织起来，并对培育贞女作出了相关的规定：

> 修会只收18—25岁的女青年，文化程度至少小学毕业，家长同意。身体健康，没有债务负担，加入团体要提交领洗证明、领坚振的证明、医生提供的健康证明，以及品德优良的证明信函。望会没有一定的期限，但初学两年，暂愿五年，一如吴苏乐会（Ursulines）的培育过程。这是一个十分严格的训练过程，这些贞女以后要做传教员，要帮助传教士在乡下工作。这个贞女团体按照魏神父的建议取名为"众心之后"（The Virgins of the Queen of Hearts）。③

众心之后是吴苏乐会帮助建立的本土女修会，"修院坐落在一个美丽、风景如画的山谷里，由数间中国式的小屋子连在一起"④。这个新团体成立之后，承担的工作与美国修女有所不同：众心之后的修女们多在乡村工作，而吴苏乐会修女多在城市，并继续承担着培训贞女的工作。

---

① Irene Mahoney, O.S.U., Swatow: *Ursulines in China*, RKG FundRaising Services, 1996. p. 185.

② Irene Mahoney, O.S.U., Swatow: *Ursulines in China* 记载："葛修女准备带4位贞女去河婆，因为河婆的教育费比汕头便宜得多。"(p. 144.)

③ Irene Mahoney, O.S.U., *Swatow*: *Ursulines in China*, RKG FundRaising Services, 1996, pp. 151—152.

④ Irene Mahoney, O.S.U., *Swatow*: *Ursulines in China*, RKG FundRaising Services, 1996. p. 143.

第六章　由贞女而修女

汕头众心之后女修会会院，2007 年拍摄

（二）圣若瑟小姐妹会与依撒伯尔修女会

圣若瑟小姐妹会（俗称若瑟修女会）于 1832 年立会，1922 年传入中国，在山西潞安传教的若瑟修女会属荷兰修会，会址设在总堂。该修会以协助传教为宗旨，并开办医院、养老院、育婴堂、学校等机构。依撒伯尔修女会成立于 1931 年，为本土女修会，最初成员来自贞女。修会草创，受人力、物质等条件的制约，由若瑟修女会领导，初成立时有 56 名成员。两个女修会在管理体制、会规等方面都不同。①

荷兰籍的圣若瑟小姐妹会修女均精通医术，1925 年教区成立仁慈医院，院长狄慕德、副院长白德英均为若瑟修女会的中坚，此外还有来自意大利、比利时的修女以及少数国籍修女在医院服务。随着工作的进展，修

---

① 参见《教友生活》编辑部编《天主教长治教区简史（初稿）》（内部参考资料），1997 年，第 18—19 页。1992 年，依撒伯尔女修会恢复活动，地址在潞安高家庄。

女们又在张庄、马厂、南天贡、老军庄、羌城等地设立施医处。① 在国际女修会的影响和帮助之下，中国修女的素质也不断提高，1945 年之后，先后有三十名依撒伯尔修会的修女到北京参加若瑟修女会，学成后，安排在怀仁医院工作。②

（三）法国保禄女修会与广西圣家女修会

1902 年，巴黎外方传教会主教罗惠良根据外籍神父在中国传教不便、急需人手协助的情况，决定成立教区女修会，广西圣家女修会就是在这种形势下诞生的。

圣家女修会的成长离不开法国圣保禄女修会的支持和帮助。20 世纪初的一份西文资料记曰：

> 在广西教会，近年来有来自法国沙特尔的圣保禄女修会（St Paul – Shwestern von Chartres）在龙州（Long—tsch），开始对本地贞女进行初学培训，现在有 20 位左右。③

龙州建立的初学院后迁至南宁主教府（邕江边），保禄女修会对中国贞女培训约 10 年。此后，转交天神之后会培育，第一任中国会长是范俊明。至 1949 年，有修女 150 余人。

广西圣家女修会的使命是协助传教，在非信徒居住的地方，常常由修女们先行讲授要理；同时，该会修女还为麻风病人服务，这个传统一直保持到现在。④

（四）活跃在中国妇女中的外籍修女

外籍修女对中国本地贞女的培育在许多教区均有所表现。进入 20 世

---

① 参见《教友生活》编辑部编《天主教长治教区简史（初稿）》（内部参考资料），1997 年，第 22 页。

② 同上书，第 19 页。

③ Die Katholischen Missionen（Illustrierte Monatsschrift），35. Jahrgang（1906/1907）6：S. 127.

④ 笔者于 2011 年 7 月 30 日到广西圣家女修会访问，基本资料由会长宋桂花提供（口述）。这个教区女修会 1949 年停止工作，1982 年重新恢复，会址设在柳州，1998 年迁南宁，现有 20 位修女。

第六章 由贞女而修女

纪之后,有更多的外籍女修会进入中国,其中,美国玛利诺外方传教女修会的工作颇有特色。

玛利诺外方传教女修会属于玛利诺外方传教会系统。① 1919 年成立,次年进入香港,不久进入广东嘉应、江门、梅县等地。

沈阳修女宿舍

在修女们进入广东之前,玛利诺会神父在传教工作中常常遇到一些棘手的问题:

> 既然目标是传福音,宗教就成了妇女解放的一个手段。玛利诺会神父们很快就发现,和在他们之前进入中国的传教士一样,只能使男性皈依,进展很少。原因是中国的风俗禁止他们接触中国妇女,也没

---

① 玛利诺外方传教会,又名美国天主教传教会(拉丁语:Societas de Maryknoll pro missionibus exteris,简称 M.M.;英语:Manyknoll Fathers 或 Catholic Foreign Mission Society of America)是美国第一个天主教传教修会。玛利诺(Maryknoll)是其在纽约总部的地名,原意为圣母山。这个传教会于 1911 年成立,发起人是华尔实(James Anthony Walsh,1867—1936)和波拉斯(Thomas Frederick Price,1860—1919 年)两位神父。1918 年,玛利诺外方传教会派出的第一批传教士到达中国广东省。1918 年末,波拉斯、华理柱、福尔德等四名玛利诺会神父到达中国广东省阳江县,他们是最早来华的美国天主教神父。此后,玛利诺外方传教会陆续接管了五个教区:江门教区(1924 年)、嘉应教区(1925 年)、梧州教区(1930 年)、抚顺教区(1932 年)、桂林监牧区(1938 年),是第一次世界大战以后成长最快的一个在华天主教修会。1925 年,玛利诺传教会又接管了从汕头代牧区分出的嘉应自治区,主教福尔德(Francis X. Ford),下辖梅县、兴宁、蕉岭、五华、平远、龙川、和平、连平八县。1925 年,玛利诺传教会到东北传教,1932 年接管了从沈阳教区分出的抚顺监牧区。

有妇女要理讲授员,家中的男性即使领洗,整个家庭还是"外邦人",因为母亲负责孩子的养育,又没有女性能教导他们。等父亲去世,所有努力都付诸流水。此外,由于家中没有支持的力量,有些领洗过的男性后来也离开了教会。修女们的任务就是改变这个局面,她们办到了;她们深入田间和厨房,取得妇女的信仰和友谊,到后来点燃她们的心火,渴望学习教理并领洗。①

玛利诺会修女们的到来终于改变了男性与女性沟通的窘境,她们活跃在中国女性中间,取得了良好的效果。

玛利诺会修女们的传教不仅只是单纯的教理教义,同时包括传播西方的文明元素和西方的价值观,这些对中国乡村妇女来说几乎都是新鲜的内容:如修女们告诉乡村妇女什么是自我价值;强调所有人不论性别、肤色一律平等。这样不断灌输基督徒妇女观,村子里的妇女彼此之间比以前合作,连婆媳之间也融洽多了。村子里教友团体中,妇女和男性一样享有投票权,丈夫对妻子也就比较尊重。②

在玛利诺会管理的教区,本地修女的工作也得到美国修女的赞同:

> 本地女修会在信徒和非信徒中间同样有着广泛的影响,她们做得比想象的还好,尤其是她们表现出令人振奋的工作才能、克己和奉献精神以及热心和纯洁的生活,赢得了广泛的尊重。③

当玛利诺会修女们在广东客家地区传教的同时,又一批同会的修女进入东北。1930 年,以席玛佳(Shea, Margaret)为领队的修女率先抵达大连。工作中,修女们发现:"东北妇女抽一种当地的烟斗,修女们花了很长的时间,

---

① 乐培霓:《心火熊熊——玛利诺修女们的故事》(*Hear on Fire, The Story of the Maryknoll Sisters*),刘喜玲译,台湾光启文化事业 2003 年版,第 97 页。作者 Penny Lernous 是美籍新闻记者,是书为玛利诺修女的口述历史。

② 参见乐培霓《心火熊熊——玛利诺修女们的故事》(*Hear on Fire, The Story of the Maryknoll Sisters*),第 97 页。

③ Rev. Frederick C. Dietz, Pro - Vicar of the Maryknoll Vicariate of Kongmoon, China. "China's Brighter Side", *Catholic Mission*, Number 2, 1928, p. 16.

第六章　由贞女而修女　　151

劝导初学生戒掉这个习惯。"① 帮助初学生戒掉不良习惯（尽管不良习惯是风俗所致）表现出玛利诺会修女的工作原则以及培训年轻修女的严肃性。

东北修女培训中国女教友

1926 年，匈牙利的主母会（原名匈牙利加罗撒圣母会或加罗萨圣母会）来到河北大名。这个外籍女修会任务是培育贞女和修女，负责大名的女学、医院、仁慈堂、婴儿院、敬老院等慈善事业。② 来自匈牙利的修女们加入教区工作，其不仅是对教会的贡献，同样也给地方社会带来福祉。

活跃在中国女性中间的欧美修女很多，美国的玛利诺外方传教女修会和匈牙利的主母会是她们中间的代表。对来自欧美的修女来说，传播宗教只是一个方面，输入男女平等、妇女解放的新思想也是她们的工作目标之一。

四　"主之婢女在此"：准修女团体"献堂会"

"献堂会"是一个由贞女组成的团体，近代以后，活跃在以上海为中心的江南地区。

---

① 乐培霓：《心火熊熊——玛利诺修女们的故事》（*Hear on Fire, The Story of the Maryknoll Sisters*），第 123 页。
② 参见保禄《邯郸天主教史略》（内部资料），2005 年，第 59 页。

上海在明代就是远近闻名的东南名邑。明朝末年，耶稣会士来华，上海成为天主教会的一个重要据点，曾在此地传教的耶稣会士有郭居静、潘国光、龙华民、罗若望、阳玛诺、艾儒略、鲁德昭（谢务禄）、傅汎际等人。徐光启孙女甘第大（许太夫人）是一位虔诚的天主教信徒，嫁于松江许家，同时把信仰也带到了松江。明清之际，以上海为核心，旁及松江、嘉定、崇明等地，教务十分发达，守贞在这一地区也十分兴盛。清初，许太夫人家女仆中就有守贞姑娘。但江南一带贞女人数增多，并对社会产生一定的影响是在上海开埠之后。

（一）献堂会诞生

19世纪中期以后，江南教会守贞一时成为风气，1846年，耶稣会士埃斯特韦（P. Estéve S.J）在一封发自上海的信函中详细述说了这里的贞女情况：

> 你们已经听说过关于中国贞女的消息，关于这事我要说几句话。这里差不多每一个堂口都有一定数目的女孩子，她们发愿由自己决定，而不是像修会那样发愿而过团体生活。这些贞女以对教会的奉献作为生活目标，她们制作祭饼、蜡烛，并负责装饰教堂的祭坛。她们像天使一样默默地工作，我们真的可以这么说：贞女是基督徒团体中最美丽的花朵，这些美丽的花朵为天主教会的花园赢得了声誉。看到贞女确实让人振奋，她们是非基督徒沼泽中亮丽的百合……
>
> 因为不太好的风俗习惯太多，贞女才能够在天主的计划之中，将她们最美好的圣洁品质展现出来，即使是最愚笨的人，也可以很清楚地认识来自天主的美丽贞女。可以这样说，好像没有什么事物能够像贞女这般具有圣洁的吸引力，但很多中国人对圣洁的概念并不清楚，更不要说去实行这种崇高的道德了。只有我的地区，大约有9000名基督徒，有超过300名以上的这样的圣洁的贞女。现在有这么多的小教堂，应当感谢这些虔诚的女孩子们。差不多教友所有的奉献，都要经过贞女转交给教会。[①]

[①] Die Katholischen Missionen（Illustrierte Monatsschrift），35. Jahrgang（1906/1907）6：S. 122. 德文作者对大多数中国人不信仰天主教的原因与道德联系起来，如纳妾、溺女婴、缠足等风俗严重违反了天主教教义，故作者用了一个带有贬义的词汇"Heidnischen Morastes"。

透过这封信函、透过耶稣会神父对贞女的评价,我们能够了解19世纪中期江南一带贞女的基本情况,而守贞人数的增多说明加强管理、组建严格、规范化团体的时机已经成熟。

1855年11月21日,耶稣会神父薛孔昭(P. Sicca, S. J.)在上海徐家汇建立了圣母贞女会(Marinanische Jungfrauenkongregatson),此为献堂会的前身。

献堂会缘何成立?为什么称之为献堂会?成立之初给予了什么样的培训?西文资料有较详细的阐述:

> 1867年,代牧主教、耶稣会士朗怀仁(Msgr Languillat)决定让1854年成立于法国的援助修女会(Helferinnen der armen Seelen)进入他的教区工作,这些法国修女住在距离上海不远的王家塘。这里一直有过着半修道院性质生活的中国贞女群体,援助修女会的到来,给教区带来了活力,也使本地妇女对这些欧洲修女充满了特别的兴趣。1869年有不少于584名妇女和小女孩参加了避静……不久,援助修女会开始对中国本土的独身女性进行灵性培育,有35名贞女参加,她们中年龄最长的是她们的会长,已经62岁了。在法国女修会的精心指导之下,贞女团体的发展越来越好,法国修女给这个团体命名为Présentandines,中文名为献堂会(Hien-tan-hoei),"献"是"奉献","堂"是"祭坛","会"是"修会"。这件事真是令人高兴。献堂会的训练是这样的:进入这个团体首先是两年初学,然后是实习期,一般为三年。这期间不发修会的公开三愿,只是发私愿,但要在教堂举行公开承诺仪式,由神父主礼,且这位神父得到主教赋予的权力。承诺的内容主要是做福传工作,把自己的一生奉献给教会。
>
> 贞女的服饰非常普通、简单,胸前挂一银制的圣牌作为自己的身份标志,以表示与一般女性不同,这是一种半修会性质的服饰。第一批献堂会的成员于1871年被派遣到外地传教,在新的传教区,她们分为3人,或4人,或5人一个小组,很少一个人单独工作。这些献堂会员主要在学校、孤儿院工作。①

---

① Die Katholischen Missionen (Illustrierte Monatsschrift), 35. Jahrgang (1906/1907) 6: S. 126.

通过文献记录，我们可以发现这个由法国援助会培训的贞女团体与其他教区的贞女相比，具有一些自身的发展特点：王家塘在清中期就有"半修道院性质"的贞女团体，从会长的年龄（62 岁）可以得知，禁教时期江南教区就有贞女存在，且这种独身制度一直延续到 19 世纪中期。而"1867 年郎主教（Msgr. Languillat）邀请援助修女会（Helferinnen der armen Seelen）到教区工作，在欧洲修女的帮助下成立了圣母院。进入圣母院的贞女是上海教区女修会的前身，她们从 1869 年开始了初学"[①]。

关于上海献堂会的起源与发展，对上海教区历史非常熟悉的金鲁贤主教也在其著述进行了阐述，兹引相关内容以作为对上述西文资料之补充：

> 在 1850 年耶稣会士再次来到上海时，见到在有些堂口里有许多贞女。在圣教艰难时，这些贞女在家守贞修道，全心爱教会、爱堂口，她们保护了教堂，团结了教友，她们的贡献极大。但是，缺少统一的组织来领导她们，没有一个团体来照顾她们的灵修和物质上的需要，同时，她们也得不到足够的培养。到了 1855 年耶稣会士薛孔昭发起成立圣母献堂会，为使贞女们有一个组织，可以得到照顾。当时教会领导认为这些组织起来的贞女，应过修道生活，但这只是修女会的初级阶段，她们只能称作先生，不能称为修女。[②]

（二）献堂会：贞女团体还是修会团体？

献堂会是贞女团体，还是女修会团体涉及这个团体的定位。厘清这个有趣的问题，首先需要梳理献堂会的历史发展线索。

以 1855 年成立圣母献堂会为起点，献堂会的发展经历了一个艰难的历程。总院先后设于横塘、董家渡。几经周折，1864 年又迁于徐家汇王家堂。1867 年，郎主教委托法国拯亡会修女承担培育和管理这个团体的任务。次年，献堂会迁入肇嘉浜畔，并入徐家汇圣母院。

1869 年 9 月 8 日，圣母圣诞瞻礼日，献堂会初学院举行开幕典礼，有 33 人加入团体。团体规定初学两年，"出试"（即传教实习）一年，合

[①] Verbum SVD, Vol. 16 - 1975, Romae Apud Collegium Verbi Divini, S. 62.
[②] 《金鲁贤文集》，上海辞书出版社 2007 年版，第 329 页。

第六章　由贞女而修女　　　　155

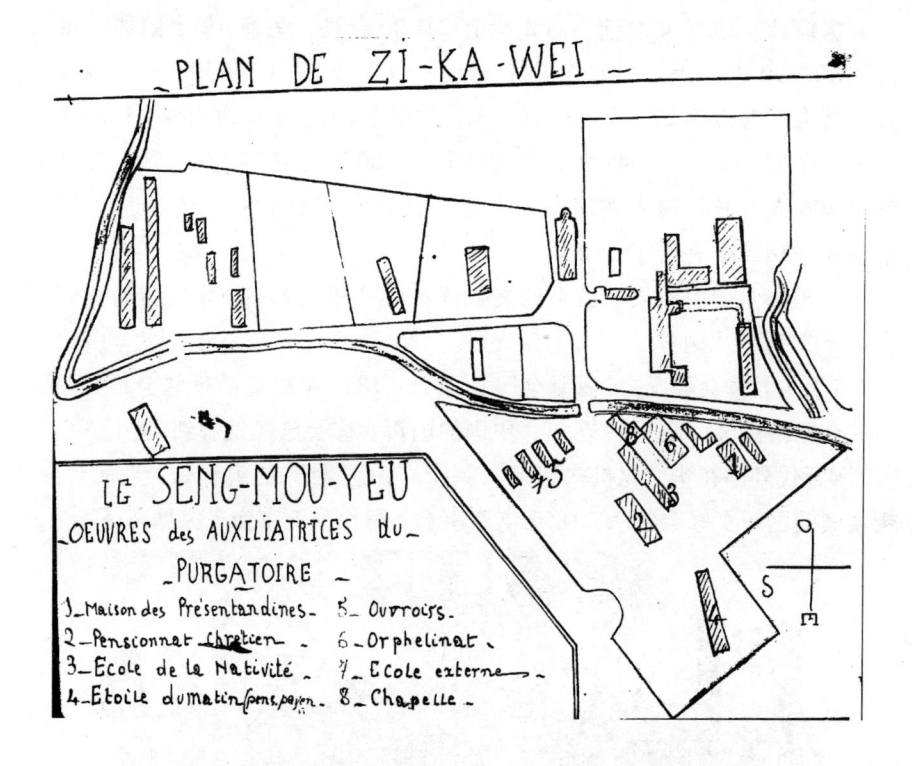

徐家汇(Zi-ka-wei)圣母院(Sen-mou-yeu)的平面图整体效果[①]
étoile du matin（Pens. Payan. – Pension payante）
1. 献堂会会院　2. 基督徒寄宿学校　3. 圣诞学校　4. 晨星屋[②]
5. 修女院缝纫室　6. 孤儿院　7. 走读学校　8. 小教堂

格者才能成为该会正式成员。

1873年9月8日，有三位成员宣誓成为首批正式会员，入会者除一身黑色衣裙外，没有特别的标记，此后有举行带圣牌礼（特制圣母献堂圣牌）以作为正式入会仪式。该会不发三愿，因此，会员不称"姆姆"，而称"先生"（Catechist）或"某某姑姑"。会内设"总领袖"一人，直接受命于教区主教。

[①] 此图原件藏法国里昂"宗座传教事务所"（Les Œuvres Pontificales Missionnaires，缩写OPM）。圣母院是协助炼灵会于1867年在中国上海创办的第一个会院。

[②] 晨星屋（直译）是一幢房屋的名字，教会常常以具体的名称命名一栋房子、一个教室、一间祈祷室等。字面上无法从名字想象房屋的功能，可能是一幢寄宿学生的房子，需要付一点寄宿费，因为上面写着 étoile du matin（Pens. Payan. – Pension payante，付费寄宿）。

据统计,1928 年之前,献堂会有 242 位会员,另有 12 个团体,每个团体 40—90 人不等,但这个数字远远不够需求。① 1937 年,有会员 240 人,其中上海市区 27 人,郊区 63 人,初学 38 人,其余在外埠。② 初学者集中在徐家汇会院。1949 年,会员增长约 600 人。1950 年 11 月,会员下降至 206 人,龚品梅主教任命本会修女自己管理修会。1955 年后,停止活动;1958 年,献堂会解散。

关于献堂会的性质,留下的文献资料以及相关著述,多定位为国籍修会,下文列举几例:

《天主教修会概况》"献堂会"词条云:1855 年成立的献堂会,是中国第一个国籍修会,截至 1927 年,中国的国籍女修会已经发展到 29 个。③

《近代外国在华文化机构综录》关于"献堂会"的解释是:"献堂会,天主教的国籍女修会之一,1856 年筹建于上海徐家汇东南王家塘……"④

江南孤儿院女童与献堂会贞女

---

① Rev. Frederick C. Dietz, Pro - Vicar of the Maryknoll Vicariate of Kongmoon, china, "China's Brighter Side", *Catholic Missions*, Number 1, 1928. p. 16.
② 参见张化《上海宗教通览》,第 370 页。
③ 关于献堂会,参阅倪化东《天主教修会概况》,香港真理学会 1950 年版,第 124—125、145—155 页。
④ 郭卫东主编:《近代外国在华文化机构综录》,上海人民出版社 1993 年版,第 381 页。

第六章　由贞女而修女

《上海宗教通览》也有"圣母献堂会"述说："同治十二年（1873年）始有人许誓为修女，主要在上海及安徽、江苏农村教堂帮助神父传教，办读经学校、施诊所、育婴堂……"①

教会方面也把献堂会定位为教区修会，如玛利诺会传教士弗里德里克（Rev. Frederick）在英文刊物发表讨论天主教女性文章时说，在1928年之前，"本土女修会最大的团体是南京（教区）的献堂会（The Presentation Nuns of Nanking）"②。

在关于献堂会性质的定位中，仅少数文献认定其为贞女团体，如民国编修的《上海县志》记载，（献堂会）创办时间为同治三年，"中国贞女专任女校教习、管理女婴"③。

为什么多数观点认定献堂会为女修会？原因不外乎以下三点：（1）献堂会是中国近代天主教贞女中最有影响的团体，其影响不在于人数的多寡，而在于会员的综合素质高、工作区域广（已经深入江苏、安徽乡村）；（2）会员受规章制度约束严于一般贞女，如公开宣发誓愿、外出工作须分小组进行等；（3）献堂会总部设在上海，接受法国女修会的培训，其文化程度、工作能力等综合素质高于传统的贞女。

但是，以上理由并不能说明献堂会已经步入女修会的行列。如果把献堂会纳入女修会的参照系中，可以发现，这个团体距离真正的修会团体还有一些差距。准确地说，献堂会是一个"准修会团体"，其理由如下：

其一，参加女修会要经过长时间的培训和考验，并发"三愿"（神贫、贞洁、服从），而献堂会仅发一愿（贞洁）。以河北献县教区为例，这儿有受法国耶稣会管辖、法国拯亡会（女修会）协助培训的"炼灵主母会"（后改名"圣望会"）；同时，教区也有献堂会团体。但是，进入炼灵主母会的修女根据进入修会的时间、修道的表现、灵修生活的进展分为

---

① 张化：《上海宗教通览》，第370页。
② Rev. Frederick C. Dietz, Pro-Vicar of the Maryknoll Vicariate of Kongmoon, china, "China's Brighter Side", *Catholic Missions*, Number 1, 1928, p. 16. 天主教教区管辖区域与中国行政划分有较大的差异，1828年以前的南京教区包括上海。
③ 吴馨修、姚文枬纂：《上海县志》，"民国"二十五年铅印本，载张先清、赵蕊娟编《中国地方志基督教史料辑要》，东方出版中心2010年版，第9页。

初学修女、暂愿修女、终身圣愿修女,考核十分严格,[①]而献堂会在这方面则比较灵活。

献堂會貞女在上海徐家匯聖母院靈修分享。

献堂会

其二,修会有严格的会规会宪(特别是国际修会),而献堂会所立规章制度基本囿于清中叶马青山主教修定的《童贞修规》内容之内。

其三,献堂会成员称之为先生或某某姑,不称姆姆,则表明信徒对这个团体的认识和定位。而国籍女修会的修女多称之为某修女(或修道)。

但是,无论认定献堂会是贞女团体还是国籍女修会,都无法抹去这个团体对教会和社会的贡献。虽然献堂会缘起于上海郊区王家塘一个半修道院性质的贞女群体,一旦有了团体名称、圣牌标志(没有特定的会服,但须穿中国式的端庄黑色服装)、发愿规定(每年须复愿一次)、灵修制度(避静)等,就开始了向女修会迈进的步伐。1934年11月21日,惠济良主教(Auguste Haouisee)批准了"圣母献堂会组织大纲",强调以"三愿"精神为核心的生活准则,由此而奠定了献堂会作为国籍女修会的基础。

[①] 炼灵主母会于1924年成立,后改名圣望修女会,属于教区修会。"文革"中修会解散,1986年重新恢复,主要工作为牧灵及社会服务,如堂区、诊所、养老院、麻风病人服务等。参见天主教献县教区编《献县教区 我们共有的家》,第58页。

1940年獻堂會初學修女全體照。

獻堂会初学生

  1985年，张家树主教以"献堂会"之名重新开办修女院，定献堂会为正式女修会，准予初学，实习后宣发"三愿"，并拟定相关的规章制度，标志着献堂会正式升格为国籍女修会，由此，自1855年成立的献堂会终于完成历史性转型。

  改革开放之后，重新恢复的献堂会发展很快，新一代献堂会成员主要在光启社、印刷厂、光启培训中心以及总院和各堂口服务，其中有修女赴云南服务麻风病人。[①] 她们恪尽职责，使教区的事业正常运行。[②] 重新组建的献堂会不仅是组织机构的恢复，更是传统精神的继续和弘扬。

（三）献堂会的工作特点
（1）接受法国女修会培训。

  近代以后的贞女团体都曾有过接受欧美女修会培训的经历。献堂会的初期发展也经历了这一过程：成立伊始，接受法国援助会培训，1869年，新来的法国女修会——拯亡会（Helpers of the Holy Souls）开始规范这些

[①] 参见2009年9月20日《信德》第一版文章"上海圣母献堂会修女集体培训"。
[②] 《金鲁贤文集》，上海辞书出版社2007年版，第331页。

贞女们的奉献生活。①

关于拯亡会进入上海的情况，法文档案记载：

> 1867 年，朗主教（Languillat）拜托女修道院的院长（la Providenne），希望从法国请一些修女到上海，由修女们来培养中国的童贞女，并管理寄宿学校，负责各类事物。圣心修道院的女院长见证了初创时期的艰难。11 月 4 日，修女们到达上海，5 日是这个月的第一个星期五，她们出发去了徐家汇，即江苏耶稣会修道院的中心。在那里，几个童贞女和学生很高兴看到修女们来到她们中间。②

虽然献堂会是一个准国籍女修会团体，但极受教区重视，总院设徐家汇，主教亲任会长，耶稣会驻华修会会长担任协助，拯亡会代为管理，其中拯亡会的培训对提升贞女的综合素养发挥了重要作用。

献县贞女与孤儿

---

① 参见 R. G. Tiedemann, "Controlling the Virgins: female propagators of the faith and the Catholic hierarchy in china," *Women's History Review*, Vol. 17, N. 4, September 2008, p. 506。拯亡会是天主教女修会，1856 年创立，1867 年传入中国，在上海、扬州、献县等地设立修女院以及慈善机构。该会以妇女、老幼作为布道和救济对象，并在上海协助"献堂会"进行传教工作。中华人民共和国成立前夕，共有 197 名外籍修女在华活动，1952 年前后停止在中国内地的活动，但香港、台湾等地仍有拯亡会修女活动以及创办的学校和慈善机构。

② 资料藏法国里昂"宗座传教事务所"（Les Œuvres Pontificales Missionnaires，缩写 OPM），标题为：PIAN DF. ZI – KA – WEI; SEN – MOU – YEU. Vue générale。

第六章 由贞女而修女

（2）为贫穷百姓服务。

近代，进入上海的欧洲女修会非常之多。据金鲁贤主教回忆，当年"法国主教陆续请来不同修会的外国修女到上海市区主要的租界内协助传教工作，这些修会的神恩不同：有专门为老人服务的安老会；有专做医务卫生工作的仁爱会、方济各会；有专门收养失足妇女的善牧会；有专门默观祈祷的圣衣会。在这些修会中，主要尤其请了拯亡会来做他（献堂会）的主要帮手，开办学校、建立慈善机构等。"①

显然，欧洲女修会与献堂会的工作有所分工，但"国际修女会的生活范围基本上限制在上海市的租界内，只有献堂会活跃在江苏、安徽两省的广大地区，她们的足迹踏遍了各乡村、山区。她们默默无闻地工作，服务神父、服务堂口、服务穷人，她们讲解教理，管理小学，同时义务看病，受到广大教内外群众的热烈拥护……她们人数多，但仍然供不应求，当时的本堂神父都争求主教派遣献堂会修女到自己的堂口来工作；教友们一提到她们就赞不绝口。她们对江苏、安徽两省以及上海市的教会贡献极大！"②

献堂会承担的工作主要有：开办读经班、儿童教育、开设施诊所、管理教堂、从事堂口杂务等。经过欧洲修女们培训的会员们还能够行医看病，且擅长妇科和小儿科，与工作对象相吻合。③ 面向贫困乡村、面向下层民众、面向草根社会是献堂会工作的特点，这样的工作内容欧洲女修会是无法是替代的。因此，金鲁贤主教对献堂会的奉献精神给予了高度评价和赞扬：

> 当时上海教会外国修女都在市区工作，条件好，住洋楼，吃西菜。广大农村全由献堂会承包，她们吃苦耐劳，忘我工作，绝对服

---

① 《金鲁贤文集》，上海辞书出版社2007年版，第330页。
② 同上。
③ 杨堤：《安徽天主教传教史元明清至1949年》，载台湾辅仁大学神学院编《神学论集》，第99号，1994年，有关献堂会的记载："早在江南教区时，各教堂就有守贞的姑娘在这里服务，称为献堂会修女或女先生，她们教儿童识字，教望教者经言要理，并行医看病，尤其是看妇科和小儿科，一年到头，默默地奉献，但是当时大都是江苏人，到了安徽成立教区时，她们还留在安徽工作。后来安徽三教区，自己成立了圣母院，逐渐培养出一大批德才兼备的修女，接替了老一辈的工作。在培养本籍修女方面，三个教区都有你追我赶之势。保证每个堂区至少有两位这样得心应手的助手。"（第753页）

从，不求任何报酬，处处为教会着想，多伟大！①

(3) 工作的延续性。

献堂会会员的工作具有延续性，当贞女年老之后，她们往往把精力放在培育一个或几个女孩子工作之上，就像教育自己的孩子一样，她们希望这些女孩子将来像她们一样，成为新一代的贞女。1855年，检查教区工作的耶稣会神父傅雷（P. Fourrier S. J）在信函中高度赞扬了贞女的工作："这些贞女对教会的帮助非常之大，她们是江南教区的宝贵财富。"②

由于献堂会主要在乡村工作，对会员的要求除了坚定的信德，还需要有吃苦耐劳的精神和坚韧不拔的毅力。因而，献堂会员多来自江苏农村，随着教务的发展，苏北的淮阴和东台、河北的献县也有了献堂会。献堂会工作区域逐渐拓展，工作内容日趋丰富，为日后转型女修会奠定了基础。

在近现代中国天主教历史上，献堂会是一个非常特殊、同时也是非常具有地方特色的独身女性团体。一股合力铸成了献堂会的影响和贡献，其中包括法国援助会、拯亡会对贞女的训练、教区神长们的支持以及会员们的艰苦努力等。此外，总部设在上海的献堂会也得益于这座近代大都市文化交汇的氛围和熏染，最终形成以上海为轴心并向周边地区辐射发展的工作格局。

五 多渠道催生本土女修会

民国之后，越来越多的贞女希望加入修会，如河北献县：

> （1925年）主教又招集了一班本地贞女，盼望将来，能严格的遵照圣教律例的定章，成立一种纯然本地人的修会，直隶于本教区的主教权下，修女们但发简单的三愿，现今这一班贞女，很盼望奉炼狱之主母为主保，确定不移的样子，彼此团结起来，天天望眼欲穿的，等待罗马的公文，按圣教律例，准定他们的修会，使他们成了真正的修

---

① 金鲁贤：《绝处逢生 回忆录》（上卷，内部发行）第50页。
② Die Katholischen Missionen (Illustrierte Monatsschrift), 35. Jahrgang (1906/1907) 6: S. 122. 信函发自上海徐家汇。

女，能有一位总会长姆姆，按着他们的会典，独立自治，该贞女等，共十六人。①

献县贞女的愿望不久实现，新成的教区女修会起名"炼灵主母会"。

为什么近代以后贞女进入修会成为一种趋势？著名天主教学者吴经熊博士一段精辟的论说回答了这个问题："对中国人，公教会的一大魅力就是其修院传统（its monastic tradition）。中国人总体上说是执著于世界的；但他们对那些勇敢地牺牲所有的世俗享乐与关系，以过一种与神合一的生活的人是抱有一种隐秘的崇敬的。"② 欧美女修会进入使中国贞女认识到守贞生活的多样性，"与神合一"的修会生活令贞女心向往之，源源不断进入修会团体成为贞女转型的一大趋势。

贞女转入女修会，除了欧洲女修会帮助贞女转型，亦有传教会开办培训贞女机构、主教创办本土女修会等多种类型。而修会团体服务地方、参与慈善公益事业又进一步扩大了教会的影响，为树立天主教的圣善形象发挥了重要的作用。

（一）传教会培训贞女

传教会直接开办各类机构培训贞女，让这些独身女性直接进入本土女修会，西南地区教会的表现较有特色。

巴黎外方传教会在清中期就对四川贞女进行培训，鸦片战争之后，"巴黎外方传教会行动非常迅速，童文献（P. Pernyd）在贵州开始组建贞女团体，尽可能为建立女修会作准备。1856 年，他号召代牧区所有贞女进入会院开始初学。作为进入团体新的申请人，16 至 17 岁就可以了，这些女性的培育时间将持续两至三年。"③

20 世纪之后，西南地区天主教会多以开办培训本地贞女的机构作为推动教务发展的契机，如，在云南路南县（今石林彝族自治县），教会开

---

① 为庆祝献县教会成立 75 周年，主教刘牧明（Lecroart）牧灵信函（Letter Pastorale, De S. Ex. Monseigneur Henri Lecroart S. J., Vicaire Apostolique de Sienhsien, A L'occasion du 75e Anniversaire de la Fondation du Vicariat, 1857—1932），载《教务丛刊》（Collectanea Commissionis Synodalis），Junius - Julius, 1932, pp. 819—820.

② 吴经熊：《超越东西方》（*Beyond East and West*），周伟驰译，社会科学文献出版社 2002 年版，第 406 页。

③ Verbum SVD, Vol. 16—1975, Romae Apud Collegium Verbi Divini, S. 62—63.

办了"美邑童贞院",但仅招了修女5—6名,1918年,童贞院与昆明圣保禄女修院合办,修女转往昆明。

1911年,法国圣保禄女修会到昆明开办分会和孤儿院。1921年,圣保禄修女会在昆明节孝巷(当时称"年角坡")开办初学院,初名"女子手工学校";1923年,正式更名为"中国贞女初学院",又名"圣家书院"。学员主要学习手工缝纫、刺绣、编织等工艺,以及圣经和礼仪常识。学制3年,每隔3年招生新生。学生完成学业后一部分进入修会,一部分回到家乡教会服务。1934年,云南教区比利时籍主教到任后进行改革,撤销贞女院,筹备成立上智女校。①

1936年,昭通县城毛货街天主堂内开办了"昭通童贞院",由昭通教区主教陈大明邀请方济各会第二会南斯拉夫籍女会士露兴荣创办,并兼任校长,另外,请沙实美、希修杰等三名南斯拉夫籍修女当老师。课程有圣经、国语、算术、音乐、常识、法文、针线和编织等。学生毕业后在各堂口服务。②

西南地区天主教会开办的培训机构,接受培训者初多为贞女,随着本土女修会团体的增多,开办的"贞女院"、"童贞院"多转化为培训本地修女的机构,教会频繁开办培训机构说明20世纪初,有大部分贞女转入女修会(特别是本地女修会),因而,"童贞院"的培训内容也悄然发生变化,不断补充适应社会需要的新知识和新技能成为天主教独身女性学习的新任务和新课题。

(二) 教区创办本土女修会

圣母圣心会管理的蒙古教区是天主教传入较早的地域,当地教友常称修女为"贞女",主教王守礼在他的著作记述了那些为孤儿服务的"贞女":

> 中国修女会乃是近来成立的。在育婴堂服务的修女,教会里通称"贞女"。每个贞女教育的婴儿,平均以数十计。她们的心血与爱情,

---

① 参见昆明市宗教事务局、昆明市天主教爱国会编《昆明天主教史》,云南大学出版社2006年版,第66、196—197页。雍守正主教(Archbishop Georges - Marie - Joseph - Hubert - Ghislain de Jonghe d'Ardoye, M. E. P)1933—1938年在任。

② 参见刘鼎寅、韩军学《云南天主教史》,云南大学出版社2005年版,第322页。

都施在这伙没有获得母爱的孤儿身上,有不少的贞女,也是由育婴堂甄拔出来的。她们明白婴儿的苦况,自愿献身服务于这种慈善事业,她们的志愿崇高,实在令人钦佩,试问哪一位仁人义士,愿意来这荒凉的地区,为慈善事业服务?因此我们可说教会的贞女实际已倡导了中国妇女的社会服务,而育婴堂就是她们活动的一大园地。

受了教育的婴孩,将来作了人妻,成为母亲,可能继续不断地推广她们所受的教育恩惠;贞女们教诲她们,使她们学会了规律的生活,卫生的常识,有伦理的观念及宗教的信仰,八十年来,竟有二千多个家庭,由育婴堂的女儿组织而成。[1]

王守礼主教所说的这些修女原多是在家守贞的贞女。圣母圣心会进入塞外之后,在教会的帮助下,她们大多进入教区修会。

教会神长直接参与国籍女修会的创建工作并对持续发展的女修会给予支持和帮助,遣使会管理的教区较有特色。以宁波教区为例,赵保禄主教(Mgr. Reynaud)于1884年上任后,所做的重要工作就是建筑教堂、医院、学校、大小修院,创立贞女拯灵会,开办各项慈善事业。[2]

河北永年教区的"圣神安慰会"(简称"圣神会",与德国圣神会同名)也是较有代表性的国籍女修会,在主教崔守恂的倡议和贞女肖玛尔大的鼎力资助下成立,后获教宗比约十一世批准,会址设在威县魏村,后迁至赵家庄。

"圣神安慰会"是教区管理的国籍女修会,修会的宗旨是:"步武基督、献身教会、勉修全德、传播福音。"1932年3月,圣神安慰会第一批七位修女在魏村入初学。她们是:刘敬畏、张孝爱、任聪明、李刚毅、李超见、陈明达和田上智,刘志贞(敬畏)任首届会长。20世纪40年代,修会成员有50名。

圣神安慰会修女主要服务于教区、堂区孤儿院、医院等机构,亦参加

---

[1] [比]王守礼:《边疆公教社会事业》(*EN MONGLIE L' action sociale de l' Eglise Catholique*),傅明渊译,台湾华明书局1965年版,第102页。

[2] 参见史济仁《浙江遣使会传教史略》,载《我存杂志》第3册(原三卷第一期,1934年),全国图书馆文献缩微复制中心2006年版,第1242页。赵保禄主教的前任为苏凤文主教(Edmand Francois,1870—1883年在任),苏主教去世后赵主教于1884年接任,教区也步入快速发展期,代牧区信徒由原来的6000增长到50000。

教授要理、组织教友避静、装饰圣堂等工作。抗战期间，修会被迫解散，部分修女迁至邯郸公教眼科医院。①

虽然"圣神安慰会"是教区女修会，修会生源多来自贞女，但工作任务明确、管理制度严格。下文为档案资料"圣神修女会说明书"，兹录如下：

> 圣神修女会说明书
>
> 缘起 崔守恂主教自永年教区自治伊始，鉴于所属地区风俗人情与洋式修女会总不相合，乃召（集）教务会议，决定成立中国化的修女会，和广大农民群众打成一片，以便辅助教务进行，而使救济事业顺利展开。于是集合有志服务之贞女，施以严格的训练，课以教义的陶成，乃于1935年永年教区圣神修女会宣告成立。
>
> 沿革 自1935年正式成立之后陆续收入进会。待至1943荒歉年，教区团体无力自养，圣神会更难生存，于是遣散初学（保守进会者）一部分修女回家自养或转外方（谋）生，另一部分散居成安、磁县眼科诊疗所服务；留于会院中的修女则卖衣服、搞生产过活。此后跟着成安、磁县、邯郸、肥乡诊疗所兼孤儿院发展的情况，相继加入上述四院服务。1947—1948年群运时，会院被政府借用，土地与动产为地方没收，所有修女除少数在家自养外，概归上述诊疗所内服务。②

永年教区圣神修女会的性质与结为团体的贞女十分相近，她们的工作方向和特点正好适应中国乡村社会的需要。

耶稣圣心传教会是河北易县主教马尔蒂纳（Mons. Tarcisio Martina）创立的教区女修会。1932年，主教从崇贞女学校中挑选了5名有志守贞的青年，给予特别的培养，成立国籍女修会。为使修会管理严格化，马主教拟定会规120条，后增加修改为205条，又编写续卷103条，呈教宗碧岳十一世核准。修会的宗旨是：严守神贫、贞洁、听命三愿，襄助传教事

---

① 参见保禄《邯郸天主教史略》（内部资料），2005年，第58、79页。1988年，圣神会在教区陈柏庐主教的领导下重新恢复工作，并成立养老院、残婴院等机构。

② 转引自解成编著《基督教在华传播系年》（河北卷），天津古籍出版社2008年版，第513页。

业，如开办保守学校、启蒙教育以及教区种种善举。

由马尔蒂尼主教创立的修会正式成立于1935年，会址设在易县良各庄，初创时期，由天津方济各会修女代为管理并进行指导。修会成立先后有8批修女发愿，新中国成立后，停止活动，1982年重新恢复。[1]

民国以后，各教区成立国籍女修会成为一种趋势，如绥东集宁教区张智良神父创立献堂修女会（1930年，与上海献堂会同名），有50余名贞女加入，修会的主要工作是"开理小学，服务传教，辅助幼稚"[2]。广东江门教区于1936年成立国籍女修会，华主教为第一批发愿的修女主持仪式。[3]

总体上说，各教区女修会在工作性质、服务方向等方面相似，主要目的是服务本地、服务乡村社会。

（三）外国传教士创办中国女修会：以德兰小妹妹会为例证

随着天主教本土化进程的深入，在华外国传教士也创建各类国籍修会。男修会中，以刚恒毅创立的"主徒会"[4]、雷鸣远创立的"耀汉小兄弟会"[5] 等较有代表性；女修会则有雷鸣远创立的耶稣圣婴德兰小妹妹会、韩宁稿主教创立的圣家会（说详前文）等。

1928年，雷鸣远神父创立"耶稣圣婴德兰小妹妹会"（简称"妹妹会"），会址在河北安国西关，修会有规定的会服，避免与普通妇女着装相混。当时乡村玻璃使用尚还不普遍，修女的住宅同老乡一样，窗户上糊上棉纸，中间装一块小玻璃作为透光之用。生活在"祈祷刻苦与愉快生活"[6] 中的妹妹会修女工作任务十分繁重，"在家中她们有无依无靠的婴儿们需要管理，有许多自给自足的手工需要制作；在外边有无数的女子学

---

[1] 参见《马尔蒂纳主教纪念专刊（1887—1961）》（内部印刷），第57—59页。

[2] 北平中华公教进行汇总监督处编：《公教妇女季刊》第二册，北京线装书局2006年版，第744页，原三卷二期（1936）。

[3] 参见北平中华公教进行汇总监督处编《公教妇女季刊》第二册，北京线装书局2006年版，第745页，原三卷二期（1936）。

[4] 1928年，宗座驻华代表刚恒毅创立，专为缺乏外国传教士的教区提供中国籍的协助人员，总会设在河北宣化县北郊，修会注重兴办各类文教出版事业，除在中国活动，还传播于印尼的苏门答腊等地。

[5] 亦称"真福院"，1932年成立于河北安国，比利时籍传教士雷鸣远（后加入中国籍）为首任会长。

[6] 自由太平洋月刊社编：《雷鸣远神父传》，越南自由太平洋协会1963年版，第445页。

校要她们教授，有无数的病人需要她们看顾……"①

中国医疗卫生事业落后，特别在贫困的乡村，缺医少药的情况十分突出。"雷神父见北方医院不够，医生太少，又看到眼病在北方更是猖獗，于是让兄弟（按：耀汉小兄弟会）或妹妹们，到顺德府宣神父——一位名驰远东的眼科专家那里学习。然后设立了许多施诊所，加惠百姓，不可限量。"②

德兰小妹妹会的服务工作主要围绕贫苦老百姓的需要，抗战前夕，德兰小妹妹会有修女一百多名，1939 年，有 50 余名修女分派于教区之外的地区服务。

随着外籍女修会陆续进入中国，许多教区呈现出欧美修会、国籍修会以及贞女团体共同参与传教以及社会服务的格局，贞女在独身奉献方面面临着多种选择：进入国际或本土修会，进入贞女团体，或继续在家度守贞生活。如浙西蕨蓬村是一个天主教村庄，"女士之在家守贞者……均立善表，热心相帮传教，神父得力不少。其出家人正式入会修道，进圣心会者有之，进拯灵会者有之，进仁爱会者亦有之。"③

正是因为天主教独身女性守贞生活的多样性，近代以后，一些教区呈现出不同类型的独身女性团体。以圣言会管理的教区为例，逐渐出现了五个本土女修会，她们是：（1）圣家第三修女会（圣家会，Oblatinnen von der Heiligen Familie）；（2）神爱修女会（Schwestern von der Göttlichen Liebe）；（3）万福万应圣母修女会（Schwestern von der Allerseligsten Jungfrau von der Immerwährenden Hilfe）；（4）中华圣母修女会（Schwestern unserer Lieben Frau von China）；（5）神意修女会（Schwestern von der Göttlichen）。④

再以河北献县教区为例，外籍修会有宝血会、拯亡会；国籍修会有炼

---

① 自由太平洋月刊社编：《雷鸣远神父传》，越南自由太平洋协会 1963 年版，第 445 页。

② 同上。

③ 倪儒范：《浙江徙懼属蕨蓬教务史略》，载《我存杂志》第 3 册（原第三卷第四期，1935 年），全国图书馆文献缩微复制中心 2006 年版，第 1499 页。关于蕨蓬村教会起源，倪儒范文章记载："明末清初时，懼城原有天主堂及教友不少，然原福建多明我会管辖，至雍正及嘉庆时代，中国教难迭起……懼城东门马路里，王姓教友乃系明季由金华义乌迁懼。康熙年间，确有闽铎莅临。现今马路里，有王姓祖坟夫妇两穴。传闻王姓共传三房，长房后嗣一支，早已迁居蕨蓬隔溪之桥豆山；二房绝嗣；其三房之一支，即王玛窦会长，迁蓬较迟，余均原居懼城东门马路里……"（第 1498 页）

④ Hildegard Maria Hau, Die Rolle von Ordensschwestern in den Missionsgebieten derSteyler Missionare SVD in China, in: Verbum SVD Vol. 45 – 2004, S. 401.

灵主母会以及贞女团体献堂会等四个团体。至20世纪二三十年代，中国半数以上的代牧区已经有本地修女服务，传统的中国贞女大部分转入本土修会，亦有部分进入国际修会。

就整个中国教会的发展来看，国际女修会帮助贞女似乎有对口援助之趋势。无论是有意安排还是偶然巧合，各类独身女性团体都为中国社会作出了有益贡献，其中修会团体"制度化规范"的效用不可忽略。①

由于各教区独身女性团体的增加，各团体在承担不同工作任务时，需要进行理性的科学的分工合作。以鄂西北磨盘山为例，修女们负责经学和女学的教学，其课程主要有识字、学经和教理，另外结合女孩子的生理和心理特点，开设刺绣、缝纫等技术课；贞女们从事传教和社区服务，许多会口的会长都由她们担任。神父巡视会口，基本上由贞女负责安排神父的日常生活。如遇上非基督徒，贞女们的首要任务就是向他们讲解天主教要理，为发展信徒倾其毕生精力。这种多层次的角色分工展示出地方教会发育成熟的特点。

在本章结束的时候，需要对天主教修会体制作一简单的补充说明。外籍女修会大约有两种类型：② 一种隐修会型，这类修会19世纪下半叶进入中国，但几乎没有与中国贞女的合作。如圣衣女修会（亦称加尔默罗女修会），1867年由耶稣会郎怀仁主教邀请来华，曾在上海、重庆、云南、香港等地设立女修院，会士穿戴圣衣，持守祷告、苦行、缄默不语、与世融绝等严密会规；另一类是社会型（传教型），主要在各地传教，同时开展文化教育、医药卫生、慈善公益事业。中国近现代历史上，帮助、

---

① 参见梁洁芬《双城记（教会篇）：香港和澳门天主教会》，澳门天主教教友协进会——澳门观察报，2010年，第29页。

② 修会分为隐修会和传教修会两大类，进入中国的国际隐修会很少，男修会有本笃会（会址在河北，后迁香港大屿山），女修会有圣衣修女会等。属于本土的女隐修会基本没有建立。在天主教体制中，两种修会都很重要。就历史起源而言，隐修会缘起更早，此后传教修会的灵修和团体生活模式基本上都是来自于隐修会制度。传教修会的发展是因为新大陆的发现，随着天主教向亚洲、非洲和拉丁美洲传播，教会的传教使命也随之扩大。就功能而言，隐修会有自己独立的会院，不外出传教，会士的生活以祈祷、苦行和灵修为主，早年的工作还有抄写圣经、研究教父著以及学术研究。他们的工作和研究为文化的传承作出了重要贡献。有些隐修会还有属于团体的工厂（场）和农场，会士们通过劳动过着自给自足的生活；而传教修会的责任是面向全世界传教，鼓励传教士漂洋过海、到异国他乡传教。16世纪以后，传教修会扮演了非常重要的角色，明朝末年耶稣会士来华，与这种历史背景有着密切关系。因此，进入中国的修会，以传教修会为主，因为中国的国情需要更多的传教修会，在这种形势下，有些本土传教修会即从欧洲隐修会演变而来，如在吉林延边、黑龙江等地的本笃会就是一个例证。与此同时，不断涌现的本土女修会也是以传教为宗旨，以适应中国天主教发展之形势。

培训中国贞女,并建立友好互助关系的外籍女修会属于后者,而与这些外籍女修会建立合作关系的本土女修会更是以服务社会、服务乡村为宗旨,她们的实绩最终得到社会的认可和承认,实干、服务、奉献代表天主教发展的主要方向,因而,传播基督精神、服务中国社会也是本土女修会的主要工作目标和任务。

下篇　贞女群体面面观

贞女作为天主教独身女性，与制度化的女修会有着许多不同的特点。本篇将从不同的视角，对贞女制度、经济生活、灵修生活等多个侧面进行剖析，并将中国社会不同类型的女性独身者进行横向比较，进而全方位认识、理解天主教贞女这一特殊群体。

第七章 规章制度的拟定、完善及特点

独身是天主教贞女的一种人生选择，但选择不是随心所欲，而是一种建基于信仰之上的理性思考。同时，选择也不意味着自由的行动，中国有句俗语，没有规矩不成方圆，同样，中国天主教贞女也有她们的生活规则，这就是教会颁布的种种规章制度。

一 为什么需要制度约束

守贞虽然是天主教会的传统，但中国天主教贞女是在中国本土文化背景下产生并逐渐发育的一个特殊群体，初期贞女多在家贞修，这种生活模式不可避免地会与世俗社会发生或多或少的联系，因而教会对她们的行为规范必须作出一定的要求和规定，以维护教会的纯洁和正义。

贞女守贞的动机来自信仰，守贞生活必须合乎《圣经》的教导，合乎教义教理的规范，这其中涉及诸多的守贞规范。比如，决定守贞的姑娘是否需要举行发愿仪式？什么年龄发愿最为合适？贞女能否与男性接触？贞女应该为教会承担哪些工作？工作中应该注意哪些问题等。由于贞女体制是教会组织的一个组成部分，贞女的一言一行会影响教会的形象和声誉，如果管理不善，将会引起矛盾冲突。随着贞女的增多，教会开始考虑如何规范她们的守贞生活、如何把这些独身女性组织起来为教会工作等问题。

（一）《童贞修规》出台

率先给贞女制定规章的是西班牙多明我会，他们为福安的贞女制定了行为准则，以规范人数逐渐增长的贞女群体。清朝中期，贞女以四川人数最多，为此，"四川宗教座代牧，多明我会士陆迪仁（Luigi Maggi）为贞女们制定了一套规定，内容依据福建的多明我会士为独身女性所制定的规则。陆迪仁死于 1744 年，尚未完成的工作由马青山继续。马青山删去了一些与多明我会有关的规定，增加了与日常圣事相关的内容。1744 年诸圣节，马青山公布了这一规定，并沿用至二十世纪。"①

陆迪仁主教以及马青山主教（Mgr. Martiliat）② 拟定的贞女规章制度，名曰《童贞修规》，其特点是：以仿效欧洲女修会的生活原则为核心，以适应中国守贞姑娘所处的特殊环境为基础，共有条例二十五项，条分缕析，清楚明白。主要内容如下：

慎始、谋终、定处（稳定的住处）、劝业、听命、须伴（行路须伴）、别嫌（防避疑惑）、珍体（端庄衣裳）、饬仪（端正体貌）、谨言、绝俗、屏饬（避衣华美）、节食、安分、重出（毋轻出游）、防亵（躲避密交）、避贸易、杜害端、禁饬遗（禁送礼物）、严取与、守斋、默想、日课、祈勤圣事、恪遵守。③

马青山编修《童贞修规》扉页

---

① E. Entenmann, "Christian Virgins in Eighteenth – Century Sichuan", *Christianity in China, from the Eighteenth Century to the Present*, Stanford University Press, Stanford, California, 1996, p. 184.
② 马青山（Joachim Enjobert de Martiliat, 1706—1755），巴黎外方传教会会士名录第 147 号，有的文献称马蒂亚、戴马地雅。马青山于 1727 年 9 月 2 日来华，两年后至广东，1731 年至 Juthia，3 月 12 日晋铎，次年 2 月重入中国，1733 年至 Tsuen – si – chi 传教，1734 年至四川传教。1739 年 10 月 2 日受委为云南代牧；1744 年，罗马复委以湖广、四川及贵州教务。1746 年 9 月 1 日去澳门，在那里住了一年，次年 12 月 1 日，他将云、贵、川教务托付给巴黎外方传教会驻澳门账房 Maigrot（Jean Baptiste Maigrot, MEP, 1704—1752）神父，将湖广教务托付给澳门主教。1748 年 1 月 8 日，启程返欧去罗马，经营巴黎外方传教会驻罗马账房；经由他在罗马的斡旋，信理部于 1753 年 1 月 8 日将四川的传教事业托付给巴黎外方传教会。两年后的 8 月 24 日因肺结核病去世于罗马。著有中文书《童贞修规》（1744 年，云南）一部。以上资料来源于 Gérard Moussay et Brigitte Appavou, *Répertoire des membres de la Société des Missions Etrangères*, 1659—2004, Paris, Archives des Missions Etrangère, 2004, 陈开华神父翻译, 在此表示谢意。
③ 参见《童贞修规》，重庆圣家书局 1921 年版，第 4—13 页。四川川东主教舒若瑟重准。是书 1744 年初版，除二十五条规矩，还有关于贞女的四大德，对贞女的培养及管理作了详尽的规定，是研究中国贞女的重要资料。

马青山属于巴黎外方传教会，1732年到四川，1740年任云南代牧，兼管四川监牧、湖广监牧，在华传教三十八年，对中国教会的情况十分熟稔。他所拟定的修规十分严格，生活的规则以遁世、祈祷、服从、劳作、朴仆为特征。但"授以修规，待满二十五岁，准其许愿"①。

吸取、借鉴多明我会关于管理贞女的规章，在此基础上完善而成的《童贞修规》是中国天主教历史上第一部完整的贞女规章制度，修规的目的是引导贞女的工作及生活规范化、制度化，②在实施严格管理的基础上，"使宗教生活原则与天主教贞女们生活的特殊环境相适应"③。同时，修规的颁布执行，说明中国贞女制度开始走向规范和完善。1793年9月1日，圣马丁（Saint Martin，1792—1801主教任职）在主教牧函中又补充了一些相关细节："负责慕道的女传教员应该至少四十岁，必须充分地接受教理方面的训练，以对话而不是说教的形式福传；她们不能向男子施教，除非是濒临死亡与危险中的男子，等等。"④牧函于是年的天主教四川大会通过，后通过传信部认定。这份牧函对于指导、规范贞女工作，并及时校正出现的偏差十分重要。正因为如此，"圣马丁（Saint Martin）的牧函（30条），以及种种规定，在十九世纪的会议、文献、书籍中不断地引用"⑤。1832年，通用于整个中国教会。

（二）激进与谨慎：18世纪下半叶教会关于贞女制度的不同意见

《童贞修规》的出台使正在发展中的贞女行为规范有了一个蓝本，但禁教时期天主教面临的特殊形势、各修会关于在华传教理念的差异以及教区发展不平衡等多种因素导致在规章的具体操作中不可避免地出现了不同的意见和声音。

最初引起争论的核心人物是人们熟悉的梅慕雅神父。

1771年，梅神父（Moÿe Jean‐Martin，1730—1793）到四川传教，1773年，他被任命为川东和贵州的准代理人（provicaire pour la partie ori-

---

① 具体内容详见《童贞修规》，第4—13页。
② Vgl. Stegmaier SSpS., Sr. Ortrud, Missionsdienst am eigenen Volk. Die Heranbildung einheimischer Ordensfrauen durch Steyler Missionare und Missionsschwestern, in: Verbum SVD., 16—1975, S. 60—68.
③ ［法］沙百里：《中国基督徒史》，第231页。
④ 同上书，第234页。
⑤ Johannes Beckmann, Die katholische Missionsmetfiodc in Chinain neuester Zeit (1842—1912), Gcscbidididic Untcrsudiung über Arbeitsweisen, ihre Hindernisse und ErfolgeVerlag des Missionshauses Bethlehem Immensee (Sdiweiz), 1931, S. 86.

entale du Se – tchoan et pour le Kouy – tcheou)。为了培训贞女,他用《童贞修规》约束贞女的行动,同时对修规进行润饰和增补。

虽然梅神父在贞女管理与培训方面遵循《童贞修规》,但"他不完全同意马青山的做法,他提倡贞女应成为讲道者,应该给女性望教者讲授要理,给年轻的女孩子上课,但这个计划在当时来看,并不十分成功"①。显然,梅穆雅神父关于贞女制度的意见与马青山有分歧,马青山希望贞女应该在更为成熟的条件下确定身份,而梅神父的观点则较为激进,他希望贞女尽快走出家庭,将工作的范围扩大,以加快传教事业的步伐。

由于贞女管理体制中的一系列复杂因素以及这个群体与中国社会时刻会引发矛盾和冲突,教会领袖对此意见时间摇摆不定,如18世纪后期任职的博主教(Msgr. Pottier)最初支持贞女团体,以后改变为对贞女的角色持保留意见。博主教在1782年7月的一份报告中说:"尽管我曾极力赞赏贞女制度,衷心期望这种制度能在代牧区内获得成功,然而我还是发现,除非我骗自己,一定要避免过度推行这一制度,否则会遇到很大的麻烦。"②

所谓"过度推行"是指不合时宜的激进做法,如此将会给教会带来伤害和麻烦,为此,博主教列举了"操之过急"引发的一些问题:

(1)有些女孩子发愿的年龄太小,如其中有一个11岁的女孩子(按:马青山的《童贞修规》强调发贞洁愿必须在25岁之后,且要具备一定的条件);(2)有的贞女学校设在私人家中,家庭中的男女亲戚都可能在家中来往,可"家庭并不是女修院"。甚至还出现过曾经有人以提供房子办学为由企图引诱贞女的情况;(3)尽管一些贞女已经发愿,但她们并没有穿与其他女性有所区别的衣服,这样存在着有人利用她们的危险,博主教举例说,确实有一名贞女被坏人诱拐,但最后还是逃脱了。③

---

① Verbum SVD, Vol. 16—1975, Romae Apud Collegium Verbi Divini, S. 61.
② Potter's report of Sept. 1782, quoted in Marchal, p. 462, E. Entenmann, "Christian Virgins in Eighteenth – Century Sichuan", *Christianity in China, from the Eighteenth Century to the Present*, Stanford University Press, Stanford, California, 1996, p. 189.
③ See. Entenmann, "Christian Virgins in Eighteenth – Century Sichuan", *Christianity in China, from the Eighteenth Century to the Present*, Stanford University Press, Stanford, California, 1996. p. 189.

博主教显然对梅神父此前的"前卫"做法存在疑虑，并就已经出现的问题提出了修正的意见：第一，贞女们不可以公开宣讲和讲授教义，因为这样有违中国的习俗和教会传统；第二，梅神父在公开场合接受贞女们发贞洁愿的做法不合时宜；第三，反对贞女在 25 岁之前发愿，25 岁是基督教国家中人们发类似愿的标准年龄。中国女性在这样的年龄一般都已经结婚好几年了，因此，如果任何一位女性在 25 岁时发独身愿，一定是早已做好了独身的准备。[①]

通过一段时间的观察，博主教发现，"过度推行"贞女制度十分危险，将会加深天主教与中国社会的矛盾，而解决问题的关键是需要在教会健康发展与避免矛盾冲突两个方面找到一个平衡点。由于贞女管理及实施规章方面存在分歧，最后，在教会内部无法统一意见的情况下，"四川宗座代牧博主教（Pottiers）请求马罗传信部作出裁定。传信部在 1784 年 4 月 29 日发出指示：Nihil Sane est reprehendum, si omni vito careat（拉丁文的意思是：如果大家都没有伤害，这些规则可继续实施），这个文件规定了贞女活动的条件和范围。1893 年，圣马丁主教（Saint‑Marin）在 30 章牧函中对这些内容进行补充。通过一系列的文件，贞女的信仰得以巩固，并结出好的果实，她们的工作得到教会的认可和表扬。"[②]

激进的梅神父与谨慎的博主教之间的争执和分歧发生在 1782 年，上报教廷后，传信部给予了明确指示，此事表面上看似乎尘埃落定。但是，在关于贞女规章的具体问题上，教牧人员依然处于矛盾之中。1793 年，圣马丁（Mgrs. Jean‑Didier de Sain‑Martin，中文名冯若望）继博主教之后任四川宗座代牧，仍然保持对"过度推行"贞女制度的批评态度：

> 为了进一步约束贞女们的行动，冯主教补充了一些新规定。如重申传信部禁止在 25 岁以前发愿的规定，贞女必须由其父母供养；学校的女教师年龄至少应该 25 岁；传教士不应在其教区内积极主动地发展贞女，每个传教区的学校数目应该限制。主教还命令贞女和妇女

[①] See. Entenmann, "Christian Virgins in Eighteenth‑Century Sichuan", *Christianity in China, from the Eighteenth Century to the Present*, Stanford University Press, Stanford, California, 1996, p. 190.

[②] Verbum SVD, Vol. 16‑1975, Romae Apud Collegium Verbi Divini, S. 61.

不能在一张桌子侍候传教士,也不能进入传教士的房间,或者为他们递茶送烟;贞女不必学习书写,只要能够阅读就足够了。①

但是,教会有大量繁琐事务需要贞女承担,教会的发展需要贞女的参与,在矛盾中徘徊的冯若望主教于1801年去世时,要求他的副主教和继任人李多林(又名徐德新,Gabriel-Tauirn Dufresse)公布了一份撤销他先前观点的文件。②

发生在18世纪下半叶到19世纪初四川教区关于贞女制度的争执反映了中国天主教的一段特殊的经历。在没有欧洲女修会的情况下,梅神父希望借鉴法国的经验,尽快推进贞女制度发展的步伐,但似乎没有顾及中国特殊的国情和风俗习惯;博主教的周全考虑虽然及时处理和校正了贞女体制中出现的意外事件,但设下的过多羁绊则妨碍了教会发展;博主教的继任者冯若望清楚激进与谨慎之间的张力,在任期间继续一种稳健的政策与离世前又撤销先前规定的矛盾做法又折射出冯主教希望找出一种折中方案来解决贞女管理体制这一难题的困惑。清中叶的禁教政策以及中国没有女修会的缺憾无法圆满解决问题的症结,直到近代欧洲女修会进入中国以及本土女修会的创建,这个棘手的难题才最终化解。③

(三)教廷传信部关于中国贞女制度的指示

针对贞女的特殊身份和中国的国情,中国教会认为具体方案需要与教

---

① Saint Martin, pastoral letter, 1Sept. 1793, summarized in Summa Decretorum, pp. 47—49; E. Entenmann, "Christian Virgins in Eighteenth-Century Sichuan", *Christianity in China, from the Eighteenth Century to the Present*, Stanford University Press, Stanford, California, 1996, p. 191.

② E. Entenmann, "Christian Virgins in Eighteenth-Century Sichuan", *Christianity in China, from the Eighteenth Century to the Present*, Stanford University Press, Stanford, California, 1996, p. 191.

③ 四川教会关于贞女制度的意见,涉及三位主教,时间从18世纪后半叶延续至19世纪初,为了使读者更清楚几位主教接续的时间以及复杂的中西名称,特列表补充说明:

西文名	中文名或称呼	在位时间
Mgrs. Pottier	博四爷、范益胜	1767—1792
Mgrs. Jean-Didier de Sain-Martin	圣马丁、冯若望	1792—1801
Jean-Gabriel-Tauirn Dufresse	李多林、徐德新	1801—1815

而对贞女制度持激进观点的梅慕雅神父于1782年,经博主教(Msgr. Pottier)同意,离开四川回到法国。

廷洽商，如果教廷能够对中国贞女制度作出批示，将有益于进一步规范贞女体制及各项规章。

1784年4月29日，传信部在答复博主教信函中提出六条具体意见，文件副本收录在《传信部文集》二卷，原文如下：

> 贞女不允许在公开场合、在聚会时公开讲道，也不可以在公众面前读圣书。"你们自己评断罢！女人不蒙头向天主祈祷相宜吗？"（《哥林多前书》11：13）
>
> 贞女25岁之前不能发终身愿，只可以发3年愿（作者按：以3年为限，3年之后重新发愿），在传教士的同意下，可以第二次发愿。如果贞女们愿意继续这样的神圣生活、不愿结婚，可以发愿。
>
> 有些贞女不允许发愿，比如那些不愿待在家中、喜欢闲逛、喜欢串门子、寻找生活出路者。贞女应该住在家中，避免与陌生男人接触。她们应在家中静默、祈祷、克己，归心向天、修道行善，让自己在灵修方面臻于完善。
>
> 如果可能的话，讲授要理的贞女的年龄应该超过30岁，并且在德行、知识和智慧等方面超过他人。
>
> 贞女不应该随便在一个处所完成她们的工作。她们应该在自己的家中，或在传教士指定的且没有男人住的处所工作，至少在贞女授课期间没有男人出现。
>
> 贞女们不应该经常聚在一起，以免被人怀疑，贞女的领导者应该把贞女们分散在自己的家庭，或者指定的授课之处。贞女不仅仅在授课方面表现得恰到好处，还应该具备极大的明智，避免教会事业陷入危险、受到伤害。①

教会文件对贞女发愿年龄、发愿仪式、行为准则作出严格规定，其中发愿须经传教士同意，意指正式成为贞女之前要经过神父的考核。贞女资格认定的严肃性表现出教会对贞女制度的慎重态度。从内容上看，传信部的六条规定是以《童贞修规》为基本内容，另外补充新的规定，并同时

---

① COLL. S. C. P. F., Collectanea S. Congregationis de Propaganda Fide seu Decreta, Instructiones, Rescripta pro apostolicis Missionibus. 2 Vol. Rome, 1907, p. 351.

强调，如果贞女组织不能加强这些新规定，就是教会领导人对贞女制度的轻视，那么就应该废止这项制度。① 总体上说，"传信部公布的规定反映出教会对贞女的关注，即教会应当永远保证对发愿守贞的圣召的控制，如果没有这些规定就很容易陷入异教的狂热主义。"②

"六条意见"在中国教会历史上具有非同寻常的意义，它证明教廷对规范贞女制度的重视，正因为如此，六点"指示"常被研究中国教会历史的学者引用，以此证明教会制度的严谨与规范。③

天主教是一个制度性极强的宗教，教廷传信部的指示中国教会必须无条件执行。"1803年四川主教会议召开，四川代牧把传信部对贞女的牧函作为附件，放在会议文本之中，并根据中国国情进行了讨论……如对贞女三年发愿的规定，已有婚约的女孩子不能够做贞女，且她们必须有一定的生活保障等。"④

19世纪末，教会需要根据各教区贞女发展不平衡的情况进行统一意见，并继续接受传信部指导，耶稣会神父维尔纳（P. Werner）的信函反映了这一时期教会对贞女制度的意见：

> 大部分教区贞女制度已经成为一种习惯，越来越普遍。在贞女体制的发展中，有的地区发展得快，有的慢，有的地区贞女多一些，有的地区少一些。依照这些有益的经验，1880年在北京召开

---

① See Instruction of the Sacred Congregation for the Propagation of the Faith to the Vicar Apostolic Sichuan, 29 Apr. 1784, Collectanea, I: 35I (document 59). E. Entenmann, "Christian Virgins in Eighteenth-Century Sichuan", *Christianity in China, from the Eighteenth Century to the Present*, Stanford University Press, Stanford, California, 1996, p. 190.

② E. Entenmann, "Christian Virgins in Eighteenth-Century Sichuan," *In Christianity in China, from the Eighteenth Century to the Present*, Stanford University Press, Stanford, California, 1996, p. 191.

③ 如比利时学者燕鼐思（J. Jennes, C. I. CM）著《天主教中国教理讲授史》将传信部关于贞女的指示浓缩为如下内容：男女在一起时，守贞姑娘不准担任讲道、领经、领歌或诵读等职责。她们在25岁以前不必宣发宗教誓愿。25岁以后，只可每隔3年宣誓一次。她们的父母应该能照顾自己女儿的生活费用。负责教育这些女孩子的人应该是30岁以上，并且在这方面是最有资格者。教育工作应在这些女孩子家中，或在神父专为这一目的选定的家中。应特别明智谨慎，以避免从外教人方面而来的所有的一切危险（第111页）。关于转引教廷文件的文章和著作，亦可参见 Die Katholischen Missionen (Illustrierte Monatsschrift), 35. Jahrgang (1906/1907) 6；[法] 沙百里：《中国基督徒史》，第233页。

④ Die Katholischen Missionen (Illustrierte Monatsschrift), 35. Jahrgang (1906/1907) 6; S. 121. 1803年9月2—9日，在距离崇庆州附近25公里的黄家坎召开了有14人参加的天主教四川会议，讨论厘定若干教规，对此后教会发展产生了深远影响。

第七章　规章制度的拟定、完善及特点　　181

的教会代表会议上，再一次承认了贞女制度，会议对贞女的工作给予了表扬和肯定。同时，代牧主教给予那些优秀的贞女权力，即允许发贫穷、服从的私愿，同时还根据教会的需要增加了关于贞女的新规定。1883 年，传信部有一个文件，报道了贞女制度的情况，报告对贞女发愿、生活方式给予支持，报告认为，如果贞女制度良性发展，可按照欧洲新创建的修女团体，逐渐把中国的贞女转变为修女团体。这个文件精神至少在一些传教区已经开始实施，我高兴地看到有修女的合作。①

从马青山修定《童贞修规》到教廷传信部发布贞女的六条意见，以及此后召开的四川会议（1803 年）、北京会议（1880 年），均涉及贞女的规范化管理。随着外籍女修会进入中国，大部分贞女进入修会团体，独身女性制度及生活基本步入正轨。

近代以后，贞女制度作为教会组织机构中的一个组成部分而延续下来，但罗马教廷依旧重视贞女体制的规范化，如吴苏乐会在汕头河口训练贞女，教廷即强调明确贞女的身份认定。② 正是由于贞女不参加修会，教会高层更加重视对其严加管理，因此，"马青山的 25 条修规，传信部的指示以及圣马丁主教的牧函，这些文件直到 20 世纪对于指导贞女工作仍然发挥很大的作用"③。

（四）规章的细化与实施

明清之际，贞女较为集中的地区是福建的福安，此地老教友家庭中常有一两位女儿发愿守贞，她们住在父母家中，和外界没有接触。④ "住家贞修"的模式教会方面最初并不赞同，因为这种守贞生活有太多的弊端，传信部对此发出指示："贞女要组成一个类似修会的团体。如果还有同父

---

① Die Katholischen Missionen（Illustrierte Monatsschrift），35. Jahrgang（1906/1907）6：S. 125.
② Irene Mahoney, O. S. U., *Swatow*: *Ursulines in China*, RKG FundRaising Services, 1996. pp. 101 – 102.
③ Verbum SVD, Vol. 16—1975, Romae Apud Collegium Verbi Divini, S. 62.
④ 参见燕鼐思《中国教理讲授史：自十六世纪至一九四〇年天主教在中国传布福音及讲授教理的历史演变》，第 110 页。

母生活在一起的贞女,这些女孩子就不应该接受贞女的名号。"① 但由于清中期禁教的形势,及时培训以及组建团体的目标难以兑现。

拟定《童贞修规》目的是为了更好对贞女进行有效的管理和指导,因此,马青山在四川工作时,寻访散居各处的基督徒,每遇到独身妇女,就把规章带给她们。马青山认为:"对于贞女来说,规章发挥指导者性作用,这些规章将支撑、鼓励着贞女们在完美的道路上前进。"②

继《童贞修规》之后,其他教区也开始制定贞女管理规则,如圣母圣心会管理的教区1879年制定了"西湾子贞女规则"（Regulae Virginum S（anc）Infantiae）,由国籍神父赵伯铎（Petrus Tchao, Zhao, 1837—1891年）签名认定,其所修订的贞女规则,多借用了马青山的《童贞修规》中的内容。③

在圣言会管理的教区,福若瑟神父提出了重修"贞女守则"等规章制度的建议,这些规章继承了马青山《童贞修规》的精神,但在具体条款以及具体措施等方面,圣言会的修规更为详尽（说详后文）;在上海,惠主教编纂了《贞女潜修纲要》,倡导"贞女该立好表样,她们要在行事中符合守贞的地位,使没有可指责的地方……"④

中国地域辽阔,不同地区的贞女管理以及规章制度落实存在一定的差异。在方济各会管理的教区,"守贞有4年的试验期。遇上特殊的原因,需要延长试验的时间。在试验期,这些女孩子看上去与其他女孩子没有什么不同,只是衣着朴素,不戴首饰。在教堂内,她们有专门指定的特殊位置。她们也会参与贞女们的共同训练。学习期结束后,她们有贞女一样的发型,通过外形让人们辨认。在第二至四年的试验期,这些女孩子在传教士面前发贞洁愿,发愿仪式中,她们的黑头巾得到祝福。她们要常常戴着

---

① Johannes Beckmann, Die katholische Missionsmetfiodc in Chinain neuester Zeit（1842—1912）, Gcscbidididic Untcrsudiung über Arbeitsweisen, ihre Hindernisse und ErfolgeVerlag des Missionshauses Bethlehem Immensee（Sdiweiz）,1931, S. 86.

② E. Entenmann, "Christian Virgins in Eighteenth - Century Sichuan", *In Christianity in China, from the Eighteenth Century to the Present*, Stanford University Press, Stanford, California, 1996, p. 186.

③ 关于西湾子贞女规则,参见 Raymond Renson CICM, Rome, "Virgins in Central Mongolia", *The History of The Relations Between The Low Countries and China in The Qing Era*（1644—1911）, Edited by W. F. Vande Walle Co - editor Noël Golvers, Leuven University Press, 2003, pp. 349—356. 赵伯铎神父出生于西湾子高家营子,圣名伯多禄,1866年3月31日由孟振生主教祝圣,此后服务于西湾子。

④ "在家贞女修务现代要德",《圣心报》1994年第58卷第89期,第193页。

这个头巾。在满 36 岁之后，可以一年发一次贞洁愿。"①

在山东，如果一个女孩子决定做贞女，还有以下规定，即：

> 在她们取得贞女的身份之前，必须取得主教的同意，在最近几年，有总本堂同意也行……如果一个家庭不和睦，这样家庭的女孩子不能做贞女，教会也会拒绝接受。或者某一个女孩子的名声不太好，也不可以做贞女。②

总体上说，守贞是非常严肃的人生选择，而"修规"的严格实施，管理制度的逐渐完善，资格认定的慎重把关，对于纯洁贞女队伍、树立教会的良善形象具有十分重要的意义。

二 发愿

"发愿"意指基督徒在信仰生活中向天主宣发的誓愿，这是委身于天主的一种特殊形式的生活。一位过守贞生活的年轻女性，向天主发誓、承诺自己的人生选择是步入独身之路的第一步。从此以后，生命开始改变，自己的一切都属于永恒天主。正因为如此，发愿是贞女制度非常重要的组成部分，它既是一种礼仪形式，也是贞女与天主关系的确定。

（一）发愿·三愿·贞洁愿

从天主教信仰的角度理解，发愿就是给天主一个承诺，且须付诸实际行动，③ 发愿的核心价值是"加责任"、"尽本分"，一旦发愿，发愿者就

---

① Vitalis Lange O. F. M., Das Apostolische Vikariat TSINANFU. Franziskanische Missionsarbeit in China. Werl, 1929. S. 100.

② Ibid., S. 99.

③ 孔广布编：《领洗要理讲话》（兖州教区主教舒准）第二册，保禄印书馆 1930 年版，第 53—54 页对发愿有详细的解释："发愿就是许给天主一件善工，好叫天主喜欢；许下若不实践就有罪。比方说人害了病，起依赖天主的心，许给天主说：天主若叫我的病好了，我就献三台弥撒。心里也拿主意，不献这三台弥撒就有罪。这样许给天主，就是发愿。从此看出来，发愿是给自己加上一层责任，甘心尽这个本分，为叫天主另外喜欢。若这样在天主台前求恩典，也更有效力。有些热心的人，为专务事奉天主就入修会，发绝财听命，终身守贞的三个圣愿，好一生尽力事奉天主。这样因着他们发的愿，又加上了一份责任，若一辈子恒心守这圣愿，必定格外悦乐天主。"

要全身心地投入、实践、完成一种使命，直到走向生命的彼岸。

如果一位独身者希望参加修会，要发"三愿"，即神贫愿、贞洁愿、服从愿。

神贫愿表示志愿放弃私有财产，以耶稣基督的生活为典范、度俭朴的生活方式。正如《天主教法典》所说：

> 贫穷的福音劝谕是效法基督，祂本富有，但为我们成为贫穷贫乏者，除度实质和精神的贫穷生活外，尚且应勤勉俭朴，远避地上的财富。此劝谕要会士按照各该会会宪的规定，在使用及处理财物上应受管辖及限制。①

贞洁愿是指放弃婚姻生活、将自己所有的爱施于众人或众生，并过着跟天主亲密交往的生活。因此，"贞洁的福音劝谕是为争取天国而设，系未来世界的记号，也在不分散的心中成为丰富养育的泉源，度独身生活负完全节制的义务。"②

服从愿则表示放弃自己决定的主权，并将此主权交托给天主主权的合法代理者。"服从的福音劝谕是以信德和爱德的精神跟随服从至死的基督。此劝谕责成会内成员照该会的会宪，志愿服从合法长上，犹如天主的代表。"③

三重誓愿之间相互关联：贞洁是奉献身体，听命是奉献意志，神贫是奉献世财，独身象征天国不婚不嫁的生活，因此，进入组织纪律严密的修会，必须发此三愿。贞女不是修女，贞女团体也不是女修会，因而贞女发愿一般仅发一愿，即贞洁愿（private vow of chastity）。贞洁的核心是奉献身体，即把身体奉献给永恒的上主，贞洁愿的实质就是宣誓者保证对天主的忠贞。

现实生活中的血肉之躯与看不见的天主相亲相爱，这种不对等的"爱情"就是贞女的贞洁。用神学术语解释就是：

---

① 《天主教法典》第600条。《天主教法典》在1983年由教宗若望保禄二世正式批准颁布拉丁文，中文版由宋稚青神父主编。
② 《天主教法典》第599条。
③ 《天主教法典》第601条。关于三愿的解释，参见谷寒松《与大地和好》，载台湾辅仁大学神学院编《神学论集》，第124—125号，2000年，第447—448页。

贞洁的定义是在所有能触及性的本能上的节制……由于这种本能是一个深湛的冲动，它会无形之中影响我们整个的心灵及肉体的行为；在此情况下，贞洁的作用就是在男女的来往中，调整性的冲动……在奉献于主的独身生活中更存有它的贞洁，这种贞洁称为完善的贞洁。①

贞洁愿的关键是对身体欲望的控制，而身体则是贞洁愿实现的载体。但是，天主教的贞洁愿之目的不是迫害自己的身体，压抑自己的身体，也不是对自己身体的自我崇拜。身体属于自然的一部分，委身于贞洁愿的人应该在肉体中体验到个体的有限性和罪性，进而通过身体发出贞洁应有的表现，通过控制欲望，进入与天主的永恒关系之中。②

贞洁是教会对贞女的最基本的要求，清中叶禁教时期，教廷就对贞洁的重要性给予强调："对贞女的人格和宗教生活的培育，使她们附有基督思想的品德，但首先是贞洁。对于这方面的规定，很大一部分是传信部传达给四川宗座代牧博四爷（Msgr. Pottier）。"③

为什么贞洁愿突出强调与天主的关系？守贞与婚姻有什么不同？贞洁愿的意义是什么？教会编纂的《圣事要理》有通俗解答，下文撷取一段：

问：发愿是什么？
答：是许愿天主做一件更好的事。
问：做更好的事有什么解说？
答：就是许愿的事。不但是好的……还该是更好的。比如可发守贞愿，不可发婚配愿，因守贞比婚配更好。④

---

① 甘易逢：《贞洁与友谊》，载台湾辅仁大学神学院编《神学论集》第 26 号，1976 年，第 546 页。作者从天主教神学的立场讨论贞洁，认为贞洁不仅限于独身，婚姻生活中同样也存在着贞洁。
② 参见谷寒松《与大地和好》，载台湾辅仁大学神学院编《神学论集》第 124—125 号，2000 年，第 449 页。
③ Johannes Beckmann, Die katholische Missionsmetfiodc in Chinain neuester Zeit (1842—1912), Gescbidididic Untcrsudiung über Arbeitsweisen, ihre Hindernisse und ErfolgeVerlag des Missionshauses Bethlehem Immensee (Sdiweiz), 1931, S. 86.
④ 《圣事要理问答》（江南主教倪准），上海慈母堂藏版 1888 年版，第 12 页。

从信仰角度审视，教会出版物关于贞洁愿的阐释目的是使基督徒理解此为一高尚、圣洁的承诺，这种选择为生命求得彼岸的幸福打开了通道。正如福若瑟神父所说："一个修道的人通过圣愿而将自己奉献在祭坛上，要作一个牺牲品，不会要离开祭坛；他（她）要完全地、永久地牺牲自己给上主，要唯独为上主生活和工作。"① 因此，贞洁愿是一道神圣的门槛，一旦跨越，即标志着与上主"关系"的确定，从此以后，发愿者就必须用铁一样的纪律约束自己的言行，自律、责任和牺牲精神将伴随着发愿者走完人生的旅途。

（二）发愿仪式

天主教仪式是严谨的程序与过程，具有象征意义。关于贞洁愿的内涵及仪式，谷寒松编《神学辞典》作出如下解释：

> 会士藉此公愿，宣发力行福音劝谕，将自己奉献于天主/上帝，加入修会，不婚不嫁，度着如同天上未世的圆满生活（玛/太廿二30），实践爱的服务。②

这是以加入修会者为角度的诠释，而"藉此公愿"则指以公共仪式的形式来宣发誓愿。

贞女不同于修女，她们宣发的贞洁愿有公开、不公开两类。

在清朝中期的四川，贞女发愿举行公开仪式，对四川贞女颇有研究的美国学者鄢华阳（E. Entenmann）在其著述中说：

> 这里没有修女院，但是，这里却有真正的修女。她们自愿和双亲住在一起，用自己的双手劳动养活自己。这样的修女以发守贞的初愿为约束，她们在祭坛前当众发愿。③

---

① 艾华慈编：《圣福若瑟语录》，雷赞灵译，河北信德社 2003 年版，第 123 页。
② 谷寒松主编：《基督宗教——外语汉语 神学词语汇编》"chastity"条，台湾光启文化事业 2005 年版，第 168 页。
③ E. Entenmann, "Christian Virgins in Eighteenth – Century Sichuan", *Christianity in China, from the Eighteenth Century to the Present*, Stanford University Press, Stanford, California, 1996, p. 186.

清中期的四川贞女为什么要公开发愿？原因有以下几点：其一，在没有女修会服务的情况下，贞女能够替代修女服务于教会；其二，天主教贞女是一种不被中国社会所认同的生活方式，在广大民众不理解天主教独身制度的形势下，公开发愿对选择这种生活方式的贞女具有更加严格的约束力。

以公开礼仪举行发愿礼主要是修会采取的方式，贞女的发愿多以私愿为主。所谓私愿，是不举行公开仪式、贞女私下向主教或神父发誓。例如，"在甘肃的嘉布遣小兄弟会（方济各会的一支）通过对（贞女）候选人进行认真的教育，通过苦行禁欲的训练，尤其是通过严格的纪律训练，21至22岁发私愿。教会领袖从一开始就尽最大可能排除不利因素。"[①] 经过严格的训练然后再宣发誓愿，为日后贞女全身心投入奉献服务的工作打下了坚实的基础。

献堂会贞女在三年学习期间发私愿，但又举行公开仪式。[②] 在公开的礼仪中，贞女们当着在座的众教友作出把自己一生奉献给教会的承诺。这种私愿与公愿相交融的方式实际上把贞女置于广大信徒的监督之下，从而使献堂会的工作更有效率，并沿着健康、正常的秩序发展。

为了纯洁贞女的独身生活，有些教区将发愿与灵修结合在一起，通过宗教礼仪，不断净化、加固贞女的守贞意念：

> 在甘肃省圣方济各会管理的传教区，为了防止贞女放松灵修，教会一年组织一次避静退省，时间一个月，地点在天水教会中心住宅区。让贞女参加宗教灵修，补充更新她们的知识，并让她们再次发愿。[③]

[①] Balduin Wüst, OFMCap（1938）Dienst der Gottgeweihten Jungfrau, in Gonsalvus Walter, OFMCap（Ed.）Gotteskampf auf Gelber Erde. Festgabe zum Silbernen Bischofsjubiläun Sr. Exzellenz Salvator Petrus Walleser O. M. Cap.（Paderborn：Ferdinand Schöningh），p. 21. R. G. Tiedemann, "Controlling the Virgins：female propagators of the faith and the Catholic hierarchy in china"，Women's History Review，Vol. 17，N. 4，September 2008，p. 509.

[②] 参见 Die Katholischen Missionen（Illustrierte Monatsschrift），35. Jahrgang（1906/1907）6：S. 126。

[③] Sister Antonella, "Ausbidung der Katechistinnen"，p. 218，R. G. Tiedemann, "Controlling the Virgins：female propagators of the faith and the Catholic hierarchy in china"，Women's History Review，Vol. 17，N. 4，September 2008，p. 512.

在圣母圣心会管理的蒙古教区,"发贞洁愿一年一次,或从一个节期到下一个节期,年龄须达到 25 岁。每次发愿都要反映其守贞的情况。"①

在圣言会管辖的山东高密,"做贞女的第一步是这个女孩子离开她的家庭,发一年守贞愿,之后发三年守贞愿,最后发终身愿。这样她们才能全身心投入传教工作之中,终其一生。贞女的一项重要工作是面向新基督徒,如在大张庄,贞女每天都去拜访新基督徒家庭,在灵性生活上培育妇女和女孩子。"② 在山东传教的邦格特(Bungert)神父记录了当地贞女发愿的情况:"贞女初愿为一年,然后暂愿三年,最后发终身愿。之后她们投身于传教工作,奋斗终生。"③

结合灵修并重复发愿,对于纯洁贞女生活、剔除独身生活中出现的与信仰不合的内容、提高贞女的奉献意识具有十分重要的作用。

一般来说,贞女发愿时间具有一定的灵活性,教区神父根据贞女的守贞意向及实际表现决定是否允许发愿。但也有教区把贞女发愿时间给予固定,以表现对仪式的重视。如汕头教区的守贞姑很多,"贞女们每年十二月八日圣母无染罪瞻礼发愿(河婆)"④。

(三) 发愿年龄

虽然发愿在贞女的人生阶段非常重要,但不同时期、不同地域的发愿年龄有所差异。

福建第一位贞女陈子东 18 岁发愿,发愿时还曾剃发。⑤ 明清之际是贞女群体的发育期,发愿仪式并不规范,发愿的年龄也没有硬性规定。清朝中期,鉴于中国的特殊国情,教会开始考虑把发愿年龄尽量推迟。比

---

① Raymond Renson CICM, Rome, "Virgins in Central Mongolia", *The History of The Relations Between The Low Countries and China in The Qing Era* (1644—1911), Edited by W. F. Vande Walle Co-editor Noël Golvers, Leuven University Press, 2003, p. 360.

② Bohlen, "Eeinhalbes Jahr bei P. Hättig", 和神父的半年生活 Kaomi Regions Korrsepondenz, 1943, No. 4., S. 58。

③ Vgl. Gierlings, H., "Aus dem Bezirk Poerh, Kaomi Regions Korrsepondenz", 1940, No. 3. u. 4., S. 78.

④ Irene Mahoney, O. S. U., *Swatow: Ursulines in China*, RKG FundRaising Services, 1996. p. 139.

⑤ See Eugenio Menegon, "Child Bodies, Blessed Bodies: The Contest Between Christian Virginity and Confucian Chastity", *Nan Nü: Men, Women, and Gender in Early and Late Imperial China*, 6.2. 2004, Brill, Leiden (The Netherlands), p. 221.

第七章　规章制度的拟定、完善及特点

如,"福安贞女遭到怀疑,是贞女任性固执与欧洲神父那种随意的关系,这使人们非常容易联想到世俗社会关于佛教年轻尼姑违背了她们的誓言,而出现不正当两性关系的谣传"①。显然,过于年轻、缺乏经验和阅历会给成长中的贞女群体带来不利因素。为了避免各种流言飞语,同时严格贞女的认定资格,18 世纪福安教会对发愿年龄给予限定,要求贞女至少 30 岁,才能像第三会的会员那样发愿。②

随着贞女群体的增容,教会认为应该对贞女发愿年龄作出相关规定。四川博主教(Msgr. Pottier,范益盛)就贞女制度与传信部接洽,其中发愿年龄,传信部的意见是"贞女在 25 岁之前不能发终身愿"③。

马青山修订的《童贞修规》以及教廷传信部的六条指示都涉及发愿年龄,规定 25 岁之后发愿,是希望进入这个独身女性群体的贞女更加成熟。此后教会关于贞女的资格认定,多定位在这个年龄段。如贵州贞女林昭,17 岁决定守贞,神父根据其表现,直到满 25 岁之后才允许发童贞愿。④ 20 世纪初,福若瑟神父在坡里庄开办贞女学校,贞女 25 岁发童贞愿,福神父给贞女中国式的基础教育,培育的导向和目标是让贞女适应福传生活。⑤ 在甘肃嘉布遣小兄弟会管理的教区,贞女"21 至 22 岁发私愿"⑥。

由于中国各教区分属不同的修会,贞女发愿年龄存在地区差,在山东

---

① Eugenio Menegon, "Child Bodies, Blessed Bodies: The Contest Between Christian Virginity and Confucian Chastity", *Nan Nü: Men, Women, and Gender in Early and Late Imperial China*, 6.2. 2004, Brill, Leiden (The Netherlands), p. 220. 作者在论说这一敏感的问题时如此述说: Finally, there was the suspicion that the Christian virgins willfully "lived in laxity" with the foreign priests……

② See Eugenio Menegon, "Child Bodies, Blessed Bodies: The Contest Between Christian Virginity and Confucian Chastity", *Nan Nü: Men, Women, and Gender in Early and Late Imperial China*, 6.2. 2004, Brill, Leiden (The Netherlands), p. 122.

③ COLL. S. C. P. F., Collectanea S. Congregationis de Propaganda Fide seu Decreta, Instructiones, Rescripta pro apostolicis Missionibus. 2 vol. Rome, 1907, p. 351.

④ 参见 P. Roeser S. V. D.:《中华光荣》,兖州府天主堂,1925 年第二版,第 211 页。

⑤ 参见 Ortrud Stegmaier SSpS, "MISSIONSDIENST AM EIGENEN VOLK, Die Heranbildung einheimischer Ordensfrauen durch Steyler Missionare und Missionsschwestern", VERBUM SVD; Vol. 16—1975, ROMAE APUD COLLEGIUM VERBI DIVINI. S. 66。

⑥ Balduin Wüst, OFMCap (1938) Dienst der Gottgeweihten Jungfrau, in Gonsalvus Walter, OFMCap (Ed.) Gotteskampf auf Gelber Erde. Festgabe zum Silbernen Bischofsjubiläun Sr. Exzellenz Salvator Petrus Walleser O. M. Cap. (Paderborn: Ferdinand Schäningh), p. 21. R. G. Tiedemann, "Controlling the Virgins: female propagators of the faith and the Catholic hierarchy in china", *Women's History Review*, Vol. 17, N. 4, September 2008, p. 509.

南部传教的福若瑟神父规定贞女发愿年龄在25岁,但也有的地区只要本堂神父允准,20岁发愿亦可。① 而在山东方济各会管理的区域,准备守贞的姑娘需要通过学习,在2—4年的试验期中发贞洁愿,"满36岁之后,一年发一次贞洁愿"②。也就是说,36岁之后发愿更加规范。

发愿年龄最为年轻的恐怕要数海门,19世纪中期,曾在海门岛传教的耶稣会神父的信函中记录了贞女发愿的情况:

> 准备守贞的女孩等待传教士的到来,她由父母或监护人陪伴去见传教士,见面时,女孩跪下,祈求得到传教士的允许。如果传教士认为这个女孩一切条件具备,就接纳她为贞女。这些准备把自己奉献给天主的女孩子的年龄一般16—18岁,她们一旦发愿,就不可反悔,男孩子也不可以向这样的姑娘求婚。这样,对女孩子就不会有什么影响。我在中国工作的时间很长,还从来没有发现一例贞女宣誓之后又放弃她的誓言,或者选择另一种生活方式。③

海门贞女发愿年龄虽然较为年轻,但教会对贞女严格管理,成功率依然很高。

一般来说,贞女发愿年龄越大,教会所承担的责任越小;反之,教会将承担一定风险。在世俗社会,25岁女子已经结婚生子,因而教会接受25岁以上的女性作为贞女,实为排除社会质疑的安全策略。因此,将25岁作为发愿年龄的起点,并以此作为教会管理贞女的一个规则,说明教会明智、理性以及严格的规范程序。

天主教信仰认定的"发愿",形式上是人与天主建立亲密的关系,实质上则是人与人之间关系的更新与定位。对于一个在生理、心理、灵修、信德全方位成熟的独身女性来说,贞洁愿的目的不是封闭自己的心灵,而是敞开自我、打破血缘伦理桎梏、在现实生活中拓展"利他性"的道德幅度,活出耶稣基督的博爱胸襟。

---

① 参见《守贞要规》,第3页。
② Vitalis Lange O. F. M., Das Apostolische Vikariat TSINANFU. Franziskanische Missionsarbeit in China. Werl, 1929, S. 100.
③ Die Katholischen Missionen (Illustrierte Monatsschrift), 35. Jahrgang (1906/1907) 6: S. 123.

三 不和谐音符的出现及校正措施

虽然清中叶之后《童贞修规》出台，教廷传信部也对中国天主教贞女的行为规范作出严格规定，但教会在具体实施过程中仍会遇到种种意想不到的问题和麻烦，同时管理方面的漏洞、神长的疏忽，贞女群体中也会出现"违规"的情况，这些现象虽然仅属少数个别案例，但终究是贞女制度中的不和谐音符。

（一）不和谐音符的原因分析
（1）转型期留下的缺憾。

从清中叶禁教到第二次鸦片战争开禁（1725—1860年）的百余年中，是中国天主教历史上一个非常特殊的时期，"刚刚结束教难之后，一些地区蔓延着一种急需改变的状况。贞女们在教难时期表现出她们的勇敢，但是，她们也把持着教会的领导权。禁教之后，需要花费很大的气力来恢复教会的秩序。"①

教会由秘密走向公开，形势变化的反差对教会的发展提出了挑战。就贞女的培育来说，清中期虽然有地方教会（如四川）对贞女进行培育，但仅限于某一地域，时间上没有连续性，因而出现种种问题。正如当时在中国工作的传教士所言："贞女的人格需要陶成，知识需要培训，她们的培育总是一个十分棘手、困难的问题，当传教士工作的时候，渴望完全解决问题，但结果常常没有成效。人们感到，在一些传教区，这些贞女或在家中，或组成团体，有一些突出的弊病。"②

如何将禁教时期遗留的问题放在开教之后的形势下解决是19世纪中期教会考虑的一个问题。

（2）神父奇缺导致贞女过多干预教会事务。

禁教时期，神父奇缺，往往一位神父承担多个堂口的工作。开教之后，许多基层教会、特别是乡村教会权力出现真空，教会秩序混

---

① Johannes Beckmann, Die katholische Missionsmetfiodc in Chinain neuester Zeit（1842—1912）, Gcscbidididic Untcrsudiung über Arbeitsweisen, ihre Hindernisse und ErfolgeVerlag des Missionshauses Bethlehem Immensee（Sdiweiz）, 1931, S. 85.

② Ibid.

乱,这种情况在江南一带比较突出。《江南传教史》记载了这种非正常情况:

> 在贞女们出过力、出过钱的会口里,她们比办事人更想把持领导权。在好几个农村,贞女竟单独包揽了办事人的职务;在各处圣堂里,她们领念经文、圣书,申斥那些不虔诚的教友。罗主教在他那份呈传信部部长的教务汇报中描绘贞女们的情况说:"她们高声唱着中文的主日圣经,而可怜的神父却在祭台上低声默念他的拉丁文的主日圣经。"主教的结论说:"枢机呀你看,我们的贞女们不仅仅是歌唱者而竟是女六品,比圣教初期的女六品的权力还要大得多哩。"①

显然,"这种启用女人为传教区做事的方法,后果十分严重。首先,这种与中国的风俗习惯格格不入的做法在中国人看来是种丢脸的事。"②在江南教区,一些贞女长期服务于堂口、会口,对工作环境、人际关系网络十分熟悉,其中来自殷实家庭的贞女向教会奉献财物,久而久之,某些贞女的潜意识里会把教会认作为自己的家,会把教会的公事认作自己的私事,会以为自己就是这个家的主人。角色错位刺激着她们的权力欲和表现欲,在自我为中心理念指引下,少数贞女忘记了贞女的原则和责任。

(3) 住家型贞女存在弊端。

个别贞女的角色错位给教会带来伤害,"在江南教区,外国神父和中国贞女之间存在着矛盾张力,1851年在上海主教大会上,格利亚布(François Tagliabue, CM),赞扬了贞女不愿意结婚保持独身的做法,诉说了这些贞女的骄傲、无知且引起一些丑闻的行径;另一位著名的传教士韦罗勒(Emmanuel Verrolles, MEP),对贞女提出更为严厉的批评,他认为贞女们给教会带来了麻烦,他注意到:许多一直和家庭成员住在一起的贞女,很少祈祷、喜欢吵架、不服从、喧闹并到处游荡,导致在非基督徒中

---

① [法] 史式微:《江南传教史》第一卷,天主教上海教区史料译写组译,上海译文出版社1983年版,第23页。罗类思主教的信写于1842年9月30日,载《徐档》,卷宗B13。
② [法] 卫清心:《法国对华传教政策》(上卷),第358页。

引起一起谣言，说这些独身女性是神父的情妇。"① 由此可见，住家型的模式给教会管理带来一定的难度。

19世纪中叶以后，传教会在培育贞女方面的理念、方法、手段有了一些新的变化，但完全打破贞女住家的传统格局还需要时间："根据传信部的指示，贞女应该组成团体。但有些贞女不愿意离开自己的家庭，她们的父母也阻止这件事。"②

分散于家庭的贞女给教会的管理带来一定的难度，《童贞修规》中的条款对于住家型贞女无法形成足够的约束力，加之神职缺乏，贞女管理制度弱化不可避免。针对出现的弊端，"传信部1883年督促一些教务会议，让贞女过团体生活，并开办学校性质的机构，让贞女接受不同的培育。不过，传教会对贞女组织团体并没有形成统一的意见，此后相当一段时间，仍有一些贞女依然没有进入团体"③。

明末以降出现的贞女群体多为住家型模式（之后虽然有的地区成立了一些小的团体，但多不规范）。选择在家守贞的女性习惯于父母呵护之下的生活，却游离于教会管理之外，自由度较大，容易与制度之间形成一种张力，严重者会对教会造成伤害。因此，在天主教由秘密转入公开的形势下，贞女用什么样的生活模式来表达自己的信仰理念、如何尽最大可能调动积极性为教会服务是新形势下教会面临的新课题。

（4）个别女性守贞动机不纯。

转型期的教会在制度方面存在一些缺憾：神父缺乏、贞女管理存在真空多属于客观因素；在出现违规贞女的情况中，也要一些主观因素，如个别女性守贞动机不纯，为了名誉、虚荣甚至逃避婚姻而进入守贞队伍。为此，有多位主教、神父对这种现象进行了批评：

> 另外一方面，关于贞女也有一些批评的声音。在某些传教区，贞女所出现的负面影响大于有益的一面。比如，枢机主教阿利莫达

---

① Details in Johannes Beckmann, SMB (1931) Die Katholische Missionsmethode in China in neuester Zeit (1842—1912), R. G. Tiedemann, "Controlling the Virgins: female propagators of the faith and the Catholic hierarchy in china", *Women's History Review*, Vol. 17, N. 4, September 2008, p. 506.

② Verbum SVD, Vol. 16—1975, Romae Apud Collegium Verbi Divini, S. 62.

③ Ibid., S. 63.

(Kardinal Alimonda) 根据得到的报告写道:"在很多的代牧区,贞女们生活在家中,她们不被称赞,即使是她们中的一些做过许多有益的事情,还是无法获得好的名声。抨击激烈的是来自直隶西南(Südwest-Tscheli)和满洲(Mandschurei)代牧区,这两个代牧区贞女的行为产生了不好的影响。同样在上海,1851年,教区的教长们也表达了类似的意见。首先是主教戴世济(Msgr. Franciscus Tagliabue)提出自己的看法:许多女孩子不结婚,但有虚荣心,她们甚至对于自己的不学无术还感到骄傲自豪,引发了一些令人生气的事情。宗座代牧,管理满洲代牧区的方济各(Emm. J. Fr. Verrolles)对贞女的批评更加厉害,他说:这些贞女们在这一段时间的表现令中国教会十分痛苦。贞女们生活在家庭之中,很多人喜欢争吵,她们四处闲逛,与男人交往过多,失去了圣召的恩宠。一些贞女不结婚,目的是不想承担家庭的责任,她们没有生活秩序,也不收敛心神,她们不安静、不服从,很少祈祷。她们中的很多人成为外教人的笑柄和茶余饭后的谈资。外教人说贞女是神父的情人,因为有些贞女与神父确实存在一些暧昧的关系。这些谈论不一定是谣言。最后一位对贞女持批评态度的是四川西部主教马伯乐(Bishop Jacques-Léonard Pérocheau, M. E. P. 1838—1861年),他也同意以上观点,而且批评得更加激烈。"①

在山东方济各会管理的教区,也有动机不纯者进入贞女队伍。那些"被允许做贞女的女孩子,传教士特别重视她们的观念和信念,她们要恭敬天主,全心全意献身天主,为传教做有益的事情。常常有些贞女,有私下的意图,比如只想过舒适的生活,或只看到做贞女光彩的脸面。"②

动机是行为的镜子,以基督为核心的守贞动机强调的是与天主建立了

---

① Johannes Beckmann, Die katholische Missionsmetfiodc in Chinain neuester Zeit (1842—1912), Gcscbidididic Untcrsudiung über Arbeitsweisen, ihre Hindernisse und ErfolgeVerlag des Missionshauses Bethlehem Immensee (Sdiweiz), 1931, S. 85. 戴世济主教(Msgr. Franciscus Tagliabue), 1859年署理蒙古教务, 1869年任冀西南代牧, 1890年去世; 满洲代牧区的方济各 Emm. J. Fr. Verrol, 1838—1878年任满洲及辽东首任代牧; 四川西部主教马伯乐(Bishop Jacques-Léonard Pérocheau, M. E. P., 1838—1861), 巴黎外方传教会。

② Vitalis Lange O. F. M., Das Apostolische Vikariat TSINANFU. Franziskanische Missionsarbeit in China. Werl, 1929, S. 100.

一种特殊的关系，其行动必然合乎修规的要求；反之，把世俗社会的物质诉求、甚至私心杂念带入守贞生活，则偏离了教会对贞女的要求，麻烦和问题也就无法避免。

（二）对违规贞女的处理及警告

严格规范贞女的言行、同时对违观者给予严厉批评、甚至清理出守贞队伍是教会的一贯作风：

> 1746年，马青山为一个女性解除守贞愿，并允许她结婚，其原因是这位女性违背其誓言，据说她从一名非基督徒医生那里三次获取堕胎药。1747年2月，她与一位年青人结婚，而在新婚之夜却发现新娘不是处女。他将她送回娘家。而新娘的母亲则阻止女儿被遗弃，以免使两个家族都蒙受羞辱。[①]

这类事情虽然只是个别现象，但马青山及时而明智地将违规人清除，既保证了贞女群体的纯洁，也维护了教会的声誉。

贞女是信徒中一个特殊的群体，独身与服务合为一体的奉献角色使教会对她们有着严格的规定和要求。随着贞女人数的增多，不免有动机不纯者、意志薄弱者、追求享受者进入这个圣洁的群体。1840年，江南教区的石神父从保护贞女队伍的纯洁和规范出发，对个别违规贞女提出了严厉批评和警告：

> 目前，我最大的事情就是禁绝贞女们穿绸着缎，并禁止她们和邻居或亲戚们交往过密，这往往是惨痛丑事的根源；她们见到我非常害怕，称我是"可怕的人"，感谢天主，我之所以可怕，正是为了攻击她们的恶习……没有中间路线可走，或者遵守贞女规则，或是干脆结婚。[②]

---

① Ly, Infamia a Josephus Tchao sibi comparata, Journmao d'André Ly, p.9; Robert E. Entenmann, "Christian Virgins in Eighteenth - Century Sichuan", *Christianity in China, from the Eighteenth Century to the Present*, Stanford University Press, Stanford, California, 1996, p.184.

② [法] 史式微：《江南传教史》第一卷，第23页。

江南是中国的富庶地区，有些贞女来自殷实家庭。分散于家庭的守贞方式、舒适的物质生活以及教会的管理不力，出现贞女"穿绸着缎"、"与邻居交往过密"等违反《童贞修规》的现象。教区神父对违规贞女进行严厉批评，是希望通过正常的管理程序，将贞女的"情欲整合在他奉献的理想中"①，而矫正弊端则是为了教会的健康发展，维护教会在社会的良好形象。

（三）纠正偏差的具体措施

违规贞女是特殊时期的个别现象，正如盛神父在1840年6月1日致罗主教的信函所说："大多数贞女们是心地善良的，但是环境使她们堕落。"② 所谓"环境"，意指不可避免的客观因素。贞女出现违规情况最多的时段是19世纪中期，逐渐开放的形势促使教会进入一个快速发展期，而教会在贞女管理方面则明显滞后。正因为如此，一些地方教会根据新形势重新编修贞女规则，并增添新的内容，如圣言会关于贞女行为规则有七章，内容包括贞女应该避免懒惰，避免闲聊，衣着应端庄，尤其是要像躲避毒蛇那样避免不贞。③

开禁之后贞女以什么样的方式守贞？教会内部多数意见认为应组成团体，如1883年的天主教会议，"提议让所有的贞女度团体生活，仅鄂尔壁（Joseph Gonnet）神父仍然认为，贞女团体的组建不可以太仓促。"④

将贞女集中管理是教会的主流意见，也是校正弊端的最佳方法，组建团体有利于把分散于各堂口的女孩子组织起来，进行文化知识、宗教灵修等方面的训练，从而将立志守贞的女性引入一个有序的轨道。这一时期采取严格管理措施的贞女团体以上海的献堂会为典型，其会员外出，必须

---

① 台湾辅仁神学编译会编：《神学辞典》，天主教上海教区光启社1999年版，第400页。
② 原文载《徐档》卷宗B7，参见［法］史式微《江南传教史》第一卷，第23页注释①。
③ R. G. Tiedemann, "Controlling the Virgins: female propagators of the faith and the Catholic hierarchy in china", *Women's History Review*, Vol. 17, N. 4, September 2008, p. 510.
④ Raymond Renson CICM, Rome, "Virgins in Central Mongolia", *The History of The Relations Between The Low Countries and China in The Qing Era* (1644—1911), Edited by W. F. Vande Walle Co - editor Noël Golvers, Leuven University Press, 2003, pp. 345—346.

3—5人一组，尽量避免单独工作。①

时间具有筛选制度的能力，随着欧美女修会进入中国内地，仿效女修会严格纪律组建规范的贞女团体，或者成立国籍女修会，逐渐成为晚清以后多数天主教独身女性的人生选择。制度化的修会将贞女们引入一个更为广阔的活动空间，这个空间不仅使贞女的生活更加充实，而且也更有安全保障。在制度化的贞女团体与国籍女修会同步发展的同时，贞女违规情况逐渐减少，社会关于贞女的非议和指责也逐渐化解。

四 根据形势变化继续编修贞女修规：以《守贞要规》为例证

20世纪之后，贞女或组成团体，或转入国籍女修会，但是仍然有少数贞女在堂口服务。为了加强管理，教会继续用相应的规章制度规范贞女的行为。本节以圣言会编纂的《守贞要规》为例，从中可以发现，虽然独身女性关于守贞的选择有多条途径，但贞女依然是中国天主教会的一个特色，而且所定规则更加详细，也更加严格。

清朝中期，除了马青山所定《童贞修规》，其他文献也有关于守贞制度的记载，如《求诸己式》曰："凡系女流，二十五岁未满，许愿守贞，或虽年纪已足，许守之三年多，或衣食将来无靠，而先许此愿，或未禀灵牧准其许愿，而自专许之，有罪。"② 守贞条件涉及发愿年龄、经济条件以及本堂神父许可等，如果违反则有罪。在没有欧洲女修会的情况下，严格的管理有利于教会的安定。

19世纪末20世纪初，教会根据形势的变化继续编纂守贞规则，且具体内容更加详细、规范。下文以圣言会编定的《守贞要规》（简称《要规》）为例，从中可窥见天主教贞女制度的理念以及严谨的作风。

（一）以"基督"为核心，以信德为导向

虔诚而坚定的信仰是对贞女的第一项要求，《要规》对贞女的德行要

---

① 参见 Die Katholischen Missionen（Illustrierte Monatsschrift），35. Jahrgang（1906/1907）6：S. 126。

② 无名氏：《求诸己式》，载钟鸣旦、杜鼎克、蒙曦编《法国国家图书馆明清天主教文献》第二十四册，台北利氏学社2009年版，第517页。

求是:"爱天主爱人的德行,论这一条必须高超众人以上。"① 爱神爱人放于同等位置,说明20世纪的教会对信徒的信仰生活有了新的要求,同时强调教会面对社会、服务社会的新观点。贞女作为基督徒中的骨干,更应该在服务社会、荣神益人方面作出表率。

贞女的生活重心是耶稣基督,因而《要规》对贞女一天的生活提出16个要点:

(1) 从学校返回,见本堂神父,听其指引;

(2) 早起,收敛人心,在房间或学校念早课,默想;

(3) 早课或望弥撒以后,念小日课;不会的,念一分玫瑰经;

(4) 除特殊情况外,常望弥撒;

(5) 晌午念小日课,或念圣神玫瑰经一分,圣母祷文一遍;

(6) 每主日办神工一次,领圣体数次;

(7) 除守大小斋期以外,每月头一个瞻礼六守大斋,如特殊原因不能守,则念苦路经一台,或三分玫瑰经;

(8) 在家中姐妹中不能自大,要谦逊,父母前孝顺听命,但违背教理的事不可听:如父让烧纸烧香等,若父母不叫守主日,要禀明本堂神父;

(9) 不可在他人前有坏表样;

(10) 不可同世俗女人闲谈;

(11) 空闲是诱惑的源头,常勤办工尽本分,或念经、或做活,或看圣书;

(12) 不许独自一个人同男人说话;

(13) 不与不端正、好说闲话、好拉舌头的妇女往来,以免损害人的洁德;

(14) 秋忙的时候,不可一个在家,留有家人做伴;

(15) 外出时,有一个做伴的闺女、太太或自己的兄弟,或是有年纪的亲戚;

(16) 除了自己家的小孩子,不可给九岁以上的男性讲道理。②

---

① 《守贞要规》,第11页。
② 参见《守贞要规》,第5—7页,"第二篇:论保守当守的规矩",文字略删节。

16个要点基本规定了贞女从早到晚的生活内容以及注意事项，较之清中叶的《童贞修规》更为详细规范和严格。

（二）树立"端方"形象
"端方"是贞女的形象，具体要求是：

热心念经，饮食淡泊，喜笑谨慎，说话良善，言语举止说话老成；
远离不洁净、疑惑的事情，不与外人说闲话，不同男人来往，不送不收外人的东西；
与妇女交往不可有私爱，严禁姑娘与别人拜干亲；
与别的姑娘或闺女、太太在一起不可放肆，说不当的话，不可有偏爱的举动，睡觉时不许别的姑娘太太同自己在一张床上；
不许串门，没有要紧的事不出门。①

贞女工作在女性中间，言行举止要得体，即使同性之间，也要防止过从甚密，这就是"端方"的核心内容。为了防止贞女违规，贞女们平日"言语举动穿戴打扮要端端正正，要紧守各人的五官，显出老成谦逊，克己的表样"②。

贞女承担教堂杂务、要理讲授等工作，与神父交往是顺理成章的事，但《要规》规定："每主日大弥撒后，姑娘领着本堂的女教友们见神父，若无要紧的事，不要见神父；如果一位姑娘有要紧事见神父，需有别的姑娘、太太做伴；若事情要紧又不好叫别人听见，就可以在堂里同神父说话，敞开门，须一人做伴；如天黑之后，若无要紧事，最好不见神父；在神父跟前要端正，离远一点，稳稳站着，不要嘻嘻哈哈，说话要稳重简洁。来回要降福，这些礼貌要交代女教友们；不可谄媚巴结神父或批评神父的不是。"③ 这是关于贞女与神父工作关系所订规矩，以适应中国社会

---

① 《守贞要规》，第14—15页，文字略有删节。
② 同上书，第9页。
③ 同上书，第16—17页，文字略有调整。

"男女之大防"之习俗,避免引起谣言攻击以及不必要的麻烦。

(三) 严格的管理机制

如果一位姑娘决定守贞,"当商议各人的父母,问问本堂神父"①。由家庭而教会:家长允许和神父同意,教会方能接纳。随后,这位姑娘进入要理学校学习,为将来服务教会打下基础。

守贞三年之后,姑娘表现符合规则,本堂神父才允许正式守贞,举行仪式,圣圣手帕给她顶上,准按姑娘的样子打扮,而顶手帕前要避静3天。②

年满30岁,经神父的准许,可发一年守贞愿,每年重发一次。③ 礼仪程序严格而规范,以杜绝不合要求的女性进入守贞队伍。

守贞是严肃的人生选择,因而对贞女候选人的道德品质有着严格的要求。"譬如轻飘,不端方、自高自大的、图虚假光荣,图面子,与别不和睦,好怄气,抗上不顺、游手好闲"者,④ 不可守贞。同时,"定过亲而没有退散,就不准保守"⑤。

若发现有坏表样的姑娘,当令其还俗。⑥ 所谓坏表样,指背后饶舌、居家不和睦等。及时清除不合格者,以保持贞女队伍的纯洁,是教会管理贞女的原则和纪律。因此,在选择贞女的过程中,把动机不纯者阻挡在队伍之外也是要规所强调的内容,如"安逸自在,或是怕受婆婆的气,怕世俗的日子难过"者不可接受。

从信仰角度审视贞女,其行为是一种"圣召",在"天主的召叫"中,守贞生活需要永远以基督为中心、以信德为导向,如此才能保持心灵与肉身的纯洁;反之,以个人为中心的守贞或许可能做到肉欲的克制,但容易走向人格的偏差。⑦

民国之后,虽然有欧美女修会不断进入中国内地、不断有新的本土女

---

① 《守贞要规》,第2页。
② 参见《守贞要规》,第7—8页。
③ 同上书,第8页。
④ 同上书,第4页。
⑤ 同上。
⑥ 同上书,第9页。
⑦ 参见《守贞献身以基督为中心》(社论),载台湾《天主教周报》,2010年5月2日"普世了望"版。

修会诞生，但贞女群体依然存在，因而教会不可能放松对她们的培训和管理。根据新形势制定新的规章制度，采取与时俱进的发展策略将成为中国天主教会不断发展的新动力。

第八章　衣食住行：世俗生活中的贞女

为了信仰持守童贞，贞女向天主宣发誓言，但贞女毕竟生活在世俗社会。现实中的贞女如何生活？她们有没有经济保障？她们的服饰有哪些特点？教会对贞女的外在形象有哪些具体要求？本章将贞女置入世俗生活的背景之下，讨论这些有趣的话题。

一　贞女的经济状况及财富观

经济保障是一个人立足社会的物质基础，对于贞女同样如此，清中叶《童贞修规》就涉及守贞者需要一定的经济来源作为守贞之保证的规定：

> 在西守童身者，一入修院，父母则计其日用，畀之田产，使其一意谋道，并无衣食之累。今在中国，既无此举，思守贞者，各宜自度。日用有需，方许定其守贞之志。不然，恐迫于饥寒，干渎教名，或因难忍，更为不美。①

在封建时代，女性没有经济地位，在家靠父，出嫁靠夫。而天主教贞女终身不嫁，一生服务教会、服务社会。即使作为传道员的贞女，"在传教方面所获得的报酬比养家糊口的男性传教员要少"②。那么这些独身女性的经济来源是什么？她们依靠什么生存？当她们进入暮年、丧失劳动能力的时候，谁来负责她们的衣食起居？厘清这些问题，有助于我们全方位认识中国天主教的贞女制度。

---

① 《童贞修规》，第4—5页。
② R. G. Tiedemann, " Controlling the Virgins: female propagators of the faith and the Catholic hierarchy in china", *Women's History Review*, Vol. 17, N. 4 , September 2008, p. 508.

(一)"守产不嫁"与自力更生

关于贞女的生活来源,通过乾隆十三年八月军机处档案"福建巡抚潘思榘密奏"可见端倪:

> 臣等留心传察,福宁府属福安县民人陷溺蛊惑于天主一教,既深既久……节次密访各村从教之家,凡开堂诵经,及悬挂十字架念珠等类,彰明较著之恶习,虽已屏除,而守产不嫁,不祀祖先,不拜神佛,仍复如故。①

"守产不嫁"是福安贞女的一个特点,由此可见,具备一定的经济实力是福安贞女守贞的条件之一。随着各地贞女人数的增多,各地教会贞女的经济生活呈现出多种形态。

(1) 依靠家产。

福安是贞女制度最早发育的地区,为了使贞女生活无后顾之忧,"多明我会总会长冈萨雷兹(Gonz. älez)规定:年轻的女孩子不能自立,这样的女孩子不可以进入三会,已经进入三会的,应该中止她们的守贞生活。"② 要求贞女经济独立,不仅多明我会如此规定,其他修会在所管辖的教区内也同样实施。

1784年,四川代牧马青山在涉及贞女制度中规定,贞女的父母要能够提供她们的生活费用。③ 罗马教廷也注意到经济保障是贞女完成守贞生活的基本前提,教廷文件指出:"贞女的父母应该能照顾自己女儿的生活费用……以避免从外教人方面而来的所有的一切危险。"④ 1803年四川主

---

① 转引自陈垣《从教外典籍见明末清初之天主教》,载叶德禄编辑《民元以来天主教史论丛》,协和印书局1943年版,第28页。

② Benno I. Biermann O. P., Die Anfänge der neueren Dominikanermission in China. Münster 1927, S. 165.

③ 参见 Raymond Renson CICM, Rome, "Virgins in Central Mongolia", *The History of The Relations Between The Low Countries and China in The Qing Era* (1644—1911), Edited by W. F. Vande Walle Co - editor Noël Golvers, Leuven University Press, 2003, p. 344.

④ Examples therer of in Biätter f. m., 1937, p. 1793 - see also A. Rosen, S. V. D., Eine Einführung in de japanischen katechismus an der Hand der Schriftzichen, in Blatter f. m., 1938, p. 28 and 94. 转引自 [比] 燕鼐思(J. Jennes, C. I. CM)《天主教中国教理讲授史》,第111页。

教会议重新提出，贞女应当在经济方面独立的理念："会议把传信部对贞女的牧函作为附件放在会议文本之中，其中一点就是强调贞女的生活一定要有保障。"①

强调贞女应该具备一定的经济实力，即使在丧失了劳动力之后仍需有一定的生活来源，常常是教会考虑的问题。如在清中叶的四川，"一位女性在解除了与非基督徒的婚约之后，决心做贞女，并由她的兄弟供养，而其兄弟则将一份来自父亲的田产转交于她。"②

贵州安南县马场贞女林亚加大（林昭）的守贞经历以及经济状况在贞女中颇有代表性，其传记记载，亚加大 17 岁决定守贞——

> 满了二十五岁，刘多默神父看她德行超众，表样极好，所以许她发了童贞愿……发了愿以后，听神父的命，在安南、兴义两个县传教，那里的教友都敬爱她。贞女有几亩地，早也租给别人种用，年年收的租价，买了要紧的衣食，当本分不要神父的钱，而且还用自己剩下的钱为光荣天主。比方在马鞍山买一处宅子，修了一座小堂，好叫教友们在那里念经。③

亚加大贞女的工作十分繁重，除了在郎岱厅毛口场少数民族中传教，还管理贞女学堂，种种服务工作均离不开经济实力的支撑。

19 世纪中期，江南教区"几乎每个小康之家，都有一两名或更多好姑娘守贞"。④ 殷实家境的贞女在生活上依靠家庭资助是富庶之地江南教会的一个特点。

浙西蕻蓬村是一个老教友村，"在家守贞者，代不乏人，均分有祖产，得以安生无虑，其铮铮有名，守规严厉"⑤。蕻蓬村的贞女依靠祖

---

① Die Katholischen Missionen（Illustrierte Monatsschrift），35. Jahrgang（1906/1907）6：S. 121.

② Gabriel Taurin Dufress to his mother, 15 Aug, 1780, AME 1250：116；Robert E. Entenmann, "Christian Virgins in Eighteenth - Century Sichuan", *Christianity in China, from the Eighteenth Century to the Present*, Stanford University Press, Stanford, California, 1996, p. 185.

③ P. Roeser S. V. D.：《中华光荣》，兖州府天主堂 1925 年版，第 211—212 页。

④ ［法］史式微：《江南传教史》第一卷，第 22 页。

⑤ 倪儒范：《浙江徙衢属蕻蓬教务史略》，载《我存杂志》第 3 册（原第三卷第四期，1935 年），全国图书馆文献缩微复制中心 2006 年版，第 1499 页。

产生活成为当地的传统，衣食无忧的生活能够让贞女全身心投入奉献生活。

山东的方济各会传教士在认定贞女资格时，也十分注重候选人的家庭经济情况：

> 为了使贞女将来能够度奉献生活，在正式为贞女之前，传教士要求她们的父母转让给她们一个住所，还有几亩地。这样，因为土地有收入，贞女的生活水准不错。对于这些属于自己的土地，贞女可以自由支配。①

为了使贞女的经济生活有所保障，圣言会在贞女的规章制度中将经济条件作为一项硬指标：

> 保守以前，本人的父母当立凭据，写给他闺女几亩地，作一生的养廉，这等凭据，当按本国的规矩写，有两个结实保人及立字据的人画押，叫本堂神父存着，这个规矩不能宽免。单单的主教看各人的情形能宽免。②

贞女拥有土地是天主教家庭的（家族）不成文法，这种不成文的习惯规定在传教士的文件、信函中屡屡提到。因为有教会的支持，贞女的经济权力得以进一步加固，从而使依靠家产成为贞女守贞的物质条件。

（2）自力更生，自食其力。

中国各地经济发展不平衡，各地贞女的家庭背景也不尽相同，一些来自贫困地区或贫困家庭的贞女，在没有外援、没有家产继承的情况下，则需要依靠自己的打拼来获得经济上的独立。

清中叶的四川，"贞女们缺乏固定的收入来源，经常免费教学，完全依靠邻人的施舍"③。她们"必须养活自己，跟所有的贫穷人一样，她必

---

① Vitalis Lange O. F. M., Das Apostolische Vikariat TSINANFU. Franziskanische Missionsarbeit in China. Werl, 1929, S. 99.

② 《守贞要规》，第 4 页。

③ Robert E. Entenmann: Eighteenth Century to the Present, Edited by Daniel H. Bays. Stanford: Stanford University press, 1996, p. 190

须用所有的时间纺纱织布,以赚取生活费,甚至工作到半夜,以弥补白天祈祷多用的时间;她们没有受到什么教育,要求她们有足够的内在信仰是太苛求了,不过她们的虔诚是不容置疑的。虽然教廷规定,主日为贫穷的中国人只有半天,另外半天可以工作,但许多虔诚的贞女,仍很严格地守主日,甚至不休息,不交谈,只是祈祷。"①

在缺乏家庭经济支持且外援十分有限的情况下,通过自力更生、通过自己的劳动来解决生活中的实际困难成为贞女实现自己守贞理想的首要选择。19 世纪中叶,在江南一带传教的耶稣会神父维尔纳(P. Theodor Werner S. J.)在给法国修女们的信函中详细描述了中国贞女的经济状况:

> 做贞女必须要有生活保障,大部分贞女与自己的家人住在一起,但周围有很多非教友,这些非教友对教会怀有敌意。贞女在外表上与别的女性没有什么差别,只是她们衣着朴素简单。在海门,除了十位左右的贞女之外,大部分贞女生活贫困,她们通过辛勤的劳动赚钱养活自己,在这里,一百户人家仅有一两个家庭是真正的有钱人。贞女投身于辛苦的劳作之中,她们拼命地纺纱织布来维持自己的生活。因为常常有宗教祈祷,还要做善事,只好减少睡眠时间。如果贞女织成了一块布,她就把她的劳动成果托付其亲戚卖掉,然后用卖掉劳动成果的钱来维持生计。②

并非所有的贞女都自来自小康之家,那些生活在贫困环境中的贞女,通过自己的辛勤劳动,换来独身生活的自强和自尊。正如在上海传教的一位耶稣会神父所说:"贞女们必须亲自参加生产劳动来养活自己,她们知道如何去做,也知道如何在工作中表现'爱心'去支持传教事业。"③

大体上说,贞女的经济生活来源分为两类:家庭援助与自力更生。两

---

① Lettre du P. Werner 20 octobre 1847, "Annales de la Propagation de la Foi Ⅰ" Tome XXⅠ, pp. 321—323, Paris, 1849. 转引自陈方中《法国天主教传教士在华活动与影响(1860—1870)》(台湾师范大学历史研究所博士论文,1999 年),第 337 页。

② Die Katholischen Missionen (Illustrierte Monatsschrift), 35. Jahrgang (1906/1907) 6: S. 123.

③ Ibid., S. 122.

种类型哪一类所占比重更大，由于受文献资料制约，无法进行量化统计。有意思的是，曾经在中国服务的圣神会修女 Sue Bardsham 通过观察发现：

  大部分贞女来自下层社会，经过教会的培训，她们承担起中国落后地区妇女和儿童工作的重任。然而这种说法似乎应该更正，中国贞女应该说总体上都来自较为富裕的基督徒家庭，我们从 Joseph de la Servière 那儿知道，几乎所有的小康家庭有一个或一个以上的贞女。在鲁南代牧区，贞女们必须提供一份"嫁妆"。在鲁北济南府（Tsinanfu）代牧区，贞女的家人不得不分块土地给她们，以便她们能获得经济独立，这种经济独立是她们被传教团接受的必要条件。在内蒙古，圣母圣心会的传教士并不鼓励那些来自孤儿院的年青女性成为贞女，因为传教士通常担心她们成为额外的负担。①

  无论是依靠家庭资助还是自力更生，贞女们都为实现自己的人生目标而努力奋斗，在贞女的世界观中，物质生活是次要的，实现理想、追求永恒才是人生价值所在。

（二）"舍文取义"：贞女的财富观

  贞女经济上自食其力，教会是她们的家，教友是她们的亲人，这种真挚情感伴陪着她们走完人生之路。对于教会团体，许多贞女生前倾囊相助、离去散尽所有财物。

  关于平信徒对教会的经济捐助，清初在江南一带传教的耶稣会士鲁日满的账本就记载了一些例证，对账本进行深入研究的高华士（Noël Golvers）博士认为：

---

① Fritz Bormemann SVD, Der selige P. J. Freinademeze 1852—1908. Ein Steyler Missionar. Ein Lebensbild nach zeitbenössischen Quellen（Bozen：Freinademetz - Haus, 1977）, pp. 1094—1095; Vitalis Lange OFM, Apostolische Vikariat Tsinanfu Franziskanische Missionsarbeit in China（Werl：Provinzial Missionsverwaltung, 1929）pp. 99—100; See R. G.. Tiedmann, "The Formation of Diocesan Religious Congregation and Sisterhood in the Late Qing Some Preliminary Observation on an Elusive Phenomenon", Paper to be presenter at the 8th International Symposium on the History of the Chinese Catholic Church Leuven, Belgium, 31 August—3 September, 2004.

> 我怀疑这条账目中的女捐助人（domicella）可能指一群虔诚地献身于教会工作的"贞女"，从而在某种程度上成为那些在十八世纪的中国传教团体中起相当重要作用的"贞女"们的先驱。①

高华士还在其著作中补充说：

> 我有两条理由作此推测，第一，在松江徐甘第大周围确实有这样一群贞女（见 G. King, Candida Xu, p. 24）；第二，"domicella"一词在中世纪的荷兰语中，专指女修道会成员（见 Fuchs – Weijers, s. v）。②

贞女从经济上资助教会在清初就开始了，由此成为贞女献身教会的一个凭证。以后，大凡有一定经济实力的贞女都会将经济奉献作为一项使命，下文略举几例：

贵州贞女林昭，"其父在身故之后为她留下一笔钱，于是她在兴义附近购置了一处用作教堂——学校的房产，而且还购置了一块土地，她用这些收入来确保司铎前来巡视时的开销。她本人却生活贫困，仅以简单的食物为生，甚至没有像当地人的一样，为自己先准备一口棺木。她的表率力量促成了别人对她的尊重，也帮助了许多冷淡教友增加信仰，使他们仍然留在圣教内。"③

浙西蔴蓬村有一位贞女，是王玛窦会长之四女，"生于道光四年，四十余载，管理育婴事宜，任劳任怨，并将己之私蓄，及租金，全数献于领报堂。"④

鄂西北磨盘山贞女李兰秀（1804—1875，圣名法纳），"家本不富，以勤俭而臻小康，行为具巾帼气概，热诚敬主，明哲保身，一时传奉为模范焉。名隶圣方济各三会，甘贫有素，逝前将财产尽施献于教堂，永作慈善事业之基本，即沈家垭一带山地是。另现银钱共数百千文。非信爱过人，安得如此"⑤。李兰秀的善行赢得众教友的尊敬和景仰，贞女去世后，

---

① ［比］高华士：《清初耶稣会士鲁日满常熟账本及灵修笔记研究》，第228—229页。
② 同上书，第229页注释①。徐甘第大即徐光启孙女，人称许太夫人，其与贞女的关系以及对贞女的支持，参见本书第三章第二部分。
③ ［法］沙百里：《中国基督徒史》，第236页。
④ 倪儒范：《浙江徙瞿属蔴蓬教务史略》，载《我存杂志》第3册（原第三卷第四期，1935年），全国图书馆文献缩微复制中心2006年版，第1499页。
⑤ 成和德：《湖北襄郧属教史记略》，第178页。

教友在墓地立碑，碑文曰："生前积德庆有乐，生后为归享永安。舍文取义，且祷祝之。"①简短的碑文正是贞女平凡人生的真实写照。

按照"舍文取义"理念生活的贞女很多，1851年，耶稣会神父维尔纳（P. Werner）在信函中介绍了令人感动的贞女的事例，他说：

  所有的贞女都把她们微薄有限的钱财，把她们的时间、精力以及健康奉献给了爱的事业和拯救灵魂的工作。②

并非所有"舍文取义"的贞女都是富有者，她们奉献"微薄有限的钱财"，与《圣经·马尔谷福音》记载的穷寡妇向教会捐赠"两个小钱"的价值一样，③贞女的奉献不仅在于物质，更在于精神。从神学视角考量，贞女向天主捐献的一切：微薄的钱财、时间、精力以及健康，说明她们以活出爱的信仰生活来展现信赖天主、敬畏天主的人生理念。

二　贞女与家庭

美国人类学家洛伊（Lowie）说："家庭是以婚姻为根据的社会单位。"④贞女没有进入婚姻的殿堂。她们在家庭中的地位如何？与家庭成员是什么样的关系？下文即对这些问题进行解读。

（一）分家·过继·墓葬

与家庭保持密切关系的贞女多为住家型，她们在家庭中的角色、地位以及家庭成员之间的关系与人类学家所表述的家庭观念有很大的差异。

---

① 成和德：《湖北襄郧属教史记略》，第178页。

② Die Katholischen Missionen（Illustrierte Monatsschrift），35. Jahrgang（1906/1907）6：K. 125.

③ 《新约圣经·马尔从福音》记载了两个小钱的故事："耶稣面对银库坐着，看众人怎样向银库里投钱，有许多富人投了很多。那时，来了一个穷寡妇，投了两个小钱，即一文铜钱的四分之一。耶稣便叫他的门徒过来，对他们说："我实在告诉你们：这个穷寡妇比所有向银库里投钱的人，投得更多，因为众人都拿他们所余的来投；但这寡妇却由自己的不足中，把所有的一切，全部的生活费，都投上了。"《新约圣经·马尔谷福音》12章42—44节，亦参见《路加福音》21章1—4节。

④ Lowie 1956：246，转引自庄英章《家族与婚姻 台湾北部两个闽客村落之研究》，台湾"中央研究院"民族学研究所1994年版，第187页。

(1) 分家。

关于分家，人类学和社会学界定的概念是：分家用作动词，是指已婚兄弟间分生计和分财产的过程（也包括分炊，有时甚至伴随着分住、分房子和分牌位的过程）；用作名词，则表示由一个家分为两个以上的家后的状况。在一个联合家庭内，每一个儿子在法律上以及习惯法上是平等的（jural equality；参见 Cohen 1976：195），由此平等转而要求消费上的平等（consumer equality）。但实际上，因他们本身年龄之差异、子女数和子女年龄的不同以及每个人需求的不一，消费的平等几乎是不可能的。①

中国文化背景之下的分家程序，主要涉及家庭（家族）的男性利益，与女性基本无关。至于分家的原因，则比较复杂，譬如妯娌不和、兄弟间义务不均、外出谋生、房子太小、长辈去世、财产分配不公、父老无法掌管生计等②，涉及吃、住、预算、财产、房产和祖先祭祀等多方面。

英国伦敦会传教士麦高温根据在中国生活多年的经验发现，中国家庭财产的归属很有规律，他说："在父亲去世后，不论其生前有什么土地，都必须被平均地分配给他的儿子们。女儿是不能分到土地的，因为她们要嫁到这个家庭之外的其他人，这使得她们不再可能获得任何继承权。"③

贞女多来自天主教家庭，由于日后将独立生活，分家对于她们来说十分重要；但因为贞女永远守贞在家，永远属于这个家庭（家族）的成员，使她们又能够在家庭（家族）享有与男嗣同等的权利，即获得一份财产——哪怕是一小块微不足道的土地。

在中国文化中，家是一种特有的概念，经过分家，贞女仍然具有相对灵活的生活空间：与父母一同生活，父母殁进入兄弟家庭，兄弟离世可与侄儿侄孙生活，亦可自立门户。

(2) 过继与领养。

当贞女从家庭得到一份家业，她将以此作为维持生计的资本。年老丧失劳动力之后，领养或过继孩子也是一种选择。在清中叶的四川，"一位

---

① 参见谢继昌《仰之村的家族组织》，台湾"中央研究院"民族学研究所1984年版，第114—115页。

② 同上书，第116页"分家原因表"。

③ [英]麦高温：《中国人生活的明与暗》，朱涛、倪静译，时事出版社1998年版，第303页。

名叫克拉拉孙（Clara Sun）的贞女领养了一个儿子以奉养自己的晚年"①。

为了避免不必要的麻烦，教会在处理贞女过继或领养孩子等事宜方面十分谨慎，通过在山东传教的方济各会士留下的文献记录，可窥见贞女在继承财产、过继孩子时的一些情况：

> 按照中国人的观点，家庭的所有遗产都归儿子，女儿没有继承权，只是出嫁时得到一些相应的嫁妆。如果贞女的兄弟不同意其继承土地，或对此不理解，必会发生不可避免的矛盾和冲突，有可能这些兄弟日后会把这些土地收回来，因此贞女继承土地必须得到父母的同意，同时也要得到兄弟们的同意。关于家庭经济方面的协议，传教士不要干涉。对于这些财产，要签发一个"凭据"，要有名望的教友作担保，传教士在上面签字。如果贞女没有兄弟，要与这个姑娘的亲戚达成协议，按照这个法律，贞女死后，财产归她的亲戚。实际上，这种情况发生前常常会有亲戚的孩子过继在贞女父母的名下，并且过继的常常是男孩，并共同签订文书。对于这个过继来的儿子，要特别地小心谨慎，因为这些过继的孩子大多很贪婪，在贞女的父母去世后，他会把贞女排挤出这个家庭。②

过继或领养是家庭无男嗣情况下的一种选择。事实上，住家型的贞女在丧失劳力之后与过继或领养儿子一起生活的情况并不多见，更多的贞女是选择与兄弟家庭组合，这种家庭模式将在后文讨论。

（3）墓葬。

中国注重父系家族血脉的延承，女儿在家庭（家族）中的地位低于男嗣。正如一位对中国家庭颇有研究的美国学者所说：

> 中国人非常注重实际，正因为如此，他们的国家才能持续地生存下来。我们没有理由认为，中国人会怀疑两性数量相当是种族繁衍的

---

① Gabriel Taurin Dufress to his mother, 15 Aug, 1780, AME 1250：116；Robert E. Entenmann, "Christian Virgins in Eighteenth – Century Sichuan", *Christianity in China*, *from the Eighteenth Century to the Present*, Stanford University Press, Stanford, California, 1996, p. 185.

② Vitalis Lange O. F. M., Das Apostolische Vikariat TSINANFU. Franziskanische Missionsarbeit in China. Werl, 1929, pp. 99—100.

先决条件。毫无疑问,没有哪个民族比中国人更重视或更成功地维持自身的繁衍。然而,中国人却几乎是唯一一个自诩有古老而发达文明但却轻视自己出嫁女儿的民族。按照传统习俗,嫁出去的女儿不能供养自己去世的父母。由于这一原因,人们常说,哪怕再出色的女儿还不能等同于一个蹩脚的儿子。中国人自觉和不自觉地表现出对这种观念的赞同,从而表明了这种观念与中国人品质的某种关联。[1]

贞女与已婚的女性不同,"由于宗族是以父系为标准,妻子的家庭被排除在外。一个女人结婚进入她丈夫的家族,那么结了婚的女性与其父亲的家族的联系就淡化了。"[2] 贞女因为信仰而"守产不嫁",从她来到这个世界,其人际网络与经济关系基本没有大的改变。因此,贞女在家庭的地位和经济处境与嫁出去的女儿不一样,与脱离家庭进入修道院的修女也不尽相同。

"嫁出去的女儿泼出去的水",这意味着出嫁后的女性将依靠夫家终其一生;修女脱离家庭进入修会,即成为修会中的一名成员,她们将按照严格的会规,以神贫、贞洁和服从度过自己的一生,经济上与血缘关系的家庭从此没有任何牵扯;而贞女所依持的经济力量让她处于一种微妙的环境:她们永远是本家庭(家族)的成员,她们在家庭中的地位远在嫁出去的姐妹之上,她们有权力继承、分享、使用家庭的财产。由此,家庭经济状况常常成为一个女孩子是否成为贞女的客观条件之一。

对于守贞的女子,父老乡亲们也在家族中给予其应有的地位,如贞女离世可葬于家族墓地,笔者在鄂北山区天主教村庄考察时,在郭氏家族墓群中发现了贞女郭勒达的墓地,其墓碑由侄儿郭成秀立。[3] 郭家是清朝中期由襄阳迁入山区的基督徒移民,始迁入者为郭泰夫妇和郭泰的姐姐郭勒达,郭泰夫妇为合墓,郭勒达墓与郭泰墓平行而略往前伸一步,以证明其年长,体现了"长幼有顺"的原则。[4]

---

[1] [美]明恩溥:《中国乡村生活》,午晴、唐军译,时事出版社1998年版,第257页。
[2] Laurence G. Thompson, Chinese Religion: An Introduction, Belmont, California, 1969, p. 35.
[3] 参见郭汉民等编《湖北省谷城县沈垭磨盘山郭氏宗谱》(内部资料),2002年,第14页。
[4] 关于贞女的经济状况以及在教区中的地位,笔者在乡村考察中曾采访一些老教友,他们告诉笔者:贞女由于选择了一种特殊的生活方式,她们与家族中的男性成员一样,有继承家族遗产的权利。一般来说,出生在殷实家庭的贞女靠地租生活;而贫困家庭的贞女不仅要自食其力,还要担负起赡养父母的责任。

贞女亡后一般葬家族墓地，但在男权思想十分严重的乡村社会，也有些例外，如河北邯郸永年县河店乡有民谣唱道："面条不算饭，姑娘不算人。"这种陈腐落后的观点殃及贞女，由此为教会服务一辈子的贞女离世后不能进入家族墓地，只能择地而葬，此后约定俗成，凡是离世的贞女均集中安葬，久之形成一个墓群，当地人称之为"姑娘坟"①。

（二）贞女在特殊家庭中的地位与角色

中国的家庭可以分为三种形式：核心家庭（nuclear family）、扩大家庭（extended family）和主干家庭（stem family）。在不同类型家庭中，贞女所处的位置和扮演的角色亦不同，下面用表格形式说明之。②

家庭模式	特征	贞女与家庭成员之间的关系
核心家庭（nuclear family）	一对夫妇及其未婚子女所组成的家庭，同时也包括核心家庭的变形，诸如一对夫妇无子女，或夫妇仅存其一而与其未婚子女所组成的家庭	贞女与父母、兄弟姐妹组成家庭
扩大家庭（extended family）	年老的父母及其未婚子女与两对以上的已婚子女所组成家庭，甚至包括四代或四代以上的成员所组成的家庭	贞女与父母、兄弟、未婚姐妹、侄儿侄女、侄孙儿、侄孙女等组成家庭
主干家庭（stem family）	父母及其未婚子女与一对已婚子女所组成的家庭	贞女与父母、兄弟、未婚姐妹、侄儿侄女组成家庭
特殊家庭（unusual family）	一对夫妻及其子女（亦包括结婚子女），外加丈夫的独身未嫁之姐妹	父母离世，贞女与哥嫂或弟、弟媳、侄儿（媳）、侄孙（女）组成家庭

---

① 关于邯郸永年乡一带乡村贞女死后的丧葬风俗由邯郸教区神父李安平神父提供，他还告诉笔者，1949 年前有 30 多位贞女葬于"姑娘坟"，现在已将墓地搬迁至教会公墓。

② 关于三种类型的家庭内涵，参见庄英章《家族与婚姻 台湾北部两个闽客村落之研究》，台湾"中央研究院"民族学研究所 1994 年版，第 77—78 页。Lang 认为：主干家庭最适应中国传统的价值观。亦可参见费孝通《三论中国家庭结构的变动》，载《费孝通文集》第十卷，群言出版社 1999 年版，第 348—349 页。

前三类家庭模式为人类学家所认定,最后一类根据天主教贞女与家庭成员的特殊关系而补充。贞女与家庭的关系、特别是年老之后依靠家庭成员的支持和帮助,在特殊家庭结构最有特色。

特殊家庭(unusual family or specialized household)是指父母离世后,贞女与哥嫂或弟、弟媳、侄儿、侄媳组成家庭。在家庭中,贞女担负着教育侄儿(女)、侄孙(女)的责任,极受其家庭成员的尊重。

这种类型的家庭结构在天主教村庄较为常见,如鄂北磨盘山贞女郭勒达与其弟郭泰夫妇、山西太原小店村牛占仙与其弟一家组成家庭等。这种特殊的家庭结构模式同样为贞女的守贞生活提供了良好的条件。

未婚女子与父系家庭成员保持密切的关系,即使男性家族成员发生变化,独身女子在家庭中的地位和权力依然不变,这种状况只有在信仰天主教家庭(家族)中才能实现。①

2007年夏,笔者在汕头惠来县葵潭镇寻访健在的老贞女,她们是黄雪珍、王淑清、苏宝时和黄明珠(已瘫痪卧床不起)。这四位贞女均生活在特殊家庭,她们年轻时相约教堂服务,年老与兄弟家庭住在一起,家庭和睦,其乐融融。② 贞女因为信仰而独身,她们与永恒天主的特殊关系,赢得了全体家庭成员的欣羡和尊敬。

世俗社会家庭(家族),婆媳、姑嫂、妯娌之间常会因为生活琐事发生矛盾,而天主教家庭,守贞姑娘在家庭中的地位较为稳定,且具有相当高的威信(特别是在家庭女性成员中)。倘若家庭主人(如贞女的兄弟)离世,贞女在家庭(家族)的地位也不会受其影响,侄儿、侄孙辈将继续承担着照顾贞女的责任。上海教区贞女顾应保(1904—2007,圣名玛利亚),担任传道员至98岁,后家人多离世或年老体衰,顾应保住进教区养老院,其侄儿为其监护人。③

---

① 特殊家庭具有一些变异的特征。这种例证在中国乡村其他宗教中也可以找到。例如:湖北武穴市大金镇周家嘴村有一独身女子,年少出家为尼,土改中(1950年前后)尼姑庵拆除,无奈还俗,因不愿嫁人,与其弟、弟媳、侄儿共同生活,20世纪90年代去世。这位还俗尼姑在家中地位颇高,同时亦受村民的尊重,究其原因,与其虔诚的信仰以及颇具神秘性的人生有关。

② 关于汕头惠来县葵潭镇贞女情况,参见康志杰《角色与使命——广东汕头教区贞女研究》,载夏其龙、阮美贤主编《独身/婚姻 女性与教会事奉》(论文集),香港中文大学天主教研究中心,2009年。

③ 2007年夏,笔者在上海寻访健在的老一辈贞女,访问的地点是天主教光启养老院和南张养老院。顾应保是受访中的一位。是年底,顾贞女去世,享年103岁。

特殊家庭对于贞女以及贞女对于家庭成员，功能是双向的：由于贞女在家中守贞，同时承担着对晚辈进行宗教启蒙教育和道德教育的责任，使家庭更加和谐稳定；而家庭则是贞女的保护伞和安全港湾，特别是非常时期（如禁教、政治运动）对贞女造成伤害的时候，家庭的亲情、温情将化成一股动力，给贞女送去温暖和希望。

　　贞女群体的延续，血缘和地缘是两个不可忽略的要素，也是贞女群体发展的温床。血缘有"姨与侄女"和"姑与侄女"两种类型，当然也包括母亲对女儿信仰生活的引导。虔诚的天主教家庭经常希望家庭（或家族）产生贞女，以此彰显家族的荣耀；地缘主要以自然村落为中心，年轻的姑娘在读书、劳动、玩耍、聊天以及参与宗教礼仪中相互影响，最后在选择守贞人生的道路上达成共识。

　　人作为一种社会动物，人际关系网络有血缘、地缘、姻缘、业缘等多种。与世俗社会的女性相比较，贞女的人际关系网络简化为血缘和地缘。血缘是无法选择和摆脱的生存环境，地缘是贞女的活动空间，她们除了在堂口服务（血缘与地缘），[①] 还根据传教工作的要求，不断拓展活动空间并逐渐摆脱血缘的影响，形成以地缘为主的生活特征（如献堂会）。

三　缠足与放足：身体书写的历史

　　缠足是中国传统陋习，中国天主教贞女作为中国女性，同样难以摆脱这一历史的罪孽。那么，贞女曾经作为缠足习俗的受害者，在接受天主教信仰之后，她们对自己的"三寸金莲"如何认识？天主教会对中国女性的缠足与放足持一种什么态度？下文将从妇女史、身体史为切入点，对这些问题进行讨论。

---

　　① "堂口"，教会官方名词称之为"堂区"，是教会的基层单位，由本堂神父主持教务工作，一个教区有许多堂区。假如用政府行政管理的概念来比附的话：教区是省，堂区是县，而会口就是乡或村。一个教区有很多大堂区，又叫总铎区，总铎区的本堂神父称为"总铎"，或"总本堂"，它可管辖几个堂区（总铎区如同县级市）。"会口"属堂区管辖，是还没有形成堂区的地方基层团体。在南方通常说"这个湾子的教友"、"那个湾子的教友"，这说法就是指会口。会口设有会长，由会长协助本堂管理会口。南方教会所说"上会"（北方称"下会"）就是指本堂神父下到会口去传教和做信仰培育工作。在中国天主教历史上，堂口和会口是贞女们主要工作的地方。

（一）小脚＝废物？

缠足习俗起源于南唐，① 及至晚清，已有近千年历史。对于这种习俗，著名学者胡适曾经做过一段经典的阐释："大凡女子缠了脚，不要说这些出兵打仗做书做报的大事情不能去做，就是那些烧茶煮饭缝缝洗洗的小事情也未必人人能做的，咳！这岂不是真正的一种废物么？"② 作为中国著名的教育家、思想家，检视中国文化中的糟粕、给正在进步的中国以警醒是胡博士的真实用心。

缠足折射出两性不平等，反映出封建时代女性沦为男性的欣赏对象和玩物的悲剧角色："柔弱的女性，再加上纤纤细足，步履蹒跚，鞋上还配有银铃，腰间又系着环珮，双耳复垂挂成串的珍珠耳坠。这样的女性，那里还有自主的能力？她们的身体所透显出来的，无疑是一个象征符号，用傅柯（M. Foucault）的话说，是男性权力控制的场域。"③ 那么，同样生活在男性权力控制场域之下的天主教的贞女是否也成为废物？下文援引两个小故事回答之。

（1）教案中的小脚贞女。

早期贞女的活动空间相对比较狭小，多以家庭和堂口为生活的圆点，行走不便的小脚似乎对贞女的生活影响不太大，恰如研究中国教会史的法国学者沙百里所说："这种奉献生活的最初形式并不包括在家庭以外的福传工作，贞女仅在其家庭环境中才是传道人。"④ 许多贞女均是以这种封闭型、内敛型的生活方式度过自己的一生。但是，在乾隆年间发生的教案中，小脚贞女却遭受了痛苦的磨难。同样，1748 年，苏州教案有数名小脚贞女被捕，关于她们在狱中遭受酷刑，耶稣会士傅安德的信函中有所记录：

---

① 缠足起始有多种说法，最为流行的说法是起源于南唐：南唐后主李煜宠爱窅娘，窅娘天生纤丽，能歌善舞，后主"乃命作金莲，高六尺……令窅娘以帛缠足，屈上作新月状，着素袜行舞莲中，回旋有凌云之态"。参见陈东原《中国妇女生活史》，上海商务印书馆1928年版。

② 胡适：《敬告中国的女子》（1906 年），载《胡适文集》卷九，北京大学出版社 1998 年版，第 421 页。

③ 黄怀秋：《女人和她们的身体——一个女性主义宗教学的研究》，载台湾辅仁大学神学院编《神学论集》，第 124—125 号，2000 年，第 336 页。

④ ［法］沙百里：《中国基督徒史》，第 231 页。

第八章　衣食住行：世俗生活中的贞女　　217

衙役们将基督徒们的小礼拜堂中撕下来的圣像抛在地上，并强迫她们用脚踏踩。她们相反围绕圣像而完全筑成一道篱笆墙，如同是协调好了一般，双膝跪在了地上，以便通过她们的公开礼仪，而使她们信仰的力度以及对于信仰的这些物品的无限尊重之证据，变得更加真实可靠。人们徒劳无益地于她们脚掌上拷打数棒，以迫使她们摆脱那种特别感化人的姿态，她们岿然不动地坚持自己的姿态，尽管这些酷刑的疼痛要比人们想象的还要剧烈得多。对于一名中国妇女来说，从幼年时就受酷刑的双脚，与其不可想象的礼仪的微妙性恰成比例。①

无法逃离中国缠足陋习本身就是一种不幸，但贞女残疾的双脚还要遭受狱卒的棒打，原因是贞女们不愿用她们的小脚去践踏圣像。纤弱的小脚贞女在强权面前无所畏惧，武力威逼和酷刑之下，她们选择了勇气与坚强。挑起教案的江苏巡抚安宁永远也不会理解，贞女"岿然不动地坚持自己的姿态"，支撑点居然来自虔诚的信仰理念。

（2）林昭用拐杖战胜小脚缺陷。

大凡女孩子的缠脚由母亲完成，一些母亲虽然自己笃信天主并尽力把孩子培养成一名合格的教友，但依照习俗，仍要给女孩子缠脚并给她们定亲。林昭18岁时，父亲向她透露了定亲的消息。决定守贞的林昭引用许多灵修观点来向父母解释，她说："这不可能，我已将一生奉献给了天主。父母并未固执己见，同意取消婚约。"②

此后林昭成为一名出色的传道员，贵州教务负责人白主教（Etienne Albrand）派其到贵阳工作，"并将一所贞女寄宿学校委托给了她。这一职责使她必须翻山越岭地跟随学生去做家庭访问。四处奔波使她倍感吃力，因为她曾遵照传统而裹小脚，不过她始终手拿一根拐杖敏捷地奔走。"③

林昭是清朝中期贞女的优秀代表，虽然幼年的缠足给她的身体造成了伤害，但她用坚定的信仰理念克服生活中的不便，凭着执着和顽强，走出

---

① "耶稣会士傅安德致同一耶稣会的帕图耶神父的信"，载［法］杜赫德编《耶稣会士中国书简集》第Ⅳ卷，第360—361页。
② 详见［法］沙百里《中国基督徒史》，第235页。
③ ［法］沙百里：《中国基督徒史》，第236页。

狭小的天地，为晚清以后贞女扩大工作空间、服务社会树立了榜样。因此，特殊时期的小脚贞女，或殚精竭虑奉献人生，或在淫威暴力面前坚贞不屈，恐怕难用"废物"二字概括其内涵。

虽然小脚贞女是缠足文化的执行者，是无声从属者（the voiceless subaltern），虽然她们的生活世界长久被封装在男性权力的叙述文本中，但一旦浸润于所追求的精神家园，小脚贞女就会冲破种种束缚，尝试着用信仰人生弥补生理的残疾、用精神追求改变身体缺陷，这或许就是追随耶稣基督的贞女对"小脚＝废物"的反驳。

（二）清中叶之前西方传教士对缠足的态度

缠足之风是弥漫中国社会的陋习，即使那些皈依了天主教的女信徒，一时也不会因为信仰而放弃这一习惯。明清之际进入中国传教的欧洲传教士面对这一违背人性的残酷习俗，从不同的角度发表了批评意见。

清初在华传教的耶稣会士鲁日满"激烈地反对缠足风俗"。根据《行谊》第1042页上引用的一份书信材料，他断然地谴责这种习俗，鉴于它对男性教友的刺激作用，他愤怒地指出教会在这方面太过容忍的态度会对他们自己的名声造成灾难性的影响。在这方面，他的反对态度显然是由这种风俗具有性暗示引起的。[①] 鲁日满的观点可谓一针见血，他看出缠足的合理性存在于以男性为中心语境中的危险，这种风俗具有性暗示的功能，有悖于天主教伦理。

另一位耶稣会神父沙守信也对缠足进行了批评，他说：

> 中国妇女的一些风俗壅塞了妇女归（皈）依基督教的道路。中国的妇女从不走出家门，也不接待男士们的访问。妇女不准在公共场合露面，也不准过问外面的事务，是这个帝国一条基本的伦理纲常。更有甚者，为了能使妇女们更好地遵守这一伦理纲常，人们使她们相信，女人的美不在于颜面的线条，而在于脚的纤细。以至于她们最为关心的是将脚缠小，自己剥夺自己的行走权利。一个刚满月孩子的脚

[①] ［比］高华士：《清初耶稣会士鲁日满常熟账本及灵修笔记研究》，第230页。

都要比一位四十岁妇女的脚大。①

沙守信主要从妇女接受信仰的角度分析缠足的负面作用，裹缠的小脚难以越出家门，这种状况对于教会的发展无疑是一种抑制。

法国遣使会士董文学1836年入华传教，在由汉口至鄂西北路的路途中，曾将沿途所见所闻记下，其中涉及劳动妇女形象：

> 湖北妇女，不若他省之多拘处幽室，出外操作者颇不罕睹，且常见与男工同伍，或与本家男子同在田亩中勤劳农务。如刈麦拔豆，或插秧等等。手足有时均浸水中，在安陆一带，农家女多天足，亦可风焉。②

董文学所言虽然没有涉及缠足，但对农家妇女的健康体格以及吃苦耐劳的精神表示赞赏。

但是，马青山编纂的《童贞修规》却对贞女裹足作出以下规定：

> 足亦宜包缠，但无得过与不及。过则显好俗之念未绝，不及则失于鄙陋，且无端庄之型。③

"无得过"指不要使缠足伤害身体，"不及"是不违反中国习俗。《童贞修规》在某种意义上代表了教会对缠足的态度；而认可贞女缠足，说明将缠足视为中国习俗的一个部分，尽量迎合以不致发生矛盾冲突。

晚明至清中叶，进入中国内地的传教士人数十分有限，尽管有来自欧洲的传教士对缠足习俗表示不解甚至不满，但只在言论上发表意见，无法形成具体的干预措施；同时，天主教作为一种异质文化传入中国，长时段不被理解、认同，在这种形势下，西方传教士对中国愚昧落后习俗的批判在文化碰撞的过程中被过滤掉了。教会真正对缠足展开批判以及采取相应的校正措施是在鸦片战争之后。

---

① "耶稣会传教士沙守信神父致本会郭弼恩神父信"（1703年2月10日于江西抚州府），载［法］杜赫德编《耶稣会士中国书简集》第Ⅰ卷，第244页。
② Joseph Van den Brandt Frére, Saint Jean–Gabriel Perboyre Prêtre de la Mission, Pékin, 1940, p. 186—193. 亦可参见成和德《湖北襄郧属教史记略》，第44页。
③ 《童贞修规》，第7页。

缠足的贞女

看着这些小脚贞女，无法想象她们如何能够承担起跋山涉水的传教工作。但她们平静、淡定的神态告诉人们：信仰给了她们战胜行走不便的力量。

（三）社会风气之变迁及教会关于反缠足的举措

晚清西学输入，中国面临一大变局，但缠足仍然是中国民俗的一部分。"清末民初，乡下妇女尚以莲钩为美，行缠之风未衰。"① 但清末风气渐开，人们开始对缠足陋习进行反省，放足运动渐次在全国范围内展开。当时的格局是，中心城市率先开始社会革新运动，而乡村陋习的革除则相对滞后，如"湖北沔阳素以小脚著称，改以连年荒歉，率多糊口四方。武汉三镇，独开风气之先，故当地袅袅金莲，除少数之顽固姥姥，尚墨守布缠外，其余大都解放。坊间里巷，偶或遇有唱花鼓戏之少妇，双趺之小，且有不满三寸者，业此者十九皆籍隶沔阳也。"②

为了加大革除缠足陋习，清末民初出版的女子尺牍教科书以信函形式反对缠足，兹举"劝兄嫂勿为侄女缠足"为例：

---

① 爱莲居士："行缠旁观记"，载姚灵犀编《采菲录·中国妇女缠足史料》，天津书局1936年版，第23页。

② 兔凫子："莲影心痕"，载姚灵犀编《采菲录·中国妇女缠足史料》，天津书局1936年版，第225页。

第八章 衣食住行：世俗生活中的贞女

哥：
　　大人赐鉴
大嫂：

别后瞬更两月，祇以学课紧严，不得修笺问候，歉甚。昨得三弟来函，知吾嫂近为侄女不肯缠足，致发肝怒，妹思足为人之根本，一经缠扎，则血脉不运，诸病即因之而起，而步艰力弱，尤为害之小者。妹本缠足，自到学解放以来，身体觉较前强健，乃知缠足实为吾国恶习，吾嫂何苦令侄女再受此毒。况此事前年已有明诏禁止，吾兄岂忘之乎？恃爱直言，尚祈鉴察，此请双安……

妹某某敬启。①

尺牍的目的是教授信函写作，其中列入诸多范例，内容虽为家庭朋友琐事（如吊丧问疾、祝庆候安），亦反映时代变迁等社会问题。这封信函模仿一在校女学生规劝兄嫂不应再给侄女缠足一事，折射出社会风气的变迁。而整个社会风气的变革对天主教会亦产生一定影响。

对于教会而言，缠足不仅是对女性身体的伤害，同时也是教会发展一大障碍。明清之际，在华耶稣会士曾对缠足进行批评，但迫于环境和教会力量之弱，对缠足只能言而无法行。近代以后，随着形势的逐渐宽松，教会方面开始考虑在女信徒中开展革除缠足陋习的活动。

初期改革并非一帆风顺。蒙古代牧区孔主教（辅理主教）向主教孟振生建议，是否可能要求全中国的教友们，禁止缠足。孟振生认为，这种风俗虽然不好，但最好不要挑战。就像"法国男性喜欢女性穿优雅的胸甲，中国年轻男性也喜欢女性缠足……一旦禁止女教友缠足，它将会形成皈依的障碍。邻近的山西代牧区，十年来一直想禁止缠足，结果一事无成，反而招致教友耳语的反对。"② 孟振生主教在缠足问题上的顾虑与犹

---

① 杜芝庭：《最新应用女子尺牍教科书》上篇，上海会文堂新记书局光绪三十三年，第6页。
② Mgr. Mouly a Mgr. Dauguin, p. 357. 转引自陈方中《十九世纪中叶天主教在华传教心态初探》，载《见证》1997年第8期，第17页。孟振生主教（Joseph‑Martial Mouly, C. M., 1807—1868年），法国人，1831年4月2日晋铎，1840年8月23日任蒙古代牧区宗座代牧。1842年7月25日祝圣。1846年4月28日任北京教区代理。1856年1月3日任北京教区主教，同年5月30日任直隶北境代牧区宗座代牧。1868年12月4日逝世于北京，葬正福寺天主教墓地。孔主教（Florent Daguin, 1815—1859年），法国人，遣使会士，1839年晋铎，1848年祝圣为主教，蒙古代牧区辅理主教（1847—1857年），蒙古代牧区主教（1857—1859年）。

豫是担心操之过急会影响教会的生存与发展,但日益发展的社会变迁格局最终促使废除缠足运动在教会内部开展起来。

较早成功实施改革的是西湾子教会,圣母圣心会主教王守礼认为:

> 教士们见到妇女缠足的许多害处,首先就反对这种陋俗。在道光三十年(1850年),西湾子教士们就曾竭力设法把这种陋俗加以铲除。他们谆谆劝诫地方上的民众,组织宣传队,用已经放了足的妇女做榜样,经过多少阻难,结果总算实行了。嗣后新成立教堂的地方,往往就以解放幼女缠足为第一要务。经过这样逐渐推广以后,凡是信教者,全都没有这种恶俗的沾染。①

在教会的推动下,西湾子的贞女成为塞外第一批放脚的女性,她们的行为对当地妇女产生了影响,一些女孩子和妇女也开始放脚。②

加快革除缠足陋习的进程是由各地成立的天足会推动的,"创立比国传教会的教士南怀仁,一本先进教士之热心精神,曾经不断致力于地方上应兴应革的事项。同治六年(1867年),他发表声明,响应'天足会',嘱各堂口的教士们努力铲除缠足的陋习;并提倡婚姻自由,革除童年订婚的习尚"③。

南怀仁的主张得到许多代牧区的响应,对此,教外史料亦有记载:"教会人士,常悯缠足之苦,而欲改革之风,在教会中,已有数处之'天足会'始成立。"④ 随着改革的深入,教会编修各类贞女规则(《童贞指南》、《守贞要规》等)也删去了缠足的内容。

提倡天足的新理念还融入各地开办的女子学校之中,"1870年前后,

---

① [比]王守礼:《边疆公教社会事业》(EN MONGLIE L' action sociale de l' Eglise Catholique),傅明渊译,台湾华明书局1965年版,第110页。

② See Valère Rondelez, Het Katholieke dorp Siwangtze (Scheut – Brussel, 1941), p. 63; Raymond Renson CICM, Rome, Virgins in Central Mongolia, *The History of The Relations Between The Low Countries and China in The Qing Era* (1644—1911), Edited by W. F. Vande Walle Co – editor Noël Golvers, Leuven University Press, 2003, p. 347.

③ [比]王守礼:《边疆公教社会事业》(EN MONGLIE L' action sociale de l' Eglise Catholique),第47—48页。

④ 爱连居士译"海客谈莲",载姚灵犀编《采菲录·中国妇女缠足史料》,天津书局1936年版,第309页。文章内容译自英国伊沙白娜夫人所著《中国儿童家庭生活》一书。

在杭州、温州、厦门、北京等地开办的女子学校,把放脚作为入学的必要条件。起先他们遭到强烈的抵制,父母们担心这些大脚女孩嫁不出去,因为小脚被认为是对异性的一种吸引。后来,在外籍传教士鼓舞之下的中国改革者,也投身加入反对缠足的运动。"[1]

教会对缠足的态度也对贞女产生影响,内地最早要求放足的贞女来自四川孤儿院:

> 一位名叫侯亚加大（Agath Hou）的贞女,要求传教士允许把她的缠足放开,她的目的应该是向大家宣示她守贞的决心,因为一旦放足,就不可能有人会娶她了。而这种孤儿院出身的贞女,往往也是传教士的得力助手。可以去会口担任女子要理学校的负责人,或是在内地会口的育婴堂服务。[2]

侯亚加大贞女是较早的要求解放自己的新女性,但这种解放是建基于守贞的人生目标,所以贞女反缠足的诉求又典型地表现出独身女性在现实生活中对身体把握的主体性（subjectivity）和能动性（agency）,表现出对身体的独特理解。在她们看来,放足既是完成翻山越岭的传教工作的保证,又是婚姻的天敌和障碍。

贞女坚决要求放足,还典型地折射出独身者的心态。心态是一定时代的社会、文化心理、文化观念及其反映的总称。在特定的时代,女性的心态是整个社会心态的一个组成部分。封建时代的女性常常以迎合男人为准则,所谓"女为悦己者容"说的就是这个道理。贞女的心态则相反,她们无须以外在的形象取悦于异性,审美价值取向不再以男权为中心,人生的天平指向永恒的天主。

在教会开明人士的推动之下、在贞女榜样的激励之下,民国之后,各教区大致完成了放足运动,我们从著名作家郑振铎的游记中可以看到这一特征:

---

[1] ［法］沙百里:《中国基督徒史》,第294页。
[2] Lettre de M. Thierry 27 juillet 1867, "Annales de l'Oeuvre de la Sainte - Enfance" Tome*XX*, pp. 108—109, Paris.

1934年7月，应平绥铁路局长沈昌先生之约，一批颇有影响的学者们组织了一个"平绥沿线旅行团"，团员有郑振铎、雷洁琼、冰心、吴文藻、顾颉刚等。旅行的目的，本是考察平绥沿线的风景、古迹、风俗和宗教，但途中偶遇公积坂八达盖村，这是一个天主教村庄，因而考察报告留下了天主教社区的一些基本情况。郑振铎记曰：这个村"居民共千余人，自卫能力很好。有自营电灯厂及无线电台，男皆健壮有业，女皆天足……村中有幼稚园，有男女学校"。①

在教会管理的乡村社区，天足与自办的工厂、学校共同构成文明的符号，随着天足运动的深入推进，越来越多的贞女摆脱裹足的摧残和折磨，天足也逐渐成为贞女身心健康的一种标志。

（四）各地放足的不平衡性

近代以后，教会对中国裹足习俗的改革缘起塞外，然后波及全国其他地区。但这股改革风潮又表现出不平衡性，由于各地风俗习惯的差异，其改革趋势是：城市先于农村，边塞快于内地。

20世纪初，进入山东南部的德国圣神会修女们曾遇到中国女性缠足的问题。在山东南部，女性缠足十分盛行，如"鲁南临沂县，妇女足趾颇讲究，穷缠紧束，备极工妍。"② 缠足融入工艺和审美，追求精巧成为当地的习俗。当中国贞女第一次在济南洪家楼与德国修女见面时，她们对修女的每一印象就是身材高大，脚也很大。③ 大脚与小脚、天足与缠足，折射出东西方女性文化的差异。

同样，在坡里庄，女孩子缠足十分普遍。1906年2月14日，布拉第娜修女（Sr. Blandina）在信函中对这种习俗进行了描述：

> 我们的大脚经常成为惊羡的对象，每个女孩子看着我们健步行走

---

① 郑振铎、冰心：《西行书简·平绥沿线旅行记》，山西古籍出版社2002年版，第94页。报告写于1934年8月20日。
② 亦新："采菲资料·鲁南纤趾谈"，载姚灵犀编《采菲录·中国妇女缠足史料》，天津书局1936年版，第229页。
③ 参见 Sr. Edberte Eva Irene Moroder SSpS, China Es begann vor 100 Jahren, Steyler Missionsschwestern in China seit 1905 1. Teil, Die ersten Jahre, Roma, 2004, S. 119—120。

非常嫉妒。一个女孩子流着眼泪不愿裹脚，对此修女无能为力，这必须按中国的规矩办，没有一个男人愿意娶大脚女人。有几位姑娘的脚很大，被称之为 tätä，这些女孩子在包脚方面不太老实，把裹脚布放得松一些，可怜的脚就多长出了一点。①

生存在中国传统社会的贞女体制一时难以摆脱封建体制的羁绊，直到 20 世纪初，"负责坡里庄孤儿院的贞女仍缠着小脚，德国圣神女修会的修女们对此不太接受。"② 通过德国修女的信函，可以看出她们对此陋习的不解、对遭受裹足女孩子的怜悯以及对这种习俗的无奈，同时也说明山东南部缠足观念的根深蒂固和缠足习俗的顽固性。要真正实现贞女的放足，必须扩大贞女活动的空间，让更多的贞女进入修会团体。

与圣神会修女面临的难题完全不同，来自美国的玛利诺会修女在广东地区传教，此处的客家妇女皆天足，她们可以不让须眉地下田工作，或与男性在经济市场上一较长短。③

1921 年，第一批六位玛利诺修女到中国，她们对客家妇女的天足表现出赞美和欣赏：

> 农村女子一般不缠足，因为她要走路，还要大量工作；事实上，在中国农村，女子根本就是主要的劳动负重的牲畜。一个典型的农村妇女，要种植、灌溉、收获，还要拾柴火、煮饭、洗涤、织布、织席，养育孩子，照顾丈夫，劳动过度；没有人会给她酬劳，她名下也没有什么财产。④

在封建时代，贞女与中国所有的女性一样，都经历了"小脚一双，

---

① Sr. Edberte Eva Irene Moroder SSpS, China Es begann vor 100 Jahren, Steyler Missionsschwestern in China seit 1905 1. Teil, Die ersten Jahre, Roma, 2004, S. 177.

② Blandina to Mother Theresia, Poli, 12 November 1906, in Hartwich, Steyler Missionare in China, vol. II, p. 199, R. G. Tiedemann, Controlling the Virgins: female propagators of the faith and the Catholic hierarchy in china, In Women's History Review, Vol. 17, N. 4, September 2008, p. 512.

③ 参见庄英章《家族与婚姻 台湾北部两个闽客村落之研究》，台湾"中央研究院"民族学研究所 1994 年版，第 190 页。

④ 乐培霓：《心火熊熊——玛利诺修女们的故事》（Hear on Fire, The Story of the Maryknoll Sisters），第 94 页。

眼泪一缸"① 的痛苦经历。但早期贞女生活的空间主要在家庭以及所属会口、堂口，小脚对于她们的生活并无大碍。相同的生活模式和生活阅历，一些贞女不可能意识到这种陋习对身体的伤害。

近代以后，中国社会开始发生重大变化，教会兴起的天足会运动给贞女（亦包括天主教女教友）放足提供了机遇，而欧美修女们的健硕形体也为贞女从另一个新的美学角度审视女性开启了一扇窗口。

缠足与封建制度相伴随，它"是中国女性的明显的标志，经过无数王朝和多个世纪，它成为男性社会的组成部分。这个社会在时代和传统的支配下，告诫妇女服从一个严格的、全面的趋向道德的法则。一位温顺的有德行的女性接受她的角色，这就是地位的低下和对外世界的无知。"②这种以男性为中心场域的审美诉说随着国籍女修会的诞生以及严格的团体生活训练而逐渐解除。放弃缠足的贞女，不仅在宗教知识、灵修生活方面获得提升，同时活动场域的幅度也在增长，她们的工作也越出本村本地：从服务教会到奉献社会。进入20世纪，依靠拐杖艰难行走的小脚贞女已经成为历史，新一代的贞女们将以一种全新的精神风貌活跃在中国社会。

四　守贞的外在标志：服装、头饰及其他

宗教职业者皆有特定的服装以及配饰，以表明自己的身份。具有宗教信仰的独身女性更是需要用专门的装束将自己与世俗的人们区分开来。如佛教比丘尼、道教的道姑，均有自己的服饰，以此说明特殊的身份。对于信仰某一宗教的独身女性来说，特有的服饰，是一种身份标志，是无声的语言，提示他人、也暗示自己远离异性，保持端庄、稳重、矜持之风格，以维护其宗教在社会的形象和声誉。

天主教的普世性不仅体现于统一的教理、仪式、组织的严整和规范，而且还有特定的服装（饰）。比如各修会有会服，因为"会士的服装，是献身于主的标记"③；同样，神职人员也有各自的服饰。天主教会的服饰

---

① 参见《老上海妇女生活素描》，载上海通社编《旧上海史料汇编》（下册），北京图书馆出版社1998年版，第597页。

② Howard S. Levy, *Chinese Footbinding*, *The History of a Curious Erotic Custom*, Walton Rawls: Publisher New York, 1966, p. 23.

③ 天主教上海教区光启社：《梵蒂冈第二次大公会议文献》（下），第369页。

第八章　衣食住行：世俗生活中的贞女

系列，以其朴素、端庄、雅致而受到人们的喜爱和尊重。

就独身女性来说，女修会有不同的会服，人们根据修女会服的颜色（一般为白、黑、兰、灰等）及款式来区别属于不同修会的修女们。《清皇职贡图》记载了住澳门欧洲修女服饰："大西洋国女尼以白布缠领及胸，缁缦、缁衣、革带、革履。"① 这是国人眼中的欧洲修女形象。同样，在家守贞的贞女也用相应的服饰语言来表述她们的身份，服装、头巾以及与信仰相关的装饰配件伴随着她们的日常生活，成为凸显贞女服饰文化的一个亮点。

(一) 服装

在封建时代，独身生活虽然有违传统伦理、甚至被社会所不容，但是在家守贞的女子会自觉或不自觉地对自己包装，保持简单、宁静的生活，并远离性的侵扰和伤害。如清代著名徽派朴学家王念孙之曾孙女王淑仪是位知识女性，因孝守贞，其"性甘淡泊，衣不罗绮，食不膏粱。自母丧后，终身未尝艳服。"② 世俗女性的独身者放弃物质生活的享受是其中的一个特点。

如果说王淑仪简朴的服装仅是孤例，那么近代广东顺德出现的"自梳女"群体也是一个很好的例证。这些女孩子以自行异辫而髻，宣布独身不嫁。自梳女的"发髻"是她们独身的标志。

天主教贞女或住家守贞，或结成团体，但这个群体终究不是修会，并没有服装的严格规定。但是，如果没有任何服饰标记，很可能会招来一些猜忌。因此，贞女一旦决定守贞，基本上遵循中国社会独身女性"粗衣素

傅恒编《皇清职贡图》中欧洲修女的形象

---

① 傅恒编：《皇清职贡图》卷一。
② 王念孙等撰，罗振玉辑印：《高邮王氏遗书》，江苏古籍出版社2000年版，第56页。

服"的准则，同时，在服饰中加入信仰的元素，以彰显独身的意义。

(1) 素色装束。

早期贞女主要以深色素服来表现其身份。以清朝福安贞女为例，乾隆十一年教案，闽浙总督马尔泰奏报曰："五月十四日，据两司禀称，福安地方查拿得刘荣水等家设有暗室地窖，重墙复壁，容留守贞女子素服奉侍邪教等事，当批异端邪教，煽惑愚民。"[①]

同样，福宁府给按察司的请示报告也记载：

又查凡奉教之家必有一女守童贞，终身不嫁，不梳高髻，不穿色衣，不戴钗环，淡妆素服。[②]

广东贞女

马青山编修的《童贞修规》对贞女服装作出相应规定：

> 凡守贞者，往所当住，见所当见，如登堂瞻礼，亲戚来访之类，须用青蓝白色衣服着身，青帕包头。[③]

四川贞女严格按照修规过着简单、苦行的生活："她们穿着简朴的黑、白、蓝色衣服，避免在服饰上有任何夸耀的炫示。"[④] 但是，类似劳动妇女的服装，容易同世俗社会的下层女性相混，稍有不慎，可能会引起

---

① "闽浙总督马尔泰奏报严禁天主教折"，乾隆十一年六月初一日（1746 年 7 月 18 日），载中国第一历史档案馆编《清中前期西洋天主教在华活动档案史料》第一册，中华书局 2003 年版，第 90 页。

② "福宁府为查实禀请宪示行事"（手抄稿），藏巴黎外方传教会档案（胶片），Vol. 434, Chine Letters 1741—1746, No. 15。

③ 《童贞修规》，第 7 页。

④ Robert E. Entenmann, "Christian Virgins in Eighteenth‐Century Sichuan", *Christianity in China, from the Eighteenth Century to the Present*, Stanford University Press, Stanford, California, 1996, p. 185.

第八章 衣食住行：世俗生活中的贞女

不测或不必要的麻烦。如在清中叶的四川，尽管一些贞女已经发愿，但她们并没有穿与其他女性有所区别的衣服，这样存在着有人利用她们的危险。①

正因为如此，教会一直严格要求贞女的平日着装。19世纪中期，法国遣使会对所管辖的贞女提出要求：

> 贞女不能穿丝绸衣服，不能戴耳环。如果要找神父需提前预约。她们去什么地方要公开，不能引起别人的猜测。②

(2) 规章制度中关于服装的要求。

《童贞修规》专门对贞女着装给予规定："珍体"（端庄衣裳）、饬仪（端正体貌）、屏饬（避衣华美）等③是对贞女服饰的基本要求。这些规定，除了强调掩饰女性的胴体以防止越轨或引起男性的注意之外，最终目的是将守贞姑娘纳入更加符合守贞规则的秩序之中。因此，服装色彩的素雅和单一、质地的简单与朴素、款式的肥宽与中性不仅淹没了女性的身体曲线与绰约多姿，也把贞女的年龄段模糊了：从年少到耄耋，贞女的装束一如既往。

此后，教会不同版本的贞女规章均有服装的规定，《守贞要规》指出：

> 要酌量各人的力量才干，守贞的本分能尽不能尽，若是神力不够，相反洁德的诱惑，当敌不住。不会热心，不喜欢清净，不能压服自己，好打扮，好串门，如打听闲事，爱世俗，那样的老早里别当姑娘……不热心，没有信德，兄弟姊妹们不和睦，那样的大概将来妥当

---

① See Entenmann, "Christian Virgins in Eighteenth – Century Sichuan", *Christianity in China, from the Eighteenth Century to the Present*, Stanford University Press, Stanford, California, 1996, p. 189.

② Lettre de M. Pierre Lavaissiere C. M. à M. Le Go C. M. à Paris, In: *Mémoires C. M.* VIII (Paris 1866), p. 728.

③ 参见《童贞修规》，第4—13页。四川川东主教舒若瑟重准。是书于1744年出版，除25条规矩，还有关于贞女的四大德，对贞女的培养及管理作了详尽的规定，是研究中国贞女的重要资料。

不了,守贞将来也必定十分难。①

《要规》突出强调"好打扮"是守贞的天敌之一,因此,抑制女性追求世俗社会中的美丽是衡量一位贞女是否达标的原则问题。

《童贞指南》主要从神学层面对贞女的着装提出要求:

> 所以你要保存你的贞洁,必须常压服骄傲的诱惑,修真实谦德,你的思想、愿欲、言语、举动、穿戴都该是谦逊的。②

"谦逊"的服装就是远离美丽、奢华、时尚,是一种覆盖在平凡之中的表达方式。

种种贞女规章关于贞女服装的要求,目的是为了保证守贞队伍的严肃性和纯洁性。明末以后,江南养蚕业以及缫丝业非常发达,以至殷实人家的贞女出现"穿绸着缎"的现象。1840年,江南教区石神父这些贞女提出警告:"或者遵守贞女规则,或者结婚。"③ 对于贞女来说,违背"谦逊"的着装规则将引起异性关注,危害性极大。石神父防微杜渐,力图清除"美丽的萌芽",以维护守贞队伍的纯正和严谨。

(3) 放弃美丽:贞女对自身服装的理解。

贞女去修饰、着素装,她们如何理解这种生活方式?福安教安被捕的贞女在受审记录中回答了这一问题。

法官提问:"(你们)为什么头上不戴任何装饰,诸如鲜花、宝石或珍珠?"她(贞女)反驳说:"所有这一切只不过是一种虚荣而已。我圣教教会了我们鄙视一时的荣耀和本世的虚假欢乐。与我们想有权获得的天堂相比较,这一切实在不值一提。"④ 贞女的回答代表了她们对服饰的基本理解和看法。

服饰是一种文化、一种象征符号,对于宗教信仰者来说还是"品牌",是宣传自己、展示信仰的良机,贞女对自身服饰的态度一定程度上

---

① 《守贞要规》,第2页。
② 《童贞指南》,兖州府天主堂活版1919年版,第34页。
③ [法] 史式徽:《江南传教史》第一卷,第23页。
④ "尚若翰神父就中国帝国1746年爆发的全面教案而自澳门至圣——夏欣特夫人的记述",载[法] 杜赫德编《耶稣会士中国书简集》第Ⅳ卷,第329—330页。[法] 白晋:《清康乾两帝与天主教传教史》,第127页亦有相似的记载。

折射出对信仰的情感和认同。

（4）表里如一：服装与行动的和谐一致。

宗教职业者的服饰是一种神圣的标志，是献身于爱的事业的外在表现。当宗教职业者身着特殊的服饰出现于世俗社会，得到的一定是认可和尊重。

但是，服装的功能终究只是外在的，而且贞女不同于女修会，平日的装束也没有修女们严格。因而，教会在强调"谦逊"服装的同时，更突出行为规范。在江南教会工作的耶稣会神父维尔纳（P. Theodor Werner S. J.）的信函非常清晰地表达了这种观念：

> 现在，形势开始好转，慢慢走向和平、稳定，传教士巡视堂口不会受到什么干扰，很可能有一个美好的前途，希望贞女的宗教培育发展进步。虽然贞女在衣着上没有表现自己身份的特殊标志（按：指贞女不像修女那样有规定的会服——译者），但通过她们的所作所为，她们的真诚、虔诚的博爱以及他人对其圣洁的赞美，证明贞女品行是人们的榜样，而这一切，却是发生在非教友反对天主教的恶劣的环境之中。在我的眼中，天主的恩宠是如此的奇妙，人们可以发现，天主就像一位父亲，照顾着这些美丽温柔的"花朵"。而这些美丽的花朵却出自于污泥般的沼泽地，我请求你，亲爱的姐妹，我们一起祈祷，感谢天主，再给这些圣洁的"新娘"更多的恩宠。①

外在的谦逊与内在的圣洁合一，这才符合天主教贞女圣善形象的要求。

贞女的服装归纳起来有以下几个要素：质地棉布（穿绸着缎则违反规则）、颜色素雅（以黑、蓝、灰为主）、款式类似乡村劳动妇女衣裤（裙）、无任何金银珠宝装饰。这种色彩单调、质地朴素的装束在各地贞女中均有展现。以山东贞女为例：

> 贞女保持童贞有两方面的原因：一是进入成全的完美生活；另一方面，用她们全部力量为传教事业服务。贞女的身份对于外教人来说并不陌生，他们知道，除了尼姑之外，有很少人保持童贞的女性。关于贞女，教

---

① Die Katholischen Missionen（Illustrierte Monatsschrift），35. Jahrgang（1906/1907）6：S. 124.

东北的修女与贞女

会的人称之为"姑娘"。她们穿戴就像中国普通乡村的妇女,但是她们有特殊的发型。在教堂内,为了与其他女教友区别,贞女戴上黑色的头巾。①

黑色的头巾需要得到祝福,并成为贞女服饰的一个重要的组成部分。

(二) 头巾

贞女的服装与普通劳动妇女没有多少区别,但是为了区别世俗社会的女性,贞女们还用头巾、发型等元素来弥补服装的不完整性。如在东北,"包裹在贞女头上的蓝色头巾能够证明她们的身份"②。

头巾又称头纱、手帕,戴头巾又称之为"蒙头纱"、"顶手帕"。各地贞女在借助其装饰的时候,颜色、款式有所不同,一般以黑、蓝、白等沉稳的素色为主。

由于头巾是贞女装束的重要内容,《守贞要规》对此规定:

---

① Vitalis Lange O. F. M., Das Apostolische Vikariat TSINANFU. Franziskanische Missionsarbeit in China. Werl, 1929. S. 99.

② Right Rev. J. M. Blois, P. F. M., "Chinese Virgins", *Catholic Missions*(*Monthly*), June, 1923, p. 139, New York, by the Society for the Propagation of the Faith.

第八章　衣食住行：世俗生活中的贞女　　233

　　（贞女）衣着用蓝洋布或粗布，不许用绸缎花边等。在堂里顶着手帕；若遇到姑娘不守端正，本堂神父可以禀明主教革除。①

由此可见，头巾不仅在贞女服饰中扮演着不可或缺的角色，也是构成贞女外在形象的重要条件。

在山东方济各会管理的教区，"决定守贞的女孩子在传教士面前发贞洁愿，发愿仪式中，她们的黑头巾得到祝福"②。同样，山东圣言会管理的代牧区在贞女服饰等方面严格执行相关制度：

　　大多的妇女因家庭的需要不能进入一个修女会，但主教们为她们也早已经建立了某一种宪规。她们18岁时开始初学——初学的记号是蓝色的头纱。如果她们表现好，20岁时能获得黑色的头纱，这是她们守贞的标记，而于25岁，她们发简单的暂愿。她们的工作是祈祷、家庭中的杂务以及为教会做的工作。她们中很多被雇为传教员和祈祷老师。她们对传教事业具有杰出的贡献。单独一个好的守贞姑娘经常是信徒的灵魂人物或领导者。这种守贞生活是在华传教事业的福源，而已经流出来的益处是不可估量的。③

东北的贞女与修女，贞女戴着头巾

---

①《守贞要规》，第14—15页，文字略有删节。
② Vitalis Lange O. F. M., Das Apostolische Vikariat TSINANFU. Franziskanische Missionsarbeit in China. Werl, 1929, S. 100.
③〔德〕赫尔曼·费尔希：《奥古斯定·韩宁镐主教传 一位德国人在华工作53年》，第279—280页。

"因家庭的需要不能进入一个修女会"证明教区确有一些贞女住家"贞修",对她们进行管理,用制度化的头纱作为纪律进行约束、进而调动在家贞女服务教会的积极性是山东教会的一个特色。

河北是全国天主教信徒最为集中的地区,守贞也成为这里的传统。关于贞女头纱,中国台湾学者杨钟祥的回忆录有一段记载:

> 童年时在郭若石主教家乡河北藁城,全村二百余户,只有边沿上三户非教友。村民的生活、学校的教育,完全宗教化。村中有一壮丽的大圣堂,主日上午是弥撒,下午是圣体降福、拜苦路和要理问答,父母(母亲出生于该村)为使我学习要理和经文,送我到这个村里去读小学。记得圣堂区分为前后院,后院是神父的居处,妇女绝对不能进入。副本堂教贞女们(非修女,但矢志守贞)唱经,贞女们进入圣堂都要蒙头纱,现在一般人看来,那种情形不知是崇高,还是保守。①

贞女的黑色头巾
一位严格按照《童贞修规》着装的贞女,深色的粗布衣服、黑色的头巾庄重而朴素,脸上洋溢着幸福的微笑,告诉人们守贞生活的充实与美好。

贞女进入教堂要蒙头纱,其目的是遮住头部和面部,因此头纱不仅是守贞的标志,也是避嫌于公共空间的安全策略。

---

① 杨钟祥:《妇女地位及在教会内外之变迁》,载《男女交谈集》(台湾辅仁大学丛书),台湾辅仁大学出版社1995年版,第55页。郭若石(Most Rev. Joseph Kuo Jo-shih, 1906—1995年),河北省藁城人,1930年10月16日在主徒会宣发初愿,翌年12月28日晋铎,随后赴意大利深造,获罗马阿波利纳莱大学博士学位。归国后,任察哈尔宣化市恒毅中学校长、主徒会总会长等职。1950年1月13日任台北监牧,1952年10月26日升任台北总教区总主教。1958年在台北县新庄创办恒毅中学。1959年12月19日,谦辞台北总主教牧职,专任主徒会总会长一职。梵蒂冈第二次大公会议时屡次赴罗马出席各种委员会议。引文为杨钟祥的一段回忆,笔者略作删节。

贞女的头纱不可等同于世俗社会女性的头饰，戴上这种头纱要举行神圣的礼仪。教会规定："准姑娘"在接受守贞仪式前要避静三天，礼仪中要祝圣"手帕"，然后才能"顶上"。[①] 通过宗教仪式来"祝圣手帕"，首帕就成为圣洁的独身生活的标志。同时，头巾还具有一些实用价值：如参加劳动生产，头巾能够遮挡风沙；走于乡村野外，半遮半掩的头巾让贞女处于隐秘之中，使贞女免受侵扰和伤害。

(三) 其他补充元素

(1) 发型。

从古到今，女性的发型既反映了风俗文化的变迁，也折射出不同时代女性的审美需求。对贞女来说，发型理念与世俗社会的女性格格不入，她们需要清除一切"性"的妩媚和诱惑，用身体符号向人们传递独身守贞的信息。

东北贞女特殊的发型

澳门是中国天主教传入最早的地区，守贞者俗称"守贞姑"，她们热心教会服务，在家居住，不加入外籍的修会团体。或许是受华南"自梳女"装扮的启示，澳门贞女守贞有特定的仪式，在圣堂弥撒中举行"梳起"礼仪，由主礼司铎主持。她们把长发梳起在脑后盘结成发髻，公开宣发贞洁圣愿，终身不婚。守贞礼仪完毕后，大宴亲朋，以隆重其事。[②]

---

① 参见《守贞要规》，第7—8页。
② 参见梁洁芬《中国修女的贡献和面对的问题》，载台湾辅仁大学神学院编《神学论集》第137号，2003年，第335页。

同样，内地一些教区的贞女除了祝圣的手帕，也用发型来表现独身观念，如山东试验期的贞女"就有贞女一样的发型"①。山东南部的贞女除了特殊的发型，还须经过三年时间的考验，在发愿时蒙上黑纱，这种有规则的装扮，以表示她们身份的特殊性。②

（2）圣牌及其他。

圣牌、十字架、念珠等宗教艺术品是贞女日常生活的伴侣，这些小物件不仅给她们的守贞生活带来情趣，也是她们的身份标志。如献堂会"贞女的服饰非常普通、简单，胸前挂一银制的圣牌作为自己的身份标志，以表示与一般女性的不同，这是一种半修会性质的服饰。"③每一位献堂会成员都持着银制圣牌，会员们意识到服饰在守贞生活中的重要性和必要性。

贞女的服装以及各种服饰元素所体现的内涵与世俗社会的传统观念相去甚远。其服装以去性别化为主旨，以端庄、素雅为准则，有意识地掩饰女性阴柔的特征，表现出对男权为中心的社会以及以男性为核心的审美标准的背叛和颠覆，昭示独身的理念；经过祝圣的头巾（手帕）带有神圣的力量，公共场合将贞女半遮半掩，内敛性的审美取向中透露出几分神秘与含蓄；圣牌以及各类宗教艺术挂件对于贞女的人生意义就不同了，它显然是外向的，向人们（无论是基督徒还是非基督徒）昭示贞女的人生选择和神圣使命。

除了圣牌，有些贞女还有戒指，发愿之后由神父赠送，寓意着贞女与天主的完满结合。

服饰是人的外在的表现，直接展示出其人格魅力。贞女的服装相似于劳动妇女，体现出平民化、下层化、劳动化、本色化、去性别化等多重特色；中国传统式的发髻，展现出东方女性的贤淑与端庄；头巾、圣牌、十字架、念珠、戒指等装饰品寓意信仰生活的圣洁。服饰的系列组合终于构成中国天主教贞女朴素、端庄的形象，它不仅使贞女的群体形象得到提升，也使人们产生愉悦和敬意。

---

① Vitalis Lange O. F. M., Das Apostolische Vikariat TSINANFU. Franziskanische Missionsarbeit in China. Werl, 1929, S. 100.

② 参见 R. G. Tiedemann, "Controlling the Virgins: female propagators of the faith and the Catholic hierarchy in china", *Women's History Review*, Vol. 17, N. 4, September 2008, p. 509。

③ Die Katholischen Missionen (Illustrierte Monatsschrift), 35. Jahrgang (1906/1907) 6: S. 126.

第九章　有一种精神叫奉献：贞女的工作

早在古罗马时代，就出现了因信仰而守贞的女子。古罗马帝国神庙常安置长明灯，寓意神的光芒照耀。长明灯需要专人长期看守，以至不让熄灭。在当时的宗教传统中，守护神灯者应该是最神圣、最美丽的人，于是这项圣洁的工作就由贞女承担。因为人们普遍认为贞女神圣而美丽，她们在神庙工作，能够彰显神的荣耀。① 唯有贞女能够在神庙守灯，反映出古罗马时代人们对贞洁的理解。

天主教的守贞传统可追溯到宗徒时代，一些信仰虔诚的女孩子以独身的方式来表示自己的坚定信仰，对于她们的生活特质，保禄在其书信中进行了论说：

> 论到童身的人，我没有主的命令，只就我蒙主的仁慈，作为一个忠信的人，说出我的意见：为了现时的急难，依我看来，为人这样倒好。你有妻子的束缚吗？不要寻求解脱；你没有妻子的束缚吗？不要寻求妻室。但是你若娶妻，你并没有犯罪，童女若出嫁，也没有犯罪；不过这等人要遭受肉身上的痛苦，我却愿意你们免受这些痛苦……我愿你们无所挂虑：没有妻子的，所挂虑的是主的事，想怎样悦乐主；娶了妻子的，所挂虑的是世俗的事，想怎样悦乐妻子：这样他的心就分散了。没有丈夫的妇女和童女，所挂虑的是主的事，一心使身心圣洁；至于已出嫁的，所挂虑的是世俗的事，想怎样悦乐丈夫。我说这话，是为你们的益处，并不是要设下圈套陷害你们，而只是为叫你们更齐全，得以不断地专心事主。若有人以为对自己的童女待的不合宜，怕她过了韶华年龄，而事又在必行，他就可以随意办

---

① 参见张春申《修会的贞洁》，载台湾辅仁大学神学院编《神学论集》第 61 号，1984 年，第 445 页。

理，让她们成亲，不算犯罪。但是谁若心意坚定，没有不得已的事，而又能随自己的意愿处置，这样心里决定了要保存自己的童女，的确做的好；所以，谁若叫自己的童女出嫁，做得好；谁若不叫她出嫁，做得更好。①

"没有出嫁的，是为主的事挂虑"，意思是独身者的价值在于为教会操心忙碌。教会团体形成之后，女性在教会发展中扮演了十分重要的角色，"她们担任过执事（deacon）、传道人（apostel）等职务，她们可在其住处设立教堂，或者用各种方法保护新兴的基督徒团体"②。这其中包括独身女性的服务工作。此后，贞女服务成为天主教的传统。进入中世纪之后，独身女性多集中在修道院，她们的生活与在家守贞的女性有着很大的差异。

中世纪独身女性的服务奉献，主要以女修会团体为主，直到 12 世纪，法国北部、荷兰、比利时北部法兰斯

北真团图片③

德、德国的莱茵河西岸等地区出现了信仰虔诚女性组成的团体，她们自食其力，过独身与贫穷的生活，并为社会服务。这些团体名为北真团（Beguines），从事的工作有缝纫、刺绣、漂布、探访病人、穷人等。④中国天主教贞女服务奉献，基本上也具有这些特征，由于中国在 19 世纪中期以前没有女修会，因而中国贞女承担的工作更加繁重，也更具有中国的地方特色，她们的工作实践向人们证实了"奉献精神"的核心价值理念。

---

① 《圣经·格林多前书》7 章 25—38 节。
② Leona M. Anderson and Pamela Dickey Young, *Women and Religious Traditions*, Published in Canada by Oxford University Press, 2004, p. 163.
③ A drawing of a beguine from *Des dodes dantz*, printed in Lübeck in 1489.
④ 参见张瑞云《当代女性独身教友》"独真团"部分，台湾光启出版社 1999 年版。教会提倡独身生活从 12 世纪开始，在这之前，只有修会团体过独身生活，教区神父也相对自由，可以结婚，也可以不结婚。但 12 世纪后，教会逐步提倡并规定神职人员独身。

一 贞女工作之一：礼仪圣事中小角色

（一）教堂外的礼仪活动

天主教的礼仪十分丰富，虽然仪式的公开性、公共性难以被中国民众接受，其中蕴涵的神学内涵国人也无法理解，但仪式必须按教会的礼仪年运行，否则教会将停止运转。下面这段文献反映出传教士在施行礼仪中面临的尴尬以及如何在实践中探索解决问题的思考：

中国的习俗是两性必须分开，除了在家庭。这是全国最基本的规则。一个妇女不会公开露面，妇女与外面也没有什么联系，她们同陌生男人没有交往。这对传教士来说，与妇女接触非常困难，传教士很难对妇女进行皈依，没有机会对她们讲授要理。耶稣会神父沙守义（P. Chavagnac S. J.）在1702年的信函中说：传教士不能给妇女教要理，男性的传道员也不行，我们只有把丈夫变成教友，让丈夫教妻子，或让女教友来家向妻子解释信仰和奥秘。此外，妇女成为教友后，也不能和男人一起到教堂，现在我们唯一能够做的是一年大约6至7次到一个特别的教堂，或一个家庭，让妇女们在一起接受圣事，在这样的聚会中，为妇女们施洗。耶稣会士非常小心地执行圣事，以避免不必要的麻烦，如果有不好的感觉，比如说，坚振、傅油，需要有油涂抹……因为要把油抹在病人的胸前，就避免这种圣事。

一般来说，不对妇女行这种圣事……广州会议就圣事有过专门的讨论。对耶稣会的方法，多明我会不太认可，不过，多明我会士也很小心。但是，多明我会士还是与妇女接触，或是传道员给妇女讲要理。有一个传道员，叫安德烈亚斯·黄（Andreas Huang），他在对妇女讲要理时，中间竖立一道墙，用这种方式与妇女谈话。Morales 也是如此，如果需要与妇女说话，不直接面对。Aduarte 报告说：人们对传教士留下美好的印象应该是天主的恩宠。所以，丈夫让传教士到家庭进行要理讲授、洗礼、听告解（这是1634年的情况）。过了一段时间之后，Morales 让当涂（Tongtou?）的男教友们决定，是否让

西班牙修女和贞女及女教友做祭饼 [地点：安庆（Anking），
时间：1933 年 12 月 23 日]

家中的女人去教堂听道理、望弥撒。①

通过历史记录我们可以知道，来华传教士已经考虑到中国国情，在礼仪圣事上持一种谨慎的态度（特别是直接接触身体的圣事），且耶稣会比多明我会更加严谨。但是，天主教礼仪制度的严格让进入中国的传教修会面对艰难的抉择：一面是中国男女授受不亲的文化习俗，让神父行使圣事步履维艰；另一面是教会在礼仪中的严格规定：

> 辅祭者，必不可无，宜男子，不宜女人，若值紧要时，宁无辅祭，万不宜用女人辅。②

虽然教会对礼仪的实施有严格规定，虽然在正式的弥撒礼仪中贞女不

---

① Benno I. Biermann O. P., Die Anfänge der neueren Dominikanermission in China. Münster 1927, S. 159—160.

② 利类思:《司铎典经》卷上，载钟鸣旦、杜鼎克、蒙曦编《法国国家图书馆明清天主教文献》第十九册，台北利氏学社 2009 年版，第 39—40 页。关于妇女辅祭，梵二会议之后的礼仪开始松动，女性可以在弥撒礼中读经。

许担任辅仪,但贞女们在教堂外的礼仪中找到了自己的工作空间,特别是教堂外的礼仪圣事,贞女扮演了极为重要的角色。

在18世纪的四川,梅穆雅神父就鼓励贞女为病重的婴儿施洗,1778—1779年间,贞女为3000名弃婴施洗,① 对濒临死亡的孩子给予帮助,表现出对生命的尊重。

洗礼圣事的真实含义中国民众难以理解,因而贞女为病重的弃婴施洗曾引发种种民间流言,乔治高尤(George Goyau)在梅神父传记一书中写道:"异教徒们得出结论,认为洗礼造成孩子的死亡。"② 对于来自非信徒的误会和不解,贞女们没有退缩,继续坚持这种善举。

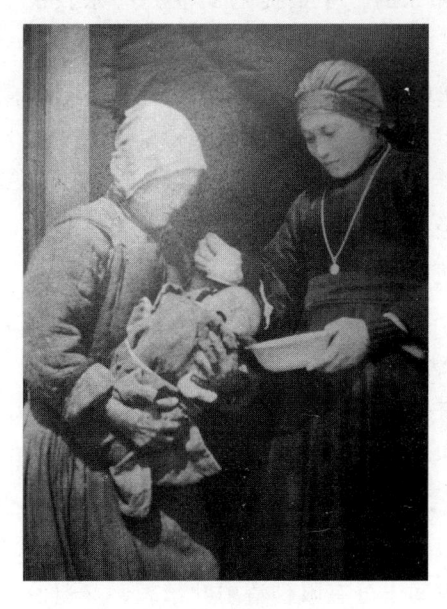

给婴儿施洗

在上海教区,由于神父缺乏,教友家庭新生儿出世,常常要请贞女帮助领洗,仪式在家中举行,等孩子稍长,到教堂神父处"补礼"。家庭中的新生儿领洗由贞女实施成为教区的一个传统,而贞女获得这一"权利"前要进行考试,考试称为"考付",神父主考。内容有:倒水的动作、让水缓缓流出(倒出的水要连成线)、边倒水边念经文。考试通过取得洗礼资格称为"权付",一般来说,贞女们都能通过考试。③

在江南一带,贞女为新生儿施洗体现出天主教信仰与地方风俗相结合的特点。信徒们也认为,因为贞女是圣洁的,她们可以自由进入产妇的房间,由贞女给婴儿施洗,对一个新生命来说预示着好的兆头和起点。

---

① 参见[法]沙百里《中国基督徒史》,第232页。
② 乔治高尤:《入华传道士梅神父(Jean Martin Moye, 1772—1783)》,巴黎,edition Alsatia, 1937年,第97页,转引自[法]沙百里《中国基督徒史》,第232页。
③ 笔者于2007年7月16日到上海天主教区光启养老院(地址在浦东张家镇)寻访健在的老贞女,关于贞女担任婴儿施洗仪式工作以及参加考试的情况,根据采访记录整理。

(二) 教堂内的礼仪活动

贞女在教堂内的礼仪活动主要是辅助神父进行礼仪前的各项准备工作，如准备祭饼、布置教堂、清洁庭院、制作祭衣等。如"上海贞女在圣事方面总是教友们的榜样。她们装饰祭坛，领唱赞美诗"①。

贞女参与礼仪工作是教会整个礼仪程序中的组成部分，由此出现这样一种格局："在天主教的层峰结构中，完全没有女性的位置，在礼仪上，主要的圣事圣仪都得由男性主持；然而，进入'内堂'，从管祭衣房的到跑基层的，都不乏出家的（修女）与在家的（平信徒）女性。"② 宗教仪式中以辅助性的小角色出现，是贞女工作的一个方面。

天主教非常注重礼仪生活，礼仪年的循环往复为贞女参加礼仪活动提供了机会。由于天主教没有女铎品，但仪式又需要贞女们的帮助，于是参与各种仪式成为贞女展现自身价值的绝好机会（特别是在重大的节日）。如：礼仪前的准备工作、礼仪中的念经祈祷、礼仪后的整理清扫等。正因为如此，贞女参加礼仪的频率高于一般平信徒，她们不仅是礼仪的参与者，也是礼仪活动的组织者和协调者，她们参与的部分圣事（主要为婴儿施洗）弥补了神职缺乏以及神父无法与女性接触等缺陷，所做的工作看起来微不足道，但却是教会事务不可缺少的环节。

二 贞女工作之二：传教与慈善事业

初期的贞女多在家中贞修，活动空间十分有限；清中叶禁教，又迫使贞女的活动进入秘密状态。但即使在困难的非常时期，"贞女们在许多天主教组织中扮演了重要角色。在遭受长期迫害的岁月里，她们成了大家族内和当地教会团体信仰的真正支柱。"③ 但贞女真正发挥工作的激情和热

---

① Die Katholischen Missionen (Illustrierte Monatsschrift), 35. Jahrgang (1906/1907) 6：S. 122—123.

② 黄怀秋：《女人和她们的身体——一个女性主义宗教学的研究》，载台湾辅仁大学神学院编《神学论集》第 124—125 号，2000 年，第 331 页。

③ R. G.. Tiedmann, "The Formation of Diocesan Religious Congregation and Sisterhood in the Late Qing Some Preliminary Observation on an Elusive Phenomenon", Paper to be presenter at the 8th International Symposium on the History of the Chinese Catholic Church Leuven, Belgium, pp. 1—2.

量、打破服务的地域性是在鸦片战争之后。

（一）在爱中播撒信仰的种子

中国人家庭观念非常浓厚，通过家庭（家族）的影响进入信仰天地，不失为一种理性选择。一些在中国传教的西方传教士通过在中国多年的生活经验发现：

> 一个家庭受洗成为信徒是绝对必要的。家庭全体成员放弃异教的神灵，他们一同向天主祈祷。如果妻子不与丈夫一同接受信仰，将是悲哀的，家庭生活会出现不和，对丈夫的信仰来说也是一种威胁，丈夫保持其信仰将会非常地困难。对于一个家庭的未来，我们所期望的是什么？如果一个母亲不是基督徒，她肯定不能保证她的孩子能够信仰一位真神。一定要记住，中国的妇女非常迷信。[①]

通过中国的传教实践，西方传教士认识到：家庭的皈依，女性是关键。因为母亲承担着教育子女的重任，通过一位虔诚的母亲，子女们能够在家庭日常生活的耳濡目染中、在母亲的榜样力量中进入信仰生活。大凡在教会活动比较频繁、信徒比较集中的地方，常能见到贞女们工作的身影：她们与家庭中的女主人交上朋友，她们是女孩子的指导教师。因此，协助堂区向妇女和儿童传授天主教信仰，将更多的非基督徒女性引入教会成为贞女的首要任务。

（1）在妇女儿童中间工作。

贞女的服务对象主要是妇女和儿童，开办要理学校，对年幼的孩子进行宗教启蒙教育、人生教育是贞女们的日常工作。

儿童要理学校（儿童要理班）最早可以追溯到18世纪的四川教会，[②]这类学校的主要任务是教授要理问答、圣经和祈祷经文，亦教授儿童学习阅读与写作。

随着教会的发展以及社会的进步，要理学校的教学内容、教育理念、育人目标也在不断地变化、调整、充实，以适应发展中的社会文化之需

[①] Rev. John Jesacher, O. F. A. ,"The Chinese Woman", In Catholic Mission, April, 1925. p. 93.

[②] 参见燕鼐思《中国教理讲授史：自十六世纪至一九四〇年天主教在中国传布福音及讲授教理的历史演变》，第163页。

要。以圣母圣心会为例,主教王守礼对教区开办的要理学校非常重视,提出了具体要求和应达到之目标:

> 儿童使用教会的要理课本,既能读书,又能识字,更能逐渐明了作人的原则和道德的条例,这正是教他作一个正直人,成一个好的国民,使他明白孝悌之道,服从长上的命令,爱护同辈的人;使他知道勤劳与节约的价值,以及婚姻神圣和人生的要务。[1]

儿童要理学校不是一般的教育机构,其宗旨是对儿童进行信仰与道德的启蒙教育,其功能涉及提高儿童文化素养及伦理道德等多个层面,具有"修身教育书房"之作用。[2]因此,在要理学校(包括孤儿院)服务的贞女承担起对儿童的人生价值和人生观的启蒙、督诫、训勉等多方面的重任,这种服务需要博爱的胸襟和母亲般的慈爱,需要身体力行,为孩子们树立人生的样板。因此,避免枯燥的说教结合实际生活、在传教中融入爱心实践是贞女工作的一个特点。比如,儿童要理讲授需要结合儿童的生理、心理以及不同年龄段的认知能力。对启蒙班的孩子首先讲解的问题是:你为什么来到这个世界?你为什么活着?讲解配合歌唱和游戏,对孩子非常有吸引力。[3]

(2)用爱心皈依非基督徒。

鸦片战争前,贞女的工作时断时续,不太规范。随着天主教活动的公开化,贞女承载的工作日趋繁重,影响也逐渐扩大。如在杜巴尔主教(Msgr. Eduard Dubar, S. J.)[4] 管辖的直隶东南代牧区,有外教人想皈依天主教,要求教会给他们派遣传教先生和贞女。[5] 直隶是天主教信徒最多的地区,守贞成为教区的传统,贞女的影响和知名度颇高,那些打算皈依

---

[1] [比]王守礼:《边疆公教社会事业》(EN MONGLIE L' action sociale de l' Eglise Catholique),第116—117页。

[2] 同上书,第118页。

[3] 关于儿童要理学习,笔者2005年采访山西太原桃花营的老贞女詹贞爱,詹贞女是桃花营的儿童要理学校校长,向笔者讲述了其教育儿童的方法。参见康志杰《守贞姑娘今何在?》,原文载《鼎》(香港)2007年夏季号。

[4] 杜巴尔主教(Msgr. Eduard Dubar, S. J. 1826—1878)1865年任职,接替朗怀仁主教(Msgr. Adrien - Hipp Languillat, 1808—1878),是直隶东南代牧区第二位主教。

[5] 参见 Paul Bornet et Kené Petit, *Cent Ans - 1856—1956 ~ au Tcheu - li Sud - Est*, p. 95. 转引自陈方中《法国天主教传教士在华活动与影响》,台湾辅仁大学历史系,第176页。

的非基督徒要求贞女到她们中间工作，表现出对贞女的好感与信任。

晚清以后，山东教会发展很快，有许多"传教姑娘"。福若瑟神父欣喜地发现："真是难以置信，在一个外教国度，你看到他昨天碰到一个外国传教士，他还轻蔑地对你在地上吐口水，但今天他却变成一只绵羊，同我们一小群教友，谦逊地跪在十字架前祈祷，是何等感人的画面。"① 皈依者的增多、教会的扩大，其中包含贞女们的辛勤劳动与付出。

在非基督徒中间传播福音需要弘扬博爱精神。对此，福若瑟神父有段精辟的总结："外教人的皈依仅仅是通过上主的恩宠，再加上一点，也是通过我们的爱。"② 爱是传教的基点和原则，在"以爱传教"理念的支撑下，"贞女所做的工作是给那些没有知识而又需要帮助的人上课，给那些弃婴施洗并对他们进行教育，陪伴那些濒临死亡的非信徒。就是一些不愿意听从贞女帮助和劝告的人，也必须承认她们的精神。欧洲仁爱修女会（die Barmherzigen Schwestern des hl. Vinzena von Paul in Europa）所做的一切，中国的贞女也都做到了。"③

在爱中播撒信仰的种子，作为一种精神，延续到今天。以台湾姑婆为例，她们被称誉之为传道功臣。1970年，台湾姑婆成立在俗道明会；至1990年，分别在高雄、台中、台北设立了12个会区，发展会友542位，主要为教会及社会服务。会友分为神修组、爱德组、传道组等。其中爱德组面向社会服务，主要工作有：慰问教内外病人、贫苦者、安老院、孤儿院、监狱，筹慕会区慈善基金等。④

对于贞女来说，用基督的博爱唤醒人的良知、让社会良性运作是工作的最终目标。因此，"这些独身女性在很多地区成为教师和领导，但她们的工作不是为了自己，而是通过耶稣，在基督内，整个人都找到了自己的理想和最深刻的存在"⑤。践行耶稣教导、用爱来铺平传教之路是贞女传教实践的特点。如果脱离了爱的实践，天主教的真精神就无法体现，人们也不可能全面、客观、理性地认识天主教。

---

① 尤恩礼编辑：《圣福若瑟神父语录》，薛保纶译，台湾辅仁大学出版社2007年版，第194页。
② 艾华慈编：《圣福若瑟语录》，雷赞灵译，河北信德社2003年版，第200页。
③ Die Katholischen Missionen (Illustrierte Monatsschrift), 35. Jahrgang (1906/1907) 6：S. 122.
④ 参见徐蔡美香《在俗道明会的组织及管理》，载台湾辅仁大学神学院编《神学论集》第86号，1991年，第509—511页。
⑤ Marjorie Topley, "Marriage Resistance in Rural Kwangtung", Edited by Margery Wolf and Roxane Witke, *Women in Chinese Society*, Stanford University Press, Stanford, California, 1975, p. 60.

(3) 在学习各种技能中提高工作质量。

进入 20 世纪之后,贞女学习的内容日渐丰富,涉及的领域也逐渐扩大,这种情况在各代牧区均有所表现。以山东坡里庄为例:"1912 年,坡里庄建立女子要理讲授学校,欧洲修女培训贞女的内容有:家务、手工、

贞女给孩子讲要理

病人护理等。"① 贞女在接受培训方面,除了宗教内容,还根据社会的需要,补充了一些实用的技术训练,这样的发展方向对教会的发展具有积极的推动作用。

总体上说,贞女的工作大致可分为三种类型:在家庭、堂口、会口给女性(信徒与非信徒)传授天主教要理基础知识;开办儿童要理班、给孩子们启蒙教育;离开家庭、到其他堂区或会口传教。关于最后一种工作方式,属于专业传道员的工作范围,由于涉及的内容较多,本书安排在第十章("贞女传道员")进行专门的评析和讨论。

(二)在慈善服务中获得人生的满足和快乐

慈善服务是贞女工作的一个重要组成部分,她们度守贞生活的目的

---

① Verbum SVD, Vol. 16—1975, Romae Apud Collegium Verbi Divini, S. 67.

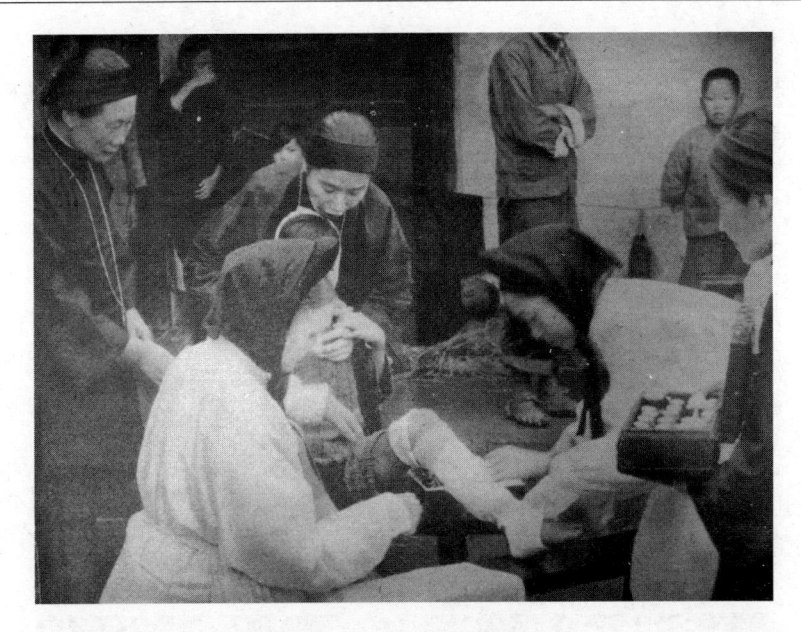

第九章　有一种精神叫奉献：贞女的工作

修女和贞女一起在乡村诊所工作

"为的是随时随地准备好将福音性的爱，给予四周需要的人"①。这种理念来自耶稣的教导："不是为受服侍，而是为服侍人。"② 效法耶稣的生活、活出基督的精神是贞女在现实生活中的具体表现。

早期贞女的慈善服务具有自发性，如在福建福安，1669 年有 12 位贞女服务，她们帮助传教士照顾妇女儿童。③ 清朝中叶，贞女的善行是赢得社会认同最直接的方法。在四川代牧区某处，一个贞女见到一个 11 岁的孩子差点被两个男子溺死，她好心拯救了这个女孩。④ 在近代山东，"贞女们常常照顾新教友，为他们而工作"⑤。上海的献堂会贞女以划分小组

---

① 张春申：《修会的贞洁》，载台湾辅仁大学神学院编《神学论集》，第 61 号，1984 年，第 440—441 页。

② 《新约圣经·马尔谷福音》10 章 45 节。

③ Horst Rzepkowski, Lexkon der Mission: Geschichte, Theologie, Ethnologie. Graz – Wien – Köln 1992, S. 101.

④ "Annales de l'Oeuvre de la Sainte-Enfance" Tome XVII, pp. 234—235, Paris, 1865. 转引自陈方中《法国天主教传教士在华活动与影响》（博士学位论文），台湾辅仁大学历史系，第 188 页。

⑤ Vgl. Bezirksberichte, Kaomi Regions Korrsepondenz, 1940, No. 7, S. 128; vgl. auch Regensburger, Alois, "Chühsien – Bezirksbericht", Kaomi Regions Korrsepondenz, 1941, No. 4, S. 97.

的形式在江苏、安徽的农村工作,开办学校和孤儿院。①

为了更好地服务教会、服务社会,一些贞女学习医学知识,为缺医少药的乡村百姓谋福利。河北景县的教友在回忆中说:

> 1949年以前的中国……疾病流行,而中国的医院非常少,技术设备落后,穷苦人根本看不起病。那时中国教会神父与修女、贞女大都懂一些医学,教会发扬基督的爱德精神,在全国各地开办了许多诊所,药费低廉,没有钱的穷人免费就诊,深受人民好评,也确为饱受疾病之苦的中国人民解了燃眉之急,直到现在,人们一提起昔日的神父和大姑们的善举,还啧啧称道,难以忘怀……耿占河小时候,经常得病,每当这时,父母总是把他抱到本村一位大姑家去治疗,从来没有收过钱。教会这样做,为日后打下了良好的基础……②

献县贞女与孤儿

河北景县的贞女大姑为孩子医病只是千万个病例的一个典型,献堂会的

---

① 参见 Die Katholischen Missionen (Illustrierte Monatsschrift), 35. Jahrgang (1906/1907) 6: K. 125。

② 范文兴、耿永顺等:《景县(衡水)教区史资料汇编 1939—2002》,台湾辅仁大学出版社 2005年版,第7—8页。

许多贞女也学习医术，特别擅长儿科、妇科，解决了乡村百姓的病痛。贞女参与慈善活动，种种善举不仅为教会赢得了声誉，还为下层民众送去了福祉。

徐家汇本国修女给聋哑学生上课

在贞女制度发展初期，贞女的善举多是个体、自发的行为。随着团体的组建，慈善工作逐渐有了计划和方向。此后有不同类型的独身女性加强合作，天主教慈善公益事业由此进入一个新的发展阶段。

善行对于树立教会形象、扩大教会的影响是不言而喻的；同时，贞女也在服务奉献中找到了快乐和满足，找到了实现人生价值的最好方法。

（三）精致女红为教会

服务奉献的贞女人生是丰富多彩的，如帮助教会在教堂建设中筹集资金、装饰教堂等，而教堂内祭布的设计、祭衣的缝制更是贞女们的拿手好活。

1865年，比利时圣母圣心会接管西湾子，据圣母圣心会神父回忆：

> 距主教府不远，有一所贞女院，那些贞女按遣使会修女的方式生活。贞女管理一处孤儿院，在旧大房的房舍中，靠近这所孤儿院，有一座女子小学。贞女院在另一个院落里，有不少贞女在此，

由一位院长管理院内事务,她们每天除念经祈祷外,还为大堂及修道院做针线活。①

把分散于各家的贞女组织起来,进入新建的贞女院,说明西湾子贞女人数的增加及教会事业的发展。同时也证明经过培训之后的贞女,利用女性特有之专长,为教会为社会服务的工作热情。

同样,济南主教府有一个"姑娘院"住着守贞姑娘,她们的工作是为中外神父制作中国衣衫、祭衣,照顾圣堂中的用品并到偏远的地方传教。她们的生活费用由教会负责,总务神父爱圣粥(W. Eschenbuecher)负责管理这些姑娘。②

心灵手巧的贞女们用精致的女红装饰教堂,美化了圣堂,也净化了心灵。

三 贞女的工作特点

(一)非为人母的母爱精神

贞女所承担工作服务的对象、活动的空间均打下了鲜明的性别烙印。在分析贞女工作的性别特征时,需要对"性"(Sex)与"性别"(Gender)这两个互相联系但内涵又有所不同的概念作一简要说明。

"性"(Sex)是天生的,是个体遗传和结构的性特征差异(男女两性的区别);"性别"(Gender)主要指社会性别,这是相对于"生理性别"(Sex)而提出的概念。

"社会性别"(Gender)也可以理解为"性别角色",意思是人们所认识到的两性之间存在的社会性差异和社会性关系。从社会学角度理解,则是根据性别而规定的一种行为及思维模式。性别角色是一个动态的、历史演变的过程。如:原始社会,男性从事狩猎、女性担负着采集和养育子女的任务;农耕社会的性别角色表现为男耕女织;进入工业文明之后,在不同的工作场域同样存在着两性之别。

贞女服务教会、服务社会的性别角色定位非常清楚,她们有工作的

---

① 隆德理:《西湾子圣教源流》(1939年),载古伟瀛主编《塞外传教史》,第46页。
② 韩承良:《杨恩赍总主教的生平》,台湾至洁有限公司2000年版,第126页。

"性别空间",主要以女性为工作对象(男性仅限于未成年儿童)。基督教在起源时就带有母性文化的基因,[①] 这些母性的基因文化贞女们完美地给予继承,虽然贞女们没有进入婚姻的殿堂,但她们依然表现出伟大的母爱——一种与生物性的母爱不尽相同的情感和关怀,它源自基督的博爱真情,打破了血亲关系的桎梏,[②] 以一种浓烈的母性气质,表现出纯真、自由、无忧以充满人性的利他性。这种母爱,根据心理学,不仅是可能的,并且是我们之所以能爱的唯一完全和最后的方式。

从表面上看,奉献的独身生活似乎缺少感情的满足,但在实际生活中,贞女是有血有肉有情感的人,她们所表现的母性不是被动的。在奉献生活中,她们学会了理解、细腻、体贴、关爱,她们注意到服务对象的各种需要(物质的、心理的、精神的)。她们把对弱者的感情化作母亲的角色和责任,倾注在儿童、病人、老人、妇女以及一切需要帮助的人身上,她们以母亲的胸襟完成了妇女的灵性培育工作,完成了儿童的道德启蒙教育。这种母爱还打破了狭隘的血缘关系,超越了地缘的空间,让信仰生活焕发出人性的美丽。

"独身的母爱"是一股力量、一种胸怀、一种奉献,恰如德日进神父对独身的解释:

> 我们的情绪越是审美的(aesthetic),越能够冲破这小我的牢笼。那"大我"不停地在唤醒我们,使我们热情地体会到更宽广的境界与拥抱一切的和谐。[③]

贞女以母亲的角色奉献人生的伟大精神今天的教会仍然提倡,恰如教宗若望保禄二世在《妇女尊严与圣召》牧函中所说:"有些妇女为天国的缘故守贞,以属灵的方式满全母职。"[④]

[①] 参见刘小枫在[德]E. M. 温德尔《女性主义神学景观》中译本"前言",生活·读书·新知三联书店1995年版。
[②] 《人之现象》,李贵良译,转引自金象逵《奉献的独身生活》,载台湾辅仁大学神学院编《神学论集》第17号,1973年,第357页。
[③] 参见金象逵《奉献的独身生活》,载台湾辅仁大学神学院编《神学论集》第17号,1973年,第359页。
[④] 教宗若望保禄二世:《妇女尊严与圣召》牧函n21(1988年),转引自陈美容《从教会的社会训导看妇女的尊严和地位》,载《神思》第24期,1995年,第60页。

为孤儿院的孩子准备过冬的粮食

由一种社会性别角色——女性，进入母性、母爱、母德、母职的境界，应该说是女性概念的升华，中国天主教"贞女母亲"无私地把母爱送给需要关爱的人，她们得到的是心理的满足和快乐的回报。

(二) 合理的分工调配

面对"庄稼多，工人少"①的窘境，教会对贞女的工作范围和权限进行了规定，强调最多的是服务奉献职能，即贞女应以平信徒的身份将自己的一切奉献给教会事业。

就贞女的个人素质来说，她们之间有文化水平、身体状况、性格能力等多方面的差异。在琐碎的教会事务中，教会领袖会根据每个人的所长进行分工合作，如在山东，文化水准较高，接受过专门培训的贞女担任传道员："文化程度不高，工作能力不够的贞女，分配在孤儿院，性格内向的贞女隐居在父母家中，负责圣堂的清洁和装饰。"② 这种合理的工作分配，

---

① 《圣经·路加福音》10 章 2 节。
② Vitalis Lange O. F. M., Das Apostolische Vikariat TSINANFU. Franziskanische Missionsarbeit in China. Werl, 1929, S. 101.

既调动了全体贞女工作的积极性，又让每一个人都充分认识到人生的价值，体验到工作的美丽与快乐。

(三) 住堂型贞女承担更为繁重的工作

天主教贞女有不同的生活模式：有些贞女在固定的会口或堂口居住，结成团体，过类似修院的团体生活；有些地区的贞女住在父母家中，协助传教士在堂区从事妇女、儿童的传教工作。相对来说，组成团体、仿效修女生活模式的贞女工作量更大，"她们承担教理讲授员、社会工作者和护理员、外国修女们的助手和陪伴者、妇女团体的负责人和破除恶习陋俗的斗士。"①

贞女的服务精神来自虔诚的信仰，她们的守贞生活是让基督圣化在自己的生命之中："我生活，已不是我生活，而是基督在我内生活。"②她们的思维方式和行为准则不是以自我为中心，而是以超越的天主为主导，她们的责任感和价值观是活出天主的肖像。在这种神圣的理念引导下，贞女的工作特点表现为服务性、辅助性，工作的开展大致由纯宗教服务转为社会性服务，由一个个小的会口、堂口进入更广阔的社会，由个人、自发的善行到有组织、有计划、有目的的慈善公益行动，这一发展变化的轨迹，恰好说明中国天主教贞女不断成长、走向成熟的历史过程。

四 "亮丽的百合"：关于贞女工作的评价

(一) 神长对贞女的关爱与支持

贞女在教会中不是一个孤独的群体，她们需要经验丰富的神长的支持与帮助，需要在工作中达成默契。贞女与神长的工作关系可以用绿叶衬红花、红花扶绿叶来比喻，下文是德文期刊《高密通讯》中贞女协助教区神父工作的一段记录，从中可见神长与贞女之间的友好合作：

---

① Sinsig, Casp. ,Der Stand der Jungfrauen in der Mission, Kaomi Regions Korrsepondenz, 1938, No. 9, S. 170—171.
② 《圣经·迦拉达书》2 章 20 节。

贞女的身份在教会中总被看作是高尚的和让人渴望的。她们是教会中举足轻重的人物,增添了教会的光彩,使教会不断地扩展和加强……正是因为承担传教工作的贞女如此重要,1924年上海公教会议提出:这里涉及一些贞女,她们还没有加入一个团体,还在暂时性的保守。因着这些热诚的、对自己的召叫满怀意识的贞女,而带来了多少的祝福啊!有多少临终者需要洗礼,有多少新教友需要皈依……这一切都要感谢热忱的贞女们!……毋庸置疑,传教士们在传教工作中总要依靠贞女们的帮助,没有贞女们的工作就不会培养好的基督徒家庭。女性在中国的封闭状态已经对传教士们构成了不可逾越的障碍,但是贞女与传教士们的合作改变了这种格局。可以这样说,只有通过贞女们长久的劝告、祈祷和见证,才能赢得教外妇女的心,藉着这三点,贞女们的工作产生了影响和效果。[①]

大凡贞女多、服务热情高的教区,与神长们的支持有着密切的关系。福若瑟是一位重视贞女团体发展的圣言会神父,他一直对贞女的成长给予呵护、支持和鼓励,他说:"一个守贞的姑娘应当在神修生活上努力求进步,给教友们一个好的榜样,也坚守做姑娘的规矩。这样她帮助救许多人的灵魂,在天堂上也会得到特别的赏报。这是一种多么光荣的传教使命!"[②] 福神父把贞女视为教会的宝贵财富,对她们实施严格的要求,以保证教会的健康良性运作。

在工作中,年长的神父对贞女表现出父辈一样的关爱。山东德国籍神父爱圣弼(W. Eschenbuecher)负责教区总务,曾像慈父一般照顾贞女,贞女生病或不舒服时就躲起来,不让爱神父知道,以免老人家操心。[③] 这种深深的"父女之爱"是经过多年的工作合作积淀而成,最终形成了老一辈神长关爱贞女促使贞女健康成长、不断为教会的发展和社会的福祉作贡献的新格局。

---

① "Bungert, Gottes Kampf auf gelber Erde. (Gedanken aus und zu einer Festschrift der Missionare von Tsinchow Ostkansu)", *Kaomi Regions Korrsepondenz*, 1939, No. 2., S. 39—40.

② 尤恩礼编辑:《圣福若瑟神父语录》,薛保纶译,台湾辅仁大学出版社2007年版,第214页。

③ 韩承良:《杨恩赉总主教的生平》,第90页。

(二) 教会对贞女工作的赞誉

贞女的工作,神长教友看在眼里、记在心上,一些在教会任职时间较长的神长熟悉贞女的工作,对她们的表现给予中肯的评价。

18世纪的四川、贵州,贞女在禁教的形势下仍然坚持开办要理学校,她们的服务热情得到教会的认同,"贵州代牧胡主教(Vikar Faurie)认为,贞女完全可以替代欧洲的修女。"①

19世纪中期,耶稣会神父埃斯特韦(P. Estéve)对上海贞女的工作给予赞扬,他说:"贞女是基督徒团体中最美丽的花朵,这些美丽的花朵为天主教会的花园赢得了声誉。看到贞女确实让人振奋,她们是非基督徒沼泽中亮丽的百合!"②

20世纪初,山东的贞女与圣神会修女合作,其中贞女承担了大部分的传教工作。对此,圣言会传教士给予充分的肯定:

> 贞女们以她们的教养和工作,赢得了令人向往、光荣的地位,她们使教会荣耀,使教会更加坚固、扩大,使圣教弘扬。没有贞女,传教工作不可能取得重大成绩,虽然一些贞女并没有加入团体。藉着贞女们的传教热情,教会得到祝福。贞女们意识到她们所做工作和重要性,如给濒临死亡的人施洗,经常帮助、培育基督徒家庭等,于是,一些年轻的教友感谢这些热心的"基督内的母亲"。在旧中国,妇女足不出户,贞女正好成为"中间人",联络传教士和女性的纽带,我们可以这样说:通过持续的劝告、祈祷以及以身作则,通过非凡的工作成就以及工作的现实性,贞女赢得了中国女性的心。③

贞女扮演的角色是多方面的:她们是神父的助手,是女性基督徒的知心朋友,是国际女修会的合作伙伴,是乡村孩子们的老师和母亲。但是,

---

① Verbum SVD, Vol. 16—1975, Romae Apud Collegium Verbi Divini, S. 61. Vikar Faurie 为贵州代牧,中文姓胡,1860年9月2日任贵州代牧,1871年去世。

② Die Katholischen Missionen(Illustrierte Monatsschrift), 35. Jahrgang(1906/1907)6: S. 122.

③ Sinsig Casp, "Der Stand der Jungfrauen in der Mission"(贞女在传教中的状况), *Kaomi Regions Korrespondenz*, 1938, No. 9, S. 170—171.

与国际修会比较起来,贞女的工作地区主要在乡村,生活艰苦,交通不便,但她们克服种种困难奔走各个堂口、会口。如山东高密,"大张庄(Ta-Chang-chwang)的贞女们天天拜访新教友家庭,在信仰准备方面帮助妇女和女孩子们"①。贞女们全身心地投入工作,令神长教友感动。一位传教士提议说:

> 人们应该为贞女们唱一首赞歌,她们出色地完成了她们的工作,她们的爱展露无遗,她们是我们的先锋。是的,为拥有如此好的贞女们,这样优秀的导师,我们为她们感到自豪,感谢她们的忍耐,她们的爱,我愿特别强调她们的牺牲精神。对许多人来说这确实是真实的。②

对于贞女的辛勤劳动,教会方面给予充分的肯定很多,如金鲁贤主教曾对上海贞女给予中肯的评价:

> 贞女发愿为教会服务。神父要管好几个堂口,像金家巷本堂神父有将近10个小堂口,杨思桥、严家桥、思沟湾、唐家街、南黄等,神父巡视堂口,事务由贞女管理……她们曾为上海教区做出巨大贡献,教会不应忘记她们。③

圣母圣心会的神父燕鼐思(Joseph Jennes)通过研究撰写中国教会历史,认识到中国贞女在妇女和儿童的牧灵工作上的贡献,看到了贞女平凡中的伟大,他在其著作中说:

> 在严守男女之防的中国社会,贞女的存在实际上有其必要性,她们是给妇女讲道,带领妇女宗教活动的必要人。④

---

① Vgl. Bohlen, "Ein halbes Jahr bei P. Hättig", Kaomi Regions Korrsepondenz, 1943, No. 4, S. 58.
② Regensburger, Alois, "Chühsien - Bezirksbericht", Kaomi Regions Korrsepondenz, 1941, No. 4, S. 96.
③ 金鲁贤:《绝处逢生 回忆录》(上卷,内部发行)第15页。
④ [比]燕鼐思:《中国教理讲授史:自十六世纪至一九四〇年天主教在中国传布福音及讲授教理的历史演变》,第111页。

第九章 有一种精神叫奉献：贞女的工作

贞女的热诚与榜样在道德与宗教的陶成方面，给予中国妇女的帮助非常之大。传教士们知道，要在中国妇女中间传教，没有贞女，简直是不可能的。①

比利时籍神父韩德力（Heyndrickx Jeroom Jozef）对中国教会深有了解，其文集有"中国教会内'贞女'的牧职"一节，对不同历史时期的贞女特征以及所作的贡献进行了总结。节录如下：

值得一提的是，对中国福传工作颇有贡献的是所谓的"贞女"。在初期基督世界的一些天主教家庭中，有些女性保持独身。宗教迫害期间，这样的习俗在道明会的传教事业中甚至得到进一步发展。这些贞女居住在自己父母家中，然后到教堂从事福传工作。后来情况逐渐演变，那些有意愿的贞女也可以住在教会团体当中并照顾堂里的一些工作，例如孤儿院或救济院等。另外，道明会为贞女写下生活的规章，包括：特定时间的祈祷、服从传教的长上、劳动工作的规则与度隔离的生活。贞女在主日的礼仪中扮演了重要的角色，在某些地方她们为孩童讲授要理、准备弥撒和节庆、拜访教友、提醒冷淡教友履行其义务，并在一切符合教堂益处的事务上担任她们的守护天使。1784年传信部在回答四川宗座代牧时，曾为贞女写下一些指示。

在许多中国的传教工作中，贞女是赋予团体生气的牧职人员，许多贞女为信仰而殉道。如果说，贞女对形成今日的中国天主教会是贡献最大者，这样的说法一点也不夸大，至少在许多教区的情况是如此。在某些教区，这些贞女还活着并且在堂区相当活跃，不过，这些贞女终将随着岁月而凋零，或许有一日被教区的修会团体所取代。然而，我们当前的任务应该是再次去评估中国目前的情况，以及今日教会应回复何种的需要，并界定"今日的贞女"所扮演的角色。②

"自献于天主之贞女"的生命目标是进入她们热爱的神——耶稣基

---

① ［比］燕鼐思：《中国教理讲授史：自十六世纪至一九四〇年天主教在中国传布福音及讲授教理的历史演变》，第157页。
② 台湾南怀仁协会编：《韩德力神父文选 中华朝圣者》，台湾光启文化事业出版社2007年版，第129—130页。

督,生活主题是牺牲自我、默默奉献,因而现实人生的角色定位是以"服务"为宗旨,她们较少考虑自身的利益,强调突出的是"奉献"精神;她们自愿放弃婚姻,选择清苦的生活,她们通过学习、效法圣经中和教会历史上的女性楷模,最终被"模塑成'顺服、谦卑、忠心配合性、事务的角色'"①。

"教会对男女关系及对妇女的身份的教导,除了一直沿用社会及文化上'男主外,女主内'的传统角色划分外,更加用了圣经及神学中的男性主导传统来做教导。"② 因而贞女工作对象的"权限"严格限定在同性的范围之内,她们的工作方向、工作方法以及工作经验与男性有很大的差异。

贞女是中国天主教的一个特色,其人数众多,她们或作为传教员,或创办育婴堂,或服务于教区,她们以女性特有的坚贞、周密、细致、耐心奉献服务,这也是贞女群体所发挥的力量有益于教会、有益于社会的成功所在。作为中国天主教会的一个组成部分,贞女"的确为教会作出了重大贡献。可以说没有她们,教会的事业不会发展得如此快速顺利"。③

在中国,天主教信仰作为一种外来的、处于弱势的价值体系,传入之后通过调整自身机制来适应儒家社会秩序。贞女作为中国天主教会的女性群体,生存于中国社会文化的背景之下,所扮演的角色与修女有一定的区别,与新教女传教士亦有较大的差异,但贞女们在传教、慈善、基础教育、服务地方教会等方面作出的成绩在教会历史中留下了有价值的一页。

---

① 黄慧贞:《性别与圣经诠释》,香港基督教学会 2000 年版,第 150 页。
② 同上。
③ 韩承良编:《中国天主教传教历史》(根据方济会传教历史文件),台北思高圣经学会出版社 1994 年版,第 107 页。

第十章 贞女传道员

传道员是天主教负责传教的群体。天主教传入中国，由于神职人员稀缺，且外籍神父不熟悉中国的具体情况，需要传道员协助工作。一般来说，传道员是从信德坚定、有一定文化知识以及管理经验的平信徒中挑选。根据传教任务和工作对象的不同，传道员又有男性和女性之分，本章的重点是对贞女传道员进行讨论。

一 传道员概说

（一）何为传道员

传道员（catechist）"是为已领洗的教友，是圣教会的义子"①，同时也是从事教理讲授（catechesis）的人。早期教会认为所有的基督徒都有讲授教理的责任，但从教父时代起，除少数优秀的教友外，教理的讲授主要由神职人员担任。宗教改革之后，教会开始重视教理讲授，并鼓励平信徒参与要理讲授工作。如19世纪的德国出现了很多讲解教理的教友善会，定期讨论、研究、出版要理期刊；奥地利还曾发行了传道员杂志。②

中国教会在发展中也开始把平信徒宣讲要理引入自身体系，早期的传道员多为男性，他们经常跟随传教士外出，有时协助传教士阅读中文文献、撰写有关教义的文章及书籍，其中有优秀传道员转为神职人员。如罗文藻（1616—1691）在听方济各会的利安当神父讲道后受洗，之后追随

---

① Regulae Catechistarum（《传道员规则》）. Scripsit R. P. Fr. Middendorf O. F. M., Director Scholae Catechistarum Vicariatus Apostolici de Wuchang, 载《教务丛刊》（*Collectanea Commissionis Synodalis*）Majus – Junius, 1934, p. 441.

② 参见林淑理《传道员的故事》，台湾光启文化事业2007年版，第21、27页。

其作为传道员,随多明我会和方济各会在福建传教。① 之后,罗文藻决心献身天主,成为中国教会第一位国籍神父及主教。

在中国教会,几乎每个堂口都配备有传道员以利教务的推进,因而传道员极受教会的重视。正如圣言会主教韩宁镐所说:

> 传教员(或传教先生)是司铎在开创、培养和指导新兴基督徒团体的助手。如果在一个村子中有一些接受基督教的倾向,我们派遣一位传教先生去那里。他首次教人们最基本的信仰真理,他教他们祈祷,向外教人讲道(如果他们愿意听)。他是新团体的指导者和支柱。传教士的拜访——因为团体很分散,这些拜访也许不多——主要是为了激励和监督他的工作、鼓励和考验新信徒。最后,望教者通过圣洗能够成为具有恩典的信徒。②

(二) 传道员的基本素质及工作范围

随着教会的发展、信徒人数的增加,教会对传道员的要求日益提高,工作条例逐渐细化,管理也趋向严格而规范。一位合格的传道员应该具体以下要求:

关于学习,传道员需具备一定的学识,并不断充实自己,"每天要用心读书,新传教员,更当预备月考,老传教员一年考四次,考场在传教学校,无论如何定须考试……希望每日读四小时或五小时书,预备道理,最好造定功课表。"③

关于生活,传道员"衣装饮食,不可繁华,随各处乡风,但求清洁而已。"④

关于工作,传道员有"圣事册",项目有"会堂、村庄、姓名、圣名、亲戚、代父母、生日、领洗日、代洗者以及婚配、送葬等圣事"⑤。

---

① 参见林淑理《传道员的故事》,台湾光启文化事业2007年版,第66页。
② [德] 赫尔曼·费尔希:《奥古斯定·韩宁镐主教传 一位德国人在华工作53年》,第110页。
③ Regulae Catechistarum (《传道员规则》). Scripsit R. P. Fr. Middendorf O. F. M., Director Scholae Catechistarum Vicariatus Apostolici de Wuchang, 载《教务丛刊》(Collectanea Commissionis Synodalis) Majus - Junius, 1934, p. 448.
④ Ibid., p. 446.
⑤ Ibid., p. 450.

同时，传道员还要备有日记本（记传教事）、教友名册、圣事册、账目册。四册在每月到本堂时带来，报告神父。①

在神父稀缺的情况下，传道员的工作更为繁重，有时需要帮助教友处理婚丧等事宜。

传道员是教友与神父之间的桥梁和纽带，能够处理各种复杂的人际关系，"对于教员、会长、进行会长、神父的司务和一总的教友，当待以礼貌，并相帮谋公共利益，要免除嫉妒和贪虚荣，遇有冲突，或阻拦传教事业时，当忍耐听神父安排。"②

本章研究的对象是贞女传道员。虽然所有的贞女都具有传教的意识和理念、为教会工作的热情，但是，传道员是一项严谨而规范的工作，候选人必须经过系统的教理知识训练。"贞女传道员"的内涵主要指那些接受过训练、具有传道资格，且把毕生精力投身于教会福传事业的贞女。

（三）贞女传道员的产生

明末，进入中国内地的欧洲传教士对女性传教十分谨慎，基本不直接与女性接触。大凡有条件的教会，分男女教堂，或用布幔将两性分隔成两个空间。

虽然传教士小心谨慎地对待女性，但明清之际，教会发展依然缓慢，用隔离的方法向女性传教的效果并不理想。由于中国严格区分性别的风俗习惯，中国妇女"没有独立自由的自由，她们生活在对外隔绝之中，所以（传教士）和她们接触，给她们讲道，非常困难。"③

独身的男性神职人员不可能接触中国女性，更遑论对女性传教，启用女性对女性传教最为安全可靠、也是最有效率的一种方法，而已婚女性受家室拖累，于是，从独身女性中选拔传道员成为教会发展的一条途径。

明清之际，有些贞女已经产生了朦胧的"使徒"意识。北京城内，

---

① 参见 Regulae Catechistarum（《传道员规则》）. Scripsit R. P. Fr. Middendorf O. F. M., Director Scholae Catechistarum Vicariatus Apostolici de Wuchang, 载《教务丛刊》（*Collectanea Commissionis Synodalis*）Majus – Junius, 1934, pp. 449—450.

② Ibid., pp. 445—446.

③ [比]燕甫思：《中国教理讲授史：自十六世纪至一九四〇年天主教在中国传布福音及讲授教理的历史演变》，第81页。

一位在贵族家中做婢女的贞女曾向周围的女性传授天主教信仰。① 但这种工作不太规范,由于没有受到严格的培训,这些贞女尚不能说是真正意义上的传道员。

清中叶,多明我会传教区的贞女已经开始给妇女讲解要理,发宗教誓愿,并遵守生活规则。② 在四川,"星期日男女聚在一起时,她们(贞女)担任领导念经和唱歌的角色,并且她们给大家读圣书,或甚至像神父一般给人讲解教义。"③ 向教友讲解教义的贞女已经开始扮演着传道员的角色,但此时,教会培训工作尚未全方位展开,贞女传道员的影响十分有限。

(四)贞女传道员的资格认定

贞女传道员是整个贞女群体中的一部分,她们必须接受神学、圣经、教理教义以及各类文化知识的训练,因此,产生于贞女中的传道员是贞女中的骨干和精英,也是教会的栋梁。

一般来说,各教区选拔贞女传道员,工作能力和文化水平是基本要求,同时也考虑到性格的稳健与成熟等多种因素。以山东教会为例,贞女传道员的甄选非常严格:

> 并不是所有的贞女都有能力,以同样的方式承担传教方面的任务,有能力的贞女在教理学校授课,另外一些在孤儿院任教师或从事管理,没有什么才能和知识的贞女,教孤儿干一些家务活。还有一些贞女,隐居在父母家中,负责圣堂的清洁和装饰。最好、最有能力的贞女,作为要理讲授员给新教友讲课,在我们代牧区的规章中,女教理讲授员的年龄必须满36岁,她们承担着女性慕道都的授课任务,按照民间习俗,这项工作不可让男人来做。通过这些实际引导,这些贞女传道员如同男性传道员一样,工作非常有成就。在慕道者和外教

---

① 参见"耶稣会传教士殷弘绪神父致本会杜赫德神父的信"(1726年7月26日),载〔法〕杜赫德编《耶稣会士中国书简集》第Ⅲ卷,朱静译,大象出版社2001年版,第206—207页。

② 参见〔比〕燕甫思《中国教理讲授史:自十六世纪至一九四〇年天主教在中国传布福音及讲授教理的历史演变》,第45页。

③ Examples there of are ated by Mgr. Haouissee, Notions de Pêdagogie catéchistique, in C. C. S., 1937, P. 947—950, and in B. C. P. 1928, p. 571. 转引自〔比〕燕甫思《天主教中国教理讲授史》,第110页。

人的眼中，贞女教师有很高的声望，其中一个原因，就是贞女的身份，她们接受了良好的、科学的训练，为人们树立了很好的榜样。我们有很多年长的贞女，她们用一种值得效仿的方式去工作，并且为了她们的圣召而献身。通过她们的榜样，促使很多新教友的女孩子希望将来做一名贞女，对此，这些新教友的父母也同意她们女儿的选择。①

山东教会对贞女传道员的整体要求涉及年龄、文化知识、处理问题的能力以及在教友中的威望等。与在堂口、会口服务的贞女相比，这类传道员贞女的工作任务更重、责任更大。

有些教区注意把一般贞女与传道员贞女的工作职责进行区分，以直隶为例，19世纪末，教区统计数据报告，有"408名贞女，其中283人是担任教师工作"②。大部分贞女承担了传教工作，证明贞女传道员在教区工作中的地位与分量。

二 贞女传道员是如何炼成的

厘清传道员的基本概念以及贞女传道员的产生后，接下来就要讨论贞女传道员是如何陶成，如何成长，如何为中国天主教会中国社会奉献服务等问题了。

（一）清中期教会对贞女传道员的培训
（1）梅穆雅神父的探索。
教会的健康有序发展需要传道员的积极支持，其中包括贞女传道员的努力工作，因此，对贞女进行培训成为教会的一项重要工作。规范有序的贞女传道员培育最早开始于四川。法文资料记曰：

1773年，可敬者慕雅神父来到四川。来四川前他已经在法国创

---

① Vitalis Lange O. F. M., Das Apostolische Vikariat TSINANFU. Franziskanische Missionsarbeit in China. Werl, 1929, S. 101.
② Die Katholischen Missionen (Illustrierte Monatsschrift), 35. Jahrgang (1906/1907) 6: S. 127.

立了一个修会,这个修会致力于中国乡村贫穷女孩的教育,为让这些孩子脱离无知与愚昧,在四川的 POTIER 蒙席任职时,他便开始思考建立一座女子学校。但是在没有女教师的情况下如何开办这样的学校? 在现有的贞女中也找不到能够识字的人选。他自任小学教师,挑选一些年轻聪明又信仰虔诚的女孩,培育她们灵修生活,给她们上课,编写并提供简易教材。在他神昆 GLEYO (灵修方面的好友) 的许可下,派遣这些尚为年轻的女孩到不同地方任教。有几位传教士,尤其是圣马丁 (M. De Saint-Martin),未来 Caradre 的主教,对这项违反中国传统习惯的创新感到害怕紧张。但在可观的成效前,这些人的忧虑得到纠正,圣马丁这位未来的主教自己也邀请这些年轻教员中的一位 (帮助其教育女孩)。再晚些时候,四川的宗座代牧 (死于1801年,指圣马丁),在其病床上写给传教士们的信函中说:请你们继续维持所有的女子学校,如果他们遵从慕雅神父的理念,定会蒙天主的降福。我再次非常珍重地向你们嘱咐,要到处建立这样的学校。在这个问题上,我曾对此太冷漠、粗心大意。藉着这些学校,信仰及深度的虔敬在这些家庭中持续着……①

对中国天主教历史深有研究的沙百里神父也对梅神父富有开创性的工作进行了研究:

在 18 世纪的最后几十年,贞女们受召唤走出其隐居地,她们积极参与对少女和妇女的教会信仰培育。这种新的福传形式的推动者是梅神父 (Jean Martin Moye),1773 年开始,他成为川东和贵州的监理代牧主教,后于 1954 年由教宗庇护十二世列为真福品。在前往中国之前,这名法国司铎在洛林 (Lorraine) 创建了天主教普照修女会,致力于向儿童施教。与中国教友交往的经验,使他相信女子比男子更容易信教和忠诚的感恩,不过,他们感受到妇女受到的教育普遍不足,绝大部分的人都是文盲,因为无法阅读,只得在心中牢记念诵的祈祷经文。他清楚知道天主教贞女所具有的潜力,于是将对外福传的

---

① Francois-Marie Gourdon, "Les Vireges de la Province de Su-Tchuen", *Annales de la Societe des Missions-Étrangères1914—1964*. Paris, p. 267. 文中提到的 POTIER 蒙席应指四川代牧博主教。

第十章 贞女传道员　　265

使命委托她们，并由于她们的帮忙，一间小规模的女子学校才得以建立。①

经过梅神父的艰苦努力，四川贞女传道员文化水准极低的状况开始改善，梅神父"希望能够训练贞女成为少女们的义务布道者和施教者。为此目的，他修改了马青山制定的条例，而且还想建立一种结构更加严密和带有特殊神修的授职。其法国同仁艾神父（Gleyo）在开始时反对他的计划，但在一次神视之后，反而转向支持他。艾神父针对这样的授职而提出如下建议：我们的基础应该建立在虔敬与对圣母的奉献之上。如果有权决定，那么我就将之称之为'童贞荣福孝女会'。"②

梅神父培训贞女的理念主要集中在四个方面：纯朴、全心遵循圣意、神贫和善行，③并在此基础上挑选贞女传道员。关于梅神父的工作目标，巴黎外方传教会的若望·盖努（Jean Guennou）神父有一段精辟的评说："梅神父的伟大革新是把贞女作为传道员，并把贞女视为普照女修会的中国分支。"④

（2）教廷关于贞女传道员规则的补充。

清中叶禁教之后，欧洲传教士的活动受到限制，而本地传道员特别是贞女传道员的工作则相对安全："在神父被驱逐的省份里，只要有可能就指定传道员，他们对那儿余下的基督徒进行家访、讲道，坚定教徒的信仰，为他们做洗礼。传道员应向神父报告工作。"⑤启用传道员来弥补欧洲神父无法工作的缺陷是清中期教会的一个特点，其中贞女传道员充分发挥了她们的聪明才智。

虽然梅神父的培训工作取得了一定成效，但由于形势的局限、师资力量的短缺，尚不能完全达到培训之目标。因此传信部于1784年作出规定：

---

① ［法］沙百里：《中国基督徒史》，第231页。
② 巴黎外方传教会档案，第501卷，第275页；转引自［法］沙百里《中国基督徒史》，第232页。
③ 四种德性的培养载梅神父1781年5月29日写给欧洲修女们的信函；参见［法］沙百里《中国基督徒史》，第232页。
④ 参见［法］沙百里《中国基督徒史》，第232页。
⑤ 严嘉乐从北京寄给布拉格尤利乌斯·兹维克尔的信（1725年11月20日），载［捷克］严嘉乐《中国来信》（1716—1735），丛林、李梅译，大象出版社2002年版，第46页。

传教士们要努力创建初学院,在学校里,贞女不但能得到为担任女传教员的责任所需要的知识,而且也能得到修会的训练。①

从贞女传道员工作的严肃性和规范性考虑,教会方面开始考虑对贞女传道员进行系统培训。1832年,罗马传信部颁布了贞女在传教中应该担负具体工作的文件,"这个文件是传信部按照教会法252条(can. 252 CIC)拉丁礼教会传教事业的最高指导所制定的。"② 在教会高层看来,以欧洲女修会的培训方法为模板、将贞女集中进行学习培育并注入服务和责任的精神或许是一种更加理性、完善的方法。鉴于清中叶禁教的形势,传信部的指示不可能在所有教区贯彻实施,真正启动对贞女的全方位训练是在鸦片战争之后。

(二) 贞女学校:"准贞女传道员"的陶成所

开办专门学校对贞女进行培训的理念在清中期就开始了,但禁教的形势导致培训工作受到种种制约。19世纪中期,这种格局开始松动,一些教区出现了专门培训贞女传道员的机构或学校,以促使贞女传道员成为教会体系中一个重要的组成部分。

率先对培训学校注入新元素的是耶稣会管理的江南教区。1855年,耶稣会士Luigi Maria Aica在上海附近的华塘(Huang Tang)将那些献身于传教事业的贞女们组成一个团体,在耶稣会的示范作用之下,一些教区也开始了贞女传道员的培训工作。下面这段文献真实客观地反映了这一趋势:

> 除了提高贞女的道德品行生活,教会也强调知识的培育。如同对男性讲道员一样,教会也建立了贞女学校。1855年,薛孔昭(P. Sicca S. J.)在江南传教区开始了贞女的培训工作,继薛孔昭(P. Sicca S. J.)之后,鄂神父(P. Gonnet)对9位贞女培训,以使这些贞女能够在将来为其他女性上课,以保持一个适当的对非基督徒进行

---

① [比] 燕鼐思:《天主教中国教理讲授史》,第173页。
② Vgl. Weber, Anton, "Laien in China als Hoffnungsträger im Wandel der Kirche", Vortrag beim 18. Steyler China - Treffen am 25. Oktober 2002 in Nitra.

皈依的力量。在直隶（Tschell），教会继续这方面的工作。1876 年，鄂神父（P. Gonnet）在献县（Hien-hien）建立了一个学校，之后，又在魏村（Wei-ts'uen）建立了第二个相类似的学校，通过提高贞女的文化品质，使她们赢得非基督徒的尊敬和声望。贞女还学习中国古籍，但却没有解释意义。贞女们还学习医学方面的知识，1857 年，巴黎传教士童保禄（Perny）在贵州（Kweitschu）建立了一个培训贞女的学校，1864 年有学生 26 名。1865 年胡主教（Msgr. Faurie）在给传信部的报告中说：多次尝试着让贞女学习团体生活，使她们在修道院内联合起来，这样可以更好地给贞女上课，使她们更热心，举止行为更适当，工作更富有成果，但是没有成功，原因是有一些贞女不愿意离开父母，还有一些贞女不支持她们进入团体。在革命的动乱时期，贞女不得不逃亡到省会，胡主教（Faurie）利用这个机会把以前的修道院重新开放，使它恢复生机。如果一位贞女不在这个修道院接受初学教育，那她就不能获得"贞女"的称号。在山东南部，有些贞女想做教理讲授员，必须接受课程学习。有一些尝试是富有成效的。①

由此可见，鸦片战争之后贞女传道员的培训目标朝着复合型、技术型人才方向发展，培训方法是集中学习，由于教会在各地发展的不平衡性，培训的效果也不太一样。但教会对贞女传道员的要求则十分清楚：凡是有志于从事福传工作的贞女必须离开家庭。因为传道员是跨地域的工作，住家型的贞女无法胜任。

在贞女培训的年龄和时间方面，各教区规定也不太一致，如燕鼐思神父在其著作中提到 1892 年直隶东南部培训贞女的学校，"学生年龄在 20 岁以上，这些准备担任女传教员或老师的女孩子，应该修完 5 年课程，接受宗教书籍的彻底训练。为其他学生，这个初学院只有两年至三年课程。"② 在贵州监牧区，"初学限为两年至三年，以后这些贞女被派往学校

---

① Johannes Beckmann, Die katholische Missionsmetfiodc in Chinain neuester Zeit (1842—1912), Gcscbidididic Untcrsudiung über Arbeitsweisen, ihre Hindernisse und ErfolgeVerlag des Missionshauses Bethlehem Immensee (Sdiweiz), 1931, S. 86.
② 参见［比］燕鼐思《中国教理讲授史：自十六世纪至一九四〇年天主教在中国传布福音及讲授教理的历史演变》，第 173 页。

与女望教者听道处开展活动。"① 与此同时，加快对贞女的培训和管理也引起教会高层的重视，在 19 世纪末召开的数届会议中，也都有促使所有的守贞姑娘度团体生活，传教士努力成立类似师范学校和初学院二者合璧式学校的讨论。②

至 19 世纪末，培训贞女的机构在各个教区几乎都能见到，这些培训学校"最重要的任务是传播给学生们信仰的精神和实际的灵修生活"③。同时，公教教育的发展为贞女学校在教学内容、教学质量等方面提供了一个参照系，而欧洲女修会加盟培训工作又将贞女的整体素养提升到一个新的台阶。

（三）快速提高文化知识及独特的传教方法

贞女传道员的培训并非一帆风顺，她们绝大多数在培训之前没有受过正规的文化教育。为了让贞女尽快提高文化水平，有些教区采用古经字母识字法来提高贞女的文化程度。如，韩宁镐主教在创建国籍圣家修女会的同时又组建了"在家贞女传教会"，这些准备担任传道员的贞女没有受过太多的教育，不能阅读中文，但是她们能够读罗马体书写的圣经和中文祈祷书。她们使用的字母表称之为"古经字母"，通过这种方法，能够比较容易、比较快的学会汉字。所有的贞女（按：指圣言会管理教区的贞女）都认识字母表，那些培训贞女的传道员也认识，这些妇女能够用这种罗马式的中文相互写信。中国另一些教区也使用这种方法，如福建，这种罗马式的识字方式法开始较早，可能在明朝徐光启时代就有了。④

贞女传道员的工作对象是妇女和儿童，传教方法也有其独特的一面。从清中叶马青山修订的《童贞修规》到晚清之后出版的《童贞指南》、《守贞规则》，均有关于贞女传道员的工作条例。如《童贞修规》有"教书要法"一节，讲述教授要理的方法是："教字时，要破解意思……姑娘的责任是教众学生无偏爱，教穷人如富贵的，教懵懂的比有明悟的更切

---

① ［比］燕鼐思：《中国教理讲授史：自十六世纪至一九四〇年天主教在中国传布福音及讲授教理的历史演变》，173 页。
② 参见［比］燕鼐思《中国教理讲授史：自十六世纪至一九四〇年天主教在中国传布福音及讲授教理的历史演变》，第 173 页。
③ ［德］赫尔曼·费尔希：《奥古斯定·韩宁镐主教传 一位德国人在华工作53年》，第 11 页。
④ Leo Leeb, *Chinese Catholics and Priests Perceiving the SVD and SSpS Mission in China*, Steyler Missionswiss Institute, 2001, pp. 31—32. 通过罗马字音学习汉字，创造者是方济各会主教 Cosi。

德国圣言会传教士为提高中国贞女文化程度使用的"古经字母表"

心，一个都不丢。"①

1793 年主教牧函也涉及贞女传道员的工作权限及传教方法：

> 她们不应以神父在弥撒中讲道理的方式来讲教义，却只能以谈话聊天方式讲教义。她们不能给男人讲教义，但若有死亡危险，又无合适人员在场时，不在此限。②

传教方法强调对话而不是说教，是考虑接受者文化程度较低等特点，采用对话的形式来讲授教理轻松活泼，更适合妇女和儿童的心理特征。

（四）合格贞女传道员的标准

守贞姑娘在传教工作方面担任重要角色，只要她们接受所需要的训

---

① 《童贞修规》，第 17—18 页。
② Delaplace, De Eloquentia sacri comcionatoris, pp. 80—90. 转引自［比］燕鼐思（J. Jennes, C. I. CM）《天主教中国教理讲授史》，第 111 页。

练，她们将是妇女老幼讲道的适当人选。① 但是，并不是通过学习和训练的贞女最终都能成为教会认可的传道员。真正的合格者是贞女群体中的精华、中坚和骨干，是宗教教师队伍的核心，教会对她们的要求更为严格。1784 年，教廷对于贞女传道员的年龄、才能等方面作出规定："讲授要理的贞女的年龄应该超过 30 岁，并且在德行、知识和智慧等方面超过他人。"② 1793 年，冯若瑟主教又另加了一些规定："负责给女望教者讲道理的女教师，不得小于 40 岁；此外，她们该具备应用的知识与明智。"③ 这份文件还强调贞女传道员"必须充分地接受教理方面的训练"④。

近代以后，各教区在挑选贞女传道员的过程中都要遵循或参考教廷的意见，但由于各教区发展的不平衡性，年龄要求存在一些差异，如在山东北部的济南府，贞女传道员至少要 36 岁。⑤ 教会认为，成熟的传道员需要经过一段时间的考验，如此才能理性地处理复杂事务、承担艰巨的工作。

圣言会是近代中国十分活跃的一个传教修会，在他们管理的传教区内，"贞女的确切数字谁也不知道，但接受培训的人很多，其中有修女对贞女的培训，如果贞女没有接受培训，就不能进行福传工作"⑥。近代以后，随着传教环境的宽松，教区范围的扩大，信徒人数的增多，需要更多的"传教姑娘"，因为人手缺乏，圣言会把贞女传道员的年龄由 1793 年牧函规定的 40 岁放宽到 30 岁，并在教区颁布的《守贞要则》中对传教姑娘的行为规则作出更为详细的规定：

    凡是姑娘都该有救人灵魂的热心；

---

① 参见［比］燕鼐思《天主教中国教理讲授史》，第 110 页。
② COLL. S. C. P. F. , Collectanea S. Congregationis de Propaganda Fide seu Decreta, Instructiones, Rescripta pro apostolicis Missionibus. 2 vol. Rome, 1907, p. 351. 1784 年 4 月 29 日传信部答复范益盛主教的信函。
③ Delaplace, De Eloquentia sacri comcionatoris, pp. 80—90. 转引自［比］燕鼐思（J. Jennes, C. I. CM）《天主教中国教理讲授史》，第 111 页。
④ ［法］沙百里：《中国基督徒史》，第 234 页。
⑤ R. G. Tiedemann, "Controlling the Virgins: female propagators of the faith and the Catholic hierarchy in china", Women's History Review, Vol. 17, N. 4, September 2008, p. 511.
⑥ Ortrud Stegmaier SSpS, "MISSIONSDIENST AM EIGENEN VOLK, Die Heranbildung einheimischer Ordensfrauen durch Steyler Missionare und Missionsschwestern", VERBUM SVD; Vol. 16—1975, ROMAE APUD COLLEGIUM VERBI DIVINI. S. 68.

年满 30 岁可做传教姑娘。如果人手不够，不满 30 岁的贞女外出传教，须有人陪伴；

姑娘不许教男人（9 岁以上）经言问答，但遇大病临终的人，没有别人的帮助，姑娘可以尽这个本分；

男女念经的时候，若有男人领经，姑娘不领经；

姑娘在外传教，不分穷富、不论何人（对否脾气），不可嫌烦，用心教女教友学道理；

不要议论世俗事情；

住宿有什么危险，告诉神父，保护自己的德行；

女教友生病或临终，传教姑娘应该相帮扶助，代洗的小孩子。①

虽然各教区对贞女传道员的标准有所差异，但基本不外乎以下几项条件：成熟的年龄（一般是进入中年之后）、接受较长时间的培训、坚定的信德以及吃苦耐劳的精神。

经过贞女学校的系统培育、经过教会领袖的甄选，贞女传道员群体逐渐走向成熟。她们与男性传教员一样，离开自己的家庭，下会口、进堂区、甚至跋山涉水深入非信徒居住的乡村去帮助那些需要关爱的人们。她们的辛勤劳动不仅为教会赢来声誉，也为教会历史增添了荣耀。

（五）贞女传道员的类型：住堂型与巡回型

第二次鸦片战争以后，不断有新的修会进入中国开辟传教区，快速发展的教务使得教区人手紧缺。以圣言会为例，1880 年，第一位传教士安治泰（Johann Baptist Anzer, 1851—1903）进入中国，他发现寻找合适、称职的传道员并非一件容易的事情。三年之后，正在山东传教的安神父仍然没有找到合适的女传道员，他说："我没有女传道员来教导妇女，如此产生了问题。在泰王庄一个 10 岁的女孩担负起这个工作。"②

由一个未成年的女孩子充任贞女传道员，可见圣言会传教初期之艰难，这种状况直到 1905 年圣神会修女进入山东等地，开始对本地贞女的培养，安治泰当年的窘境才告结束。

---

① 参见《守贞要规》，第 16—18 页，文字有删减。
② [美] 周华德：《天国的拓荒者》，薛保纶译，台湾天主教圣言会 1996 年版，第 64 页。

圣言会培训贞女的学校起初设在坡里庄，为了吸收更多立志守贞的女性入学，学校迁往济宁。随着学生的增多，学校延长了学习时间，增加了课程设置，特别是添加了自然科学等方面的课程，以适应社会发展的需要。①

就贞女传道员工作生活的模式来看，最初为住家型。早期承担传教工作的贞女多住家庭，如福建霞浦邓贞女（详见十一章）。在教务发展中，贞女传道员的工作模式主要分为两种：一是巡回传教型，以一个大的堂口作为中心点，然后向周边地区派出传教姑娘工作，这种类型以上海献堂会最为典型；二是住堂型，即贞女传道员固定在某一个堂口或堂区，神父仅在主日来主礼弥撒，传教姑娘成为这个堂口（堂区）的事实负责人，平时的工作有组织女信徒学习教理，管理教堂杂务，开办儿童要理班等。

住堂型的贞女传道员弥补了传教士人手不够的难题，晚清以后，这类贞女成为协助管理教堂杂务、发展新教友的重要力量。关于这个群体的一些基本情况，清代档案有所记录，下文以川沙厅②贞女传道员的情况说明之：

> 十七保十二图烂缺口小教堂一所，教士陶姑娘；
>
> 十七保十二图西宋家宅小教堂一所；十七保十二图北宋家宅小教堂一所，教士宋姑娘（宋姑娘负责两所教堂）；
>
> 二十保七图东丁家宅小教堂一所，教士丁姑娘；
>
> 二十保十六图孙家宅小教堂一所，教士孙姑娘；
>
> 二十保二十五图西李家宅小教堂一所，教士李姑娘……③

档案所记这一地区清册统计有24座教堂，其中11位姑娘管理其中的

---

① 参见普路兹·米格《真福福若瑟神父传》，薛保纶译，天主教圣言会1997年版，第49页。

② 清代厅有两种，一是直隶厅，一是散厅（相当于县），川沙厅是散厅，后改为川沙县。1992年10月11日国务院批复：设立上海市浦东新区，撤销川沙县，浦东新区的行政区域包括原川沙县，上海县的三林乡、黄浦区、南市区、杨浦区的浦东部分。

③ 参见台湾"中央研究院"近代史研究所编《教务教案档》第六辑（二），光绪二十二年—光绪二十五年，1981年，第810页，第811页，"总署收南洋大臣刘坤一文·咨送光绪二十二年春季分江宁等十一府州厅属教堂处所清册"。原清册记录地址、教堂的样式（西式或华式），所属天主教，教士姓氏，国籍等，如"十七保十二图烂缺口小教堂一所，系华式，属天主教，教士陶姑娘，本国人"。因为贞女负责教堂均为华式、她们均为中国人，引文略去相同内容。

12座，其余为中外司铎管理。区区一地有如此多的贞女以堂为家，说明晚清以降天主教的发展以及贞女传道员的增多。

一位姑娘管理一处教堂（亦有兼管两处以上），似乎是川沙厅一带教会的特点，但在其他地区，有贞女团体、慈善机构与教堂连为一体的情况。在嘉定，"北路娄塘镇让号阳图有法国人购地建设天主堂一所，内洋式大厅并六大间，设为天主堂，旁有男女塾室及接婴处、更衣等所，共计四十六间，另有毗连靠街市面瓦楼平房三十九间，均系租人开店居住。共计华洋瓦楼平房九十一间。现查教堂内住童贞女，系法人乔总铎管辖。"[①] 此处显然是一个大的堂区，教堂住有贞女团体，因办有学校及育婴堂，需要独身女性在此工作，其中也不乏担任传教任务的贞女传道员。

三 贞女传道员与男性传道员之比较

教会拟定的传道员规则，并没有严格的性别区别，比如关于传道员的基本素质，马青山主教修订的规章认为，传道员应具有谦虚、忍耐、爱人的美德。古拉认为牧职者需要具备五种德行：神圣（holiness）、爱德（love）、值得信任（trustworthiness）、利他主义（altruism）、明智（prudence）。[②] 王守礼主教编订的《传教员手册》要求传教员应具备"威信、清白、热忱、榜样、勇敢、乐观、明智、乐善"[③] 等优秀品质和操守。对所有传道员的要求，基本标准应该是相似的。但在传道员履行其职责中，却有着明显的分工和各自的工作重点，下文即对男女传道员的称呼、工作对象、任务、方法等方面存在的差异进行分析比较。

（一）"传道员"的称谓

"传道员"是活跃在基层并协助神父工作的平信徒。男性传道员多称之为"先生"（献堂会员亦称之为"先生"）、"传教先生"，江南教区除

---

① 台湾"中央研究院"近代史研究所编：《教务教案档》第六辑（二），光绪二十二年—光绪二十五年，1981年，第846页，"总署收南洋大臣刘坤一文·咨送光绪二十二年春季分江宁等十一府州厅属教堂处所清册"。

② Richard M. Gula, *Ethics in Pastoral Ministry* (Mahwah: Paulist Press, 1996), pp. 44—50；转引自林淑理《传道员的故事》，第270—271页，五种德行的具体内容略去。

③ 参见王守礼《传道员手册》第三章"检讨的资料"。

了"传教先生",还有"相公"(Secretary‐catechist①,又译为"助理传道员");东北教会称传教员为"讲士"②。多种称谓说明中国地域文化以及方言的多样性。贞女传道员的称谓则比较简单,多称之为"传教姑娘",南方对年长的贞女传道员称之为"姑婆"。通过称谓,人们能够判断传道员的性别,如"先生"、"相公"、"讲士"多认定是男性,而"姑娘"则一定为女性。清朝初期,江南教会还将服务于教会的平信徒称之为"司事",称谓中性化说明这一角色男女平信徒皆能担任。

司事本是中国古代的一种官名,《左传·昭公十七年》记载:"鹘鸠氏,司事也。"但教会使用这一称谓与古代官名没有任何关系。

教会的司事全称为"教堂司事(ecclesiarch)",主要负责教堂维护以及周围坟园的管理。清朝初年,耶稣会士鲁日满在江南一带传教,其日记中记载了教堂司事的情况:"奉献给救世主耶稣的教堂,有(长期的)教堂司事,即 Gregorius Sie Chao fu 和他的妻子,显然他们也是苏州房屋的负责人。"③ 1674 年 11 月,鲁日满到苏州,"在苏州停留期间,鲁日满拜访了当地官员……他还会见了苏州的教堂司事 Sie Chao fu 夫妇"④。

鲁日满神父所记录的江南"司事",其职能主要是照看教堂。但如何传教?如何为教会承担更多的工作?不甚清楚。因而清初的"教堂司事"与清末民国出现的"传教司事"有很大的差异。

随着教会事业的拓展,天主教启用更多的平信徒服务教会、服务社会,其中"传教司事"的角色非常具有代表性。

教会为何要用"司事"这一称谓?"司事"是什么意思?为什么教会

---

① [比]高华士:《清初耶稣会士鲁日满常熟账本及灵修笔记研究》,第 149 页注释②。是页正文记载:"1674 年 11 月 18 日记,相公(助理传道员)(送给我)一斤香圆片。同样送给柏应理神父一斤香圆片和一坛酸萝卜。"说明清朝初年男性传道员与神父的友好关系。
② 台湾"中央研究院"近代史研究所编:《教务教案档》第六辑(三),光绪二十二年—光绪二十五年,1981 年,第 2101 页,"总署收署吉林将军延茂文,附粘单·法教士路平在农安县属转委奉教华民张据德添设教堂已饬属照灼保护"。关于讲士,原文如下:"吉林将军延茂文称:光绪二十三年十一月三十日,据署农安县知县白希李详称,兹有法国教士路平到县赴署呈验执照,并声称,伊转委奉教华民张据德在于县属本城万金塔屯、靠山屯设立天主教各一处,其本城教堂派奉教华民会长康德耀,讲士王秉长、丁万恒,万金塔屯派奉教华民讲士曹运祥、吴广福,靠山屯派奉教华民讲士孙树椿、李鸿儒宣讲经理……卑职当将该教士执照照录存案,即将原照发还。"由于传教士人数有限,乡村教堂多由会长、传道员负责。
③ [比]高华士:《清初耶稣会士鲁日满常熟账本及灵修笔记研究》,第 164 页。
④ 同上书,第 184 页。

要有"司事"？民国一位叫齐昌文的司事撰文进行了详细论说："考圣教组织法，并无司事之名位，惟我国以地广人稠，迄今未闻真道，而未沾主光者，实居多事。欲求福音普遍于华夏，司铎不敷分配之际，不得不任用司事，以辅助其进行。"① 司事齐昌文对"司事"的解释十分清楚：天主教的"司事"就是做事、干事，突出的是服务奉献之精神。

司事是辅助神父传教工作的帮手，在教会发展中具有十分重要的地位。因此担任司事者需要具备如下条件：

> 身家清白，品行端方；身体强健，足以耐劳苦；文字清通，至少须有初中毕业程度；须娴熟圣教要理，俾使应对各教外之责难，或教内之疑难者；应熟谙人情、法理，善于排难解纷，须牺牲一切，具大无畏精神。②

司事虽然是为辅助司铎而设，但工作范围非常之广，涉及教友（亦包括非教友）的生老病死、婚丧嫁娶、民事调解等，但无论事务多么繁琐，"努力宣传福音，供家喻户晓"③ 则是工作重点。

清末江南一带司事较多，光绪二十七年（1901年），江宁通州司事中有许多女性，如，"东乡吕四场华式天主教分堂兼育婴堂、义塾一处，女司事顾茂才、王贞姑、王秀文、张翠文均海门厅人，属本城廉神父管"④。

---

① 齐昌文：《传教司事在华的地位》，载《我存杂志》第1册（原第一卷第三期，1933年），第276页。
② 同上。
③ 同上书，第277页。文章列举了司事的工作职责："勤行祈祷，俾利教务之进行；勉立芳表，做教友的模范；努力宣传福音，供家喻户晓；联络教友感情，促其共负传教责任；教友与教友或与外教遇有发生事端，应竭力排解，毋使涉讼，盖亦息事宁人之意也；注意教友子女的婚姻问题，及时为之介绍，或作伐（即做媒），如本地无相当门户，须与邻区司事差商，务使所属教友，绝无与外教结婚之弊；遇有教友新生子女，即当为之代洗；见教外病危，亦当劝喻其信教；测其有相当信仰，乃代施圣洗；临终系永远升沉关头，平时须常促教友注意，尤宜勤勉巡礼教友，遇重病者，即着请终傅；本区内共有教友若干，应彻底明了，如已家有若干人口者然。每年开四规时，尤宜格外注意未满四规者，使之遵行。有阻挡者，设法除去，务使区内，绝无不开四规的教友而后已。"
④ 台湾"中央研究院"近代史研究所编：《教务教案档》第七辑（二），光绪二十六年—宣统三年，1981年，第701页，"外务部收南洋大臣刘坤一文，附清册·咨送二十七年春季分江宁等州府厅设立教堂处所清册"。档案所列几位女司事，未说明已婚或未婚，但从名字判断，王贞姑应为传教姑娘。

从名字判断，王贞姑应为传教姑娘。在通州，亦有女司事顾贞女在教堂服务。①

从职责来说，男性"司事"相当于传教先生，所负责的工作比"管堂先生"更广，是协助神父传教的重要人员；女性"司事"可以是已婚者、寡妇，也可以是贞女，但由于司事承担的工作繁多，有家室的女性一般难以胜任，贞女传道员是担任这一职位的最佳人选。

据统计，20世纪30年代，教会司事已经数以万计。② 虽然不知其中包括多少贞女传道员，但却反映出民国以来有更多的平信徒加入服务教会、服务社会的大趋势。

（二）选拔与培训

清中叶，李安德神父的日记中有关于挑选和培训传道员的记录：1755年12月9日，重庆附近的桃霸，根据教友们的习惯，经过三天守斋和集体祈祷后，抽签提到刘氏家族三名传道员，弥撒后他们在教友、神父面前，面对十字架发誓许诺，愿意依靠天主的恩宠，忠实完成任务。③ 这种程序仪式明显是在挑选男性传道员。

贞女传道员的选择和训练比男性更为严格，第一要务就是在专门的学校集中培育，训练合格才能履行其职责。如，"张家庄（河北献县）男校一座，望教女校一座，校生二十余名，冀州张大姑教读。大陈家庄女校一座，每主日讲道处，南皇亲庄范大姑教读。"④ 同时，贞女传道员的选拔还包括年龄、信德、能力、文化程度等多方面的因素。

不断地加强文化知识学习、要理方面的训练以达到提高综合素质和工作能力之目的，这是贞女传道员终其一生的任务。教会出版的诸多书籍中常常提醒贞女是其重要的读者群，如《领洗要理讲话·自序》云：

---

① 台湾"中央研究院"近代史研究所编：《教务教案档》第七辑（二），光绪二十六年—宣统三年，1981年，第702页，"外务部收南洋大臣刘坤一文，附清册·咨送二十七年春季分江宁等州府厅设立教堂外所清册"。

② 参见齐昌文《传教司事在华的地位》，载《我存杂志》第1册（原第一卷第三期，1933年），第277页。

③ 参见林淑理《传道员的故事》，台湾光启文化事业2007年版，第70页。亦可参见方豪《中国天主教史人物传》"李安德"部分。

④ 孙玉林："开教成绩"，载《圣母会刊》，献县教区，1934年，第17页。

本书是为辅助神父、传教先生或姑娘，给望教者讲解领洗要理；他们或以此书参考，或摘取书中之紧要节目向望教者高声朗念。①

（三）工作对象

贞女传道员的工作对象主要是女性和儿童。关于培育儿童，《传道员规则》强调：

> 教训儿童的本分，首推父母，次本堂神父，三传教士（员），若有工夫，可在所辖学校，顺代一二时教员所缺的课目，以启诲儿童心理，若无学校之处，可至其家，或集在一处，教以经言要理，当以温和相持，不可放纵，亦不可猛烈，当以极明白方法，多用比方，使其易懂。②

事实上，儿童的灵性启蒙，主要是传教姑娘完成的。因此，德国圣言会来华之后，根据中国的社会文化特点而特别强调：

> 男传教员们是男人的导师，而女传教员们、贞女和姑姑们应该类似是女基督徒的老师，一个具有美德和教育水平的贞女教友始终享受很大的尊敬。他对堂口能发挥非常好的作用。③

这种原则首先在坡里庄严格执行，此后被推广到圣言会管理的各教区。

韩宁镐主教从教会的工作实际出发、对传道员的工作提出了特别要求：

> 虽然真正的牧灵工作——举行圣事和要理班——还是要落到传教

---

① 孔广布编：《领洗要理讲话·自序》第一册，保禄印书馆1940年版。
② Regulae Catechistarum（《传道员规则》）．Scripsit R. P. Fr. Middendorf O. F. M., Director Scholae Catechistarum Vicariatus Apostolici de Wuchang，载《教务丛刊》（*Collectanea Commissionis Synodalis*）Majus–Junius, 1934, p. 443.
③ ［德］赫尔曼·费尔希：《奥古斯定·韩宁镐主教传：一位德国人在华工作53年》，第110页。

士的肩膀上，但一个堂口不能缺少它的传教员。那位传教员必须长期生活在教会团体中，必须管理信徒的信仰生活，必须教训他们更好地祈祷和遵守上主的规律和教会的教条，也必须特别注意到儿童们的教育。①

这里所说的工作内容显然包括贞女传道员。

（四）工作形式

比利时学者燕鼐思在其著作中总结了传道员的两种类型，一种是"地方传道员"（local catechists），相当于会口的"会长"。地方传道员产生于最热心最守规则的教友之中，在所居住的乡村传教，神父不在时负责教友的宗教生活，神父"下会"时安排神父的生活；另一种是运动传教员（traveling or roving catechists），伴同神父外出或被派往各村传教者，这些人有一定的薪水，但总人数较地方传道员少。② 此处所说的两种类型主要指男性传道员情况。

传道员与神父关系密切，特别是在清中期，"在神父被驱逐的省份里，只要有可能就指定传道员，他们对那儿余下的基督徒进行家访、讲道，坚定教徒的信仰，为他们做洗礼。传道员应向神父报告工作。"③

在传教实践中，男性传道员一般是生活经验丰富、在某地域有一定影响力的人；而巡回传道员几乎成为外籍神父的"跟班"，特别是初到中国的外籍神父人生地不熟，更加需要这类传教先生的帮助。因此，巡回传道员也是神父传教的伙伴、旅行的向导和生活的帮手。

传教姑娘也有两种基本类型，第一类为住堂型，教堂平日没有神父，贞女传道员负责教堂的一切事务，主日神父到来之前，组织其他贞女或热心女教友做好弥撒前的一切准备；第二类是活动型，这些贞女传道员离开自己的家乡，经神父派遣到外地，特别是到非信徒集中的地区工作。

---

① ［德］赫尔曼·费尔希：《奥古斯定·韩宁镐主教传·一位德国人在华工作53年》，第110页。
② 参见燕鼐思《中国教理讲授史：自十六世纪至一九四○年天主教在中国传布福音及讲授教理的历史演变》，第84页。
③ 严嘉乐从北京寄给布拉格尤利乌斯·兹维克尔的信（1725年11月20日），载［捷克］严嘉乐《中国来信》（1716—1735），第46页。

第十章 贞女传道员

由于贞女传道员的工作对象限定于女性，其人际关系、人际交往也限制在女性之中，她们培育新一代的贞女、与修女们合作、向非基督徒女性传播信仰知识、与女性朋友分享灵性生活，展现的是母亲、教师的形象，树立的是敬业克己之精神。

关于男女传道员，进入中国的欧洲传教士也发现其中的区别和差异，他们对此进行了分析比较：

> 如同男性传道员的教理讲授针对男性，贞女的作用针对女性，中国贞女组织在几个世纪以前就已经形成，并且保持到现代，现在开始有所改革。贞女成员一部分生活在团体当中，一部分与父母住在一起。贞女的重要性在于：一方面对于封闭的中国女性发挥作用；另一方面在欧洲修女进入中国之前，贞女们承担着传教的工作。
>
> 贞女的成果是对于外教人的皈依，她们的工作得到传教士们的肯定，如福音所说：女人和面需要酵母，贞女的作用，就是异教徒中的酵母，只要贞女存在，传教士就能寻找到已经准备受洗的心灵和皈依天主教的萌芽。这些萌芽或早或晚都能散发出恩宠的光芒。贞女不仅仅在农村地区皈依非基督徒，在城市也同样进行这样的工作，她们劝化非基督徒的热情，为教会带来发展的契机。贞女所担负的福传工作，其意义和成果，是把福音带入社会的最底层。传道员的工作缺乏持续性（按：指男传道员），如果想要这些工作成果保存，需要贞女的帮助。1865 年，胡主教（Msgr. Faurie）在给传教部的报告中说：……我不再有这种需要——让欧洲的修女到中国传教，因为本地的贞女承担了传教工作，而且费用很低，她们的工作量特别大，工作很有成果。[①]

由此可见，贞女传道员在教会所扮演的角色、对教会社会所作的贡献使之成为教会不可或缺的一个群体。

[①] Johannes Beckmann, Die katholische Missionsmetfiodc in Chinain neuester Zeit (1842—1912), Gcscbidididic Untcrsudiung über Arbeitsweisen, ihre Hindernisse und ErfolgeVerlag des Missionshauses Bethlehem Immensee (Sdiweiz), 1931, S. 84.

（五）工作报酬

男性传道员（主要是陪伴神父外出的传道员）因有家室，需要有一定的经济收入来维持家庭成员的日常开销。关于男传道员的工资收入，耶稣会士鲁日满账本有所记录，下文撷取几条：

> 1675年4月6日记，鲁日满给前去崇明岛的传道员：1.000两；作为礼物送给刘相公（"助理传道员"）：0.280两。①
>
> 1675年6月6日记，"给传道员Kin Martha的救济：0.600两"。（日期同上）"我给传道员Franciscus Fam Yu vam的旅费，他受命到许多地方奔走：0.720两"。
>
> 1675年10月9日记，"最近，传道员唐天石在T'am Pedro陪同下从杭州返回常熟，花费约：1.100两"。
>
> 1676年3月31日记，"以年轻妇女们的名义，实际上我自己的钱，送给盲人传道员Li Tum mui：0.500两"②。

虽然男性传道员有一定的经济收入，但真正愿意承担这一工作的人并不多见。直到晚清，神父寻找一位合格的全职传道员（指"巡回"型）十分困难，一位圣言会士在信函中述说了山东传道员的情况：

> 三十至四十年前基督徒不多，一位传教士要管理一至五个教会，所以，一些堂口的信徒常常自己管理自己。传教士每月拜访巡视堂口，与教友待上几个礼拜。今天不可能知道那个时候最高的生活费是多少。雇一个好的传教员是比较容易的，每个教会都有一个传道员，他一个月可以拿到一两块钱。现在情况发生了变化，在山东，天主教信徒从150上升至150,000位，其他教区也是如此。但我们的传教方法没有改变，因为我们没有更多的传道员，仅仅只有一位既不会读

---

① 参见［比］高华士《清初耶稣会士鲁日满常熟账本及灵修笔记研究》，第112页。关于助理传道员，高华士的英文解释为Secretary - catechist（《清初耶稣会士鲁日满常熟账本及灵修笔记研究》第149页注释②）。

② ［比］高华士：《清初耶稣会士鲁日满常熟账本及灵修笔记研究》，第120、122、124、144页。

也不会写的虔诚农民，去对教友进行教理和祈祷方面的培训。传道员中有一些人可以讲道，但由于得不到教友的尊重，不可能去要理学校很好地授课。我们每个月付给他们两三块钱，但这些人只是冬天才和我们在一起，夏天他们要干农活。因此，我们希望得到可靠、优秀、受过教育的传教员，必须提高他们的薪水。[1]

近代教会的发展促使传道员的管理体制逐渐完善，教会对传道员的职责、接受工资的态度及程序作出相应的要求：

> 传教士（员）尽传教的本分，应当得相当工价，工价虽不多，因为圣教会的钱是从捐输来的，但可足给妻室儿女生活就够了，若不尽本分，随时可以减其工价，若更有另外热心工作，亦可希望加以特别之工价，每月发薪时，当请神父在账目册子写明，但我们的工作，不单为工资的奖赏，第一为天主及圣教会，永远的赏报。[2]

随着环境的逐渐宽松以及教会经济实力的增加，清末民初圣言会管辖的教会发给男女传道员（包括孤儿）一些补贴，大约一个月5—6个德国马克，但传道员们经常将这些微薄的收入"给了最需要的病人和老人，或者给小学，或者用于建立小堂祈祷所"[3]。

一般来说，《传道员规则》中关于工作报酬的规则主要针对男性传道员，与有家室的男传道员相比，贞女传道员的工作安排和调动则相对容易，她们能够随时听从教会的安排，且报酬低微，甚至没有任何报酬。如山东贞女传道员的工资比男性同事要低：

> 因为贞女不需要养家糊口，自己消费还有土地……优秀的贞女还把自己的收入奉献出来，比如，为了传教需要，教堂装饰等。一般情

---

[1] Rev. G. M. Stenz, S. V. D., "New Working Methods", *Catholic Mission*, May, 1928 Number, p. 306. 文中所说给传教员发薪水事，所用货币为"dollar"。

[2] Regulae Catechistarum（《传道员规则》）. Scripsit R. P. Fr. Middendorf O. F. M., Director Scholae Catechistarum Vicariatus Apostolici de Wuchang, 载《教务丛刊》（Collectanea Commissionis Synodalis）Majus – Junius, 1934, pp. 450—451.

[3] 参见［德］赫尔曼·费尔希（Hermann Fischer）《奥古斯定·韩宁镐主教传 一位德国人在华工作53年》，第241—242页。

况下，如果一些传教士有经济困难，贞女全部或部分将她们的收入献出。有一些贞女在慕道者当中，不仅授课，还做更多的补赎生活（按：指守斋、克苦、祈祷等），如果有冷淡的慕道者不愿意做善功，贞女就为这些慕道者做补赎善功，祈求天主的特别恩宠。贞女的热心祈祷经常被天主俯听、被天主应允。有一些新的教友团体建立了，在这些团体中，一些男教理讲授员没有完成任务，或出现一些错误行为，致使信仰摇摆，通过贞女的热情、高尚的品德以及补赎善工，使这个新的团体得到稳固，信仰更加坚强，将这个团体打造成模范式的团体。[1]

贞女传道员的工作虽然报酬低微或者零报酬，但她们却将微薄的收入奉献教会，以此表示其工作理念。上海的贞女传道员无偿为教会服务成为教区的传统，她们一心一意为教会服务，不拿工资，义务劳动，做手工活儿养活自己。一生奉献给教会。[2] 贞女传道员的无私服务是以奉献精神作为支撑，对于这些自己的一生贡献给教会的独身女性，"教会不应忘记她们"[3]。

四　贞女传道员的角色与贡献

（一）角色：为最小兄弟服务

贞女传道员在教会扮演的角色反映在多个层面——传教士与女信徒之间的纽带、儿童灵性生活的启蒙老师、教会公益事业的骨干、教务活动的参与者和组织者等。由于"传教姑娘"主要在乡村工作，容易接触中国的底层社群，在推动教务发展方面发挥着重要作用。

以传教为己任的贞女传道员在文化程度、工作能力、吃苦耐劳以及承担责任等方面比一般服务堂区的贞女要求更高，但这并不等于传道员就是高高在上的要理教师。《传道员手册》对贞女传道员有最基本的要求："给孩子们预备初领圣体，劝勉那些冷淡或信德摇动的女教友们，装饰祭

---

[1] Vitalis Lange O. F. M., Das Apostolische Vikariat TSINANFU. Franziskanische Missionsarbeit in China. Werl, 1929, S. 101—102.
[2] 金鲁贤：《绝处逢生 回忆录》（上卷，内部发行），第15页。
[3] 同上。

第十章 贞女传道员

台……"① 从最平凡最细微的小事做起,深深扎根于草根社会,是每一位"传教姑娘"迈向成功的第一步。

由于进入乡村传教的神父有限,依靠传道员承担乡村教会的福传是教会明智的选择;同时,也为福音中国化奠定了基础。"传教先生"多是已婚男子,这样的身份背景比较方便,也能够比较稳妥地完成工作。但是,信徒中的女性永远是大多数,已婚女性担任全职传教工作显然不太合适,而由女性对女性的交流方式是维持教会正常运转的安全模式,因此,由贞女传道员担任传教工作,不仅成为中国教会发展的趋势,也是中国教会运作的一大特点。

近代欧洲女修会进入中国后,分担了中国贞女的部分工作,修女们的服务精神和工作热情得到了罗马教廷的肯定:

> 教宗庇护一世(Achille Ratti,1922—1936年在位)根据修女们在19世纪以来广泛参与传播福音的工作情况,命令所有的女修会团体应该参加福传,把更多的非西方世界的人们引入基督信仰之中。②

但从女信徒参与传教工作的角度来看,贞女与修女不同。修女(特别是欧美修女)一般受过较好教育、有一技之长,来华后多从事教育、医疗卫生事业。在文化实体中传播信仰、将信仰与生活融合是修女传教的一个特点。下文以仁爱会修女在杭州医院的服务说明之:

> 杭州仁爱医院院长姆姆,鉴于就诊者日多,时有讨论公教道理者,诚为淑人救灵的好时机,乃约请王育三博士、胡海秋先生、陈浩先生等,每主日轮流到院演讲一次,并请叶露嘉、江道原等司铎,担任答复对于公教道理的质问。③

由于仁爱会开办的医院技术高、服务好,就诊人数逐渐增多,修女们

---

① 王守礼:《传道员手册》,张帆行译,第7页。原件藏上海档案馆,卷宗号:U101-0-199。

② Leona M. Anderson and Pamela Dickey Young, *Women and Religious Traditions*, Published in Canada by Oxford University Press, 2004, p. 179.

③ "怎会知道天主实用"(编者按),载《我存杂志》第5册(第四卷第二期,1936年),第2160页。

利用病人就诊的空隙传播信仰，颇有创意；且邀请的演讲者多为天主教界的学者：王育三为农业问题专家，胡海秋早年留学法国、为著名实业家①，将中心城市的学术资源整合于传教活动且与医疗服务相结合，仁爱会修女取得了事半功倍的效果。

与修女们工作不同，贞女传道员多活动在中国贫困的乡村，她们服务的对象是妇女和儿童，是那些最需要帮助的"最小兄弟"②。贞女传道员用她们掌握的医学知识和技术，通过走村串户的形式将基督的爱送给那些远离现代文明的贫苦的兄弟姐妹。

（二）贡献：基督徒的道德榜样

中国特殊的文化习俗需要更多的"传教姑娘"服务奉献。正如燕鼐思神父所说："在严守男女之防的中国社会，贞女的存在实际上有其必要性，她们是给妇女讲道，带领妇女宗教活动的必要人。"③

贞女传道员是教会发展中一股不可或缺的力量，参加这个群体的人数一直呈上升的趋势。直隶东南代牧区是信徒较为集中的地区，1906—1907年传教先生和传教贞女共有1048人（没有分离出男性与贞女传道员）；④20世纪30年代，贞女传道员超过男性，"在各堂口，各公学、各小学，各婴女院中，教书或训蒙先生共计男先生620，守贞的女先生680。这是本教区内，在传教事务上，最有用的帮手，他们勤劳勉勉，发生了美满的效果。"⑤

---

① 王育三是著名农业问题专家，著有《比国农民合作社》（商务印书馆1937年版）；胡海秋（1902—1985），14岁考入北京天主教法文学堂，1918年留学法国，就读于安比那市棉纺织学院，1924年回国，在上海与人合办六一织造厂，后迁杭州。

② "最小兄弟"是指最需要帮助的穷人和弱者。参见《新约圣经·玛窦福音》第25章："因为我饿了，你们给我吃的……我有病，你们看顾了我……你们对我这些最小兄弟中的一个所做的，就是对我做的。"

③ ［比］燕鼐思：《天主教中国教理讲授史》，粟鹏举、田永正译，台湾华明书局1976年版，第111页。

④ 参见范文兴、耿永顺等《景县（衡水）教区史资料汇编 1939—2002》，台湾辅仁大学出版社2005年版，第111页。

⑤ LETTER PASTORALE DE S. EX. MONSEIGNEUR HENRI LECROART S. J., VICAIRE APOSTOLIQUE DE SIENHSIEN, A L'OCCASION DU 75e ANNIVERSAIRE DE LA FONDATION DU VICARIAT (1857—1932). 此为献县教区成立75周年教区主教刘钦明（LECROART S. J.，法籍耶稣会士，1919—1936年任职）主教发出的信函，载《教务丛刊》Collectanea Commissionis Synodalis, Junius – Julius – , 1938, p. 817.

第十章 贞女传道员

贞女传道员作为平信徒所发挥的能量，以及她们的实际行动赢得了教友们的肯定和神长们的赞许。如贵州贞女传道员林昭被派遣到郎贷地区的苗族村传教（1854—1856），对于她的工作，代理主理童文献（Paul Perny）说道："如果没有她，这站口根本不能维持。"① 德国圣言会主教韩宁镐也在报告中说：

> 在欧洲教会中，人们在这几十年以来越来越强调平信徒的重要角色；我们在华的传教事业可以在这方面感到很满意，因为它虽然很小和贫困，但它以杰出的方式利用了平信徒的贡献来传播基督信仰。如果没有男传教员、女传教员和会长们，还会有什么传教活动呢？但是，这些人都是平信徒。②

近代以后，由于传道员的学习和培训日渐规范，其文化程度、教理、神学等理论素养也大大提高。以山东的"传教姑娘"为例，她们在授课中很到位、准确。男女慕道者的课程是一样的，一般来说，贞女传道员在热诚、献身、榜样方面的举止行为，超过男性传道员。③

传教士们对"传教姑娘"的赞誉和肯定，从一个侧面反映出贞女传道员敬业克己的精神，其工作丝毫不逊于她们的男性同行，她们用事实证明"传教姑娘"是信仰的最好仆人，她们从事的传教工作成为赢得新信徒的主要力量。④

贞女传道员的表现以及所释放的能量折射出天主教的发展趋势，20世纪初，教宗本笃十五提倡独身女性服务教会与社会，并对贞女的传教工作给予充分的肯定：

> 兹有不容默而置之者，厥惟妇女自教务开创之初，即殷勤辅助翼戴，福音开道之先驱焉。其尤足称赞记住者，即自献于天主之贞女。

---

① ［法］沙百里：《中国基督徒史》，第236页。

② ［德］赫尔曼·费尔希（Hermann Fischer）：《奥古斯定·韩宁镐主教传：一位德国人在华工作53年》，第109页。

③ Vitalis Lange O. F. M., Das Apostolische Vikariat TSINANFU. Franziskanische Missionsarbeit in China. Werl, 1929, S. 101.

④ Robert E. Entenmann：Eighteenth Century to the Present, Edited by Daniel H. Bays. Stanford: Stanford University press, 1996, p. 186.

贞女辈靖恭奔走于传教之区，委身于教育儿童及各种慈善之举者久矣。余兹愿称述其功勋者，使其立功于圣教会，愈益振奋精勤而已，然当详确无疑者，愈刻意勤求一己之修成，则所作之工亦愈占胜利也。①

贞女传道员的影响和所发挥的作用随着教会的拓展而日益凸显，她们是"最有能力穿透文化的阻隔与人沟通"② 的女性。她们以"做盐做光"③ 为道德根基，以"自献于天主"为神学思考，以牺牲、清贫、服务为生活理念，为平信徒们树立了道德的榜样。

---

① 《教宗通牒》（拉丁文：Maximum Illud）第 9 页，教宗本笃十五世 1919 年 11 月 30 日即位之第六年在罗马圣伯多禄堂颁发。此为中文译本，线装，封面"教宗通牒"四字为陈垣题，译者及印刷者不详，收藏于德国圣奥斯丁华裔学志图书馆。"通牒"现译为"通谕"，此通谕又译名"夫至大"。
② 乐培霓：《心火熊熊——玛利诺修女们的故事》（*Hear on Fire*, *The Story of the Maryknoll Sisters*），第 111 页。
③ 关于做盐做光的理论，详见和合本《新约·马太福音》5 章 13—16 节。耶稣说："你是世上的盐。盐若失去了味，怎能叫他再咸呢？以后无用，不过丢在外面，被人践踏了。你们是世上的光。城造在山上，是不能隐藏的。人点灯，不放在斗底下，是在灯台上，就照一家的人。你们的光也当这样照在人前，叫他们看见你们的好行为，便将荣耀归给你们在天上的父。"

第十一章　信仰视野下的守贞理念与实践

贞女选择独身生活，她们持守独身的力量来自哪里？谁是她们的人生榜样？她们如何完成守贞生活？厘清这些问题，将有助于进一步认识、理解中国天主教贞女。

一　天主教的守贞观

(一)《圣经》中的童贞观

两千年前的耶稣在向犹太人传教时，在肯定婚姻不可拆散的条件下，提出了为天国而独身的观点[①]，此后，保禄在他的书信中对此也有所强调：独身者考虑的是天主的事，而组成家庭者所挂虑的是世俗的事。[②]

早期教会肯定独身优于婚姻，是以"天国"为终极目标，[③]由此确定独身与天国的特殊联系。《圣经》云："复活的时候，人也不娶也不嫁，好像在天上天主的天使一样。"[④]对于决定独身的虔诚信徒来说，婚姻是暂时的，而守贞则是全身心追求天国的明显标记。

独身是一种贞德，其神修价值《圣经》中多有论说，如守贞使人心灵自由，能全力全意地奉事基督；[⑤]守贞使人全心爱天主，相似且超过夫妻间的爱；[⑥]守贞的人更易获得天主丰厚的神恩，能在精神上产生子

[①]　参见《玛窦福音》19 章 3—12 节。
[②]　参见《格林多前书》7 章 25—38 节。
[③]　参见张春申《婚姻生活与独身（守贞）的关系》，载台湾辅仁大学神学院编《神学论集》第 52 号，1982 年，第 250 页。
[④]　参见《马尔谷福音》12 章 25 节。
[⑤]　参见《格林多前书》7 章 22 节。
[⑥]　参见《格林多后书》12 章 2 节及《雅歌》部分。

女——归正圣化人灵,[1] 等等。

基督宗教从三、四世纪开始举扬童贞,大部分教父哲学家认为,童贞优于婚姻,因为婚姻的主要目的是生育,由此选择独身者颇多,而修道院的创立又为独身者提供了更多的生存空间。中世纪流传无数的圣女传记,其中多是抵抗强暴的贞女,逐渐流行的守贞观念让世人感到:童贞更适合于亲近宗教的神圣。

(二) 天主教童贞观传入中国

明朝末年,天主教传入中国,同时也把西方的童贞观引入中国基督徒之中。最早对童贞观点进行介绍的是耶稣会士庞迪我,他在其著作《七克》(The Seven Victories [over sins], 1614) 中第一次讨论了童贞概念的一些细节,同时包括一系列圣徒故事,这些故事清楚地保存了西方基督徒圣人童贞和贞洁事迹。[2]

童贞观与贞洁观在中国的传播主要以文字媒体展现,其中又分两种类型:一是学者型传教士在其著作中论说;二是教会编纂通俗易懂的《要理问答》读物。归纳起来,这些理念的东传具有以下几个特点:

(1) 学者论说:贞洁的层次与节德。

天主教的贞洁观具有层次性,分为三种类型:独身、鳏寡和婚姻,守贞为最高境界。耶稣会士高一志在其著作中说:

> 人以贞洁,类天神,超世俗,婚姻则类地兽,从陋俗矣。鳏寡之节,较之婚姻之节更贞更洁,圣经较之列二贞之功报曰:守一夫一妇之贞者,报如种一而收三十,守鳏寡之贞者,如种一而收六十,则守节之贞,高于婚姻之贞,如六十之于三十矣。保禄圣人,昔亲领主教,并宣傅之命者,其论婚配之礼曰:凡丧偶而复婚,非罪也,然不若守贞,更为祥福,更为奇特矣。中华之制,凡有节妇。朝廷旌之,亲友

---

[1] 参见金象逵《性爱·婚姻·独身》,台湾光启出版社1993年版,第57页。
[2] See Eugenio Menegon, "Child Bodies, Blessed Bodies: The Contest Between Christian Virginity and Confucian Chastity", *Nan Nü: Men, Women, and Gender in Early and Late Imperial China*, 6.2. 2004, Brill, Leiden (The Netherlands), p.116. 第118页谈到明清之际、来华耶稣会士高一志《圣人行实》中关于童贞的讨论。

第十一章 信仰视野下的守贞理念与实践

贺之，后世表之，贞节非高于再婚者，东西诸国，何以其尊宠之耶？①

清朝乾隆年间，被捕入狱的白多禄在口供中也有三种洁德的内容：

> 那从教的原有三项人，一项有夫妇的，只许一夫一妇；一项是鳏寡的人，不许续娶再醮；一项是自幼从教，永不嫁娶，这不嫁不娶的男女，就叫做守童贞。②

三种贞洁模式与"节德"联系在一起。高一志认为：

> 色根性情，而食饮以培之，一发，必至荡弱其心，荒废正业，非早以贞德约之不可。贞德有三，上则矢志神身并洁，始终弗染，称童身之贞焉；次婚姻矣，弦断不续，雄折不配，称鳏寡之贞焉；又次伉俪和谐，不二于色，称夫妇之贞焉。上贞，洁志洁行。形洁心污，不得名贞，外即强夺身贞，而心不坏，犹称贞也。③

高一志所说的节德对教友生活具有十分重要的指导意义，因为节德不仅体现在童贞，同时也贯穿于婚姻生活之中，每一位信徒都有选择人生的自由，更有实践"贞德"的责任。在节德的层次中，"矢志神身"是天主教守贞的最高形式，这种贞德观与世俗社会的独身观不一样，它要求守贞者身心一致，内外一致。

在天主教的伦理观中，罪与德相互对立，水火不容。教会认定人会犯七宗罪，而去掉这些罪孽，需要用纯洁的道德化除，因而教会强调"克罪七德"，内容为"谦逊、施舍、贞洁、含忍、淡泊、仁爱、殷勤"④，其

---

① 高一志等撰：《齐家西学》，载钟鸣旦、杜鼎克等编《徐家汇藏书楼明清天主教文献》第二册，台湾方济出版社1996年版，第529—530页。
② 手抄稿，藏巴黎外方传教会档案（胶片），Vol. 435, Chine Letters 1747—1748, No 18. p. 1088.
③ 高一志：《修身西学》卷八"节色"，载钟鸣旦、杜鼎克、蒙曦编《法国国家图书馆明清天主教文献》第一册，台北利氏学社2009年版，第153页。
④ 《教理问答》（山东南界主教韩准），赫司铎据德文本翻译，兖州天主堂活版1907年版，第79页。教会的七宗罪是：爱慕虚荣、贪婪、纵欲、嫉妒、口腹之欲（酗酒等）、暴怒、懒惰。"克罪七德"是针对七宗罪而设立，旨在矫正人的非道德倾向及行为。

中贞洁的力量不可忽视。

耶稣会士宣传的贞德观对接受天主教信仰的士大夫产生了一定的影响，如明末著名天主教三柱石之一的杨廷筠针对社会把天主教比附于邪教的传言，以贞德观为切入点，对非教者进行了驳斥：

> 邪教男女混杂，西士自守童贞，又教人守贞，或守童身之贞，或守鳏寡之贞，或守一夫一妇之贞，凡淫言、淫行、淫心悉禁绝之。①

（2）用通俗易懂的方法向基督徒输入贞洁理念。

为了让更多信徒了解什么是天主教信仰的守贞，教会的出版物对此进行专门论说，下文以明清时期刊印的《圣教要理》为例予以阐释：

> 问：守贞比为婚更高更美么？
> 答：必然守贞更美。因守贞的与天神更有相近，故于天主密交更切。
> 问：凡是教友都守得童贞么？不然，单有天主所特招的，可守得。
> 问：怎样得知天主恩招？
> 答：不敢自专，当禀圣会才知道。②

《圣教要理》用中国老百姓喜闻乐见的问答形式、通俗易懂的语言阐说守贞的内容与意义，对于教友来说清楚明了。强调"守贞比进入婚姻更能接近天主"的理念，为虔诚信徒选择守贞生活提供了精神动力。

与《圣教要理》相比，《要理问答释义》把童贞的终极价值道德化了。是书云：

> 童贞的体面，婚配万分之一也比不上……童贞如同世上天神，比天神还奇妙，因为天神没有私欲……圣教会里最出名的圣人圣女都是

---

① 杨廷筠：《鸮鸾不并鸣说》，载吴相湘主编《天主教东传文献续编》（一），台湾学生书局1966年版，第41页。
② 参见无名氏《圣教要理》（要理问答），载钟鸣旦、杜鼎克、蒙曦编《法国国家图书馆明清天主教文献》第二十四册，台北利氏学社2009年版。

童贞。①

教会编纂的要理问答类出版物不可胜数，教会神长也在这类书中告诫教友要严守贞洁。如清中期，四川代牧冯若望主教在其所撰写的教要问答中说："守贞要比结婚更加完美和庄重，因为它使人效法天使，更加亲密地与天主共融。但守贞必须由天主所激励并'遵从教会的决定'。"② 神长们的提倡，要理问答之类书籍的宣传，使基督徒们更加明确守贞的价值和意义。

教会出版的通俗类书籍主要推崇童贞的至高无上，在贞德的层次中，强调童贞的道德实践与严格性，圣言会编纂的《七件圣事略说》就十分清楚地论说了这一主题：

> 婚配虽是尊贵圣事，到底不如守童贞贵重，因为婚配是随人性的事情，无论聪明愚鲁，善人恶人，都能行婚配。要论守童贞，真是超性的德行，像似天上的天神圣女，可见守童贞比婚配更贵重。虽然如此，到底不可一概而论，要是婚配的热心恭敬天主，诚心尽自己的本分，功劳不能算小，若守贞的人，随着自己的毛病，放纵三司五官，不尽守贞的规矩，这样的人，不但不如婚配的人，恐怕天堂的永福，他也不能享受。③

教会强调童贞，最重要最核心的价值是凸显其中的道德意义，道德终极指向至高无上的天主，因而"教法大意，尚在朝乾夕惕，克己迁善，若男女终守童贞，生平不污少罪者，魔鬼畏避之"④。清朝中期贞女群体出现之后，教会专为守贞姑娘制定了严格的"修规"，并一再强调"最完

---

① 《要理问答释义》卷二，山东兖州府天主堂印书局 1931 年版（第十次出版），第 104—105 页。

② E. Entenmann, "Christian Virgins in Eighteenth‑Century Sichuan", *Christianity in China, from the Eighteenth Century to the Present*, Stanford University Press, Stanford, California, 1996, p. 191.

③ 《七件圣事略说》，兖州府天主堂活版 1904 年版，第 32 页。

④ "奏疏"，载钟鸣旦、杜鼎克等编《徐家汇藏书楼明清天主教文献》第一册，台湾方济出版社 1996 年版，第 118 页。

全的贞洁,令人为天主的缘故从小弃绝各样淫色,终身不嫁不娶"①;"童贞是圣教会的光彩,为此该当第一常求天主保护天下守贞的都热心;第二该求天主赏赐许多别的热心幼童守贞的大恩。"②

童贞的境界与圣经关于"天堂"的描述相关联,因而教会最为看重,信徒最为崇拜。③虽然守贞与婚姻并不矛盾,但一个女孩子希望守贞而又不是做"姑娘的材料",神长要规劝这个姑娘"预备领婚姻圣事,因为婚姻也是天主定的,是平常人升天堂的正路"④。教会在选择、把握、执行婚姻与守贞的要点是"与其欲火攻心倒,不如嫁娶为妙"⑤。由此可见,教会在考虑贞女候选人并考验其贞德的时候,是否是"姑娘的材料"最为关键。

(3) 专门类贞女故事读物。

在传教士和天主教知识分子的推动下,不少守贞故事保留在明清天主教文献之中。早期李九功著《励修一鉴》上卷有"贞洁"篇,专门讲述欧洲女性守贞的故事。⑥"西方圣人的故事不仅能够引起福安贞女经验的共鸣,而且能够激励她们的行动。福安的第一代贞女就是在家庭和社会反对她们决定守贞情况下,受到这些故事的激励。"⑦可见,文字宣传对吸引信仰天主教的女孩子进入守贞生活发挥了一定作用。

此后,西方贞女故事成为教会出版物中的重要内容,如《圣女罗洒行实》(1706年出版)⑧,讲述罗洒孝亲的故事;《贞女热玛传》⑨,介绍

---

① 《童贞指南》,第4页。
② 同上书,第81页。
③ 天主教传统的贞洁观认为,度奉献生活的价值高于结婚者,梵二之后,贞洁的意义有了一定的变化,强调婚姻的真实价值,并指出它也是一种导引人达到高度圣德与精神圆满的生活方式,并认为所有的基督徒都可以被召叫成圣。参见梵二文献《论教会在现代世界牧职宪章》第一章"维护婚姻与家庭尊严"。
④ 《守贞要规》,第2页。
⑤ 同上书,第3页。
⑥ 参见李九功《励修一鉴》上卷,载钟鸣旦等编《法国国家图书馆明清天主教文献》第七册,台北利氏学社2009年版,第136—142页。
⑦ Eugenio Menegon, "Child Bodies, Blessed Bodies: The Contest Between Christian Virginity and Confucian Chastity", *Nan Nü: Men, Women, and Gender in Early and Late Imperial China*, 6.2. 2004, Brill, Leiden (The Netherlands), p. 230.
⑧ See Eugenio Menegon, "Child Bodies, Blessed Bodies: The Contest Between Christian Virginity and Confucian Chastity", *Nan Nü: Men, Women, and Gender in Early and Late Imperial China*, 6.2. 2004, Brill, Leiden (The Netherlands), pp. 231—233.
⑨ 《贞女热玛传》(南江西主教徐准),北京救世堂排印1914年版。

意大利贞女热玛（1878—1903）谦逊、克苦、刚毅、忍耐、诚实的品质；《贤女笃慎传》详细叙说北美修女笃慎的生平①，分为圣召、进圣心会、外出传教、牺牲自己四卷，从一位独身女性平凡人生的视角，展现信仰与生活的关系；《圣女小德肋撒十日敬礼》取材于贞女自著之心灵小史②，旁及圣女诗歌、书谏、遗训，从守贞的维度阐释了贞德的神圣性。这些读物中的人物故事以及她们的守贞经历成为中国天主教独身女性追求圣洁生活的榜样。

（三）"主保单"：守贞生活指南

"主保单"是天主教礼仪生活中的一项内容，其格式为单页纸张上写（刻）上教会历史上的圣人圣女的名字、经言。一般来说第一行为主保的时间，第二行由左至右依次是：主保名、圣位、经言、宜做什么及祈求什么。

教会制作的主保单中有许多童贞女，她们是女信徒（特别是贞女）的人生样板。主保单中的经言，或源自《圣经》，或取自教会圣人和思想家的言论，内容多是坚定信仰、恪守道德的阐释。下文按类略举几例：

彼利斯加："世富世乐世贵，何益人心哉，能踢人心，弗能满人心，犹之沙气与风，弗能充饥也。"（圣伯尔纳）——③以信德为核心；

依搦斯："凡遇艰难，多非天主之怒，乃为我之警戒，为我之师资"；④玛而弟纳："孝也者，为诸善之母，诸德之首。"（圣奥古斯丁）——⑤以伦理道德为圭臬；

圣亚其喇妻圣女彼视辣：（经言）"贞德为勇士之美，忧者之慰，诸美之倍，罪恶之损，功劳之增，造物者之友。"（圣彼利亚诺）——⑥以守贞为人生目标；

奥肋亚："求为化中国人奉事天主"——⑦以在中国传教为己任，等等。

---

① 《贤女笃慎传》（直隶东南耶稣会主教马准），献县张家庄胜世堂排印1917年版。
② Soeur M. J. de Saint Joseph：《圣女小德肋撒十日敬礼》（江苏海门主教朱准），1942年。
③ 陆希言：《新刻主保单》，载钟鸣旦等编《法国国家图书馆明清天主教文献》第八册，第78页。主保单"经言"，选自教会史上圣人的话语。
④ 同上书，第81页。圣女定纳主保日经言与此同，参见是册第198页。
⑤ 同上书，第90页。
⑥ 同上书，第252页。
⑦ 同上书，第263页。

294　　基督的新娘

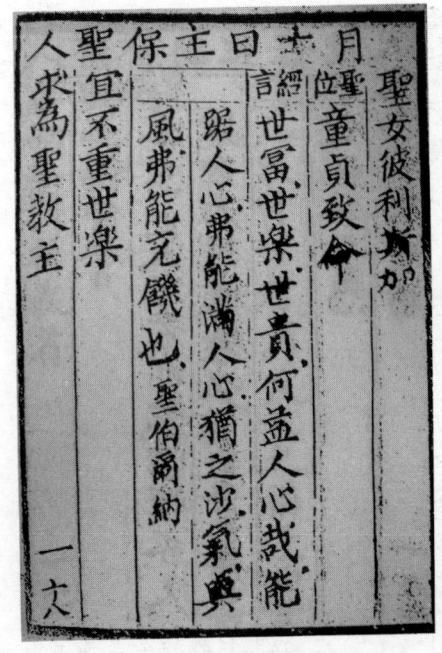

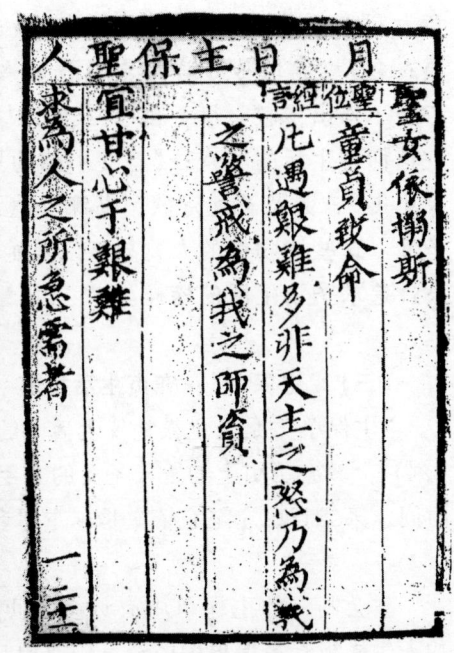

彼利斯加主保单　　　　　依撒斯主保单

主保单的核心内容是经言，主旨是告诫信徒当守教义教理，在现实中把握生活的方向，不断校正自己的道德行为。因而，主保单具有十分明显的道德维系功能。对贞女而言，更加坚定信仰及守贞的意向；对于信徒而言，则增加了对守贞者的崇敬之情。主保单所求内容非常丰富，多从人类和平、社会安定角度出发，同时也为病人、犯人、孤寡、贫而无告者呼吁，希望圣人圣女给予弱者最大的帮助。

天主教信徒领洗之后均有洗名，来自教会的名字多选取教会的圣人或圣女，如果一位守贞姑娘用某位圣女的名字作为自己的洗名，她就要祈求圣女为主保，以圣女为人生楷模，因此，主保单上的经言也就转化为贞女的人生座右铭，并付诸道德实践。

教会传扬的贞洁观终于结出丰硕的果实，同时也使守贞姑娘认识到，独身是"信仰基督的人具有对天主的未来特别强烈的信心和希望，冲破了现实世界自满自大的藩篱，为天主的国作'见证'的生活方式。独身还具有'标记'的意义，它代表着对未来坚定的信心。这个具有'标记'意义和'见证'作用的独身生活方式是天主给整个教会的一个任务，对基督的教会它有根本的、原则性的意义。固然独身生活应由个人自由决定，但是，它不只是个人的兴趣,也决不止于为私人的心愿和努力,而是具有团体的意义,与整个教会有密切的关系。"①

因为是"为天国而守贞",因为教会有无数圣人圣女是贞女的人生榜样,最终促使贞女的贞洁观与利他之爱相结合,中国天主教历史上贞女的服务贡献已经证明了这一点。

二 熏陶与锤炼:守贞生活的完成

教会关于贞洁观的传扬,催生出中国天主教会一批守贞男女。男性守贞者最早出现在传道员中间,燕鼐思的著作记载了这一现象:"(康熙年间)在较大的教友团体,如北京、南京、上海,传教员有他们自己的组织。有的传教员宣誓守贞。"② 这些传道员常随同神父外出工作,或许受天主教贞洁观的影响,决定仿效神父过独身生活;或许常年在外奔波,无力营建小家庭。加之清朝初年中国教会尚没有开始国籍神职的选拔,也没有国籍男修会,因而出现了男性独身传道员这一非常特殊的身份。

康熙年间出现的男性独身传道员仿效神父的生活模式。随着国内神职的产生以及修道院的建立,决心度贞洁生活的男性多进入神职界,世俗守贞的男性凤毛麟角,如:

刘子玉(伯多禄),是河北深县祝家斜庄的热心教友,以烧窑为业,终身守贞不娶,庚子年被义和团杀害。③

武安邦(1860—1990,伯铎),山西太原西柳林村人,年轻时在太原大修院攻读神学,院长经过严密的观察,肯定他并没有意思要作神父,因此退出修院,但他却终生独身,后留在总堂工作,管理饭厅,做雷体仁神父的随从。④

---

① 狄刚:《也谈独身生活制度化》,载台湾辅仁大学神学院编《神学论集》第13号,1972年,第444—445页。
② 燕鼐思:《中国教理讲授史:自十六世纪至一九四〇年天主教在中国传布福音及讲授教理的历史演变》,第84页。
③ 详见张奉箴《直隶东南教区五十六位致命真福传》,香港真理学会1955年版,第31页。
④ 关于武安邦的生平,详见武德龙《西柳林堂区简史》(非正式出版),2001年,第8—9页。

"贞男"是极个别、极特殊的现象，他们没有进入铎品的原因非常复杂；而女性守贞则是另一番态势，天主教没有女铎品，决定守贞的女性只能以平信徒的身份服务教会，且逐渐发展成为一个有影响的群体，她们的皈依经历、对守贞的理解均打下了文化背景以及时代的烙印。

（一）早期贞女的守贞历程：以福安邓氏为例证

明清之际，第一代贞女基本没有家庭信仰背景，她们选择守贞，具有一定的偶然性。下文以福安贞女邓氏为例，分析其守贞的戏剧性经历：

> 道明会士，史学家冈萨雷斯（Gonzalez）在他的著作中，用一章专论天主教贞女邓氏（Petronille Teing），他出生在福安东南霞浦一个富裕的非天主教家庭，小姑娘起先是虔诚的佛教徒，长时期地守斋，其母属于顶头村（Tinato）洪家，而顶头村本是一个虔诚的基督徒中心。当邓氏拜访她在顶头的双亲时，人们告诫她要小心当地基督徒的影响，可不要因此而成为天主教徒。她回答说："成为天主教徒！那是永远都不可能的。"
>
> 但冈萨雷斯指出，出于女性的好奇心，她向外公提出了一个小疑问。她问道："基督徒的宗教是什么？"虽然外公是异教徒，但却非常熟悉在顶头成长极快的基督徒，他向她解释说："基督徒崇拜一尊天地间最高的天主，这尊天主是无限的，可见的不可见的万物都起源于天主。他们声称，遵循天主旨意的人获得天主的报偿，恶人在地狱受到永久的处罚。"幼童被这些话闹得心绪不安，便开始害怕自己犯的过失，她要求一名叫伯多禄的教友和文士的叔父更加广泛地施教；她决定领洗成为教友，即使是付出生命的代价也愿意。她的母亲试图让她打消这个念头，便告诉她说，司铎在施洗时要用一把大刀剖开胸膛，并向腹内灌水以洗涤其中的罪孽。小姑娘觉得很奇怪，她观察到村中遍是基督徒，他们并未在洗礼的伤口之后死亡。为什么只有她会死亡呢？如果她要死亡，那么她是否会立即进入真福的永久之地呢？[①]

---

① ［法］沙百里：《中国基督徒史》，第227—228页。

第十一章 信仰视野下的守贞理念与实践

邓氏皈依的动机是"出于女性好奇心",原本信仰佛教的她在11岁那年接受了洗礼。就邓氏的皈依类型来说,是典型的价值系统转换;而从皈依经验来说,她不仅皈依一种抽象的价值系统,而且皈依了有位格的耶稣基督。

邓氏受洗成为基督徒,并决定过守贞生活,此事的原委沙百里的著作有较为详细的记录:

> 邓氏到18岁时,根据多明我会第三会的条文,决定将其童贞奉献给天主。她的生活方式发生了很大的变化。这位良家独生女既漂亮又自负,原来忙于许多无意义的琐事,现在则勤于祈祷和斋戒,如同在一座修道院中那样半夜起身做早课。这些苦修使她对许多残酷的考验作了准备。12岁时,她的父亲曾将她许配一名年轻的基督徒。未婚夫及其家庭获悉她发愿保持童贞,对此感到惋惜,果真如此他们岂不失去了美好的婚姻伴侣,更不用提他们花在聘礼上的钱。邓氏的父母建议退还嫁妆,取消婚约。不过男方并不同意此建议,他们仍然坚持婚约的有效性。而邓氏的父母为了避免官司,于是把她送到其未婚夫处,少女在四旬期间,全心静思己过,考虑在圣周五(耶稣受难日)落发,然后逃出,到其亲戚之处寻求保护。某些教友朋友当时设想出了一两厢情愿的妥协,藉以挽回面子。她后来接受采用表面性的婚礼,但允诺八天之后在其所谓的夫婿家还她自由……当她以其新娘衣饰装扮好进入洞房时,便将其首饰放在一张桌子上而声称:"这是我的所有首饰,我把它退还原先给予我的人。他有与他中意的任何人结婚的自由,我则保留我与吾主耶稣交往的自由。"此举震惊所有在场的人。[1]

"保留我与吾主耶稣交往的自由"是邓氏守贞理念,虽然年幼,但她明白"决定守童贞就是献身于基督,紧密地跟随基督,视基督为自己的新郎的女性"[2]。经过抗争,邓氏获得自由,后迁往福安,"过着祈祷和苦修的生活,她归化了其父及其全家。她后来在当地被尊为霞浦教会

---

[1] [法]沙百里:《中国基督徒史》,第228—229页。
[2] Cardinal Vincenzo Fagiolo: L'OSSERVATORE ROMANO, (1995) 24, (June 14), p.3.

堂口的创始人和第一位多明我第三会的会长。福安的教友奉她为女圣人。"①

邓氏的人生经历十分典型地表现出早期贞女皈依的历程、守贞理念以及价值体系的转化。这类女性早年就有深厚的宗教情感和追求超验的人生倾向（多信仰佛教，包括福安第一位贞女陈子东），而当时的社会生活环境又给她们提供了多种信仰选择的机会（明末天主教传入福建），在不断追问人生的终极目标时，她们最终将人生的天平指向了最高的造物主。

明清之际，由于天主教影响范围十分狭小，早期选择守贞的道路十分艰难。随着信仰的传播，天主教家庭（家族）形成一定数量，贞女群体才逐渐扩大，家庭由此成为信仰传承的载体，类似邓氏那种艰难皈依的个案不再多见。

自从有了第二代天主教家庭，家庭遂成为产生贞女的温床。此后加入守贞行列的贞女，从接受皈依的类型来看，多属于"宗教皈依（Religious Conversion）"②：即通过经验、感觉，通过家庭的信仰熏陶，通过与天主的交流，通过耶稣基督的启示，认识了"父、子和他们派遣到世上来的圣神"，她们成为耶稣的追随者。

在家庭信仰环境的熏陶下，女孩子萌生守贞的想法十分自然，她们成年后继续留在父母身边或进入团体。这类女性很多，如浙江衢县大洲镇陈永福会长，育有子女各四人，次子陈嘉禄为严州本堂司铎，次女玛利为台州仁慈堂拯灵会修女，幼女则守贞在家。③ 这是一个产生了神父、修女、

---

① ［法］沙百里：《中国基督徒史》，第230页。
② 根据美国JSTB神学院的Donald Gelpi, S. J.教授的观点，宗教皈依有五个模式，即：情感皈依（Affective Conversion），从情感忧郁失调而决定转变为培育一个健康、平衡和令人喜爱的、有情、有理的生活；认知皈依（Intellectual Conversion），从一个糊涂顺从的生活，转变为积极寻求信仰，尤其喜爱和其他真理追求者进行讨论；伦理皈依（Moral Conversion），从一个对自己毫无责任感的自私自利的生活，转变为把个人的选择和判断注重在伦理和道德的影响上；社会政治皈依（Sociopolitical Conversion），即团体伦理皈依；从毫不思考地接受违背人的尊严和各种社会制度，到同别人合作来改革不公平社会、经济和政治制度，寻求受压迫者的权力；宗教皈依（Religious Conversion）从对天主的无知或反对，通过经验、感觉、历史研究和天主对人的自我交流而转变为接受信仰。基督徒的皈依即通过耶稣基督的启示，认识父、子和他们派遣到世上来的圣神。参见雷思《怎样帮助成人皈依基督和领受入门圣事》，载台湾辅仁大学神学院编《神学论集》第94号，1992年，第585—586页。
③ 参见傅衡山《陈永福会长出殡及其生平事略纪》，载《我存杂志》第4册（原第三卷第七期，1935年），第1755—1756页。

贞女的天主教家庭，由此可见家庭环境对守贞的重要作用。

（二）童贞观的培育

明清之际，来自欧洲的传教士不仅介绍天主教的童贞观，还开始在女信徒中进行童贞观念的培育，其中以多明我会在福建的活动较有代表性：

> 多明我会传教士们把西班牙的修道院童贞制度带入福安，他们在布道中介绍著名第三会成员的生平，如锡伯纳的圣凯瑟琳和圣罗撒（St. Catherine of Siena and St. Rose），向教友们讲述她们度守贞生活，并把自己一生奉献给天主的事迹。多明我会士还采用耶稣会士已经刊印的关于童贞的出版物，这些文献或是鼓舞童贞的灵感资源，或成为在皈依者中间传播福音的动力。中国的传道员，如一些文人和第三会成员（Third Order Andrés Huang, 1630s）都能够运用这些出版物，向那些希望守童贞的女孩子进行口头讲述。①

多明我会对信徒童贞观的培育，既有教会历史圣女的榜样，也借用了耶稣会士著作中的内容，培育方法是采用以动人的故事情节来打动年轻的女性。

随着贞女人数的增多，教会开始注重对贞女群体进行规范管理，不同时期、不同教区出版的《童贞修规》、《童贞指南》、《守贞规则》等，其目的就是将贞女的守贞生活纳入健康有序的轨道。

（三）守贞的性格、气质

性格是人对现实的态度和相应的行为方式中的比较稳定、具有核心意义的个性心理特征——一种与社会最为密切的人格特征。贞女因为信仰而独身，她们生活的优先原则是"爱耶稣，身体和精神委身于耶稣，视耶稣为终生的伴侣"，因此，她们的性格必须包括天主教伦理的基本要素，并体现在她们的行为举止之中。

---

① Eugenio Menegon, "Child Bodies, Blessed Bodies: The Contest Between Christian Virginity and Confucian Chastity", *Nan Nü: Men, Women, and Gender in Early and Late Imperial China*, 6.2. 2004, Brill, Leiden (The Netherlands), p. 121. Siena 是意大利中部城市。

清朝初年许太夫人家中有一位守贞姑娘，信仰坚定，但对他人过于严格。柏应理的著作曾说到这位女性：

> 那时有一侍女名罗撒理者，曾发守贞愿，敏慧谨慎，夫人信任甚深，哀矜等事，悉委他支配。不幸此女士性情执拗，待属下颇严厉，人多厌之，夫人受累亦不少。神师屡劝夫人遣其回家，夫人回道："罗撒理天性忠实，善行哀矜，取其长而恕其过。我福多矣……"[1]

罗撒理由于"待属下颇严厉"而导致人际关系的紧张，但许太夫人仍留其在家。显然，许太夫人对贞女的标准是以信仰为准则，在清朝初年贞女还不多见的情况下，许太夫人表现出理性的宽容。

随着贞女的增多，教会制定的相关规章制度开始考虑对贞女的性格要求，如《守贞要规》提出，贞女应该"老成谦逊"、"勇敢"、"刚毅"，这些性格的培育必须与"克己"、"仁慈良善"[2]品行相表里。

因为个体生存环境以及经历不同，贞女的性格有一定的差别：有的缓、有的急；有的内向、有的外露；有的柔和，有的阳刚。但无论表现多么复杂，均要以"要规"作为行为的准则与底线。

一般来说，性格对于住家型贞女来说相对宽松，因为这类贞女的生活圈子相对狭小，活动空间有限；而对于结成团体的贞女（住堂型），则要求严格。团体型（或巡回型）的贞女（特别贞女传道员）还需要具备理解、宽容、合群、合作、处理人际关系的能力等性格要素，以适合不断变化的工作环境，完成艰巨繁重的工作任务。

在一些堂区，根据贞女的性格会形成不同类型的工作分工。温柔贤淑的内向型贞女适合于教会装饰、祭服制作等具体事务；坚毅果敢的外向型，则适应于奔波于各村各户，皈化非基督徒的传教工作。在山西，有些贞女被称之为"大拿"（山西方言，意思是"掌事儿的"，指特别能干的女性），以世俗眼光来看"大拿"，这是一种具有男性权力的威严符号，蕴涵着"性格刚毅，办事果敢"之内涵。被称之"大拿"的贞女，在家庭，是一家之主；在教会，辅助神父处理堂口的日常事务。

---

[1] 柏应理：《一位中国奉教太太——许母徐太夫人甘第大传略》，第30页。
[2] 参见《守贞要规》，第9、12、13页。

具有魄力和才干的"大拿"式贞女在许多教区存在，或许也算是中国贞女的一个特点。

"气质"是指人的相对稳定的个性特点和风格气度，研究女性的学者发现男女两性的气质差异极大，女性具体表现为阴柔、依赖性、被动性、服从性、被掠夺性等。① 教会在对贞女的管理中意识到气质的重要，在修规中强调"端方"是贞女气质的最基本要求②，所谓"端方"就是行为举止得体，温柔贤淑，具体表现在言语、衣着、行为举止、人际关系等多方面。"端方"是贞女的群体气质，这种形象直接关乎教会的声誉和威望。

贞女的性格和气质表现出对现实和周围世界的态度，对己对人以及对事物的言行举止打上了深深的宗教伦理道德的烙印，这样一个独身群体，似乎与世界女性主义所提倡的观念有一定的差距。著名学者波伏娃的《第二性》有两个基本论点，女人不是天生的而是逐渐被造的，即"性别"是由社会建构；女人作为"他者"的角色通过与男人的关系而被界定。③ 贞女的性别角色虽然不可脱离社会的构建，但独身角色则是来自耶稣基督的定位，因此，贞女的性格、气质与世俗社会的女性相去甚远，但她们却用这些生命中的丰富元素全方位地展现了"基督的奥迹"。

三 "圣母的足迹就是我们的道路"：圣母对贞女人生的影响

>大地是贞女，是母亲，
>圣神运行其上，
>因玛利亚而受光荣。④

这是一首歌颂赞美圣母玛利亚的诗歌，表达出人们对圣母的挚爱和尊

---

① 参见李银河《女性主义》，山东人民出版社2005年版，第125页"两性气质"表格。
② 参见《守贞要规》，第15页。
③ 参见侯阿妮《西方语境下女权主义关于身体的理论阐释》，载刘思谦等著《性别研究：理论背景与文学文化阐释》，南开大学出版社2010年版，第124页。
④ 朱弋学：《探入玛利亚的心》，载台湾辅仁大学神学院编《神学论集》第136号，2003年，第234页。诗歌原作者是 Fr. Francois - Xavier Durrwell，朱弋学改写。

敬。中国贞女在成长的过程中，同样有圣母相伴，圣母是贞女的人生楷模和战胜困难的力量。

（一）"圣母"诠释

圣母玛利亚以童贞怀孕生子的故事，①强调的是奥迹。从神学角度看，"玛利亚的童贞是一个把生命全然交付给天主的记号。这是一个弃绝邪神、同时也代表了所有愿行耶稣苦路、活出天国的末世向度的男男女女的记号。"②

世界各大宗教都起源于以男性为尊的父权世界，具有男性宗教的特征。天主教尊崇的唯一至上神也带有这一痕迹，但自从有了圣母崇拜，则完成了一种平衡，并且也让女性基督徒的信仰生活有了道德的样板。正如"近代心理学家荣格（Jung）在分析对玛利亚虔敬的传统时说，因为在基督宗教内没有女神，所以把玛利亚当作女神来敬。慢慢地妇女们把玛利亚视为她的典范。"③

教会尊崇玛利亚有一个历史过程，其圣母形象大约在中世纪慢慢定型，"她集所有中世纪（从男性角度而言）美好妇女形象于一身：既是童贞，又是母亲；她听命、服从、忍耐、柔和……是每一个男人所盼望的女性，又是每一个女人所致力仿效的典型"④，更是贞女效法的榜样。

西文资料关于圣母玛利亚的解释非常丰富，为了理解圣母对中国贞女的影响，本书选择一位西方汉学家对圣母的阐释：

> "玛"的意思是珍贵的玉石，"王"的意思是辉煌的，表示阶层，也代表贵族统治者、天国式的家庭，它是最美的，能够创造出善、明智，这种善能够创造出最强有力的善。"马"是以此发音，进一步地

---

① 《玛窦福音》1章22至23节记载："看，一位贞女，将怀孕生子，人将称他的名字为厄玛努耳。"《路加福音》1章26至35节亦有详细记载。
② 杨素娥：《解放神学与圣母论》，载台湾辅仁大学神学院编《神学论集》第117—118号，1998年，第559页。
③ ［美］郝尔威：《重新看圣母玛利亚》，载台湾辅仁大学神学院编《神学论集》第107号，第86页。
④ 黄怀秋：《女人和她们的身体——一个女性主义宗教学的研究》，载台湾辅仁大学神学院编《神学论集》第124—125号，2000年，第333页。

说明"王",成为与众不同的事物。"利",从"禾"旁,与粮食有关。右边是"刂",是指粮食收割;"亚"是第二的意思,按照一个图像来表达,简单地讲,是十字架图像。通过这个图像,表示耶稣与这位痛苦母亲的亲近关系。耶稣之后,玛利亚经历的痛苦最多,也是为我们而承受痛苦。正因为如此,她成为一位痛苦的母亲,同时也是对迷惘者的安慰,是迷惘者的避难所。①

作者对圣母的诠释,其核心部分在于把一个简单的汉字"亞"演绎为十字架,并把圣母所经历的痛苦与耶稣受难的意义相结合。虽然"亞"字的原意与十字架相去甚远,但其形体却由此披上了神圣的光环,最终使这位伟大的女性成为"迷惘者的安慰"和"迷惘者的避难所"。于是,圣母不仅是中国贞女人生的榜样和典范,更是她们的保护神,是她们持守独身奉献的动力和精神支柱。

为了让中国教友认识圣母在信仰生活中的意义,教会编纂的要理问答类读物中常用通俗易懂的语言解释崇拜圣母玛利亚的神学意义:

问:耶稣基利斯督怎样救赎了众人的罪呢?

答:先降孕在童贞圣母圣胎中,取了一个人性,有灵魂肉身,

"玛利亚"与十字架②

---

① P. Karl Maria Bosslet O. P., S. Theol. Lector., *Chinesischer Frauenspiegel*, Vechia in Oldenburg. Albertus - Magnus - Verlag. 1927, S. 50—57. 是书的体例类似中国的《说文解字》,主要对中国妇女德行相关的文字进行解释、引申,在此基础上阐明作者的观点。

② "亞"中间部分为十字架形,以此映证圣母的人生价值和意义,是德国神学家卡尔(Karl Maria Bosslet)的一种诠释。P. Karl Maria Bosslet O. P., S. Theol. Lector., Chinesischer Frauenspiegel, Vechia in Oldenburg. Albertus - Magnus - Verlag. 1927, S. 52。

同我们一样,但没有罪,同我们两样,然后藉这个人性,受万苦万难,被钉十字架死,以他听命的功劳,补人背命的罪恶。①

要理读物深入浅出的阐述不仅对教友认识圣母具有重要的启示价值,而且使圣母成为贞女道德生活的样板。

(二) 贞女对圣母的崇拜与敬礼

关于对圣母的认识和讨论,著名天主教徒杨廷筠曾在其著述中有专门的论说:"凡人德行,第一是守贞,尚不如守童贞之贞。圣母发此誓愿,女德无比,耶稣选择为母,益加宠佑,自此奉教会者,男效耶稣,女效玛利亚。西国童修极多,则身先之效也。"② 由于圣母在女信徒生活中具有道德示范作用,清初天主教广州会议上,形成一份书面的教会规章,其中一项内容是"救主耶稣基督是男性教友专用教堂的主保;而荣福童贞玛利亚则是女性教友专用小教堂的主保"③。

贞女对圣母的崇拜表现多方面:如贞女的圣名多以玛利亚命名;贞女最熟悉的《小日课》经本扉页有纪念圣母的对联:

全贞洁以终身古今第一
免罪染于始孕天下无双④

贞女常念的经文亦表现出通过圣母向天主祈福的心境:

极智者贞女,为我等祈;
可敬者贞女,为我等祈;
可颂者贞女,为我等祈;
大能者贞女,为我等祈;

---

① 《圣母无染原罪要理问答》(直隶东南耶稣会主教马准),河间府胜世堂聚珍版1904年版,第5页。原书藏法国里昂市立图书馆。
② 杨廷筠:《代疑篇》卷下,载周骎方编校《明末清初天主教史文献丛编》第一册,北京图书馆出版社2001年版,第58页。
③ [比] 高华士:《清初耶稣会士鲁日满常熟账本及灵修笔记研究》,第304页。
④ 《圣母无染原罪小日课》(直隶东南主教恩利格步准),河间府胜世堂排印1895年版,扉页。

宽仁者贞女，为我等祈；

大忠者贞女，为我等祈……①

教会重视圣母敬礼，强调她的童贞形象和服从性，这些对贞女的人生道路具有重要的指导作用。因而《圣母无原罪要理问答》强调：

> 圣母所得的宠恩远远超过亚当所得的，并超过天神所得的，因为圣母始胎时，不但满被圣宠，还开了明悟，有自主之权，在母胎就不断发信德爱德，钦崇赞美天主。天主又赏他绝大聪明，明见当行之善，当戒之恶，无丝毫昏昧，肉身顺服灵魂也无丝毫相反。圣母既无原罪，也无从原罪来的私欲偏情。一辈子常行爱天主至极之功，无顷刻间断，所以坚定于善，不能犯罪。②

在圣母美德的示范之下，贞女以活出圣母玛利亚的童贞、服从、奉献以及聆听天主召唤之精神作为人生的终极目标。

将对圣母的崇拜与敬礼融入贞女的神修生活也是教会的工作内容，如梅神父对贞女的神修生活很苛求，"他极力使最愚昧者和最贫穷者能够祈祷。他用最简练的文笔改写了由耶稣会士或由李安德神父所写的祈祷经文，以及他自行从中加入的经文。他就这样编写了一批默祷经，需要插入到《玫瑰经》中的各段《圣母经》之间，以鼓励她们效法圣母玛利亚，这些祈祷经文中有些需要以双臂呈十字架状而诵读。"③

圣母玛利亚是上主的婢女，她以知恩、谦逊和对天主的绝对信赖展现出基督徒灵修的一切特征。因此，以圣母为榜样的灵修生活以及道德训练是贞女信仰生命中的重要环节，而突出贞、仁、忍、谦等女性德范则是贞女的人生实践。

---

① 参见中国天主教教务委员会编辑出版的《圣教日课》"早晚经"部分。经文中的"贞女"指圣母玛利亚。钟鸣旦、杜鼎克、蒙曦编：《法国国家图书馆明清天主教文献》第二十一册，台北利氏学社 2009 年版，第 510—511 页有同样经文，名为《圣母花冠经》，编纂者为石铎琭（为方济各会士）。

② 《圣母无染原罪要理问答》（直隶东南耶稣会主教马准），河间府胜世堂聚珍版 1904 年版，第 7 页。原书藏法国里昂市立图书馆。

③ ［法］沙百里：《中国基督徒史》，第 233 页。

（三）贞女实践圣母之精神

圣母玛利亚的美德和形象不仅影响、熏陶着贞女的信仰生活，而且还影响着贞女的人生实践。正如一位在江南工作的神父所说：

> 在一个非教友国度，能够感受到来自圣母玛利亚的高尚道德，真是奇妙。就是在一个不到三、四百教友的地方，也可以遇到 30 至 40 位这样的贞女。这些女孩子在守贞的过程中，或是遇到过一些物质条件的引诱，或是遭到威胁，但这些从小立志守贞的姑娘早已下定了决心，她们在圣母玛利亚的保护之下用一种特别的方法服务天主。透过贞女可以看到天主的旨意，贞女仿佛是放入中国教会的种子，为以后完美的修女制度奠定了基础。
>
> 一个堂区如果没有贞女，教会就不可能正常地发展，而如果有了贞女，教会才会处处呈现出新的精神和新的生活。当有人问贞女们关于圣召的动机时，她们会毫不犹疑地告诉你——效法耶稣的母亲，圣母的足迹就是我们的道路。①

圣母玛利亚是天主教贞德中最美、最卓荦的表率，这种以信仰为核心的"贞德"是贞女奉献生活的源泉和动力。

> 十九世纪以后，妇女对玛利亚的虔敬开始用到讲道中：玛利亚被视为女人的模范，贤妻良母；在男人讲话时，她守静默；当男人做重要事情时，她不干预；她总是默默地在幕后工作。这些可以在十九世纪的道理中找到。宣讲时，强调妇女应该学习玛利亚的谦虚、安静，妇女不应该多讲话，应保持静默等等。②

直到今天，圣母作为"教会在信友及爱德上的典型"仍然是贞女的

---

① Die Katholischen Missionen（Illustrierte Monatsschrift），35. Jahrgang（1906/1907）6：S. 123.

② ［美］郝尔威：《重新看圣母玛利亚》，载台湾辅仁大学神学院编《神学论集》第 107 号，第 86 页。

榜样力量,[①] 圣母的童贞、母爱、信德在贞女的人生实践中转化为纯、真、专、诚等道德表现,所释放的人性光辉为教会带来了荣耀和声誉。

四 坎坷的成圣之路:困惑与灵修

对于教会历史中的诸多圣人圣女,人们常常看到的是伟大与震撼,而忽略了其中的坎坷与困惑。教会历史非圣人的历史,守贞者的成圣之路也非一日之功,了解守贞者的生命历程,解读其中的困惑,或许能够帮助我们更加理性地认识守贞的真实意蕴。

(一) 如何处理灵与肉的冲突
(1) 由肉体惩罚到心理调适。

天主教对守贞者要求非常之严格,由此体现这一制度性宗教的规范。中世纪的贞洁理念与身体观、灵魂观联系在一起,身体的邪恶与灵魂的高洁这种二元对立常常让守贞者采用苦刑具来惩戒罪恶的肉体。明清来华耶稣会士中就有人把"紧身苦衣"——用粗麻杂以马鬃编织而成的贴身背心或马甲带到中国,这种苦衣穿着时有芒刺于背的感觉;此外还有"苦带"——用铁丝环圈钩搭而成的狭长腰带,束时其尖头贴着肉,产生刺痛。[②] 苦衣苦带旨在苦身克己,清心绝念,是以遭受皮肉之苦的手段达到遏制犯罪之目的。

在传教的过程中,耶稣会士还把这种惩罚肉体的工具带到他们的传教区。法国耶稣会神父纽若翰在鄂西北传教多年,他在发往欧洲的信函中说:在北京有不少善会,效果显著,我也依照这种模式组织了虔敬圣体。这个善会类似法国的那些善会,只吸收最热心的教友,并须经过考验……在他们中间已习以为常地实行克苦功夫,并使用做补赎用的克苦用具,如铁丝苦带等。[③] 将苦刑具的使用扩展至普通信徒之中,目的是惩罚肉体的

---

① 参见梵二文献"教会宪章"第八章"论基督及教会奥迹中天主之母荣福童贞玛利亚"。
② 参见〔法〕费赖之《明清间在华耶稣会士列传 1552—1773》,第414页。
③ 这些资料原载《书信集》卷三,第779—781页,参见《明清间在华耶稣会士列传 1552—1773》"纽若翰"条。关于"补赎用的克苦用具,如铁丝苦带等",是指教会提倡的修行方法,即打苦鞭,过去天主教一些修会会士喜欢采用。其意义在于:人犯罪是肉身,所以应多给一些体罚性的补赎,以避免自己犯罪。天主教第二次大公会议以后教会不再提倡,而是强调用身体去多做爱德的工作,以代替补赎善工。

肮脏与邪恶,追求"灵魂"的纯洁和完美,以期进入与圣神结合的境界。

生活在世俗社会并持守童贞的贞女,其人生经历也同样充满着抵制、战胜肉身诱惑的艰难。正如 Franz von Capillas 所说:

> 有些男人看到女性决心守贞,表示同意。有的父母作出承诺,如果女孩子决定独身,同意她们的选择……但其中有很大的冲突,她们要克服魔鬼的诱惑,魔鬼要她们拒绝守贞的承诺,但贞女还是战胜了魔鬼。[1]

文中所说的"魔鬼"可以理解为世俗社会的种种诱惑。透过这段述说可以发现,贞女的信仰生活并非一帆风顺,其中有些人曾经历过挣扎、纠结、彷徨、犹豫、苦闷、困惑……如果独身者的守贞动机掺入杂念,放松神修或受到物质世界的诱惑,将会出现行为的偏差,影响教会的声誉和威望。[2]

正是因为贞德具有纯洁性和神圣性,同时守贞者的文化背景、信仰理解、气质秉性等存在着个体差异,教会中有阅历、有经验、有威信的神长对守贞者的操守行为非常重视,他们通过自己的经历来解说天主教独身的真正内涵和价值。著名圣言会士福若瑟神父就曾说过:"修道人知道,世界充满痛苦和十字架,但恰恰这些痛苦会圣化我们。因此,不要怕它们……痛苦能够引导修道人走入信仰生活和内在的生活。"[3] 福神父在此提醒年轻的守贞者:守贞不是一条平坦道路,"圣化"之果必须经历痛苦的磨炼。

上海主教金鲁贤也对"童贞之路"进行过阐释:

> 保持童贞的生活,是不容易的。这是由于性欲是每一个人的天

---

[1] Benno I. Biermann O. P., Die Anfänge der neueren Dominikanermission in China. Münster 1927, S. 163.

[2] [美]孟德卫:《灵与肉:山东的天主教1650—1785》及 Lars Pert Laamann, *Christian Heretics in Late Imperial China*, *Christian inculturation and state control*, 1720—1850. Simultaneously published in the USA and Canada, 2006。有关教会神职违观的分析,但这类情况并非天主教守贞之主流。

[3] 艾华慈(Friedbert Ewertz)编:《圣福若瑟语录》,雷赞灵译,河北信德社2003年版,第56页。

性，人自然而然会有这种冲动。我们发贞洁愿的人，并不是要我们强行地压制我们自己的性欲，如果是这样的话，那我们就是在拒绝接受天主所赐予的性欲这一份礼物。正相反，我们发贞洁愿，是出于内心深处的意愿——愿意像圣母玛利亚一样，把自己完全奉献给天主，只以天主为我们的至爱。我们放弃了个人的小家庭，不仅是愿意更爱天主，而且也愿意更无私和普遍地爱众人，愿意为一切有需求者服务。①

这是以守贞生活为角度诠释情与欲、宗教与生命之间的关系。老一辈神长告诉人们，作为生活在现实世界中的人，选择守贞并不等于回避人性之爱，而是理性地面对、正确处理灵魂与肉体之间的关系，并将秩序注入人性本能的发展过程之中，进而创造出依照天主的构思而生发出应有的美善。因此，妥善处理贞洁愿与情欲的身心平衡点是彻悟守贞的意义，并与博爱服务之精神相融合。

关于守贞者处理情欲关系的阐释，中国台湾学者金象逵有一段与金鲁贤主教相似的述说，兹录如下：

> 守贞的生活是一种祭献，有它的痛苦及十字架，表面上好似压抑人性的合理的倾向，但事实上，它不是毁灭自己的人格，而是举扬；而是提拔人格到"圣"的境界。用心理学的术语说，它是人性的"升华"，但这"升华"作用的要点，不是人把自己的本能转移到另一个对象，而是天主把守贞者的人格与心灵据为己有，使之推入"圣"的境界。②

因此，天主教的守贞是一个挣扎奋斗的艰难历程，贞德的价值不仅只是简单地"持守贞洁"，而是要"活出贞洁"，其核心价值在于超性爱德的成长与成熟。

（2）严厉与明智：对不同违规者的处理方法。

因为贞女不同于一般女信徒，一旦发愿，就意味着与天主关系的缔

---

① 《金鲁贤文集》，第298—299页。
② 金象逵：《性爱·婚姻·独身》，台湾光启出版社1993年版，第57页。

结，她的一言一行都影响着教会的声誉。比如：贞女过分注重外表，追求时尚，就违背了守贞原则。福若瑟神父说："修道人的最美丽宝石是神贫，因为神贫空虚一个人的心，使他完全离开世俗的事物并将人心完全献给天主。这样的人不需要付出任何代价，但仍然赢得上主。"① 19 世纪中叶江南教区把"穿绸着缎"的贞女清理出守贞行列（详见第七章第三部分），目的是为了维护教会的形象和保证守贞群体的纯洁。

对违规贞女提出的严厉警告或进行处理，其公开性也对教会造成了伤害，因而对"隐秘"的违规，教会则用理性的态度化解，并将违规者引入正确的生活轨道，"杨恩赉主教宽恕犯错贞女"的事例就是一个典型。

下乡传教、探访教友是杨主教的经常性工作。1937 年的一天，主教到了黄河以北的平原县卜庄，那里有一所教堂，一位中国神父和一位传教姑娘在那里工作。主教以不速之客方式抵达后，径直敲门，可是没有回音。主教继续敲门说："某某神父，开门呀，我是杨主教，来看望你们的。"等了一会，门开了，门内站着神父和传教姑娘。主教问："你们在做什么呀？怎么这么久不来开门呢？"神父红涨着脸慢吞吞地说："我们念玫瑰经来。"主教顺水推舟说："好，好，你们念玫瑰经了，很好，很好，热心地念吧。"杨主教把一件在旁人看来可能是罪大恶极的事件化解了，教友们完全不知此事。②

杨主教明智、低调处理问题的方式挽救了年轻的神父和传教姑娘。这个事例告诉人们：守贞者的人生不平坦，特别是守贞的初期阶段，更是充满着人性的挣扎和情欲的困惑。作为长辈的杨主教深谙守贞道路的曲折与坎坷，他的宽容和仁慈让年轻的守贞者更加珍惜贞德的价值。事后主教将两人工作调动。特别是神父到另一个堂区牧灵，工作十分出色。经历这次考验也让当事人明白："贞洁是自尊和尊重他人的表现……是一种调整、控制与净化的德行和力量，保证在我们更亲密的关系中，尤其是与异性的来往中，精神胜过肉体的吸引。"③

守贞是美丽、圆满的生活，委身于贞洁愿的守贞者身体应该展现贞德的力量，控制肉体情欲只是一个方面，还应该通过毅力和决心将身体融入

---

① 艾华慈编：《圣福若瑟语录》，雷赞灵译，河北信德社 2003 年版，第 229 页。
② 参见韩承良《杨恩赉总主教的生平》，第 145—146 页。
③ 甘易逢：《贞洁与友谊》，载台湾辅仁大学神学院编《神学论集》第 26 号，1976 年，第 547 页。

与天主的关系之中，这或许是对贞德行为最好的解释。

（二）灵修生活：祈祷、念经、守斋、避静

贞女"发愿"标志着天主的"召叫"，这种特殊关系一旦确定，其"生活方式便超越了个人私生活的范围而有了一个新幅度，而对整个基督信友所组织的团体有了意义和价值"①。因此，灵修（或神修）是贞女人生道路中的重要内容，是促使灵性生命的健康成长、不偏离贞德轨道的一种有效方法。

贞女的灵修生活十分丰富，下文分类评说。

（1）念经与祈祷。

福安是贞女较为集中的地区，多明我会士 Francisco Varo（1627—1687）报告中说：

> 这些贞女住在父母的家中，遵循严格的守斋、苦修、忏悔规则，她们的父母或者兄弟给她们提供一个特别房间，让她们度虔敬的宗教生活。②

念经、祈祷、默想是灵修的基本功课，福安贞女每天要念玫瑰经、日课，与修女们一样；她们对所有圣人祈祷，对圣母祈祷，对耶稣的痛苦祈祷，除此之外，还有默想的时间，她们的道德越来越高尚。这样做，很适合将来创立女修会。③

对山东坡里庄贞女来说，

> 生活方式的特点是穷困和自愿的苦行。韩宁镐神父写了这样的报告："在坡里的人们作很多祈祷。他们很早——夏天是早上四点——一起床就开始宗教活动：早祷、默想、弥撒、感恩祈祷。守贞的女士

---

① 狄刚：《也谈独身生活制度化》，载台湾辅仁大学神学院编《神学论集》第 13 号，1972 年，第 445 页。

② See Eugenio Menegon, "Child Bodies, Blessed Bodies: The Contest Between Christian Virginity and Confucian Chastity", *Nan Nü: Men, Women, and Gender in Early and Late Imperial China*, 6. 2. 2004, Brill, Leiden (The Netherlands), p. 218.

③ Benno I. Biermann O. P., Die Anfänge der neueren Dominikanermission in China. Münster 1927, S. 163.

们特别热心地祈祷。她们与传教士一样一个星期恪守几天的斋戒。"①

贞女们无论工作多么忙碌，每日祈祷必不可少，因为"祈祷是建立人和神之间的情感联结和信心联结。祈祷是跟神的交流"②。从心理层面解释：

> 真正的祈祷最后不是别的，而是人在高峰经验中或在边际境遇中，体验自己的有限（无能、短缺、空虚……），因而投向天主……既然祈祷是个高峰经验或边缘境界，这时，人的心灵跳跃到"另一个世界"，神的世界。③

在祈祷中，贞女与天主相遇；通过祈祷，贞洁的生活更加深化；通过日复一日、年复一年的祈祷，贞女感到天主每时每刻都与自己相伴，与自己崇拜、相爱的对象浑然一体，这种美好的感觉和体验又促使祈祷的内容进一步丰富发展。

念经是贞女最常见的功课，以《童贞修规》"日课"规则为例，"除教中常课外，每夜半时，起念信经一遍，在天申尔福各二十八遍；卯时念信经一遍，在天申尔福各七遍；辰时念在天申尔福各七遍，巳未二时亦然；申时，念在天申尔福各十四遍；酉时念在天申尔福各七遍，末念信经一遍；病者免夜半之经，临睡预诵亦可。"④ 修规对经文诵念的繁复规定是巩固贞女信仰的有效方法。

念颂玫瑰经等经文也是贞女灵修生活的内容之一。19世纪中期，江南一带的住家贞女：

> 或自己，或与家人一起进行早祷晚祷，早晚之间还要念一次串经（串经分6组，每组10段圣母经——译者）和两到三份玫瑰经，同

---

① ［德］赫尔曼·费尔希：《奥古斯定·韩宁镐主教传 一位德国人在华工作53年》，第82页。

② ［美］罗德尼·斯达克、罗杰尔·芬克：《信仰的法则——解释宗教之人的方面》（*Acts of Faith: the Human Side of Religion*），杨凤岗译，中国人民大学出版社2003年版，第134页。

③ 张春申：《天主圣神与宗教经验》，载台湾辅仁大学神学院编《神学论集》第46号，1981年，第603页。

④ 《童贞修规》，第12页。

第十一章 信仰视野下的守贞理念与实践

时加上一些节日的长的或短的个人祈祷或团体祈祷。当主日来到的时候，按照当地的习惯，整个上午贞女们放下所有的工作参加宗教礼仪，虔诚地祈祷，与天主交流。如果教堂距离她们的住地不太远，她们会早早地出发，去拜苦路，参与弥撒，听神父讲道理。①

贞女最常念的经文是《圣母小日课》，其内容主要为"称颂圣母伟功及蒙天主殊恩"②。直到今天，这本经文仍然是贞女灵修生活的重要伙伴，是贞女最基本、最常用的灵修读本。贞女们祈祷和念经常常在凌晨三、四点，此时，夜阑人静，在静谧的氛围之中，更能体验天主的临在。

贞女经常念颂的经本《圣母小日课》

祈祷念经具有道德功能，在山东济南代牧区，"如果有冷淡的慕道者不愿意做善功，贞女就为这些慕道者做补赎善功，祈求天主的特别恩宠。"③

贞女祈祷的内容十分丰富，且祈祷都有指定的意向和特别的对象，更多的是专为他人，即那些需要帮助的人或事，这就是天主教中的代祷。在贞女看来，祈祷是与天主交流的方式，通过祈祷念经，默想耶稣在十字架上受难的意义，从中获得爱的启示，并联想爱的实现与受苦的牺牲，进而把这种爱融化于行动之中。

（2）守斋。

守斋（Abstinence）原意为"自禁"，包括禁食和其他禁戒，分为大斋

---

① Die Katholischen Missionen（Illustrierte Monatsschrift），35. Jahrgang（1906/1907）6：S. 123.

② 利类思：《圣母小日课经小引》，载钟鸣旦等编《法国国家图书馆明清天主教文献》第二十一册，第363页。

③ Vitalis Lange O. F. M., Das Apostolische Vikariat TSINANFU. Franziskanische Missionsarbeit in China. Werl, 1929, S. 102.

(Fast)和小斋（Abstinence）。大斋亦称"禁食"，即在规定日期内，一天只吃一顿饱饭，其余只吃半饱（或更少）。古代和中世纪，教会所规定的大斋日期较多；近世以后，一般只在圣灰礼仪日和耶稣受难节（圣周五）前一日守大斋。小斋意为"节制己身"，也属于虔修的一种方式，主要在规定的日期内进行减食，并禁食热血动物食品（牛羊猪鸡鸭鹅等）。

在修会灵修生活中，守斋常与祈祷、念经同时进行，且有准备圣神来临的意义，因此，《守贞要规》作出相关规定：

> 当克苦口腹，因为饮食过度，容易引起不洁净的诱惑，所以除了圣教会所定的大小斋期以外，还要每瞻礼四守小斋，好得青圣衣会的大恩；每瞻礼七为恭敬圣母守大斋。①

(3) 避静。

避静是天主教的灵修方法之一，一种属灵的操练，拉丁语为 Secesus，有"退省"、"退隐"、"避开尘嚣"、"静修"等意思。这是一种深入默想的过程，在静思中信徒去判断和确定自己的感觉是否进入圣灵引导的轨道。②

避静的功能在于摆脱外界事物和工作的牵累，深入沉思天主的圣言，在天主的监临下反省过去、发现错误和缺点，并请求天主宽恕。因此，避静目的不仅是"整顿"过去，更是展望未来，为准确地迈出人生的下一步奠定基础。

贞女的避静是荡涤灵魂的过程，在避静期内，"必须激起且保持着四种不同的心理状态：痛悔、定志、勇敢、神乐。"③ 一般来说，贞女的避静由教会统一安排，集体进行，避静的具体要求与传道先生、修生相似。

为了教会事业健康有序发展，教会意识到避静灵修对贞女的道德锤

---

① 《守贞要规》，第10页。

② "避静"灵修可追溯到《圣经》"五饼二鱼"的奇迹，《若望福音》记载："耶稣知道他们要来强迫他为王，就独自退到山里去了。"参见《若望福音》第6章，亦可参见《马尔谷福音》第6章、《路加福音》第4章等。

③ 适用于司铎修院生、传教先生及一般贞女的避静神工，怎样的把"Mens nostra"通谕应用于中国（LA RETRAITE ANNUELLE, de nos prêtres, et séminaristes, catéchistes et vierges. COMMENT APPLIQUER EN CHINE L'ENCYCLIQUE "MENS NOSTRA"?），载《教务丛刊》（Collectanea Commissionis Synodalis），Martius. , 1932, p. 564。

第十一章 信仰视野下的守贞理念与实践　　　　　　　315

齐齐哈尔贞女避静后留影

炼十分必要。在甘肃圣方济会管理的传教区，为了加强贞女的灵修，教会每年组织一次避静退省，时间一个月，地点在天水教会中心住宅区，让贞女参加宗教灵修并补充更新她们的知识。① 通过一年一度的避静，贞女向一个终极者、一种绝对者开放自己的心灵世界，进而净化自己灵魂。

对于贞女来说，各种灵修方式的功能反映在两个层面：一是通过灵修超脱肉欲、物质和以自我为中心的生活制约；二是和天主建立更加亲密的关系，并按照这种新关系的要求去生活。关于灵修的特殊功能，福若瑟有段精辟的论说：

> 灵修活动是一个最美丽的渠道，通过它上主的众多恩典会流到我们这里，而通过我们的介绍也能够流到整个传教区，但如果不利用这个渠道，那将是多么可悲的啊！这就好像是一条臭的水沟，一口堵塞的井！没有内核的外壳！虫子吃过的木梁！②

---

① 参见 Sister Antonella, 'Ausbidung der Katechistinnen', p. 218, R. G. Tiedemann, "Controlling the Virgins: female propagators of the faith and the Catholic hierarchy in china", *Women's History Review*, Vol. 17, N. 4, September 2008, p. 512。

② 艾华慈编：《圣福若瑟语录》，雷赞灵译，河北信德社 2003 年版，第 156 页。

灵修的基本点是"疏导",是调整、控制人的七情六欲,让人进入贞洁生活的轨道,进入最深度的神契(mysticism,亦有译为"密契"),就是"我在父中,父在我中"、"我与基督一体"的最高境界,这是人与天主生命——宇宙整体生命——契合的深度状态。这种以基督为中心的灵修生活让信仰者感受到基督的降临与"宠佑",因此,灵修成为贞女精神生活的一个重要组成部分。直到今天,这种道德修炼模式仍然保存在中国教会的体系之中。

(三) 灵修的特点

在贞女素质不断提高的形势下,贞女的灵修生活呈现出其自身的一些特点:

其一,教会重视。为了加强对贞女信仰的指导和灵修训练,杜绝守贞队伍中的违规情况,教会开始印刷出版各类灵修读本。如1699年,哀敬十字架会(山东济南)就监制印刷了《默想神功》[1],各类灵修读本成为贞女灵修生活的理论依据。

19世纪中期,各代牧区贞女灵修培育已经走向成熟,以江南地区为例:

> 在海门和崇明,贞女平时所了解的全部知识就是祈祷,关于这个内容贞女掌握得还不错,她们能够背诵一些祈祷词和经文,内容有早上和晚上的祈祷、主日和节日的团体祈祷,当传教士不在的时候,祈祷能够代替弥撒和晚祷。一般的弥撒祈祷、拜苦路以及各类集体祈祷,为贞女进入各类教会的团体奠定了基础。贞女们也学习"四本对话",这套书的另一名称是《要理问答》。贞女对玫瑰经非常熟悉,就是睡觉的时候也能对答如流。按照这里的规则,如果不能背诵一定数量的经文和祷词,就不是一个合格的基督徒。一般来说,老贞女十分努力地给年轻一代的贞女教授要理,这是她们的责任。如果一位年轻贞女不努力学习或者荒废时间,贞女团体就会告诉传教士,大家会批评她不努力,不能背诵祈祷文,甚至把圣人纪念日的特定祷词和经文混淆等,学习不好的贞女会在大家的批评声中感到害羞。尽管有这

---

[1] 参见 [美] 孟德卫《灵与肉:山东的天主教 1650—1785》,第52页。

么严格的要求，但神父常常保护这些可怜的孩子。因为学习很多需要记忆的"课程"不是一件容易的事，大部分贞女很难完成如此多的复杂结构的汉字的学习，而且祈祷的表述方法也与平时老百姓的口语不太一样（按：祈祷文多是文言文）。①

海门、崇明等地的贞女为了完成灵修功课付出了辛勤汗水，因为教会和贞女都十分清楚，掌握灵修的精髓，体验灵修的奥秘，才能让心灵流溢出爱的力量，灵修的功能才能发挥到极致。

其二，灵修与文化程度学习相关，文化程度的不断提高，将有助于理解灵修的奥义。山东贞女将灵修生活与文化学习相结合，且取得一定成效：

> 在每天的公共早课之前，贞女要提前做半小时的默想，一天两次作良心的反省。早晚在教堂共同诵念《圣母小日课》。在周五和主日，要拜苦路。她们经常领受圣体，每年做避静。她们也去拜访亲友，但必须要有传教士的准许。她们被这样教导：怎样工作、学习和完成一个善功，这样便于以后有能力做传教工作，如果有特别重要的事情需要见传教士，必须有一个陪伴，单独一个人不能面见传教士。想做贞女的女孩子必须经过学习。在前些年（指1906年之前），贞女去教理讲授员学校上课，今天，要在现代化的小学毕业。大多数贞女阅读宗教书没有什么问题，能准确地把握文本的内涵。贞女的培训是继续的，为使她们日臻完善，通过学习，使她们传教不会感到困难。②

通过守贞实践，贞女们意识到，不断提高文化素养，对于理解灵修的实质与内涵有极大的帮助；而灵修的提升，又有利于人格的净化与精进。因此，文化知识学习与灵修生活是相辅相成、互为因果且无法剥离的关系。

灵修的核心在于处理身体与灵魂的关系，因此，教会强调贞女应该加

---

① Die Katholischen Missionen（Illustrierte Monatsschrift），35. Jahrgang（1906/1907）6：S. 123.《要理问答》共四册，所以又称为四本对话，基本内容是：当信的道理、当守的规诫、七件圣事和祈祷。

② Vitalis Lange O. F. M., Das Apostolische Vikariat TSINANFU. Franziskanische Missionsarbeit in China. Werl, 1929, S. 100—101.

强这方面的训练,并对贞女的灵修提出更高的要求:

> 一个守贞的姑娘应当在神修生活上努力求进步,给教友们一个好的榜样,也坚守做姑娘的规矩。这样她帮助救许多人的灵魂,在天堂上也会得到特别的赏报。这是一种多么光荣的传教使命![1]

灵修是贞女人生的一个重要组成部分,其特点主要体现在两个层面:一是灵修属于个体的心理活动,具有极高的隐秘性,"一个人在守贞生活中所有的挣扎、牺牲、赏报和满足是非常个人性的,很难和别人分享。"[2] 二是灵修又常常打破纯粹的精神活动,这就是灵性经验与身体的整合,使身体的感觉进入灵修之中。换句话说,贞洁的体验应该表现于肉体之中。贞女每天的祈祷、念经、唱圣歌、阅读(教理、灵修类)、间隔时间的守斋避静,目的是通过一个个灵修程序,使内心活动不再是挣扎、恐惧、焦躁、野心、算计,而是宁静与和谐。把世俗生活中出现的一切杂念欲望过滤、化解,从而进入深度的纯洁的信仰生活。

五 以基督为中心:贞女的宗教经验

大德兰[3]是中世纪著名神修专家,她去世后,有人在她的日课中发现了一个书签,上面留下一段诗文:

> 不要使任何事物,扰乱你的心,
> 不要使任何事物,使你惊愕,
> 一切都要过去;

---

[1] 尤恩礼编辑:《圣福若瑟神父语录》,薛保纶译,台湾辅仁大学出版社2007年版,第214页。

[2] W. Ribando C. S. C.:《守贞生活:天主为使人去爱而给的礼物》,王敬弘译,载台湾辅仁大学神学院编《神学论集》第65号,1985年,第470页。

[3] 大德兰修女(St. Teresa,1515—1585),著名女作家,出生于西班牙阿味拉(马德里西北约100公里),20岁进入本地的加尔默罗会修院,1562年,大德兰着手建立新的会院,并进行修会制度的改革。1614年,大德兰被封为真福,1622年列为圣品,1970年教宗保禄六世宣封为教会圣师。大德兰修女撰写的神修学及神秘学著作颇多,如《全德之路》、《雅歌的沉思》等,有生之年共创建了17座女隐修院,15座男修院。

天主永远不变。
谁拥有天主，
便一无所缺；
天主唯一，满足一切！①

这或许是大德兰在心灵深处与上主交流的心得，简短的诗文折射出与天主合一的深刻体验。这种感觉和体会，守贞姑娘也或多或少、或深或浅地呈现在她们的心灵之中。这种感觉就是宗教经验的展现。

什么是宗教经验？宗教经验是指信仰者与宗教内容相关的体验，注重宗教经验研究的心理学家将其视为宗教的核心和本质。例如印度教的静坐与梵我融合的经验；佛教禅宗摒弃一切念虑、冥然和真如相通的经验等。西方最早对此进行系统研究的心理学家詹姆士认为，宗教经验是对一种精神的东西的实在性所作的严肃、庄重的反应。因为宗教情感多是指信仰者对神圣事物的某种内心感受和直接体验，因此西方的宗教学家常常又把宗教情感称为"宗教经验"。大体来说，宗教经验体现在两个方面：一是个人与超验实者交往；二是个体与共同体的交往。

对于天主教信徒来说，宗教经验是一种神圣的经验，是相对于世俗的经验，信徒们会把宗教经验的发生，看成是天主圣神的恩惠。在世俗生活中，基督徒渴望在生命中碰到自己所相信的对象，在个人生活中，希望发现一些吻合于信仰的事件。② 对于贞女的信仰经历来说，丰富的宗教经验的积累来自两个层面：在个人祈祷和念经中，不断从上主那里获得信仰的动力；在参与弥撒、圣经学习以及宗教仪式中，分享来自天主的启示，进而丰富自身的灵性生命。

由于贞女常年浸润在信仰的氛围之中，她们的宗教经验之丰富超过一般信徒，甚至会出现一些令人不可思议的传奇故事。

---

① John Ferguson, Encyclopedia of Mysticism and Mystery Religions, p. 194, 转引自张奉箴《神秘主义与天主教》，载台湾辅仁大学神学院编《神学论集》第 101 号, 1994 年, 第 452 页。这首诗也可译成为：何事扰你意？何物乱你心？万般皆易逝，唯主不移真。心有主者，坚忍百事成。夫复何所求，有主心意称（Let nothing trouble you, let nothing make you afraid. All things pass away. God never changes. Patience obtains everything. God alone is enough.）。

② "大多数早期西方涉及妇女宗教经验的著作，多认为有一些例外的女性，这些女性与传统女性角色背道而驰，她们是修女，神秘主义者或者具有超凡魅力的领袖。"见 Edited by Pat Hoden, Women's Religions Experience, Barens and Noble Books, Totowa, New Jersey, USA, 1983, p. 1。

（一）经验之一：圣召——从淮安女孩和北京的玛利亚说起

"圣召"是天主教术语，意思是天主的召唤，这种恩赐只有笃信耶稣，信德坚定，与天主在爱中契合，并准备为天主贡献一切的人才能拥有。因此，圣召也是一种神秘经验，这种经验"是天主所赐的超性特恩，是人类体验天主圣宠的内在性功能"[①]。

中国贞女的圣召有多种表现，下文以两位未成年的女性为对象进行分析。

康熙年间，耶稣会士卫方济（P. Française Noël）神父到淮安五河县传教：

> 新堂开放后，来堂者异常拥挤。在15天内，经神父付洗的有106人，更有学者15人合家领洗。其中一家有一小闺女，在领洗时神父问她："愿领洗入教吗？"她回答说："我不但愿领洗入教，还要献身事主，誓愿终身守贞。"这个回答引起了在场群众的注意，尤其当人们了解到从未有人向她谈起过这类事，更使人惊异不止。[②]

一个未谙人事的小姑娘不仅愿意领洗入教，还决心"献身事主，誓愿终身守贞"，这对尚未成年且没有人"向她谈起过这类事"的孩子来说，确实令人费解。

如果说淮安五河县的小姑娘在从没有受过守贞观训导的情况下，当着众人说出决定守贞的想法有些离奇，那么20世纪30年代北京的小姑娘汪大润的神秘宗教体验更是让人惊叹。

汪大润，洗名玛利亚德肋撒，出生于社会上层：一位美丽的近乎天使一样的小姑娘。据说在小姑娘12岁那年听到了天主的召唤，共有三次。第一次是关于信德；其后是天主叫她进入修会，准备让她接受各种痛苦；最后一次召唤给玛利亚带来守贞的信念和决定。小姑娘于是给仁爱会修女写信，表达了立志守贞的心愿。

[①] 张奉箴：《神秘主义与天主教》，载台湾辅仁大学神学院编《神学论集》第101号，1994年，第435页。

[②] [法]费赖之：《明清间在华耶稣会士列传（1552—1773）》，第479页。卫方济（P. Franäis Noël）神父1651年出生于比利时，1687年来华，1729年卒于法国里尔。

第十一章　信仰视野下的守贞理念与实践

不幸的是，可爱的玛利亚在 15 岁那年离开了这个世界，由此，中国天主教会少了一位热心奉献的修女。为了纪念玛利亚短暂人生，教会出版了《中国的玫瑰花朵：贞女玛利亚德肋撒汪大润小传》（北平北堂明道学院出版），燕甯思在其著作中对这本小书作了简单介绍："《中国的玫瑰花朵》是一位新归化的少女汪大润（1917—1932）的传略，原书名为 Rose de Chine（中国的玫瑰），著者是遣使会士贾思德（Castel），本书为译本。"①

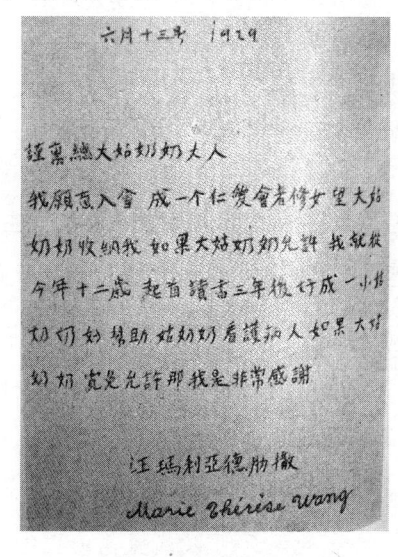

汪大润给修女的信函　　　　　希望加入修会的汪大润

汪大润的故事像一个美丽的传说，她给修女的信函思路清晰，证明玛利亚的守贞信念不是朦胧意识，而是一种坚定的信念。人们很难想象，这些文字出自一个 12 岁女孩子之手，也很难理解正在享受优越物质生活的玛利亚如何产生了独身修道这样一条充满艰难人生之路的思想。

淮安女孩和北京的汪大润在信仰追求中，均表现出强烈的宗教情感和开阔的经验向度，这种情况只能从宗教情感、宗教经验的角度予以解释。

---

①　［比］燕甯思：《中国教理讲授史：自十六世纪至一九四〇年天主教在中国传布福音及讲授教理的历史演变》，第 187 页。汪玛利亚的生平事迹亦参见《我存杂志》第一册第一期（1933 年），第 34 页。

信仰体验、心灵感悟以及宗教经验都是宗教信仰者在自我有限的生命中经验到"神"的超越与伟大,进而投入与神相会晤的契合中,并感悟到自我生命品格得到改变与提升,因而不断地接近神、赞颂神,这就是宗教心理学所说的"密契经验"。两位小姑娘都体验到这种与神契合的感受,同时在经验向度(The Experimential Dimension)上,表现出与自身年龄不相符合的开阔性和强烈性。

未成年的女孩子决定守贞的宗教意向在现实生活中并不多见,但成年之后决定守贞,或守贞之后加强灵修并不断感受各种宗教经验在中国贞女中多有表现,而且其内容更为丰富,形式更为生动。

从信仰视角审视,所有的贞女都是圣召,正如《守贞要规》所云:

> 守贞既这样尊贵,人不可随便冒失的图谋这等高位,总得有天主圣召,才敢前进,定自己守贞的志向。①

为了推动教会发展,教会领袖鼓励圣召,韩宁镐主教说:

> 为父母的不要耽误儿女的圣召。天主也许赏你的孩子愿意修道,愿意守贞入会,如果那样,你不要因为肉情的缘故阻挡他,那是大不好。为你自己,为你的儿女,恐怕有大害处。只可以试探他的主意,真不真,结实不结实,试探就可以了,就遂天主圣意,感谢天主大恩,为你的孩子多念经,多照顾他,好保存他的圣召。②

在教会的鼓励和支持下,教友家庭视圣召为荣耀,家庭出现守贞者(神父、修女或贞女),其名字将记入家谱或宗谱,③ 这样的家庭在地方教会颇有声望,这就是为什么贞女多来自老教友家庭的原因。

---

① 《守贞要规》,第2页。
② [德]韩宁镐主教:《教训儿女》,兖州府天主堂1924年版,第19页。韩主教这里所说圣召包括神父、修女以及贞女的圣召。
③ 笔者在收集天主教家谱的过程中,发现天主教家庭对守贞者非常尊重,守贞者的生平事迹列入家谱之中,如《湖北省谷城县磨盘山郭氏宗谱》、《山西李应时家谱》、《山西杜氏家谱》等均有这方面的记载。家谱中记录守贞者(神父、修士、修女、贞女)的基本情况,反映了家族与教会之间的关系以及如何延续信仰的种种信息。

（二）经验之二：相遇

宗教经验来自宗教生活的积累，与灵修生活有着密切的关系。贞女以圣母为榜样，其宗教经验常与圣母的亲密关系相关。

耶稣会士安玛尔（P. Martin Correa）曾见证过一位贞女与宗教经验相关的事例：

> （清中叶松江）有一个15岁左右的少女，为了热心恭敬圣母，愿意效法诸天神之后的贞洁，矢志守贞不嫁。她的父亲一再强迫她出嫁，但她坚决拒绝，以致病倒。安神父说："我去看她时，她已非常衰弱，我就给她行了终傅圣事。"两天之后，她对母亲说："我看见了圣母，她还叫我的名字。"她的母亲认为这是她病中神思恍惚所致。她回答说："我的好妈妈，那是清清楚楚的事，我看到一位和善慈祥的太太，她叫我跟她去。"她讲了这句话，就咽气了。她死后的遗容格外庄丽。神父接着说："这个女孩的纯洁，她的喜悦，她的忍耐，这一切都使我相信，她所见到是着实可靠的事实。"（Welt‐Bott，No 593，p. 132）①

贞女在现实生活中与圣母相遇是贞女宗教经验的一种表现形式，在上海佘山张朴桥，亦有圣母显示于某老贞女的奇迹。②

圣母显现于贞女，由于是个体的经验，第三者很难用技术手段进行鉴定和考证。唯一的解释就是，圣母在贞女的生活中占据重要地位，她们在自我意识中常常感到与彼岸世界的精神交往。

由于圣母在教会的特殊地位，中世纪的神学家在思考玛利亚和圣神的关系时，继续发挥教父时代的主题，强调圣神和贞女间的婚姻关系，"圣神的新娘"这个头衔就是亚西西的方济各封给圣母的。③ 这是从神学角度

---

① ［法］费赖之：《明清间在华耶稣会士列传（1552—1773）》，第858页。安玛尔神父（P. Martin Correa）1699年出生于里斯本，1727年来华，1786年卒于江南。

② 参见 Carl. M. Staehlin《关于显灵》，张帆行译，载天主教教务协进委员会编《传教片断》，1950年，第787页。上海佘山张朴桥圣母无染原罪堂被称之为"江南第一堂"，关于圣母显现的具体细节文章没有披露。

③ 参见高慧林《圣母玛利亚：圣神的画像》，载台湾辅仁大学神学院编《神学论集》第117—118号，1998年，第379页。

的诠释。在贞女们的宗教经验中,出现与圣母(亦包括与其他神灵)相遇的情况,并非仅在中国,教会历史中有不少列入圣品的圣女们,曾有过确实是属于幻想的见闻或默启。① 以意大利贞女热玛的宗教经验为例,"热玛常常看见护守天神。她自己说:耶稣没有留得我一个人,常常有我的天神在同我一起。她与天神说:可爱的天神,若我不在听命,求你不要发气,因为我很愿意听命,亦愿意报答你的恩典。天神答应她:我一定会相帮你"②。

宗教是感性的,也是理性的;是公开的,也是奥秘的。奥秘是相遇、交谈的基础,一切化为对永恒的关切。贞女与圣母相遇的奥秘性,是以她们丰富的宗教经验为基督的存在作证,为她们的信仰作证。

(三)经验之三:神视

拜苦路是天主教的礼仪,《圣路善工》对这一礼仪的要求是:"圣教会常提醒人记念耶稣苦难之事,并用多法,引人记念耶稣苦难。"③ 贞女参加的礼仪活动十分丰富,其中拜苦路是一项频率非常高的仪式。

汕头教区的贞女六姑经常在教堂拜苦路,④ 她常常感到画面上耶稣的眼睛在凝视着自己,感觉到耶稣在与自己对话,耶稣就是一个鲜活的生命。⑤ 每一次拜完苦路,贞女都有进入与耶稣的相互凝视与交谈,一种天主寓居在自己灵魂之内,一种身体被天主所包围、所擎举、所接纳的幸福感。六姑的感觉,用宗教心理学解释,是一种"神视"。

---

① Carl. M. Staehlin:《关于显灵》,张帆行译,载天主教教务协进委员会编《传教片断》,1950年,第790页。
② 《贞女热玛传》(南江西主教徐准),北京救世堂排印1914年版,第44页。
③ 《圣路善工·小引》(直隶东南耶稣会主教步准),河间胜世堂聚珍版1893年版。
④ 苦路(Stations of the Cross)是指一条模仿耶稣被钉上十字架过程的重现,源自17世纪方济各会士圣利安纳(St. Leonard Of Port Maurice)宣扬拜苦路的敬礼,1731年,教宗克勉十二世(Clement XII)确定十四处地方和敬礼仪式,已故教宗若望保禄二世重编拜苦路内容,重编的内容包括了纪念主的复活。十四处苦路为(1)耶稣被判死刑;(2)耶稣背十字架;(3)耶稣第一次跌倒;(4)耶稣遇见母亲;(5)西满辅助耶稣;(6)韦洛尼加帮助耶稣;(7)耶稣第二次跌倒;(8)耶稣安慰妇女;(9)耶稣第三次跌倒;(10)基督被剥掉衣服;(11)耶稣被钉十字架;(12)基督死亡;(13)耶稣被卸下;(14)耶稣被埋葬。
⑤ 参见康志杰《角色与使命——广东汕头教区贞女研究》,载《独身/婚姻:女性与教会事奉》(论文集),香港中文大学2009年版。

在神视内，人看到并听到有信德的人所相信的事。在祈祷时，人看不见天主，也听不到天主的回答。但在神秘生活的神视里，人能体味到天主的现实。譬如亚巴郎、梅瑟、圣女加大利那瑟纳等，都说自己曾与天主交谈。这是一种神秘生活的"我与你的关系"，是一种双边性的真正交谈。[1]

由于拜苦路是对耶稣受难的追忆与怀念，敬礼之中，对耶稣的爱油然升起，这种爱是"人格之爱（person love）"[2]、位际之爱、圆满之爱，其中包含着知识、关心、信托、亲密、责任以及彼此的接受与肯定。在苦路中行走，贞女在静默中系恋于天主，在神视中与天主合一。

拜苦路中的神视具有神秘特征，事实上，在苦路中行走的贞女并不是直接目睹上主，而是一种纯精神上的感受，一种对上主莅临的深刻体验，这种"契合"，只有进入信仰深度的人才能有所体验。

（四）经验之四：天国

为了让贞女理解天国的理念，《守贞要规》对贞女与天堂的关系进行了阐释："真心守贞的是肉身的天神，是童贞圣母玛利亚可爱的儿女，且又是吾主耶稣的净配，将来在天堂上为天主羔羊的近人。"[3] 因此，中国天主教历史上有许多贞女为了信仰而殉道，她们面对死亡的态度反映出对天国的独特理解。

庚子年间，一位名叫王亚纳的姑娘被义和团杀害，临死之前，这位年仅14岁的女孩子说出了天主教"致命"的观念：

> 奉教的人，因为明明承认自己是耶稣的徒弟，不肯背弃信德，以

---

[1] 张奉箴：《神秘主义与天主教》，载台湾辅仁大学神学院编《神学论集》第101号，1994年，第433页。

[2] B. Häring, "Love and Celibacy" in Theol. Dig. 7 (1959) 11—14, at 14; R. A. McCormick, "Psychosexual Development in Religion Life" in Rev. for Rel., 23 (1964) 724—741, at 737—38. 转引自金象逵《奉献的独身生活》，载台湾辅仁大学神学院编《神学论集》第17号，1973年，第354—355页。是文对人格之爱作以如下解释：从性心理的角度分析，性爱可分为广义与狭义：狭义的性爱是借肉体结合的语言而表现的爱，称为"孳生爱"（genital love）；广义的性爱，是"孳生爱"所愿表现及寻求的"心"的结合和"灵魂"的共融，称为"人格爱"（person love）。

[3] 《守贞要规》，第1页。

致被人杀害丧失性命的,这就叫做致命。①

殉道的贞女面对死亡的平静,意识到将进入生命的第二个阶段——与天主合一。这是宗教经验积累到最后时刻的最完美的展现。那些为信仰而殉道的贞女追求的是活出不被物质世界所束缚的一种超越,选择的是在真理的光照下真与圣的完善生活。

(五) 幻象抑或神迹:贞女宗教经验评议

贞女的人生之旅是朝圣,是让生命与最圆满的奥秘合一,她们的宗教经验常以"神迹"来展现。宗教心理学认为,宗教经验的产生常在一种称为"边际境遇"(limit-situation),或者称为高峰经验(peak experience)中呈现,信仰越是虔诚,参加礼仪的频率越高,这种边际境遇和高峰经验越是丰富。

贞女作为"经验"的体验者,神迹——或者说是一种记号,并不违反自然法则,而是超自然法则,这是因为宗教要求人类体验超自然的法则或力量。

作为虔诚的信徒,贞女所经历的是身体经验——在祈祷、领受圣体、拜苦路中,感官功能告诉她们,天主在说话,天主在提醒,天主与贞女"共融"一体。虽然对于第三者来说,宗教经验可能是幻象,而对于当事人来说,则是在神志清醒时所展现的一种内在的、具有内涵性的宗教事实。通过一次次经验、一次次与神的契合,贞女生命充满了爱的活力,从而进入耶稣所说的"谁在我内,我也在他内"②的精神境界。由此看来,贞女宗教经验的表现还具有神秘主义的特征。

Mysticism(神秘主义),源于拉丁文 Mysticismus,而拉丁文又源自希腊文 Myein,意思是关闭一个人的眼睛。从字义上讲,神秘主义是指一种属于宗教性的、不能完全了解的内在经验和宗教事实经验。

神秘主义有广义和狭义之分。广义的宗教神秘主义被认为是指任何一

---

① 《王亚纳致命》(直隶东南耶稣会主教刘准),献县张家庄堂印1923年版,"小引"第2页。王亚纳,威县马家庄人。
② 《圣经·若望福音》14章20节。

种和上主的内在契合；狭义则被认为是指一种和上主特别的内在契合。[1]而具有神秘经验的人，称之为神秘者（Mystics）。贞女是虔诚的天主教徒，虽然不是神秘主义者，但不能排除她们中间有一些人在信仰的历程中曾经出现过神秘经验。

　　守贞生活是一种神恩，是天主的宠召，通过透视、分析贞女的宗教经验以及守贞的心路历程，可以发现，成熟的守贞生活，要求守贞者有极纯净的意向、自我的安定、成圣的追求以及与天主密切契合的意向，因为"密契经验是宗教生活的最精纯形式"[2]。

---

　　[1] 参见张奉箴《神秘主义与天主教》，载台湾辅仁大学神学院编《神学论集》第101号，1994年，第429页。
　　[2] 参见 Louis Dupre《人的宗教向度》第十二章"密契的景观"，傅佩荣译，台湾幼狮文化事业公司1991年版。

第十二章　天主教贞女与各类独身女性之比较

对于中国人来说，贞节不是一个陌生的概念，中国漫长的封建时代，曾推出一批又一批恪守贞节的女性，她们一度是社会的道德典范，甚至彪炳青史；同时，佛教、道教亦有不同类型的独身者。不同类型的独身女性各有哪些特点，将是本章讨论的重点。

一　儒家贞节观及儒家文化影响下的守贞女性

（一）儒家贞节观述略

"贞"的观念在《周易》中已经出现，但先秦时期的贞节观并没对女性的童贞和殉夫守节作特别的要求，直到唐代，贞节概念还比较淡漠，女子改嫁、离婚也不足为怪。宋朝是理学的兴盛期，贞节观念也因此走向极端，守节不仅是女性的选择，还是义务和责任。"饿死事小，失节事大"①，标志着贞节观念的宗教化；而政府大力表彰节烈，赐祠祀、树牌坊，又促使更多的女性步入贞节的殿堂。

推崇贞节使中国女性的生活步入一种模式，其表现为女人身份、道德准则与男性息息相关，生活在这一框架中的中国女性，唯有"在男人的旨意"中度过一生，才是一种合理的、安全的生活模式。② 相比较而言，东西方贞节观有很大的差异，"英文中的 chastity，中文称之为贞，衍生的意思如贞操——rectitude，贞节——righteous integrity，贞洁——righteous and pure，贞静——righteous and demure。学者们对'贞'这一概念的注释有一个自身的历史过程，在先秦和帝国中期，贞——chastity，并不一定

---

① 原文为"又问：'或有孤孀贫穷无托者，可再嫁否？'曰：'只是后世怕寒饿死，故有是说。然饿死事极小，失节事极大！'"（《二程全书·遗书二十二》）

② 参见邹逸兰等《教会内的女性团体》，载《寻——女性神学的台湾经验》，台湾光启出版社1995年版，第100页。

第十二章 天主教贞女与各类独身女性之比较

是涉及身体的贞,当然更不必说是对女性身体的'贞'。"①

中国文化衍生的"贞节"强调身体与理念两个方面,二者不可偏废,促使贞节观成为一种现实的、具体的、可操作的道德实践,不仅理学家们着力提倡,家谱家规也视为重要内容,如湖南善化周氏宗谱对其家族成员的要求是:敬祖业、孝父母、友兄弟、正夫妇、睦宗族、重丧葬、保祖墓、谨婚嫁、肃闺门、明继立、隆师尊、择交游、立品行、勤职业、崇节俭、绝赌博、慎择术、和乡邻、凛国法、息争讼。② 二十条规则,其中"谨婚嫁、肃闺门"是对女性的最基本的要求,两性在社会扮演的角色不同,其持守的道德责任也有所差异,于是,"男儿立世宜忠孝,女子持身重节贞"③ 分别成为中国封建社会对男女两性的道德要求。

"谨婚嫁、肃闺门"是家庭对女性的要求,并从孩提时代给予训练和培育,以把女性囿于"三从四德"④ 之规则。最后,"女人无才便是德"成为社会对女性的价值判断;女子的节烈,也由此成为儒家秩序的注脚。

为了弘扬、推广、加固中国式的贞节模式,种种文献资料将无数的节烈故事载入史册,如《江南通志》记载:"武可楫女溧水人,兵至自刭";"刘桧妻王氏,高淳人,早寡,遇强暴不从自刎"。⑤ 这些为"贞节"付出生命的女性,不仅得到社会的尊重和认可,也由此成为天下女性的道德楷模。

儒家思想影响之下的贞节观,不仅强调女子婚前守贞,同时注重婚后从一而终。女性世俗化的最高标准是母仪天下:

> 一位结了婚的女性或一位年轻的母亲,经常为她的孝顺、仁慈、贞洁、温柔、谦逊,在丈夫和姻亲面前的忍让行为感到骄傲,她改正

---

① Yuet Keung Lo, "Conversion to Chastity: A Buddhist Catalyst in Early Imperial China", *Men, Women and Gender in China* (Managing Editor: Harriet T. Zurndorfer), Vol. 10 No. 1. 2008, p. 23. Printed in the Netherlands.

② 《周氏三续族谱》卷二,光绪三十三年,湖南善化,转录自刘炎编辑《周氏族谱》,"周训一",台湾内政部登记第〇九二〇号,1966年。

③ 参见郑振伟《为女性张目的〈笔生花〉》,载《九州学林》2005年夏季号,香港城市大学出版社、复旦大学出版社2005年版,第160页。

④ "三从"指未嫁从父,既嫁从夫,夫死从子;"四德"为"德、容、言、工"。

⑤ 黄之隽等撰:《江南通志》(五),卷一百七十七,"烈女",清乾隆二年重修本,台湾京华书局出版,台湾华文书局发行1967年版,第2932页。

祭祖仪式中的错误,她在编织和针线方面的十分勤奋;或者说,如果她的丈夫去世,她决定要把孩子抚养成人,于是一位女性十分骄傲地说,这是母性的模范。①

婚姻过程中的贞烈表现是贞节的关键。如果女子不嫁,则违背了"百善孝为先"的儒家伦理原则,当事人及整个家庭、家族都要承担社会舆论的指责,正是这种贞节观的推波助澜,争做贤妻良母成为封建时代女性的人生目标和最高理想。

(二) 儒家文化影响下的守贞女性

理学笼罩下的中国社会,"传统家庭的女孩子要在其母亲直接的监督之下进行训练,以便将来更好地承担起妻子和母亲的角色"②,因而,独身不嫁被视之为"另类",不可能被社会接受。恰如一位美国传教士所说:

> 在这个帝国之内,男必娶,女必嫁。没有人与别人"搭伙"(boards)打光棍。因此,一般的来说,在中国,有多少达到结婚年龄的人,便有多少结婚的夫妇,而有多少结婚的夫妇,便有相同数量的未来家庭。物以稀为贵,由于单身汉和老处女极其少见,所以偶尔有一两个便成了非常引人注目的风景。③

在儒家文化的影响之下,贤妻良母是女性的生活楷模,独身不嫁为非正常的人生之路。从晚明开始,这种传统观念开始松动,社会上开始出现独身女性,由于社会地位、家庭环境的差异,守贞女性有不同的类型。

---

① Josephine Chiu-Duke, "Mothers and Well-Being of the State in Tang chain", *Men, Women and Gender in China* (Managing Editor: Harriet T. Zurndorfer), Vol. 8 No. 1. 2006, p. 72. Printed in the Netherlands.

② Marion J. Levy, Jr., *The Family Revolution in Modern China*, Issued in Coöperation with the institute of Pacific Relations Harvard University Press Cambridge, 1949, p. 76.

③ [美]何天爵:《真正的中国佬》,光明日报出版社1998年版,第54页。何天爵(Holcombe Chester, 1844—?),美国传教士,1869年到中国,在北京负责公理会所办的学校,1871年辞教职后任美国驻华使馆译员及参赞等职,曾参与起草1880年关于华人移居美国的条约,1895年回国,同年,出版是书。

(1) 守贞类型之一：平民阶层的独身女性。

地方文献记有汉口守贞女性，她们独身的原因有以下几种：

其一，不愿意离开父母，如"王贵姑，世松女，自以生活不辰，矢志不嫁，甘随父母勤劳度日。"①

其二，家庭无男嗣而终身不嫁，"杜闺姑，船工承富女。父殃母病，无兄弟，愿守贞，以十指所得奉母终身。"② 这两类独身者又称之为"孝女"。

其三，因未婚夫去世守贞，"黄桂枝，前厚女，廪生式金侄女。幼字林学田，未嫁而田卒。女矢志守贞，父母不能强，针黹度日，毫无怨言。"③ 此为在娘家守贞，亦有未婚夫离世后前往婆家守贞者，"冯栓姑，庠生冯光文孙女，儒士守典女，国学生尊五之姊也。幼字汤同，会甫诹吉而汤卒，誓往汤姓守贞。汤以贫辞，检姑念亲老弟幼，遂终身不字。逮父殁母衰，弟尊五尚幼，检姑操持勤苦，俾弟壹志诗书。其后尊五子道薰、道英胶庠，皆姑之力也。卒年四十四岁，道光二十九年旌。"④

这些独身女性，不仅经济上自立，还资助家庭，如，"胡芝姑，农民永福女。自伤命薄，守贞不字。先依父母，纺织养生；复助其弟，勤俭治家。女德足式乡里，无闲言。现年六十一岁。张多姑，先炳女。自幼有志守贞，纺织度日，终身不怨，乡里咸重之。"⑤

经济上独立的女性，或在城市，或在城市近郊，她们将自产的纺织品卖出，以维持生计。这些女性从小受中国传统伦理道德的熏陶，守身如玉，勤劳持家，赢得家庭（家族）的尊重。

(2) 守贞类型之二：知识女性的守贞。

在中国封建社会晚期，除了平民阶层的独身女性，官宦人家也有选择终身不嫁的女性。清代有笔记曰："旧传岳正葡萄、太常竹，意是夏太常昶，而夏之裔孙佩则曰：'此王太常，即先太常之师也，画尤罕觏。尝夜闻一邻女吹箫，善之，询知为不字贞守者，为写一竿遗之。女得画心动，

---

① 武汉地方志办公室、武汉图书馆编：《民国夏口县志校注》（下册），武汉出版社2010年版，第465页。
② 同上书，第466页。是书记录因孝守贞的女性还有朱长姑、朱昭姑、吴三姑等，传略。
③ 同上书，第465页。
④ 同上书，第464页。
⑤ 同上书，第466页。

更求一幅为偶。太常索取碎焉；谓以神女故遗画，转以画萌尔凡心，终身不留画人间矣。女矣断箫不复吹。'"① 笔记所说这位"不字贞守者"能吹箫、善品画，显然受过良好的教育。

晚清出身世家，并持守童贞者，王淑仪是一位颇有代表性的人物。

王淑仪（1829—1888），江苏高邮人氏，其曾祖父王念孙（1744—1832，字怀祖）、祖父王引之（1766—1834，字伯申）均是清代著名学者。其父王寿同（？—1853），道光二十四年进士，"官湖北汉黄德道，咸丰二年，发逆犯武昌，城破殉难。"② 母亲康氏，为广东巡抚康绍镛次女，这样一位出生于显赫世家的女性，从小立志守贞。

文献记载，王淑仪四岁"读性最慧，未三四月四子书毕邃，于女训女诫，尤喜读刘向列女传……年十三时，有某姓者，世族也，踵门求婚，议将成矣，孝女知之，立起入房，引锥刺臂作血书盈幅，道终身事亲，意出示母，且拜且哭曰：儿女皆亲生也，男儿得侍父母，女儿不得侍父母，不独理不顺亦不平，儿愿终身父母侧耳，望父母不弃儿也。"③ 淑仪独身的决定最终感动了父母，遂终身守贞。

平民阶层的女子独身，或是依恋父母，或是将终生的情感寄托于未婚夫的亡灵，以誉于家族乡亲。与生活在寻常百姓家的女孩子独身理念不同，王淑仪的独身纯粹因儒家孝道的引导，其母"常有疾，因之学医，凡内难本经伤寒金匮书，皆能得其意，间为家人诊治，应手辄愈。"④ 父母离世后，依然坚持尽孝的责任，凡忌日前一天，"自洗涤思亲素所嗜物备为之，至期进风兴进果点菜饭如生时，自朝至暮，不离几筵。每祭必哭其孺慕之忱，历三十年如一日也。"⑤

除了对长辈的尽孝，王淑仪还肩负着照顾家庭成员的责任，其兄去世后，"家中祖遗恒产，半为经理人侵渔，半为族人典鬻，孝女返里后，典质钗钏，竭力经营，还其旧观，今其侄辈得以无忧冻馁者，孝女力也。"⑥

---

① （清）龚炜：《巢林笔谈》（清代史料笔记），钱炳实点校，中华书局1981年版，第18页。
② 王念孙等撰，罗振玉辑印：《高邮王氏遗书》，江苏古籍出版社2000年版，第54页。
③ 同上书，第55页。
④ 同上。
⑤ 同上书，第56页。
⑥ 同上书，第57页。

王淑仪是一位有胆识、有主见、有能力、有责任心的知识女性，其学识渊博，"于天文历算兵家命理诸书皆喜读之"，亦"喜吟咏兼喜绘花卉，书法劲直"。① 其独身的动机和缘由是尽守孝道，并以独身的方式表达对两性不平等社会之反抗，进而在独身中实现自己的人生价值。虽然终其一生持守贞节，但其在家庭中的角色以及承担的责任，符合社会对女性"贤妻良母"的标准。正因为如此，王淑仪的贞孝受到朝廷的旌表，② 其旌表的缘由：一是孝，全心事奉父母；二是善："有贫者必设法济之"；③ 三是因孝而贞，守身如玉，符合中国社会对女性的价值评判。

王淑仪是中国封建时代独身女性的一个典型代表，守贞独身似乎是偶然中的偶然，但又是一种必然。从家庭背景分析，孝女与父母感情甚笃，经学世家的家庭氛围相对宽松，长于治经学的长辈们注重解经，不似理学家那样恪守天理人欲之道，诸种因素合力助成了王淑仪的人生选择。

（3）守贞类型之三：近代城市中的独身女性。

前文所说两类独身者，均以家庭为圆心生活；随着近代西方工业文明进入中国以及都市化的发展，农村人口开始涌入城市，于是出现了逃避婚姻、追求自由平等的新女性群体。其中，最具有代表性的是广东的"自梳女"。

封建时代的女性以柔顺为美，以三从四德为道德规范，这一切恰是男权之下的生存策略。晚清以降，这种传统理念开始引起女性的反感和抗争。在广东，一些不愿意生活在男性阴影之中的女性，宣布独身不嫁，希望追求一种自由、自力的生活，这就是珠江三角洲一带的"自梳女"群体。④ 那些拒绝婚姻的女性要在神面前起誓，承诺永不结婚；誓愿之前，有一个类似女孩子出嫁前改变发型的传统仪式——借一个公开的"梳起"礼仪（把发辫盘成发髻），以此表示身份的变化，并希望在社会上获取一种身份的认同。

"自梳女"中还有一部分是进入婚姻又逃离婚姻的人，她们长年住在娘家，直到过了生养孩子的年龄，以致她们的婚姻成为残缺的遗憾，这类

---

① 王念孙等撰，罗振玉辑印：《高邮王氏遗书》，第55页。
② 《高邮王氏遗书》传六"旌表贞孝王姑事略"云："其贞孝特请于朝光绪三年三月十四日奉旨准其旌表。"
③ 王念孙等撰，罗振玉辑印：《高邮王氏遗书》，第57页。
④ 关于广东自梳女的研究，可参考叶春生《珠三角的"自梳女"》，载《西江大学学报》第21卷第4期（2000年12月）；李宁利、周玉蓉：《珠江三角洲"自梳女"兴起背景探析》，载《云南社会科学》2004年第4期；杨秋：《试论广州地区的自梳习俗及其在近代的表现》，载《妇女研究论丛》2005年5月第3期等。

女性由此获得一个名称——"不落家"①。

关于"自梳女"的生存状况,海外学者在其研究中也有一定的关注,如美国学者卢茨(Jessie G. Lutz)在研究中发现:

> 19世纪的中国南方,特别在广东,有一些女性发贞洁愿,组成守贞团体,她们甚至还有自己的住所。一位独身的女性可能会收养一个女儿,当她年老的时候,这个女孩作为她的继承人来照顾她。在十九世纪晚期的纺织工厂常雇用未婚的年轻女子,这些女孩子的父母因为自己的女儿有一定的经济收入也乐意让其待字闺中。一些妇女目睹她们的姐妹或亲戚不幸的婚姻,也选择这样的独身生活。例如,孤儿朱华(音)由她的姑姑和叔叔养大,当她20岁时,姑姑和叔叔希望自己年老之后由朱华来照顾他们的生活,因而不希望朱华出嫁……朱华决定独身至少还受到姐姐生活的影响。这位姐姐嫁给一位没有能力、放荡的丈夫,而且没有什么经济收入。这对夫妇生了九个孩子,最终被迫卖掉了两个女儿,从此夫妇俩再也没有见过自己的亲生骨肉。②

著名宗教社会学家杨庆堃也对"自梳女"团体的社会功能进行了分析:

> 在广东的许多地方,都有独身女性的互相会,称为"老姑娘社"。她们的成员包括那些打算一辈子独身的妇女,以及那些不准备再回到丈夫身边的妇女。与普通的妇女互助会不同,她们辟有房子作为总部,在那里开展诸如缝纫等日常活动,并为那些无家可归的妇女提供住处。尤其是,当一个成员死去后,其所属团体的姐妹会供奉并祭拜她的灵位。这是中国社会中存在的许多拟似亲缘团体组织的一个典型实例。当家庭无法满足个人的物质和精神需要时,这些团体组织就履行了家庭的功能。③

---

① See Marjorie Topley, "Marriage Resistance in Rural Kwangtung", Edited by Margery Wolf and Roxane Witke, *Women in Chinese Society*, Stanford University Press, Stanford, California, 1975, p. 67.

② Jessie G. Lutz, "Women in Imperial China: Ideal, Stereotype, and Reality", *Pioneer Chinese Christian Women Gender, Christianity, and Social Mobility*, edited by Jessie G. Lutz, Bethlehem: Lehigh University Press, 2010, pp. 40—41.

③ [美]杨庆堃:《中国社会中的宗教》,范丽珠等译,上海人民出版社2007年版,第68页。

"自梳女"群体的发展伴随着中国近代工业文明的进程,广东的许多"自梳女"以缫丝为业,经济上除了自给自足,还能养家糊口。随着风气渐开,一些家长也开始支持"梳起"习俗,以为家庭(家族)保留这一劳动力资源。此后,"自梳女"成为近代立志不婚女性的代名词。①

民国以后,"自梳女"的类型更加丰富,20世纪30年代,香港一些殷实家庭聘用外地佣人,多以自梳不嫁的广东"妈姐"为主,由此形成了专门从事家政服务的行业。②

近代以后广东的"自梳女"多因为逃避婚姻而选择独身,一些女孩子的父母从经济利益考虑,对女儿的独身选择予以支持,这一社会现象反映出19世纪下半叶中国社会观念的变迁:广东位于风气变革之前沿,女性婚姻观也在悄然改变,而"变"的基础是女性的经济自立,因此,"自梳女"可以说是社会变局中的新女性代表。

二 佛道教中的独身女性

(一) 佛道教的独身理念及特征

佛教创始人释迦牟尼出生在一个妇女地位低微的时代,但他突破传统地指出,一切众生皆有佛性,本质上皆有觉醒和自我完满的潜能,且男女慧根平等,皆可证果成佛,这类说教对女性具有一定的吸引力,皈依者中女性占据很大比例。

佛教伦理的核心是五戒,主旨是完善人生、完善人格,其中戒淫对于独身者来说是"保重自身"的条规,恰如佛经所云:"欲心不除,尘不可出。"不除欲心,就无法得到真正的解脱和自在。③

佛教中的女性独身者最具代表性的是比丘尼④,这类独身女性多生活在寺庙,在"寺院的高墙内,每一个寺院和庵堂都代表着一个区别于世

---

① 广东顺德是自梳女较为集中的一个地区,许多自梳女自食其力,有的远赴南洋谋生,那些远离家乡的自梳女丧失劳动能力之后希望落叶归根,于是倡议在家乡修建一座自梳女的安老院。1951年,顺德建立了"冰玉堂",免费安排本乡旅外自梳女入住。
② 参见戴平《外佣在香港面临两大难题》,载《环球时报》2011年9月29日第10版。
③ 参见妙华法师《人生的解脱》,山东人民出版社1996年版,第154—155页。
④ 比丘尼从梵文 bhiksunī 和巴利文 bhikkunī 音译而来,其原始意义是指受过具足戒的出家女众。在历史演变中,也被用来指称一般女性出家者,而这类女性不一定受过具足戒。

俗社会组织的小的神圣秩序,这个神圣秩序被认定是美好的……寺院和庵堂提供了一块日常生活的净土,在这里人们可以向宗教奉献其虔诚,展现生活中的神圣秩序和具体图景。"① 因而比丘尼的独身生活具有封闭性,她们在自修中完成超脱和成圣。

除了比丘尼,佛教在家修行者多称为斋姑,亦可称居士。在持守独身的理念上,比丘尼、斋姑、居士无多大差异,她们认为独身的宗旨是无挂碍、去烦恼、求解脱,倘若有家室,就面临责任大,烦恼多等问题,如此不利于修行。②

在台湾佛光山还有"师姑",这是一种特殊的修行制度,师姑终身守贞,以寺为家,但蓄发俗服,协助僧尼处理世俗杂务,譬如会计和其他商业行为。师姑除了僧俗身份不同之外,仍是佛光山僧伽的正式成员,享受和僧尼一切同等的待遇。

道教是中国土生土长的宗教,但独身者多存在于全真教之中,这个创立于金朝初年的道教新宗派,主张"正心诚意,少思寡欲",认为清静无为乃修道之本,识心见性,除情去欲,心地清静,才能返璞存真。早期独身者多以个人隐居潜修为主,此后在发展中,亦有独身者隐居道观,修炼"性命",这些独身女性称之为道姑。

在中国社会,独身者多是信仰佛道教者,正如一些对中国文化深有研究的西方学者所说:"虽然对于中国人来说婚姻是人生大事,但也有人不结婚,僧侣、尼姑等就是,这些人多数受佛教和道教的戒律约束"③;"中国妇女在宗教中扮演了积极主动的角色,她们创立和组织了具有神圣意味的朝圣地,佛教、道教皆是如此。妇女们常常把希望聚集在一个神灵,并视此为一项美好的工作。"④

(二) 三教合流后的独身者及独身团体

随着中国封建社会后期三教合流的完成,一些独身女性既遵守儒家伦理,也信仰佛教,如孝女王淑仪,"喜老佛忏悔之说,曰:吾将忏悔来生

---

① [美] 杨庆堃:《中国社会中的宗教》,第29—30页。
② 笔者就佛教独身理念的问题与武昌龙华寺比丘尼智融讨论,智融师傅认为:比丘、比丘尼以及独处的女居士在独身的理念上趋于一致。
③ Marion J., Levy, Jr., *The Family Revolution in Modern China*, Issued in Coöperation with the institute of Pacific Relations Harvard University Press Cambridge, 1949, p. 94.
④ Leona M. Anderson and Pamela Dickey Young, *Women and Religious Traditions*, Published in Canada by Oxford University Press, 2004, p. 128.

永不再生人世另投父母，然于世俗所谓布施供养，独不以为然。尝曰：以吾辈稍有见解，即不喜人奉承，况佛老清静无为，肯因祭而降福乎世之，为此者皆佛老之罪，人何其愚也。"① 王淑仪是一位知识女性，虽信佛，但只撷取佛教中的转世说，而不赞成供奉。

晚清，有年轻的女孩子持身不嫁，也融入了佛教信仰的元素，如汉口民女"马国秀，良骥女。持自贞静，与诸弟日侍父母侧，依依孺慕，乐而安之。雅不欲远离膝下，且谓：'女儿清净身，可以上希仙佛，故一意以孝亲终。'"② 以清净之身"上希仙佛"，并与儒家的孝伦理相结合，把希望寄托于来世，这是分散于民间独身女性的一个特点。

在中国乡村，亦有融和多种宗教因素而持守贞节的女性，如云南六一村的海明芬，因孝守贞。海明芬从小跟着母亲念佛吃素，母亲生病，有人劝买肉给母亲吃以补养身体，海明芬念及母亲信佛吃素，将自己手臂上的肉割下煮给母亲吃，行孝的故事在村里传为佳话。

海明芬终身未嫁，15岁母亲去世后，拜海王氏为师娘。20岁在家设坛，为村人扶乩、画符、看病祛邪，念经祈福。③ 海明芬为人善良，余生从事宗教活动，在当地颇有威望。

近代以后，上海市郊川沙（Chuansha）有未婚纺织女工组成姐妹团，成为佛教在俗茹素弟子中的一派。有时她们组成团体，但仍居住家中。集体居住的房舍称之为"姑婆屋"。这些未婚的纺织女工经济独立，并有自己的生活团体。④

总体上说，中国社会文化背景之下的独身女性只是极少数。在儒家文化的观点中，独身者是另类，是远离传统、违背人伦社会的一个群体。近代中国国门洞开，一些城市的纺织行业聚集了独身女性，但她们仍不为中国社会的主流意识所认同，以广东的"自梳女"为例，她们虽然萌生出争取平等自由的意识，并以逃避婚姻作为最佳选择，但她们始终属于社会的边缘群体，生活在中国社会的底层，这或许就是封建制度之下独身女性的命运。

---

① 王念孙等撰，罗振玉辑印：《高邮王氏遗书》，第56页。
② 武汉地方志办公室、武汉图书馆编：《民国夏口县志校注》（下册），第467页。
③ 参见杨杨《摇晃的灵魂：探访中国最后的小脚部落》，学林出版社2004年版，第111页。
④ Roxann Praziak, Weavers and Sorceresses of Chuansha: The Societal Origin of Political Activism Among Rural Chinese Women. *Modern China*（12 April 1986）：202，转引自梁洁芬《中国修女的贡献和面对的问题》，载台湾辅仁大学神学院编《神学论集》第137号，2003年，第334页。

三 贞女与中国社会各类独身女性之比较

本书的研究对象是天主教贞女,将不同文化背景、不同宗教信仰的独身者进行比较,或许能够有助于更加深刻理解天主教贞女的信仰理念以及存在的价值。

(一) 守贞的理念与动机

女性为什么独身?信仰不同、生活背景不同,对此的理解将会有很大的差异。

在天主教伦理思想体系中,"贞洁"(chastity)是贞女持身的根本,是圣召,是"一项来自天主的礼物和圣宠"①。虽然守贞理念与信仰息息相关,但"天主教的守贞,不是逃避世界对现实悲观失望,不是视婚姻为恶,看教育子女为啰嗦,也不是独善其身,求心灵的安宁。一言以蔽之:天主教贞德的重心是天主而不是守贞者自己。圣母玛利亚是天主教贞德的最美最卓荦的表率。在她的'我灵赞颂上主'之歌中,标志出守贞者的精神:天主占有她的一切,天主成了她的一切,天主是一切。"② 因此,天主教的贞洁虽然建基于圣经与神学,但不是避世,而是彰显现实生活的价值和意义。中国世俗社会的女性守贞的重心,如行孝,重心在父母;如逃避婚姻,重心在"自我"(ego);如寻求解脱,重心在"超我"(superego)。③

虽然天主教贞女在教会内得到认可,受到赞誉,但在中国传统社会,贞女的行为被视为对传统的离经叛道,对礼制秩序的破坏与颠覆,她们不可能被社会理解和接受,清中叶禁教时期贞女遭受迫害就是一个例证。

天主教贞女的守贞出于自愿,是一种经过理性思考的人生选择。一位信仰天主教的女性如果决定守贞,需要举行发愿仪式,仪式标志着发愿者与耶稣建立起位际关系和互动关系,并与他亲密结合。如此,守贞者才能对福音性的守贞之爱进行深切的体会和理解,才能一方面孤独地系恋于天

---

① W. Ribando C. S. C.:《守贞生活:天主为使人去爱而给的礼物》,王敬弘译,载台湾辅仁大学神学院编《神学论集》第 65 号,1985 年,第 470 页。
② 金象逵:《性爱·婚姻·独身》,第 58 页。
③ 此处的"自我"与"超我"借用了心理学观点。自我主要强调独立自我的存在;超我是孤独的我、信仰中的我以及完善的我。

主，一方面内心自由地把福音性的爱给予一切需要的人。①

晚明天主教传入中国之后，传教士为了让社会有更多的人理解天主教贞洁观念，著书立说，从不同的角度对贞洁观点进行阐释和论说，如耶稣会士高一志在其著作中论说了独身、鳏寡和婚姻三种贞洁。② 高一志是一位在中国生活多年的老传教士，通过对东西文化的比较，发现中国文化传统中的独身者地位不如已婚者，而天主教则相反。贞洁分为不同的层次，其中最高尚、最神圣当为独身守贞。

由于童贞包含了神圣与圣洁，得到教会的认同和欣赏，各类教理书对贞女守贞的内涵和意义多有述说。以《圣教理证》为例，其中分析了天主教拥有众多贞女之原因：

> 试问奉教之女多有终身不嫁者，何故？盖天主生人有男有女，定以婚姻之礼，原为传人类，今终身不嫁，岂不与天主生人之意相反乎？若普地之女，齐不出嫁，百年之后，人类尽绝矣。
>
> 曰：你说普世之女皆守贞洁，人类将绝，若论此一端，不必烦你分外劳心。当知守贞非容易之事，若非高志烈性之女，不能克己，保身贞洁到死。你虽劝一百女守贞，犹恐难得一女从之，何烦尊驾，辗转焦思，怕人类将绝矣。你要知天地之间，有灵性之物分为三等：上等为使神，中等为人类，下等为禽兽。匹配传生之事，非独人类有之，则禽兽鱼虫，莫不皆然。惟有使神在天，常在天主左右，不婚不娶，所以烈性守贞之人，轻世俗，苦本身，专事天主，不独超过夫妇，且能谓像似使神。何不想教外之女，受聘未嫁，其夫夭亡，过门守贞者，以致终身，人人嘉之。皇上准起牌坊，旌扬贞德之表。为何如此，因贞德乃大德，之征实系难修，故立牌坊为流芳百世，而使他人法之。所以自古至今，常见贞德之牌坊，未见夫妇牌坊。从此辩来，谁贵谁贱，黑白分明。若说守贞不嫁，相反天主生人之意，何不想生生者是天主，死死者岂非天主么。又天主未造天地之先，不知几千万年未生一人，你将何以解之。再又比方普世之男女，全守童身，

---

① 参见张春申《修会的贞洁》，载台湾辅仁大学神学院编《神学论集》第 61 号，1984 年，第 447 页。

② 高一志的论说详见本书第十一章第一部分。

专事天主，救己灵魂，得天堂之永福，虽使人类将绝，为此世界，亦无大害。今世之人，背弃真主，好酒贪色，男女习淫，罪恶盈贯，招天主之义怒，遭身后之永苦，你不操心为此，而反劳心为彼何歟？①

作者很巧妙地用中国儒家的守贞（贞节牌坊），证明天主教的守贞的合理性。以儒家的守贞观陪衬天主教独身的神圣性，这类要理书对广大教友深刻领会贞洁之含义有着启示作用，对于守贞者也是一种精神激励。

从教理角度分析，天主教的守贞是一种追求更高的善，接近"天主"的过程。虽然是"轻世俗，苦本身"，但"像似使神"，比世俗守贞更为高洁。这种贞洁理念的特殊意义对信仰虔诚者具有一定的吸引力，通过守贞生活，她们认定"天主的道理比孔圣还强"②，更有力量，甘愿"为了神圣之爱（divine love）而放弃人类之爱"③，并把这种贞洁生活视为生活的最高目标。

圣言会主教韩宁镐是一位对中国文化深有了解的传教士，根据在中国的传教经验发现，天主教的守贞观虽然与儒家传统有相当大的差异，但经过传教士的努力，能够被非基督徒接受。他说：

> 基督精神的贞洁对外教文化来说完全是新的。但是恰恰这个新理念在华夏的老教友和新教友那里获得了热烈的欢迎。当那些年轻的女孩子——她们来自外教文化——听到基督教的贞洁方式，当她们开始尊敬那些模范的女传教员时，她们很想守贞，而父母们似乎不能说服她们去结婚。当然，传教士们努力以正当的宗教规律而指导女孩子们的热烈奉献精神，在那些早已整理好的教区中，主教们建立了特殊的

---

① 《圣教理证》（作者不详），兖州府天主堂1909年重刊本，第40—41页。是书"小引"云："圣教之道，正大光明，有根有源，愈驳愈明，越究越深，令人笃信实行。然尝见多有教友，书理浅薄，不能回答外教之驳问，卒至辞穷理遁，致玷圣教之英名，惹外教人之耻笑，实属可悲。吾今不避谫陋，博采诸书中最浅近之词，辑成一篇。"这是一本以问答形式讲述天主教理的著作，分类编之，除"论证守贞原理"之外，还有"论何故圣教不许娶妾"、"论传教士不婚的好处"等多个论题。

② See Eugenio Menegon, "Child Bodies, Blessed Bodies: The Contest Between Christian Virginity and Confucian Chastity", *Nan Nü: Men, Women, and Gender in Early and Late Imperial China*, 6. 2. 2004, Brill, Leiden (The Netherlands). p. 238.

③ Columban Browning, CP. Consecrated Virginity, *Sisters Today*, Volume 38. p. 126.

修女会，而这些修会中的本地修女被认为与欧洲修女一样能干——这是一个良好的表现。①

就守贞的理念与动机来看，天主教贞女生活在耶稣之内，她们独身的动机来自信仰。如果是团体贞女（多指修女），守贞还须具备成全德行的三个标准——神贫、贞洁、听命。② 因此，严守贞洁成为走向神圣彼岸的必要条件。世俗社会的女性守贞多为世俗原因：或逃避婚姻，或不愿离开家庭，或以儒家孝道作为自己的终极价值；如果寡妇守贞，她们所面对的不是亡灵，而是一个"理念"、一个"共相"，在儒家伦理成为全民族信条的形势下，这种贞节理念与实践常常超乎个体行为，成为家族、社群的荣耀。

（二）身体·仪式·禁忌

身体与灵魂的关系是宗教信仰者经常纠结的一个问题，信仰不同宗教的人对于身体理解也有很大的差异。佛教认为，人的身体是一只"臭皮囊"，因为身体产生了痰、唾液、酸汗、屎尿、恶臭等污浊的东西，人活在现世充其量只是利用沉重的身体进行修炼，进而突破身体的桎梏，最终获得解脱。

道教将性命、形神、身心、肉体、精神综合起来表达生命观，对身体持一种正面的观点，认为身体是成仙的宝贝。③ 道教的全真派更是主张修道者必须出家，并忍耻含垢，苦己利人，戒杀戒色，节饮食，少睡眠。全真派的重要经典《金莲正宗记》强调：以柔弱谦下为表，以清静虚无为内，通过对身体的修炼，进入长生不死、成仙得道之境界。

儒家的身体观是与孝伦理结合，"身体发肤，受之父母，不敢毁伤，孝之始也"（《孝经·开宗明义章》），主张"不亏其体，不辱其身"（《礼记·祭义》），这种整体性思维不仅强调身体的神圣和纯洁，同时还隐含着两性不可接触的意蕴。

天主教的身体观主要体现在两个层面：一方面，认为肉体阻碍灵魂的救

---

① ［德］赫尔曼·费尔希：《奥古斯定·韩宁镐主教传 一位德国人在华工作53年》，第279页。

② 参见《教理问答》（山东南界主教韩准），赫司铎据德文本翻译，兖州天主堂活版1907年版，第80页。

③ 参见张珣《几种道经中对女人身体之描述初探》，载李玉珍、林美玫编《妇女与宗教：跨领域的视野》，台湾里仁书局2003年版，第40页。

赎,肉体产生的欲望导致罪恶,引人走向撒旦,远离天主;另一方面,强调对身体的肯定和重视,"人的身体不是为淫乱,而是为主,主也是为身体。"①

告解圣事是天主教处理身体与灵魂关系的一项礼仪:身体犯下罪过,通过忏悔,得到上主的谅解。重新与神合好是仪式的主旨,但却违背了中国男女授受不亲的习俗,对于不了解天主教的国人来说,告解常被联想为男女身体的接触,神父的"替天行道"被演化为邪恶的行径。清朝中期以来发生的教案,其中不乏因对告解的误读而引发,因为"非基督徒特别不能接受的是妇女办告解和贞女不结婚的情况"②。

与身体相关的还有宗教对女人经血的种种忌讳。《圣经·旧约》记载"女人几时行经,有血由她体内流出,她的不洁期应为七天;谁接触了她,直到晚上不洁"③。古代犹太人认为,女人在经期中为"不洁",而不洁又与"恶"相关,因此,犹太教规定经期中的女人不可接近圣所及圣物。

对经血的忌讳缘于古人将血与生命相结合的观念,经血是污秽的,触犯血就触犯了生命,这种禁忌是旧约时代的法律,且只约束犹太人。伊斯兰教律也禁止经期的妇女在清真寺礼拜,但可以在礼拜堂旁专为妇女所设的礼拜账房参加礼仪,或在家祈祷。行经的妇女如参加早上礼拜,需要洁净身体后参加仪式。④

基督教从犹太教中分离之后,取消了这种"经血"禁忌。贞女经常参加教堂礼仪的准备工作,如清扫教堂,布置祭坛,她们在任何时候都可以接近祭台。⑤

与西方传统宗教具有外在超越性不同,中国社会各种宗教均强调内在超越性,希望通过对身体的持修、遏制,进入"神圣";天主教贞女在处

---

① 《新约圣经·格林多前书》6 章 13—15 节。
② Benno I. Biermann O. P., *Die Anfänge der neueren Dominikanermission in China*, Münster 1927, S. 164.
③ 《圣经·肋未记》15 章 19—28 节,亦可参见 12 章 1—8 节等处。
④ 参见《穆斯林妇女生活导读》(非正式出版),哈利德·侯赛楠 辑录,苏莱曼·志仓译,2008 年,第 36、69 页。
⑤ 教会在发展中逐渐放弃犹太人对女人经期的禁忌,圣经没有明文规定,其演化过程也没有一个明确的界限。通过《宗徒大事记》记载的"只要函告他们戒避偶像的玷污和奸淫,戒食窒死之物和血"。(15 章 20 节)可知一世纪时还有禁止接触"血"的禁忌。基督教(Christianity)传入罗马之后,很多习俗和法律都继承了罗马人的传统,至于犹太人(包括宗徒们)的传统习惯,则逐渐淡化而抛弃掉了。此后,只是犹太人和阿拉伯人还严格遵守传统习俗,包括崇拜中对女人经期的禁忌。

理身体与灵魂的关系中，有一个开放的平台，这就是守贞者与耶稣的关系，在压抑与开放之中，通过灵修，达到心灵的清净与平衡。下文是一位修女守敛身体的情欲，将心灵开放给永恒者的一段心路历程：

> 二十六年前我加入一个修会，因为我希望做个教师，并献身于宗教。初学时，修会教导我们不可与人培养特殊友谊。作为一个发愿的修女，我们应该爱每个人，却不能对任何人表达特别的感情。发愿后的早期训练，让我在开始的那些年（我十七岁进入修院见习）学会压抑感情。我不断找寻与耶稣建立深刻关系的方法，却把别人的爱当作达到目标的绊脚石，在这孤独的旅程中独身生活保护着我。①

通过这段告白，或许对于了解天主教贞女的身体观有一定的帮助。

（三）守贞对象与烈女精神

天主教贞女的终极人生是面对永恒的天主，这是活在基督之内的贞洁生活；而世俗社会女性独身的原因多是以现实生活为基点，她们或对婚姻的畏惧、反感而逃避（以自梳女最为典型），或不愿离开父母，以尽孝的名义走完人生的旅程；而贞女所挚爱的对象是一个看不见的神。因此，在守贞的经历中，天主教贞女将自己的心灵世界开放给永恒的天主，而世俗社会的女性则是在宗法制度的压制下将自己的精神世界封闭收敛。

近代中国曾经发生过多次教案，民教冲突中亦有一些贞女惨遭杀害。1858 年，贞女传道员林昭被捕，"官员们审问她身为汉人，活动于苗人之间的意图为何？为什么不结婚？难道这种反常的行径不足以证明她相信的是一颠覆性的教派？亚加大（林昭的圣名）冷静回答说：人们不也树立了许多贞节牌坊，以纪念终生保持贞节的年轻寡妇吗？"② 林昭的回答十分巧妙，她把天主教守贞比附于中国社会的独身，以此证明，天主教贞女并没有违背中国的传统礼制。

从广义上说，东西方"烈女"有其共同点，其内涵突出女性的抗暴

---

① 詹姆斯·白、伊芙莲·白：《性——基督徒的爱与亲密关系》，陈美卿译，台湾闻道出版社 2010 年版，第 5—6 页。
② ［法］沙百里：《中国基督徒史》，第 236—237 页。

精神：不论施暴者是谁，也不论最终结果如何，关键是凸显一种不使肉体与人格遭受侮辱的英勇反抗。但由于守贞理念不同，两种类型的烈女事实上存在一定的差异：天主教贞女所展示的"贞"、"烈"、"圣"，包含着重要的信仰元素，林昭最后被杀不是因为其保持了贞节，而是不愿意放弃她视为生命的信仰。这些为了信仰献出生命的女性是天主教的圣女或烈女，因为她们在信仰生活中的榜样和威信，教会由此形成一套评价机制和表彰制度，这就是天主教封圣制度的由来。

中国儒家的贞节理念表现在以身殉夫、守节终身、反抗强暴，许多女性在理学的倡导之下，宁愿牺牲个人的幸福乃至生命，以超乎寻常地坚守道德规范的事迹去赢得一个虚无缥缈的美名，于是，中国式的"烈女"最终成为男权社会给女性设置的一个荣誉圈套，"烈女精神"也由此成为中国文化中的一个传统概念；而天主教的贞女为了捍卫自己的信仰而牺牲生命，其不畏强暴的贞烈表现常常转化为一种道德力量，成为激励基督徒继续持守信仰的精神动力。

（四）生存空间及人际关系网络

受儒家思想影响，封建时代独身女性的生存空间以家庭为主，或以信仰（佛道教），或以职业为纽带组织团体，人际关系比较简单。天主教的贞女，如果是住家型，生活的空间相对狭小，主要以住所附近的教堂为中心活动；如果是住堂型，她们的生活场域则较为开阔，且逸出了以血缘关系为纽带的自然村落。

乡土中国既是血缘社会，也是地缘社会。近代以后的天主教贞女的活动空间逐渐拓展，随着越来越多的贞女仿效女修会组成团体，她们活动的空间已经超越了血缘、地缘。以上海教区的献堂会为例，她们的工作远及江苏、安徽乡村，其生活理念和模式是对中国传统妇女观的反叛与颠覆。

随着活动空间的增容以及传教工作的需要，贞女传道员还建立起以女性为主要群体的人际关系网络，其目的是为了扩大教会的影响，而她们所从事的慈善服务工作，却为教会带来良好的声誉和威信。

一般来说，天主教贞女的血亲关系十分简单，而通过社会服务所建立的人际关系网络，则是以传教为目的。正是因为信仰理念的支撑，"贞女一生只有四个朋友：天主、圣母玛利亚、守护天使和主保圣人。如果不是这样，

第十二章　天主教贞女与各类独身女性之比较　　345

就不是贞女"①。贞女在神学理念上的四位朋友,反映其生活的鲜明特点。

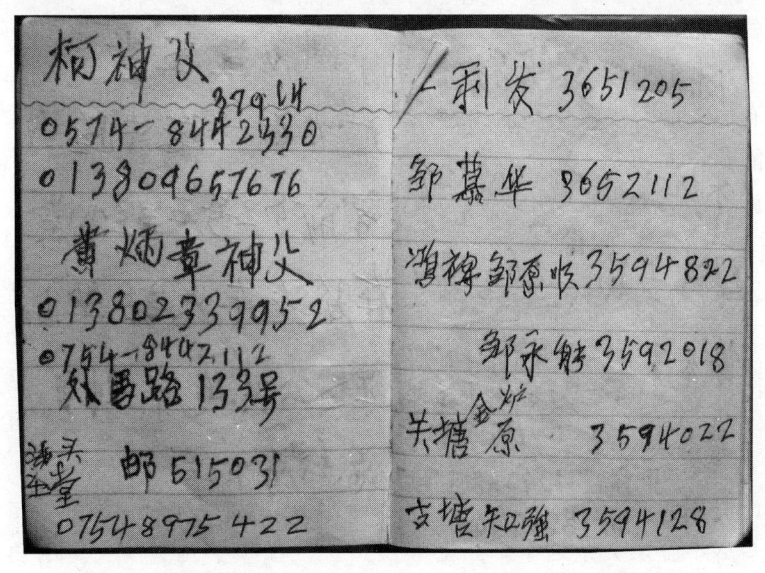

汕头王美香姑婆的记事本（记满了电话号码和通讯地址）

一个普通的记事本,记满了姑婆联系人的信息,由引透露出贞女人际关系关系网络的一个特点。

世俗社会独身女性的人际关系多囿于家庭、家族,以信仰或职业结成团体的空间同样十分狭小,对此,著名社会学家费孝通曾做过精辟的论说:

> 男女有别的界限,使中国传统的感情定向偏于同性方面去发展。变态的同性恋和自我恋究竟普遍到什么程度,我们无法确认;但是乡土社会结义性的组织,"不愿同日生,但愿同日死"的亲密结合,多少表示了感情方向走入同性关系的一层里的程度已经并不很浅。在女性方面的极端事例是华南的姊妹组织。②

---

① Lettre de M. Pierre Lavaissiere C. M. à M. Le Go C. M. à Paris, Mémoires C. M. VIII (Paris 1866), p. 728. Pierre 为遣使会神父。

② 费孝通:《乡土中国》,生活·读书·新知三联书店 1985 年版,第 46 页。结为亲密的同性团体极易向同性情感方向发展,为防止和杜绝这种非理性情感,天主教关于贞女修规有严格的规定,如《守贞要规》规定:"（贞女）同别的姑娘,或是闺女、太太们总不要放肆,说一些不当说的话,不叫他们有什么偏爱的举动。睡觉的时候,也不许别的姑娘、太太同自己在一个床上。"(《守贞要规》第 15 页）。

此处的"华南的姊妹组织"指"自梳女",这些脱离了宗法农业社会约束的女性,自结"金兰"而难保纯正的贞洁;而对于结成团体的天主教贞女,耶稣的教导在现实生活中具有严肃的神学意义,每日的祈祷、念经,有规律的避静灵修,成为剔除杂念、荡涤身心的净化器。信仰中的仪式功能不仅促使现实生活走向圣善,也赋予了人际关系网络以道德意义,这或许也是天主教贞女生活的一个侧面。

(五) 角色与责任

不同文化背景的女性在角色与责任方面具有相似性,"在对社会化过程中的性别差异的跨文化研究里,巴里、培根及采尔德(1957)发现,几乎所有的文化都强调女孩子须给予抚慰、服从和责任方面的训练。"[①]

世俗社会的独身女性与家庭、家族成员构成关系网络,所承担的社会角色多寓于血亲关系之中。如王淑仪是一位孝顺女儿(从父母的角度)、一位能干的姐妹(从兄弟的角度)、一位严厉的姑姑(从侄儿的角度)等。贞女的角色和责任源自圣母,圣母生活的神圣性曾经孕育了无数的生命,因而教会给予玛利亚"贞女母亲"之尊衔。[②] 贞女的生活是以天主为核心、圣母为楷模,相比较世俗生活中的独身女性,角色更为丰富、责任更为重大,因而,贞女在现实社会中的角色体现为一种宗教情怀、一种超出血缘关系的博爱精神,"只有爱能够使具有生命的物体精诚团结,爱能完成他们、成就他们。"[③] 在承担社会责任的过程中,她们需要用一种粉碎自我的精神,去关爱他人,完成服务和奉献。

四 天主教贞女与新教单身女之传道: 相近的宗教文化背景比较

近代以后,基督教新教各派进入中国,传教士中包括许多单身女性,

---

① Michael Argyle、Benjamin Beit-Hallahmi:《宗教社会心理学》(*The Social Psychology of Religion*),李季桦著,陆洛译,台湾巨流图书公司1996年版,第101页。
② 参见李纯娟《从中国文化意识形态谈"圣母敬礼"》,载台湾辅仁大学神学院编《神学论集》第78号,1988年,第547页。
③ 《人之现象》,李贵良译,转引自金象逵《奉献的独身生活》,载台湾辅仁大学神学院编《神学论集》第17号,1973年,第357页。

她们的职责是进入教育、医疗机构工作,并在女性中传播信仰。同样作为基督宗教中的独身女性,信仰背景相似,但她们的守贞观以及生活、工作却表现出各种不同特点。

(一) 新教女传道进入中国概说

16世纪的宗教改革从罗马天主教分离而出的改革宗(Protestant)以其打破宗教职业者独身传统,建立平等自由的教会管理模式而呈现于世俗社会。因此,近代以后进入中国的新教传教士常常带着眷属,传教士家庭也常常成为信徒家庭生活的楷模和典范。随着传教推进,逐渐有女性加入传教士队伍,各类女性传教机构也随之成立。

美国新教各差会是在华传教的一支生力军,通过对中国社会的了解,传教士们发现,女传教士在传教工作中发挥过十分重要的作用,"1890年,自愿到中国的女性传教士占据60%,她们所显示的特殊改革的声音,说明已经把美国的影响带到中国。"[①]

美国在19世纪出现了"纯正妇女意识",其内容体现在四个方面:虔诚(piety)、纯洁(purity)、服从(submissiveness)、爱家(domesticity)。[②] "在这场社会改革运动中,对于传教士来说,为妇女的工作(women's work for women),还增加了道德资本观念。"[③]

虔诚是妇女最重要的品格,是生命力的源头;纯洁的形象,服从父权领导,爱护家庭是虔诚品格的外在表现。通过对女基督徒的训练,将"纯正妇女意识"灌输于中国女性,这是美国圣公会女传教士的工作特色。

在各宗派的传教活动中,浸信会也是来华差会中十分活跃的一个宗派。1894年,"四位宣教士来华,她们是柏乐缇(Miss Lottie W. Price)、吉慧丽(Miss Willie H. Kelly)、慕究理(Miss Julia K. Mackenzie)诸女士,及陆德恩牧师(Mr. W. W. Lawton)。吉、柏两女士在上海礼拜堂作

---

① Jane Hunter, *The Gospel of Gentility, American Women Missionary in Turn - of - the - Century China*, Yale University Press New Haven and London, 1984, p. 3.

② 参见林美玫《美国圣公会女传教士早期在华活动:十九世纪美国"纯正妇女意识"的展现》,载李玉珍、林美玫编《妇女与宗教:跨领域的视野》,台湾里仁书局2003年版,第40页。

③ Jeanne Kay Guelke and Karen M. Morin, "Missionary Women in Early America Prospects for a Feminist Geography", *Women, Religion, and Space*, Edited by Karen M. Morin and Jeanne Kay Guelke, Syracuse University, 2007, p. 107.

工,并借着探望家庭而传递福音。她们也在一八九七年开办了一个女学校,称为'闺秀'。这个女学校嗣后经过了创办者及继任者的苦心经营,成了现在的晏摩氏女子中学"①。以开办女子学校为媒介来传播西学,传播宗教,浸信会的传教士小姐扮演了十分重要的角色。

在教务的进展中,成立女传道组织是浸信会的工作策略。1895 年,浸信会第一个女传道会成立,地点在上海老北门,虽然最初只有 5 名成员,却开启女传道服务教会的先例。1911 年,成立苏申锡女传道联合会(上海);1931 年,成立苏申锡女传道联合会事务所(上海),凌邹福音女士为总干事;1924 年,成立镇扬女传道联合会。"各处女传道会均有吴立乐(Miss Lila Watson)、施美恩(Miss H. F. Sallee)和郑爱琳诸女士所预备的传道会季本,以及他种材料。"② 浸信会单身女传道是女传道会的骨干,且以文化知识水准较高、组织能力较强以及虔诚的信仰赢得了信徒的支持。

两广是浸信会的工作重点,1916 年 3 月 26 日,两广浸会女传道联合会成立:

> 成立会的召开和章程的起草,皆由力约翰师母、綦怜师母、那扶女士等倡导,安放了极稳帖的根基。组织的大纲如下:当联合会开幕时,以会长总摄取事务,闭幕后所有各种事务,则由常务委员会主持。首次受聘为联合会干事的为邓志灵女士。各女传道会会务的进行,有女传道联合会在中华浸会书局编辑部内,所预备的传道会季本,研究科,以及其余各种材料,加以帮助。距今数年前,联合会曾有一次特别征求妇女作女传道会员,结果有东山女青年助道社成立。现在两广女传道会的数目,就报告所知,共有 50 多个。③

浸信会各传教点中,以潮州的成绩最为显著,至 1934 年,潮州已经

---

① 吴立乐编《浸会在华布道百年史略(1836—1936)》,香港浸信会出版部 1936 年版,第 67 页。
② 同上书,第 74 页。
③ 同上书,第 28 页。Miss Lila Watson 是一位单身女传道,因而其著述有较多的关于女传道会的记录。

有30个女传道会，会员900多人。这些女传道不仅在城市工作，还深入乡村传教。

山东也是浸信会传教区域，1911年，妇女辅助会（简称女助会）在登州组建，1917年，妇女辅助会（后改名"女传道会"）在华北有32处。1936年，发展为43处。①

信义会（信义宗）在华传教也成就斐然，其中，注意发挥女传道员的作用是该差会的一个特点。以河南正阳信义会为例：

> 信义会入正阳，肇于清光绪二十八年，西人施道格、白仁慈先至，无宣传，会址僦南街皮姓房。翌年，改派易格兰为布道专员，常年住县。华人越蔚然、幸鹏举襄助会事，是为县人入会之始。越年，购北街乐姓宅为会址，教徒渐多。宣统元年秋，复买南街梅氏宅，遂定基焉。初无多室，历经建修，迄成百二十四间，内有礼拜堂、学校等，更加华人为布道员、学校教员。城外大店，如汝南埠、陡沟、铜钟、寒冻、岳城、增益店，均成立分会，而分会或附设小学。民国六年，西人潘怀怜来县，兼有女教士桑兰英、叶更信、郭梅泰，教徒日繁，日添建大礼堂一所，迫高安泰主会，时值革命军北伐，避地出境，各级小学停办，惟布道事务，留邑人保持。十八年，胡立美为牧师，开复各校。②

近代以后，进入中国的基督教新教各差会在开拓妇女工作方面作出了重要贡献，其中，有女传道、女执事、女事务员，教会的大部分义工也是女性，她们承担了教会大部分工作，如讲道、探访、教导、清洁等，但妇女在教会事奉层面的地位不如男性。③

抗战前夕，圣公会按立了中国第一位女牧师李天爱，但至1949年之前，女牧师几乎凤毛麟角，真正发挥传教作用的是一大批女传道，她们

---

① 参见吴立乐编《浸会在华布道百年史略（1836—1936）》，第115页。
② 《中国方志丛书·华北地方·第一二三号》，《河南省正阳县志》（一），据民国魏松声等纂，"民国"二十五年铅印本影印，台湾成文出版社1968年版，第320—321页。
③ 参见林德晧、麦永安编《中国教会中妇女的境况》，世界信义宗联会出版1997年版，第83页。

"不宜结婚,因为她们应全然奉献"①。女传道的工资比男性低,不可按立,也不可行圣事,但女传道的工作业绩却展现出独立自主的特征,她们以自尊、自重、自立、自强的精神风貌得到信徒的尊重和爱戴。

(二) 女传道的各种称呼

天主教贞女的种种称谓,本书引言部分已经作了详细的阐释;同样,基督教女传道也有一些相应的称谓相比于贞女,新教单身女传道的称呼较为简单,称谓最为常见的是"姑娘"。

清朝末年,上元县城内候架桥美国大医院一座,内住美国美以美会比必夫妇子女共五人。堂内施医药诊治华人杂症,中间礼拜堂,左右药房住居病人,并有新到女医士杭姑娘帮助诊治妇女之病。② 上元县(属江宁)城内干河沿美国耶稣大教堂一座,内住美国美以美会教士福开森夫妇,小孩两个并有女教士沙姑娘。③ 上元县"城内候驾桥美国耶稣大教堂一座,内住女教士韩姑娘"④。

光绪十七年,"照录上海县呈英法美各教堂折……西门外大街耶稣教堂一所,内设女塾及美国姑娘住宅,离城一里……美国法租界西新桥南有礼拜教堂一所……美国姑娘住宅并女塾,离城一里。"⑤

金华县城西五隅小巷口教堂一处,系美国女教士赖姑娘荣姑娘设教居住,自行购地建屋,半属洋式。⑥

早期在中国传教的单身女传教士多为西人,大凡称为小姐(Miss)

---

① 林德皓、麦永安编:《中国教会中妇女的境况》,世界信义宗联会出版1997年版,第83页。

② 台湾"中央研究院"近代史研究所编:《教务教案档》第六辑(二),光绪二十二年—光绪二十五年,1981年,第855页,"总署收南洋大臣刘坤一文·咨送光绪二十二年春季分江宁等十一府州厅属教堂处所清册"。

③ 同上书,第785页。

④ 台湾"中央研究院"近代史研究所编:《教务教案档》第七辑(二),光绪二十六年—宣统三年,1981年,第624页,"外务部收南洋大臣刘坤一文,附清册·咨送二十七年春季分江宁等州府厅设立教堂处所清册"。

⑤ 台湾"中央研究院"近代史研究所编:《教务教案档》第五辑(二),光绪十三年—光绪二十一年,1981年,第708—709页,"总署收南洋大臣刘坤一文附清折·咨送上海县开呈英法美各国教堂清折"。

⑥ 台湾"中央研究院"近代史研究所编:《教务教案档》第五辑(三),光绪十三年—光绪二十一年,1981年,第1813页,"总署收浙江巡抚崧骏文,附粘单·咨送浙省各厅州县有无教堂清单"。

者均为未婚者。如江苏吴县，"阊门外上塘大街坐落阊五图美国义塾一所，朝北门面，华式房屋四间，租赁新安会馆之产，女教士金小姐经管。"①

在广东传教的循道会女传道十分活跃，开办女子学校是其工作重心。"1863 年，布丝晓小姐（Miss Broxholme）抵达广州，填补靳臣小姐早逝而留下的缺……三年后，常理芙（Jane Radcliffe）小姐加入教员行列。"②这些传教小姐为中国早期女子教育作出了重要贡献。

司务道（Annie Skau Berntsen）是内地会宣教士，为了传教事业终身未婚，曾在西北传教，当地的小孩子亲切地称之为"教士姨"，或"教士阿姨"。③

台湾北部的女传道被称为"姑娘仔"，取得此项资格的条件是"单身或未婚，具有坚定成熟的基督信仰、健康的身体、受过教育、成熟均衡的情绪，以及对他文化和宗教的宽大容忍的态度。其中，'受过教育'指的是最好能够有'大学毕业'的资格，或是'拥有教师执照'，或至少能够修过'女宣教师养成所（Missionary and Deaconess Training Hoem）的课程'。不过，实际上只有三分之一的姑娘符合上述要求。"④

一般来说，来自欧美国家的新教单身女传道可称为"姑娘"，亦可称为"小姐"，而中国本土的单身女传道则主要称为"姑娘"。同时，欧美女传道来华之后，所做的一项重要工作是对有志献身传教事业的未婚女性进行培训，与天主教欧美女修会对贞女的培训相似。随着培训工作的推进，各地出现了许多女传道机构，其中多为中国年轻的女基督徒。

---

① 台湾"中央研究院"近代史研究所编：《教务教案档》第六辑（二），光绪二十二年—光绪二十五年，1981 年，第 881 页，"总署收南洋大臣刘坤一文·咨送光绪二十二年春季分江宁等十一府州厅属教堂处所清册"。

② 卢约翰：《苦难重重的教会 循道公会华南教区开基一百年的历史（一八五一至一九五一）》，杨林译，循道卫理联合教会文字事工委员会 1984 年版，第 46 页。

③ 司务道、尚维瑞：《陕西羚踪——司务道教士自传之一》（*Trails of Glad Tiding in Shan Xi——An Autobiography 1 of Sister Annie Skau Berntsen*），香港宝灵医院宝灵福音布道团，2004 年第 9 版，第 62、159 页。司务道 1911 年 5 月 29 日出生于挪威，中学毕业后学习护理学，1937 年 10 月至 1938 年 6 月在英国伦敦内地会接受训练，1938 赴中国传道，活动地区主要在陕西南部的商县、山阳、洛南、商南、龙驹寨等地。

④ 郑仰恩：《信仰的启蒙文化？英国和加拿大长老会在台宣教初期工作之探讨》，载王成勉编《将根扎好——基督宗教在华教育的检讨》（*Setting the Roots Right - Christian Education in China and Taiwan*），台湾黎明文化事业股份有限公司 2007 年版，第 368 页。

(三) 生活模式

天主教贞女一旦决定度守贞生活，就要宣发誓愿终身不嫁；新教女传道可以独身，但如果找到了合适的生活伴侣，即可以结束这种单身生活。如美国圣公会女传教士汤爱珍，1861年嫁给了汤蔼礼教士，她代表着圣公会中国差会女传教士从单身教师到教士妻子这一身份改变的经验传承。

因此，在新教女传道中有两种类型：师母型——来华传教士的太太；单身型——未婚的年轻女性。决定把一生奉献给传教事业的独身女性，往往受家庭背景影响和熏陶，进而选择终身服务于传教事业的人生之路，内地会单身女传道司务道即是她们中的优秀代表。

在新教女传道的工作中，师母型与单身型常常进行合作，如：上元县，"城内干河沿美国耶稣大教堂一座，内住美国女布道会女教士狄师母、姚姑娘，掌管女学堂，具房屋五座均系洋式。"[①]

光绪十九年（上元县境内），"城内四根杆子美国耶稣大教堂一座，内住美国长老会教士李满夫妇二人，女孩二人，董文德夫妇二人，贺子椿夫妇二人，女孩二人，艾师母、美姑娘、任姑娘传教，堂内并有学馆，男孩二十余名，系华人教读。"[②] 这是上元县城关的一个传教点，单身女传道与牧师家庭合作，其活动具有一定的灵活性。

浸信会是一个单身女传道较多的宗派，正因为如此，单身女传道吴立乐（Miss Lila Watson）撰写的《浸会在华布道百年史略（1836—1936）》一书给予了女传道应有地位。是书所记女传道事迹颇多，其中不乏单身者与师母合作的故事。如，威灵小姐（Miss Lula Whilden）是广州宣教士的女儿，在美国接受教育后，于1872年返回广州，向妇女传道、教学，并探望家庭。她创办了"慕光瞽目院"，特意要救助失明的女子。威灵小姐忠勤服务42年，以后因病回国，卒于南加罗里那州

[①] 台湾"中央研究院"近代史研究所编：《教务教案档》第七辑（二），光绪二十六年—宣统三年，1981年，第625页，"外务部收南洋大臣刘坤一文，附清册·咨送二十七年春季分江宁等州府厅设立教堂处所清册"。

[②] 台湾"中央研究院"近代史研究所编：《教务教案档》第五辑（二），光绪十三年—光绪二十一年，1981年，第844页，"总署收两江总督刘坤一文附清册·咨送江宁扬州等府厅州属各国设立教堂清册"。

(South Carolina)。她离开广州后，纪好弼师母（Mrs. Janie l. Graves）继续管理这瞽目院。①

宗教改革的世俗意义是不再把独身作为一种更为神圣的生活方式，因此，解除了虔诚信仰者对独身的渴慕与向往，新教女传道的独身基本没有来自神学、教理教义上的约束，是否选择婚姻具有较大的自由度。如，浸信会的容懿美小姐（Miss Emma Young）于1883年来华，创办培道女校，之后回国结婚，泊小姐（Miss Carrie Bostick）接替了她的工作，并担任这所学校的校长。②

由于新教单身女传道的独身生活具有相当大的弹性，她们常与牧师夫妇合作，如果遇上情投意合的人选，也会组成家庭。当然，如果结束独身生活，"姑娘"的称呼也就中止了。在英文的表述中，独身的女传道称之为Miss，如果步入婚姻的殿堂，则称之为Mrs.，这种称呼的变化在基督教新教的文献中多有记载，兹不赘述。

为什么有一些独身的女宣教士最终步入了婚姻的殿堂？其中的奥秘是这些女性选择终身伴侣的标准是海外传教士，所以19世纪的传教士太太大多数是先有投身海外传教工作的抱负，然后再寻找情投意合的传教士配偶，"这个时序上的先后，也许能说明她们都具有事业理想"③。于是，许多单身者转为师母，协助丈夫工作，同样其乐融融。④

天主教贞女就不同了，一旦发愿，即表示与天主缔结了盟约，一生将按照贞女的规章生活。因而，贞女需要用服装、发型以及配饰作为标记来说明自己的身份；新教女传道没有服饰的要求，她们由独身到婚姻之间存在着变量，或许某一天会结束单身，步入婚姻的殿堂。一般来说，宗教的世俗化程度越高，身份性服饰的提示意义越小；反之，宗教的严格性、规范性越高，身份性服饰的意义越严格。

---

① 参见吴立乐编《浸会在华布道百年史略（1836—1936）》，香港浸信会出版部1936年版，第15—16页。

② 同上书，第16页。

③ Dana L. Robert, *American Women in Mission：A Social History of Thought and Practice*. Macon University Press, 1997, pp. 19—21. 转引自梁家麟《华人传道与奋兴布道家·前言》，宣道出版社1999年版，第96页注3。

④ 关于新教女传道的婚姻，教会常有一种矛盾心态，一方面，希望女传道结婚，组成家庭；另一方面，担心女传道结婚后不能专心教会的工作。相关研究参见林孟平《女传道的地位与形象》，载世界华人福音事工联络中心会议编《世界华人教会妇女生活与事奉研讨会汇报》，世界华人福音事工联络中心1981年版，第64页。

(四) 工作内容

在中国女性中开展传教工作是新教各差会的共同特点,"早期到中国的美国传教士发现女性工作在他们事业中的重要性,但国内战争之后才有独身女性加入传道工作,对中国女性工作有了一个持续的计划。中国的性别隔绝阻碍传教士对占人口一半的妇女的传道工作。"①

对中国女信徒进行培训是欧美新教宣教士的工作目标,如浸信会的吉慧丽女士曾在上海老北门浸会堂开设妇女读经室,造就若干女传道人。②她们还开办圣经学校,学员一般为女性,多来自贫困家庭。在女传道的带领下,"基督教妇女也去拜访病人和老人,在主日学校和要理学校讲课,组织圣经学习班,布置祭台,参加唱诗班的活动等。"③ 工作内容、思路、方法与欧美女修会对中国贞女的培训,以及接受培训后的贞女所开展的工作十分相似。

在女传道的带领下,基督徒参加慈善事业是一项经常性的工作,在广东梅县,"浸信会的女传道会,捐集了一大宗款子,救济本地受灾害的居民,以及他县遭遇饥荒的群众。"④ 同样,天主教的修女和贞女也承担了十分繁重的慈善公益事业的任务。

作为基督宗教两大宗派,天主教的独身女性(修女、贞女)和基督教的女传道在工作理念、性质、方法等方面具有许多相近的地方,她们的工作对象主要为女性,所努力的方向是逐渐改变中国妇女的地位和现状。所不同的是,新教的单身女传道,所居之处依附于教堂,并建有学校、诊所(或医院),以办学校、办医院为媒介开展传教活动,并各司其职。因此,"女传教士对华女信徒的一个重要影响,是为她们树立一个鲜明的职业妇女形象。"⑤ 新教女传道在致力于文化教育的工作中,除圣经学校,

---

① Jane Hunter, *The Gospel of Gentility, American Women Missionary in Turn-of-the-Century China*, Yale University Press New Haven and London, 1984, p. 11.
② 吴立乐(Miss Lila Watson)编:《浸会在华布道百年史略(1836—1936)》,香港浸信会出版部1936年版,第75页。
③ Jessie G. Lutz, *Women and Gender China*, edited by Jessie G. Lutz, Bethlehem: Lehigh University Press, 2010, p. 20.
④ 吴立乐编:《浸会在华布道百年史略(1836—1936)》,香港浸信会出版部1936年版,第51—52页。
⑤ 梁家麟:《华人传道与奋兴布道家》,宣道出版社1999年版,第104页。

更注重开办社会学校；而贞女实施儿童教育，以教理培训为主，缺乏社会性与广泛性。天主教的独身女性分有修女和贞女两大群体，其职能和角色也有相应的分工，面向社会的各种教育工作多由女修会承担。

对于女宣教士来说，"宗教献身是妇女摆脱家庭与社会束缚的一条出路"，[①] 因而她们面向世俗社会开展工作的内容十分丰富，如主张妇女解放、反对缠足、反对溺婴等。与新教女传道比较，住家型贞女生活的空间相对狭小，工作重心主要在教会内部，组成团体后，贞女开始了跨地区的传教与社会服务（如上海的献堂会）。

天主教贞女从明朝末年就开始出现在中国历史舞台，但她们的信仰理念、生活方式难以被中国传统社会所接受，经历清中期禁教的打击，这个群体以其顽强的韧性重新发育，并形成一个有影响的群体，近代中国各教区成立国籍女修会，其人力资源来自在家修道的贞女。近代基督教新教女传道进入中国时的环境相对宽松，她们培育本土女传道的工程促成一支以女性为生力军的传教队伍，清末民国各地成立的女传道会、妇女辅助会等组织机构，证明基督教新教传播之快、影响之迅速，其中推波助澜者当为女传道，特别是那些单身女传道。

两支信仰相近的女性群体分别在中国历史舞台上留下了她们的印记，但由于教会体制、制度、神学教理上的不同，两类独身女性在中国社会扮演的角色也有所差异。遗憾的是，天主教贞女和新教女传道几乎没有互通声气，也没有联手合作，如果她们能够在服务社会等方面开展友好的相互协助，将开展的各项事工进行互补，或许中国基督宗教的历史将更为丰富。

天主教信仰作为一种外来的、处于弱势的价值体系，传入中国之后，通过调整自身机制以适应儒家的社会秩序。贞女作为中国天主教会特殊的女性群体，生存于中国社会文化的背景之下，所扮演的角色与修女有一定的区别，与新教女传教士亦有较大的差异，但贞女们在传教、慈善、基础教育、服务地方教会等方面所做出的成绩对于今天发展中的天主教会仍有借鉴意义。

---

① 梁家麟：《华人传道与奋兴布道家》，宣道出版社1999年版，第109页。

结语 "基督徒·女性·独身"：三个维度的评说

在中国天主教研究领域，学人多把研究的关注点放在欧美传教士群体；中国基督徒，特别是女信徒作为主角者极少。在林林总总的文献资料中，平信徒经常被演绎成一串串冰冷的数据。

本书的主角是中国天主教贞女，她们来自草根社会，是名不见经传的小人物，虽然对于她们的记载散而难见，但通过辑佚零碎文献，仍然可以寻觅到贞女在中国历史上的印记。

贞女身份有三个维度：基督徒、女性、独身者，多重身份认定，其存在的意义和价值在哪里？此部分将从三个维度对此进行解读和诠释。

（一）平信徒中的骨干

天主教作为一种异质文化进入中国，"在文化适应的相似度方面没有得到民众的认可；其神学和伦理体系不符合中国普通民众的生活，因此只有少数人皈依。"[①] 仅少数人皈依天主教的原因主要是国人对天主教的理解和接受存在诸多障碍，滞碍难通仍占主要成分。但是，对于那些已经皈依天主教者来说，则是另一番气象。由于中国天主教自明末以来在发展基督徒方面实行"重质而不重量"的策略，信徒进入信仰体系之后，教会不断进行教理的熏陶与深化，以达到固化信仰根基之目的。因此，天主教信仰的核心内容更多地展示于实践层面，正如神学家默次教授所说：

> 基督宗教首先并不是一种学说，一种需要尽可能保持"纯洁"，尽可能站在"时代顶峰"的学说，而是一种实践，一种需要更为彻底的生活的实践。没有这种实践，就连基督福音中概念性的、令人

---

① ［美］杨庆堃：《中国社会中的宗教》，范丽珠等译，上海人民出版社2007年版，第35页。

结语 "基督徒·女性·独身"：三个维度的评说

安慰的力量也是陌生的，难以实现的。我们基督徒有一个简单的词可以说明这种实践，这就是"追随"，追随贫困、受难、顺从的耶稣。①

天主教贞女是平信徒中的骨干，她们的生活，就是追随耶稣的生活；她们的人生践履，就是彰显天主荣耀的过程。作为基督徒，贞女曾经在国人无法理解的形势下，忍受过社会的排拒和不满；而当中国社会的弱势群体、边缘群体需要帮助的时候，贞女们则用实际行动向"最小的兄弟"奉献出她们的爱心。贞女以平信徒的身份向世人诉说这样一个道理：天主教信仰并不是一种主义，而是具体表达人类的希望，存在的意义（创造、拯救、基督论），人在社会中存在的方式（爱、仁、慈……）。②

中国有句俗语：众人拾柴火焰高。几百年来，中国天主教能够继续发展，是一股合力铸成。明清之际，学者型神父与士大夫谈天说地，出版、翻译学术著作，是对历史的贡献；神父在宫廷服务，并利用自身的地位和影响帮助地方教会也是一种贡献；那么，传教士在乡村（特别是偏僻落后的山区）传教的同时发展乡村基础教育、开展慈善事业，同样是一种贡献。如果把中国天主教的历史看作一幅画卷，参天大树是教会，花朵是神长，众多的绿叶小草则是广大平信徒。小草需要大树的庇荫，花朵需要绿草的帮衬，这种相互依存的关系构成了中国天主教的发展蓝图。其中，贞女就是历史画卷中的绿叶和小草，她们承担起儿童启蒙教育（主要乡村），开启中国扫盲运动之先河；她们开办诊所，把医疗公共卫生观念和福祉带入社会底层；她们体恤病患，展现人性的终极关怀，把基督的博爱精神推向整个社会。一句话，她们默默无闻、不求回报的人生实践，淋漓尽致地向社会展示了小人物的精神内涵和信仰的真谛。

---

① ［德］J. B. 默次：《为什么我是基督徒》，刁承俊译，载台湾辅仁大学神学院编《神学论集》第 94 号，1992 年，第 504 页。哲学家罗素曾撰写《为什么我不是基督徒》的小册子，说明他不信基督宗教的理由。德国图宾根大学文学教授、天主教徒 Jeus 邀请当代一些著名神学家和学者就"为什么我是基督徒"进行讨论，结集成书，对罗素的问题作出回应。默次是德国明斯特大学天主教基础神学教授，撰写的文章《非询及者的负担》（Werum ich bin Christen，慕尼黑，1979 年）一书。

② 参见陈文团《拉内对马克思主义的批判》，载台湾辅仁大学神学院编《神学论集》第 65 号，1985 年，第 381 页。

(二) 以女性的"顺从"完成使命

中国传统女性"主内"——家庭中的角色，或守贞节，或为家庭牺牲，社会均视之为天经地义。关于两性的不平等，近代来华西人颇有感触。美国传教士何天爵在其著作中说：

> 中国的妇女们总是被各种各样的清规戒律、遗风陋俗所束缚和限制，不能越雷池一步。她们没有受教育的权利，得不到社会的认可，至多不过是比仆人的地位稍高一些的人物。①

西方妇女的地位同样如此，《圣经》云：

> 妇女在会中要闭口不言，像在圣徒的众教会中一样，因为不准她们说话。她们总是驯服，正如律法所说的。②
> 女人要沉静学道，一味的驯服。我不许女人讲道，也不许她管辖男人，只要沉静。③

中世纪哲学家、神学家对女性的观念继承了圣经传统，如奥古斯丁认为，情感是肉体，理性是灵魂；女性是肉体的化身，男性是灵魂化身，二者相互之间的关系反映基督教的世界秩序；托马斯认为，女性并非上帝的荣耀和映象，她被视为不完美之人（不完整之人）。④

神学家认定男女不平等多从神学视角考量，正如托马斯所说，由于女性不能代表卓越的职位 —— 女性屈居于从属的地位，因此女性不能领受司铎圣职（STh, supp. 39, 1）。⑤ 托马斯的论断曾被奉为神学上的金科玉律，也由此成为要求或迫使女性屈居从属地位的最有力的借口。正因为如

---

① [美] 何天爵：《真正的中国佬》，光明日报出版社1998年版，第60页。
② 《圣经·哥林多前书》14章34节。
③ 《圣经·提摩太前书》2章11节。
④ 参见 [德] E. M. 温德尔《女性主义神学景观》，刁承俊译，上海三联书店1995年版，第84页。
⑤ 转引自 [德] E. M. A. M. Tortras, "Women priests or women deacons?", TD 29：3 (Fall, 1981), pp. 245—247. 译文载台湾辅仁大学神学院编《神学论集》第58号（陈月卿，李伟平合译），1983年。

此,天主教体制没有女铎品,"当一名神父主持弥撒,他可以对众人说他代表基督,基督是男性,所以神父必须是男性,只有男性才能代表基督。"①

传统的女性观经过千余年的积淀和流播,在 20 世纪后半叶遭遇女性伦理学和女性主义的挑战。

> 女性伦理学是与被断言为男性偏见的传统西方伦理学相对立的。它认为,传统的伦理学忽视了妇女问题和妇女的利益,没有认识到女性的价值和经验,并把人类的经验与男性经验相等同。传统的德性总是有着性别特征的。因此,传统的伦理学把妇女的实际从属合理化了。妇女解放运动必须揭露和批判之。②

如果说,女性伦理学的主旨是以现代的视野,对传统的两性不平等予以拨乱反正,那么女性神学则是把矛头直接对准了天主教制度。其中,有女性主义神学家针对《圣经》关于女性"一味驯服"的要求进行了批评:

> 福音书通过《新约全书》以父权制的形式流传下来,《圣经》是男性中心的,也就是说,是以男性为中心进行编辑的。在西方历史上,福音书是以父权制的方式接受下来的,至今仍然在按照父权制的方式传译、解释和宣道。③

对此,女性主义神学家呼吁,"《圣经》以牺牲女性为代价,以利于基督教等级制度的发展,我们必须学会生存式地、身体地、批判地对待《圣经》。"④ 在女性主义神学的视野中,天主教女性"在天主教会等级制度的结构中,没有希望得到平等的权利,特别具有约束性的性道德束缚了她们"⑤。

既然轻视女性是天主教的传统,那么,存在于这个体制下的贞女对于

---

① Leona M. Anderson and Pamela Dickey Young, *Women and Religious Traditions*, Published in Canada by Oxford University Press, 2004, p. 167.
② 卡德编:《女性主义伦理学》,导论,1991 年,第 4 页;转引自尼古拉·布宁、余纪元编著《西方哲学英汉对照辞典》,人民出版社 2001 年版,第 371 页。
③ [德] E.M. 温德尔:《女性主义神学景观》,刁承俊译,生活·读书·新知三联书店 1995 年版,第 79 页。
④ 同上书,第 88 页。
⑤ 同上书,第 67 页。

等级制度、性别的不平等制度持一种什么态度？带着种种困惑查寻各类文献资料，并希望通过寻访贞女解决问题。结果发现，虽然"耶稣的男性引导出教士身份和等级制度的教会结构"①，但贞女们从没有弱势人群的心理体验，也没有遭受不平等的委屈，她们只有对角色分工的认同，她们把获得贞女资格视为神的恩赐（圣召）。② 她们永远不会思考为什么女性地位低下，为什么女性不能像男性那样获得更多的政治、经济、文化和知识资源等问题，她们在信仰的轨道内生活，由此产生了自我认同和宗教经验，最终在顺从中完成使命。

用女性主义神学标准检视贞女的思维方式与行为方式，似乎贞女过多地丧失了自我，因为"神学反省的中心是人的尊严，是人在一个公正的社会制度中的个体存在。如果我们在当代传统的基督教神学中谈论的是作为神学反省出发点的人，那他就是被扭曲的——有罪的——寻神者，是反抗上帝的人或者具有双重性格的人，是作为依赖他人和只有如此才能充满人性的伙伴。女性主义神学感兴趣的是另外一个过程，即在社会性的父权制异化中妇女得到解放、变成完人的过程以及这种异化的消除。"③

女性伦理学和女性主义关注问题的焦点是男女两性在健康、受教育程度、经济参与以及政治权力等方面的差距，而天主教贞女的性别意识、思维方式、行为方式、自我感觉与社会评判，与这些新思潮却有着很大区别，与日益进步的社会相去甚远，这种人生态度很可能遭到女性主义神学的质疑。正因为如此，天主教学者也开始用一种新眼光和新视野阐释圣经，以期从信仰的角度对女性做出更为合理的定位，其中，圣经学专家房志荣的评说发人深省，他以《创世纪》中"女人来自男人肋旁"为切入点，对圣经的妇女观进行重新解读和诠释：如果女性从男性的脚出来，表示女性应该在男性下面，如果从男人的头里取出来，女人就可以控制男人；从肋旁出来，表示他们并肩以同等的地位站在天主面前。④

男女并肩以同等地位站在天主面前，说明圣经暗喻着两性平等，进而

---

① ［德］E.M.温德尔：《女性主义神学景观》，刁承俊译，三联书店1995年版，第117页。
② 在对当代贞女的调查中，笔者发现，所有的贞女都对自己的人生选择无怨无悔，对奉献、服务的责任和角色有极高的认同。
③ ［德］E.M.温德尔：《女性主义神学景观》，刁承俊译，三联书店1995年版，第70页。
④ 参见房志荣《旧约导读》上册，台湾光启出版社1996年版，第40页。

为男女两性作神学上的互补与共存，同时为陶成贞女的"顺从"性格以及服务角色，提供了理论基础。因此，贞女的顺从基础是性别角色的分工，而这种分工作为传统制度的一个组成部分，它给教会带来了机构的稳定和平衡的发展；反之，如果从使徒时代开始，教会就实行一种完全的性别平等，贞女团体就不可能出现，因为理想的、绝对的"性别平等"会引发冲突与矛盾，甚至导致教会结构的紊乱。

虽然今天的妇女解放运动是在社会发展和进步的基础上不断提炼形成；虽然20世纪80年代女性神学家纷纷涌现，并对传统的女性从属地位进行反省和质疑；虽然世俗社会（妇女解放运动以及女权主义等）对贞女的生活维度感到不解，对贞女的自我弱化与听命愤愤不平，但天主教贞女仍然恪守"顺从"、"听命"之原则，并把将这种原则视为上主的召唤，由此演绎为利他、服务的生活态度。

（三）挚爱永恒天主的独身者

贞女独身的原因是基于信仰，而非逃避婚姻或其他世俗原因。在贞女的生活场景中，宗教礼仪以及灵修生活占据很大的比重。但是，贞女又是生活在现实、世俗、物质的大千世界，作为独身者，贞女的人际关系网络与进入婚姻家庭的女性有很大的不同。简单的世俗关系因传教而不断丰富，超越血缘、地缘的人际网络，这是贞女人生的一大特点。

一个人的社会地位是其社会关系的总和，在家庭与工作中的双重角色常常让世俗女性陷入矛盾，如果矛盾问题无法排解，工作角色往往要让位于家庭角色，由此丧失工作和升迁的机会；独身的贞女则没有这种两难，服从、听命于教会是她们的工作原则。

对于女性（feminine）及性别意识诸问题，贞女与世俗女性有很大的差异。贞女的独身生活由"修规"制约，她们必须抑制原始生物本能的一切要求，哪怕是追求女性的外在美丽。19世纪中期，上海贞女因为"穿绸着缎"受到教会领袖严厉批评就是一个例证。同时，守贞的经历也是挑战性别、战胜自我的过程，山西的"大拿"贞女具有男性的性格特征，她们的坚强、自主、阳刚带有去性别化的色彩，这种在身、心、情、意全方位的超越，其力量源泉来自和永恒天主的亲近。

贞女的生活方式相悖于中国传统的贞节观，与世界的妇女解放运动相去甚远。她们所关注的是灵魂的拯救，工作理念是默默奉献。在教会，贞女是平凡的基督徒；在世俗社会，贞女是不被社会理解的群体，她们几乎没有什么社会地位，仆人意识让她们淡化了自我，而挚爱永恒的天主又使她们对生活充满了阳光和自信。

以社会进步的眼光审视，贞女的人生打上了传统性、保守性烙印，现实社会对这些特性常常难以认同，甚至误解、诟病。但事实证明，贞女的人生理念与实践对于推动社会良性运作有着积极的意义。恰如梵二会议文献所云：

> 尤其是妳们献身的贞女，在这个想以自私与享乐为合法的世界里，妳们要保卫贞节，无私与虔诚。耶稣曾赋予夫妇之间的圆满，但也赞扬放弃这种人间的爱，为了无限的爱并为给众人服务。[①]

这不仅是当代教会对贞女的要求，也是发展的时代对贞女的期盼。

贞女曾是中国天主教历史的一个组成部分，她们人生的三个维度既是艰难与挑战，也是荣耀与责任。

[①] 转引自陈淑慎《女性地位的初步探讨》，载台湾辅仁大学神学院编《神学论集》第66号，1986年，第555页。

绪余　最后的贞女

中华人民共和国成立之后，西方传教士陆续撤出中国内地。1958年以后，宗教活动完全停止，直到改革开放重新恢复。20世纪50年代之后，中国天主教贞女群体是否仍然存在、在现代化进程不断推进、世俗化色彩日益浸入宗教体系的形势下，是否仍有女性钟情于这种独身生活？绪余部分将对这些问题进行阐释。

一　贞女群体逐渐解体

鸦片战争之后，"由于有更多的正规的宗教性的妇女团体的进入，贞女制度在20世纪开始衰落"[①]。但是仍有少部分贞女继续持守传统，或在家、或在堂口（堂区）生活，继续为教会服务。

20世纪50年代初，部分贞女团体以及女修会工作得以继续，以圣神女修会为例，"1947—1953年外国修女被驱逐之后，中国还有30位圣神传教修女会的本地修女"[②]。20世纪中叶以后，整个中国贞女的具体人数无法进行量化统计，仅能够从地方教会编纂的文献资料中窥其大概，如：

　　河北临洺关镇有贞女赵仓得、李趁得。[③]
　　河北馆陶县西孔堡有贞女张明义多名。[④]

---

①　E. Entenmann, "Christian Virgins in Eighteenth - Century Sichuan", *Christianity in China, from the Eighteenth Century to the Present*, Stanford University Press, Stanford, California, 1996, p. 192.
②　Vgl. Moroder, Edberte, China, Information, Rom 2004, S. 25.; Vgl. Hau, Hildegard Maria, Die Rolle von Ordensschwestern in den Missionsgebieten der Steyler Missionare SVD in China, in: Verbum SVD Vol. 45—2004, S. 401.
③　参见保禄《邯郸天主教史略》（内部资料），2005年，第93页。
④　参见保禄《邯郸天主教史略》，第111页。

河北武安市高村有贞女杨文婷、杨引娣、杨魁婷、杨存婷、靳栓清等多名。①

山西潞安老军庄有贞女张勤则、刘顺枝、刘海先、韩桃则、刘兰女。②

潞安陵川县太和村贞女5位，她们是：牛香兰（玛利亚，1901—1930），服务于本村教会；李腊凤（罗撒，1909—1986），早年就读于"明星女校"，后赴河南原阳，在当地教会学校任教，1945年返乡；申杨珍（加拉，1912—1994），早年就读于"明星女校"，后赴河南原阳、林县等地，在教会学校服务，1946年返乡；李胖妞（玛利亚，1907—1939），在河南等地传教；申雪枝（玛利亚，1900—1980）。③

山西太原小店西柳林是教友较为集中的村子，守贞是村子的传统，当地教友能够道出名姓的贞女有：武玛尔大、李候毛、康春桃、李香只、王金桃、武妮只、武云儿、康虎娥、牛凤兰、牛林凤、武仙开、曹福莲、曹清莲、任林凤、牛香儿、武金转、牛贵巧、武开只、武润林、王虎林、武巧林、李庆兰、康内保、牛喜娥、康林花、牛贵花、牛占仙、杨四只、牛银凤，共29名。新中国成立后贞女4四名：武文花、白顺花、武果枝、王秀梅。④ 20世纪30年代，意籍柏茂林神父创立了方济各三会，贞女们基本都参加了这个平信徒组织。⑤

范家圪达是河间著名的教友村，光绪年间法国耶稣会建立，村中有数位女性守贞，其中一部分参加修会，一部分继续做贞女。教会编撰的文献资料中记录了她们的情况，兹录如下：

王大姑：教友王培起的姑奶奶
高莲大姑：教友高延苓的姑奶奶
朱大姑：教友朱保台的姑奶奶

---

① 参见保禄《邯郸天主教史略》，第113页。
② 参见《教友生活》编辑部编《天主教长治教区简史（初稿）》（内部参考资料），1997年，第95页。
③ 参见《教友生活》编辑部编《天主教长治教区简史（初稿）》，第127页。
④ 参见武德龙《西柳林堂区简史》（非正式出版），2001年，第24页。
⑤ 详见武德龙《西柳林堂区简史》，第38页。西柳林方济各三会在改革开放之后重新恢复，会友发展到130余名。

牛荣大姑：教友牛双来的姑奶奶

刘玉名：刘景福神父的姑

刘臣大姑：刘保禄的姑

钱俊丽：教友钱长生的姑

李书云：教友李承恩的姐

方金环：郭神父的姨

孟献：孟庆华的叔伯姑

孟稣：会长孟宪信的姑

孟翠兰：教友孟范柱的姑奶奶

孟均平：教友孟庆华的姑

王领袖：教友王瑞华的姑

李富女：教友李全德的三姑

赵占女：教友赵福宠的妹妹

李淑琴：教友李全德的二姑①

姐妹共同守贞：李富女、李淑琴：教友李全德的三姑和二姑。②

  在 20 世纪中期以后的政治运动中，一些贞女受到迫害。如，河北景县南杨木村王超凡贞女（1910？—1960），政治运动遭迫害，受伤后病死；③河北故城贞女冯圣桂（1920？—1968）"文革"中被活活打死；④山西临县大岭天主堂贞女闫金花、冯翠花、陈老姑在政治运动中接受劳动改造，政策落实之后返回了家乡。由于几位老贞女年事已高，年轻的贞女

---

  ① 详见范家圪达天主教堂编《范家圪达今昔——一个新的以色列民史》（打印稿），第六章"范圪达村修道人简表"，略去男性修道者名录。是书无撰写时间，第 50 页记有"奉教至今共 118 年，本堂神父 33 位"，如果按 1880 年为开教时间，是书应为 1998 年撰写。书中记有该村修女的名录：属于炼灵中保会的有李焕淑、朱宽心、李领义、孟素梅、李敬芬、耿爱霞、李灵淑；参加其他修会的修女：李红，宝血会；张修女，教友张金柱的二姑，在献县入会，青年时去世；张宽心，耶稣孝女会；耿西霞，圣母圣心会；赵宽义，耶稣圣心传教会。"简表"共录修女 12 位，涉及 4 个修会；贞女 17 位，没有出生年日以及更详细的信息，有的甚至名姓不全，但从贞女与教友的关系可以看出贞女们的信息资料均由教友回忆整理。

  ② 详见范家圪达天主教堂编《范家圪达今昔——一个新的以色列民史》（打印稿），1998 年，第 48 页。

  ③ 参见范文兴、耿永顺等《景县（衡水）教区史资料汇编 1939—2002》，台湾辅仁大学出版社 2005 年版，第 23 页。

  ④ 同上书，第 21 页。

高建明（1971—）承担了照顾老人的责任，直到 2004 年最后一位老贞女去世，高建明才进入山西汾阳教区修女院。①

20 世纪末，老一辈贞女多丧失生活能力，她们或与家人住在一起，或进入教会开办的养老院。近年，陆续有贞女离世，健在的贞女多年事已高，如李富女住进了养老院，笔者在 2005 年采访时她已经 91 岁。

崇真楼
广东普宁市南径镇大埔寮村的"崇真楼"至今仍是贞女团体的住所。

改革开放之后，继续度守贞生活的贞女有两类：住家型与团体型。结成团体的贞女由教区管理，如汕头普宁市南径镇大埔寮村的"崇真楼"、辽宁葫芦岛市的贞女团体等。其中人数最多的是福建的"使徒团体"，贞女生活仿效女修会规章，对团体的人力资源进行调配，并有相应的管理规则。

二 少量贞女存在的原因

在大多数贞女参加修会的形势之下，少量贞女为什么仍然持守传统的

---

① 参见漠羽《一位山村守贞女的追寻》，载《圣心蓓蕾》（天主教吉林教区主办），2005 年 9 月 15 日第 8 版。

守贞模式？根据考察，可归纳为以下几种原因：

（一）交纳财物的"困惑"

如果一位贞女希望进入修会成为修女，要经历望会期、试学、初学、暂愿、永愿等多个环节，其中初学者要负担自己的生活学习费用，一些出身贫寒的贞女因为无法承担相关费用而留在家中修道。

参加修会者需交纳会费是修会的规则和传统，也是入会的条件之一，这种费用又称为"入会金"（dowry of religious）。至于交费的具体数目，各修会不同，如澳门女修会规定"其始必捐千金归公，既入寺，则终身不出"①，入会金颇高；金鲁贤主教的回忆录中涉及入会金制度，他说："拯亡会是个法国修会，很严格，进去要交许多钱。"②

中国国籍女修会成立后，基本承袭了国际修会的入会金制度，巴黎外方传教会的一位传教士曾在其文章中记录了中国本土修会收取入会金的情况：

> 本地女修会的工作极其重要，一个障碍是缺乏支持。一个贞女一年大约要交 15 美元，我们现在有 65 名初学者，数名学生和 12 位教师。对于一位年轻的女子来说，要求交纳 100 美元作为进入修会的"嫁妆"。但即使她们交纳了这笔钱，也只能支付她们日常生活中的一小部分，其余的生活开销，由传教会负担。③

同样，河北景县的"善导圣母会"也规定："入会时，为使修会有基金，交会费 100 元整，衣服若干件。"④

修会是独立的经济实体，收取会费既是为了保证修会工作的正常运行，同时也是入会者退出修会的保险金。总体上说，羊毛出在羊身上，入

---

① 傅恒编：《皇清职贡图》卷一。
② 金鲁贤（上海教区主教，1916—）：《绝处逢生 回忆录》（上卷，内部发行），第 11 页。书中提到金鲁贤母亲的妹妹张望贞希望进入拯亡会做修女，金的父亲出资帮助其参加了修会。
③ Right Rev. J. M. Blois, P. F. M., "Chinese Virgins," *Catholic Missions* (Monthly), June, 1923, p.139.
④ 范文兴、耿永顺等编：《景县（衡水）教区史资料汇编 1939—2002》，第 14 页。凌安澜（Leopold Brellinger S. J., 1893—1967）是景县教区首任主教，1939 年创立善导圣母修女会，1954 年离开中国，1967 年病逝于台湾桃园。

会金最终也用之于修会的建设以及团体成员。虽然如此，入会金的门槛还是挡住了那些希望做修女的女孩子。比如在山东南部，有些贞女想申请参加修会，圣神婢女会因为经济原因，想放弃 37 位贞女。这些贞女很穷，除了身上穿的，什么都没有。①

对于贞女来说，会费意味着"嫁妆费"，因为成为修女的最后阶段是宣发永愿（亦称大愿，即度贞洁、神贫、服从三愿的福音劝谕生活）。按照习惯，这位女孩子要将自己所拥有的钱财奉献给修会团体。从某种意义上说，"入会金"即是入会者的"嫁妆"，以表明彻底地、无牵无挂地度好"三愿"生活；同时，宣告自己割断与世俗的联系，抛弃世俗欲望的决心。而那些交不出"嫁妆"费的贞女只有选择继续在家贞修的生活方式。②

贞女的生活需要有一定的经济保障，这是教会认定贞女资格时的重要条件之一，但具有一定经济基础（如少量土地）却又无力承担入会金，被挡在修会团体之外的贞女仍然占据一定比例。③

（二）健康原因

贞女和修女同为天主教会的独身女性，但"修道"的条件有差异，进入修会的女性需要有健康的体格，以便适应严格的集体生活。如，河北献县路德庄的何真荣贞女，儿时的梦想就是成为一名修女，年轻时到天津申请加入仁爱会，但因身体瘦弱，未能批准，于是回家做贞女。④

---

① 参见 Sr. Edberte Eva Irene Moroder SSpS, China Es begann vor 100 Jahren, Steyler Missionsschwestern in China seit 1905 1. Teil, Die ersten Jahre, Roma, 2004, S. 220.

② 在欧美天主教国家，有修士、修女在发大愿前将自己所拥有的钱财（自己工作得来的或是来自父母的遗产）交给修会团体，并用文字说明：今后自己所有都属于修会团体。此外，也有立志守贞的青年人自带生活费进入修会团体体验修道生活，直到"望会期"结束。中国本土女修会组建后，其制度和习惯也受到欧洲修会传统的影响。20 世纪 80 年代，中国女修会重新恢复，入会金制度不如之前严格。笔者采访问河北献县修女李同恩，李修女 1994 年加入教区修会圣望会，两年初学的费用自己承担，并象征性地交纳了 200 元人民币的入会金。

③ 2007 年夏，笔者在上海天主教南张养老院采访健在的老贞女，说到没有进入修会的原因，几位老贞女告诉笔者，她们土改所定成分为贫农或中农，但进入修会需要钞票，因为交纳不起，只好在家守贞。

④ 关于参加修会的情况，何贞女回忆说："（年轻时）我去了天津，想参加天津的白帽子会（仁爱会），由于身体衰弱，不能加入，当时我好难过。"参见康志杰《守贞姑娘今安在》，载香港《鼎》2007 年夏季号。2005 年，何贞荣贞女 83 岁。

（三）文化程度的要求

修会对于申请入会者有一定的文化要求，有的女孩子因为文化程度偏低而无法进入修会。如，河北河间米各庄镇后榆树村的孙纯心贞女，从小在家乡帮助教会工作，没有进过学校。这类贞女虽然没有接受正规教育，但通过学习经文，能够识读基本要理书籍，只是不能书写。因此，贞女的文化程度一般低于修女。

（四）教区工作的需要

这类情况最为普遍，因为基层和乡村教会需要更多的单身女性服务奉献。如，刘秀台贞女1932年出生于献县东郭庄村一个传统的天主教家庭，从小想参加修女会，而本堂神父则希望她留在家乡工作，刘秀台听从神父的意见，在家度守贞生活，几十年如一日，直到年老体衰住进了养老院。

（五）无法（或不愿）离开家庭

有的贞女决定守贞，但又不愿离开父母，太原西柳林贞女武果枝（1960—）即是。这位贞女性格内向、腼腆、寡言，做得一手精美女工，经常为教堂缝制各类手工活，这种守贞方式同样赢得了教友的尊重。

西柳林另一位贞女武仙开也是在家贞修的典型。武仙开的姑姑武玛尔大是一位贞女，受姑姑影响，她从小立志守贞，并希望加入女修会。但父母早逝，家中兄弟姐妹9人，排行老二的武仙开需要在家照顾年幼的弟妹。20世纪40年代，武仙开把二弟和四妹送到修院，自己在家守贞。在她的影响下，兄弟姐妹中产生了四位神父和一位修女。2007年，已经98岁的武仙开仍在堂区服务。[①]

（六）生活中的"偶然"改变了守贞的轨道

这种情况极为少见，但却展现出中国贞女人性的光辉。山西贞女杨云仙是初学修女，有两年在修会学习的经历，一次回家探亲，拾到遗弃的残婴，从此走上了承担抚养残疾孩子的重任，杨云仙也从此在家守贞。关于

[①] 参见武德龙《大姑的愿望现了》，载《圣心蓓蕾》（天主教吉林教区主办）2007年3月1日第5版。

杨云仙的事迹,《信德》有如下报道:

> 山西杨云仙,1997 年开始收养残疾弃婴,至 2009 年收养 70 多名,创办"伯达尼之家——慈善爱婴院",为了给孩子们穿衣吃饭、治病,曾到太原、西安、北京、上海、天津、石家庄等地沿街乞讨,曾被收容站收容。如今有善心人捐助,盖起新楼房,改善了住房条件,但孩子们上学、治病的费用仍然艰难。但她"用爱点亮生命"的信念,继续她谦卑、繁重、伟大而神圣的工作。残婴院有义工帮助,其中教友任艳芳从 16 岁起自愿加入这种牺牲奉献生活,已经 25 岁,她愿意为此付出青春。①

杨云仙的事迹虽是个案,却是中国天主教贞女精神的发扬与传承。

三 贞女的价值和意义

就守贞的类型来说,当代中国贞女有以下几类:

1. 过渡型:独身作为人生的优先选择,即先做贞女,完成使命后进入修会。如,山西临县贞女高建明因照顾几位老贞女生活无法离开家乡,历经 20 载,直到老贞女相继离世。关于 20 年的守贞经历,高建明说:

> 面对生活的诱惑,最重要的是内在的平安、宁静;外在是次要的。尽力做一些有益的事,也很开心、充实的。②

2. 听命型:立志做修女,但教区神长命令其留在教区服务,于是一辈子服务于教区,如河北贞女刘秀台,这种类型的贞女较为普遍。
3. 传统型:依恋家庭而不愿意离开,在家乡堂口服务,如西柳林的

---

① 详见张公显《让人感动的牺牲,让人钦佩的爱》,载《信德》2009 年 12 月 10 日第 6 版"信仰园地"。杨云仙的爱心事迹曝光之后,得到社会的声援和支持,如山东周村教区的神长教友在 2003 年圣诞节为杨云仙捐一千元,杨云仙表示感谢,决定继续做爱的使者。详细报道见李洁(山东)《山东周村为杨云仙捐款》,载《圣心蓓蕾》,2004 年 3 月 8 日第 5 版。

② 漠羽:《一位山村守贞女的追寻》,载《圣心蓓蕾》(天主教吉林教区主办)2005 年 9 月 15 日第 8 版。

武果枝。

今天，进入不同类型的修会团体已经成为天主教女性守贞生活的主流，而作为一种文化现象的"贞女群体"基本解体，传统的贞女模式逐渐成为历史记忆，那些留在各教区奉献服务的贞女相对修女来说人数极少，作为中国天主教制度的一种补充，这些人继续发挥着她们的能量和光彩。

贞女与修女相比，其活动具有世俗性、开放性、灵活性等多种特征，女修会的"刚性管理"（较之贞女的"柔性体制"）使贞女的工作内容和目标更加具有弹性，因此，贞女在世界许多国家和地区仍然存在。正如《罗马观察报》的一篇文章所说："关于度奉献生活这样一种制度，梵蒂冈大公会议之后的法典预想这种现象将会存在于不同的传统宗教生活模式。"[1] 罗马教廷认为，贞女不会全部消失，她们的最后持守是作为女修会的"拾遗补缺"，因而贞女的存在对于当代社会仍然有其价值和意义。

2008年5月15日，教宗接见了来自世界52个国家的500名度奉献生活的贞女，她们是当今世界几千名贞女的代表。今天，全世界有45万修女，区区几千名贞女相对是一个弱小的群体，但教会依然看到贞女在教会运作的功能和作用，因此，在这次接见中：

> 教宗请贞女们不断放出基督新娘尊严的光辉，表现出基督信仰存在的新颖，并怀着平静的心情等待未来的生命。这样，她们便可以本着自己的正直生活来做引导世界旅程的星星。[2]

这不仅是教会对贞女的要求，也是社会的期待。

---

[1] Cardinal Vincenzo Fagiolo: L'OSSERVATORE ROMANO, (1995) 24, (June 14), p.3.
[2] "教宗接见度奉献生活的贞女代表，请她们做指引世界方向的星星"，稿件来自梵蒂冈电台，参见 http://www.tianren.org/news/show.asp,? id=7532, visit, May, 20, 2008。

主要参考文献

(一) 西文（英、德、法、拉丁等）

1. *China Missionary*, By Catholic Central Bureau Editor, Shanghai.
2. *Catholic Missions* (Monthly), Edited by the Society for the Propagation of the Faith, New York.
3. Lars Pert Laamann, *Christian Heretics in Late Imperial China, Christian inculturation and state control, 1720—1850*, Simultaneously published in the USA and Canada, 2006.
4. Edited by Jessie G. Lutz, *Pioneer Chinese Christian Women Gender, Christianity, and Social Mobility*, Bethlehem: Lehigh University Press, 2010.
5. Edited by W. F. Vande Walle Co - editor Noël Golvers, *The History of the Relations Between the Low Countries and China in the Qing Era (1644—1911)*, Leuven University Press, 2003.
6. Laurence G. Thompson, *Chinese Religion: An Introduction*, Belmont, California, 1969.
7. *Swatow: Ursulines in China.* Irene Mahoney, O. S. U. 1996 (This work has been made possible by a generous grant from John W. and Alida M. Considine Foundation and contributions from Ursulines of the Western Province, USA Ursulines of the Canadian union).
8. *A History of Christianity in Asia, Volume II: 1500—1900*, by Samuel Hugh Moffett, Maryknoll, New York, U. S. A. 1998.
9. Leona M. Anderson and Pamela Dickey Young, *Women and Religious Traditions*, Published in Canada by Oxford University Press, 2004.
10. Pascal M. D' Elia, S. J., *Catholic Native Episcopacy in China, Being an Outline Formation and Growth of Chinese Catholic Clergy, 1300—1926*,

Shanghai T'usewei Printing Press, 1927.

11. T' ang Leang – Li, *The Foundations of Modern China*, London: Noel Douglas 38 Great Ormond Street, W. C. 1928.

12. Samuel Hugh Moffett , *A History of Christianity in Asia*, Volume Ⅱ: *1500—1900* , Maryknoll, New York, U. S. A. 1998.

13. Edited by Margery Wolf and Roxane Witke, *Women in Chinese Society*, Stanford University Press, Stanford, California, 1975.

14. Howard S. Levy, *Chinese Footbinding*, *The History of a Curious Erotic Custom*, Walton Rawls: Publisher New York, 1966.

15. Leo Leeb, *Chinese Catholics and Priests Perceiving the SVD and SSpS Mission in China*, Steyler Missionswiss Institute, 2001.

16. Leona M. Anderson and Pamela Dickey Young, *Women and Religious Traditions*, Published in Canada by Oxford University Press, 2004.

17. Marion J. Levy, Jr. , *The Family Revolution in Modern China*, Issued in Coöperation with the institute of Pacific Relations Harvard University Press Cambridge, 1949.

18. Jane Hunter, *The Gospel of Gentility*, *American Women Missionary in Turn – of – the – Century China*, New Haven and London, Yale University Press, 1984.

19. Edited by Karen M. Morin and Jeanne Kay Guelke, *Women, Religion, and Space*, Syracuse University, 2007.

20. Edited by Pat Hoden, *Women's Religions Experience*, Barens and Noble Books, Totowa, New Jersey, USA, 1983.

21. Cardinal Vincenzo Fagiolo, *L' OSSERVATORE ROMANO*, 1995, 24.

22. R. G Tiedemann, "Controlling the Virgins : Female Propagators and the Catholic Hierarchy in China", *Women's History Review*, Volume 17, Number 4, September, 2008.

23. R. G Tiedemann, "A Necessary Evil: the Contribution of Chinese "Virgins" to the Growth of the Cotholicin Late Qing China", *Pioneer Chinese Chirstian Wonen Gender*, *Christianity, and Social Mobility*, Edited by Jessie G. Lutz, Bethlehem: Lehigh University Press.

24. Eugenio Menegon , "Child Bodies, Blessed Bodies: the Contest Between

Christian Virginity and Confucian Chastity", *Nan Nü: Men, Women, and Gender in Early and Late Imperial China*, 6. 2. 2004, Brill, Leiden (The Netherlands) .

25. Nicholas Maestrini, PIME, *China: Lost Mission?* by PIME World Press, October, 1992. First published under the title *My Twenty Years With the Chinese, Laughter and Tears*, 1931—1951 by Magnificat Press, February 1991.

26. Robert E. Entenmann, "Christian Virgins in Eighteenth - Century Sichuan", Edited by Daniel H. Bays, *Christianity in China, from the Eighteenth Century to the Present*, Stanford University Press, Stanford , California, 1996.

27. *Die Katholischen Missionen* (Illustrierte Monatsschrift), Herausgegben von Mitgliedern der Gesellschaft Jesu.

28. *SVD*, Kaomi Regions Korrsepondenz.

29. Stegmaier, Ortrud, "Missionsdienst am Eigenen Volk: Die Heranbildung einheimischer Ordensfrauen durch Steyler Missionare und Missionsschwestern", In: *Verbum SVD* 16 (1975) . 59.

30. Johannes Beckmann, *Die katholische Missionsmetfiodc in Chinain neuester Zeit* (1842—1912), Gcscbidididic Untcrsudiung über Arbeitsweisen, ihre Hindernisse und Erfolge Verlag des Missionshauses Bethlehem Immensee (Sdiweiz), 1931.

31. Benno I. Biermann O. P. , *Die Anfänge der neueren Dominikanermission in China*, Münster 1927.

32. Ortrud Stegmaier SSpS, "Missionsdienst am Eigenen Volk, Die Heranbildung einheimischer Ordensfrauen durch Steyler Missionare und Missionsschwestern", *Verbum SVD*; Vol. 16—1975, Romae Apud Collegium Verbi Divini.

33. Sr. Edberte Eva Irene Moroder SSpS, *China Es begann vor 100 Jahren, Steyler Missionsschwestern in China seit* 1905. 1. Teil, Die ersten Jahre, Roma, 2004.

34. Stegmaier SSpS. , Sr. Ortrud, Missionsdienst am eigenen Volk. Die Heranbildung einheimischer Ordensfrauen durch Steyler Missionare und Missions-

schwestern, in: *Verbum SVD.*, 16—1975.

35. Gérard Moussay et Brigitte Appavou, *Répertoire des membres dela Société des Missions Etrangères 1659—2004*, Paris, Archives des Missions Etrangère, 2004.

36. Vitalis Lange O. F. M., Das Apostolische Vikariat Tsinanfu, *Franziskanische Missionsarbeit in China*, Werl, 1929.

37. Francois – Marie Gourdon, "Les Vireges de la Province de Su – Tchuen", *In Annales de la Societe des Missions – Étrangères 1914—1964*. Paris.

38. *Journal D' André Ly Prétre Chinois* (《李安德日记》), Missionnaire Et Notaire Apostoliqe 1746—1763, Par Adrien Lauany, Hongkong Imprimerie de Nazareth, 1924.

39. Zhao Jophe, *Die Missionsarbeit der Steyler Missionare in der Kaomi – Region (China) in den Jahren 1938—1945*, imSpiegel der "KaomiRegions Korrespondenz" (Diplomarbeit, Institut Monumenta Serica in Deutschland).

40. Maria Liu Yuexia, *Das Phänomen der Chinesischen Jungfaruen (ahennü) Ideal und Wirklichkeit in der chinesischen Missionsgeschichte und die Relevanz für die Zukunft* (Diplomarbeit, Institut Monumenta Serica in Deutschland).

41. *Catholic Mission* (Monthly). New York, by the Society for the Propagation of the Faith.

42. Edited by Margery Wolf and Roxane Witke, *Women in Chinese Society*, Stanford University Press, Stanford, California, 1975.

43. Vitalis Lange O. F. M., *Das Apostolische Vikariat Tsinanfu*, Franziskanische Missionsarbeit in China. Werl, 1929.

44. P. Karl Maria Bosslet O. P., S. Theol. Lector. Chinesischer Frauenspiegel, Vechia in Oldenburg. Albertus – Magnus – Verlag. 1927.

45. 巴黎外方传教会档案（胶片），Vol. 434—, Chine Letters.

46. Lettre de M. Pierre Lavaissiere C. M. à M. Le Go C. M. à Paris, 1840. In: *Mémoires C. M.* VIII, Paris, 1866.

47. *Collectanea Commissionis Synodalis* (《教务丛刊》，多语种综合杂志)，北平公教教育联合会出版。

（二）中文

1. 钟鸣旦、杜鼎克、蒙曦等编：《法国国家图书馆明清天主教文献》（*Chinese Christian Texts from the National Library of France*，二十四册），台北利氏学社 2009 年版。
2. 钟鸣旦、杜鼎克、黄一农、祝平一等编：《徐家汇藏书楼明清天主教文献》（五册），台湾方济出版社 1996 年版。
3. 台湾"中央研究院"近代史研究所编辑并出版：《教务教案档》（全七辑），1981 年。
4. 《清中前期西洋天主教在华活动档案史料》（全四册），中华书局 2003 年版。
5. 《利玛窦全集》（全四册），刘俊余、王玉川、罗渔等译，台湾辅仁大学出版社、台湾光启出版社 1986 年版。
6. 陈方中编：《中国天主教史籍汇编》，台湾辅仁大学出版社 2003 年版。
7. 古伟瀛主编：《塞外传教史》，台湾光启文化事业 2002 年版。
8. 《圣事要理问答》（江南主教倪准），上海慈母堂版 1880 年版。
9. 《会长要规》，山东兖州府天主堂活版 1909 年版。
10. 《会长要规》，山东兖州府天主堂活版 1924 年版。（另有 1917 年版，与 1924 年版相似）
11. 《教子准绳》，阳羡邹佩笙述注，上海广学会第三版 1922 年版。
12. 《传教要规》，总理兖沂济教务主教安（治泰）1886 年版。
13. 《传教要规》，山东南界主教韩准 1920 年版（重印）。
14. 《传教要规》，山东南界主教韩准 1924 年版。
15. 《圣事要理问答》（江南主教倪准），上海慈母堂藏版 1888 年版。
16. 韩宁镐：《论婚配圣事》，山东兖州府天主堂活版 1916 年版（重印本）。
17. 韩宁镐：《论婚配圣事》，山东兖州府天主堂印书馆 1934 年版。
18. 《发丧要规》，山东南界教务主教准，兖州府天主堂活版 1924 年版。
19. 《梵蒂冈第二届大公会议文献》，台湾天主教会（内部印刷）1975 年版。
20. ［法］马青山编：《童贞修规》，重庆圣家书局 1921 年版。
21. 《童贞指南》，兖州府天主堂活版 1919 年版，作者不详。此书为德国圣言会在中国传教区的出版物，扉页记曰：Reimprimi permittitur. Yen-chowfu, 7 Dec. 1919, Joseph Ziegler, Sup, reg. et Provic。意思是会长 Joseph Ziegler 允许是书出版。

22. 《守贞要规》，编纂者、出版者、出版时间不详，原书藏德国华裔学志汉学研究中心（Monumenta Serica Institute, Sankt Augustin），估计为德国圣言会在中国出版。

23. 《善会撮要》，兖州府天主堂活版 1921 年版。

24. 《成德三经》，山东兖州府天主教活版 1920 年版。

25. 《七件圣事略说》，兖州府天主堂活版 1904 年版。

26. 孔广布编：《领洗要理讲话》（兖州教区主教舒准），保禄印书馆 1930 年版。

27. ［比］王守礼：《传道员手册》，张帆行译，第 7 页。原件藏上海档案馆，卷宗号：U101-0-199。

28. P. Octave Ferreux C. M.：《遣使会在华传教史》，吴宗文译，台湾华明书局 1977 年版。

29. 《苏州致命纪略》（Acta Martyrum Soochow, 12 Sept, 1748）"徐允希序"，南京主教惠大司牧准刊并序，上海土山湾慈母堂印行，1932 年版。

30. 方豪：《中国天主教史人物传》，上海光启社 2003 年版。

31. ［法］方立中、［法］热拉尔·穆赛、［法］布里吉特·阿帕乌主编：《16—20 世纪入华天主教传教士列传》，耿昇译，广西师范大学出版社 2010 年版。

32. ［法］白晋：《清康乾两帝与天主教传教史》，冯作民译，台湾光启出版社 1966 年版。

33. ［法］费赖之：《明清间在华耶稣会士列传 1552—1773》，梅乘骐、梅乘骏译，天主教上海教区光启社 1997 年版。

34. ［法］杜赫德编：《耶稣会士中国书简集》（全三卷），郑德弟、朱静等译，大象出版社 2001 年版。

35. ［法］杜赫德编：《耶稣会士中国书简集》（全三卷），耿昇译，大象出版社 2005 年版。

36. ［法］高龙鞶：《江南传教史》（Histoire de la Mission du Kiang-nan）第一册，周士良译，台湾辅仁大学出版社 2009 年版。

37. ［法］史式微：《江南传教史》第一卷，天主教上海教区史料译写组译，上海译文出版社 1983 年版。
38. ［法］沙百里：《中国基督徒史》，耿昇、郑德弟原译，古伟瀛、潘玉玲增订，台湾光启文化事业 2005 年版。
39. ［法］卫清心：《法国对华传教政策》（上、下卷），黄庆华译，中国社会科学出版社 1991 年版。
40. ［捷］严嘉乐：《中国来信》（1716—1735），丛林、李梅译，大象出版社 2002 年版。
41. ［比］高华士：《清初耶稣会士鲁日满常熟账本及灵修笔记研究》，赵殿红译，刘益民审校，大象出版社 2007 年版。
42. ［比］柏应理（Philip Couplet）：《一位中国奉教太太——许母徐太夫人甘第大传略》，徐允希译，台湾光启出版社 1965 年版。
43. ［比］燕鼐思（J. Jennes, C.I.C.M）：《中国教理讲授史：自十六世纪至一九四〇年天主教在中国传布福音及讲授教理的历史演变》（*Four Centuries of Catechetics, History Evolution of Apologetics and Catechetics in the Catholic in the Catholic Mission of China from the 16th Century Unity* 1940，中英两种文字），栗鹏举、田永正译，台湾天主教华明书局，1976 年版。（英文原文为"The Catechists Had Their Own Association, Some Men Made the Vow of Chastity"。）
44. ［比］王守礼：《边疆公教社会事业》（*En Monglie L' Action Sociale de l' Eglise Catholique*），傅明渊译，台湾华明书局 1965 年版。
45. ［德］赫尔曼·费尔希：《奥古斯定·韩宁稿主教传 一位德国人在华工作 53 年》，雷立柏（Leopold Leeb）译，台湾圣家献女传教修会 2006 年版。
46. ［德］E. M. 温德尔：《女性主义神学景观》，刁承俊译，生活·读书·新知三联书店 1995 年版。
47. ［美］孟德卫：《灵与肉：山东的天主教 1650—1785》，潘琳译，张西平审校，大象出版社 2009 年版。
48. ［美］周华德：《天国的拓荒者》，薛保纶译，台湾天主教圣言会 1996 年版。
49. ［美］乐培霓：《心火熊熊——玛利诺修女们的故事》（*Hear on Fire, The Story of the Maryknoll Sisters*），作者是美籍新闻记者，是书为玛利诺

修女的口述历史），刘喜玲译，台湾光启文化事业 2003 年版。

50. ［美］明恩溥：《中国乡村生活》，午晴、唐军译，时事出版社 1998 年版。

51. ［美］何天爵：《真正的中国佬》，光明日报出版社 1998 年版。

52. ［美］威廉·詹姆斯：《宗教经验之种种》，唐钺译，商务印书馆 2002 年版。

53. ［美］杨庆堃：《中国社会中的宗教》，范丽珠等译，上海人民出版社 2007 年版。

54. ［美］高彦颐：《缠足："金莲崇拜"盛极而衰的演变》（*Cinderella's Sisters: A Revisionist History of Footbinding*），苗延威译，江苏人民出版社 2009 年版。

55. ［意］马国贤：《清廷十三年 马国贤回忆录》，李天纲译，上海古籍出版社 2004 年版。

56. 尤恩礼编辑：《圣福若瑟神父语录》，薛保纶译，台湾辅仁大学出版社 2007 年版。

57. 台湾辅仁大学神学院编：《神学论集》（期刊）。

58. 艾华慈（Friedbert Ewertz）编：《圣福若瑟语录》，雷赞灵译，河北信德社 2003 年版。

59. 杨传亮：《田耕莘枢机主教传》，1988 年，台湾方济会佳播印刷 1988 年版。

60. 成和德：《湖北襄郧属教史记略》，上海土山湾印书馆 1924 年版。

61. 古伟瀛主编：《塞外传教史》，台湾光启文化事业 2002 年版。

62. 崔维孝：《明清之际西班牙方济各在华传教研究（1579—1732）》，中华书局 2006 年版。

63. 吴旻、韩琦编校：《欧洲所藏雍正乾隆朝天主教文献汇编》，上海人民出版社 2008 年版。

64. 《金鲁贤文集》，上海辞书出版社 2007 年版。

65. 金鲁贤（上海教区主教，1916—）：《绝处逢生 回忆录》（上卷，内部发行）。

66. 自由太平洋月刊社编：《雷鸣远神父传》，越南自由太平洋协会 1963 年版。

67. 韩承良：《杨恩赉总主教的生平》，台湾至洁有限公司 2000 年版。

68. 韩承良：《中国天主教传教历史：根据方济会传教历史文件》，台北思高圣经学会出版社 1994 年版。
69. 史祈生：《圣经中的女性》，时雨基金会 1985 年版。
70. 金象逵：《性爱·婚姻·独身》，台湾光启出版社 1993 年版。
71. 黄慧贞：《性别与圣经诠释》，香港基督教学会 2000 年版。
72. 赵庆源编著：《中国天主教教区划分及其首长接替年表》，台湾闻道出版社 1980 年版。
73. 解成编著：《基督教在华传播系年》（河北卷），天津古籍出版社 2008 年版。
74. 秦和平：《基督宗教在四川传播史稿》，四川人民出版社 2006 年版。
75. 林淑理：《传道员的故事》，台湾光启文化事业 2007 年版。
76. 潘凤娟：《西来孔子艾儒略——更新变化的宗教会遇》，台湾财台法人基督教橄榄文化事业基金会，2002 年版。
77. 曾丽达：《雷鸣远神父 中国教会本地化的前驱 划时代的福传方法》，台湾天主教耀汉小兄弟会出版社 2004 年版。
78. 罗渔：《中国天主教河南省天主教史》，台湾辅仁大学出版社 2003 年版。
79. 张奉箴：《直隶东南教区五十六位致命真福传》，香港真理学会 1955 年版。
80. 范文兴、耿永顺等：《景县（衡水）教区史资料汇编 1939—2002》，台湾辅仁大学出版社 2005 年版。
81. P. Raymundo Liou. S. J.：《献县教区义勇列传》（河北献县），1932 年版。
82. 保禄：《邯郸天主教史略》（内部资料），2005 年。
83. 昆明市宗教事务局、昆明市天主教爱国会编：《昆明天主教史》，云南大学出版社 2006 年版。
84. 陈方中：《法国天主教传教士在华活动与影响》（博士学位论文），台湾辅仁大学历史系。
85. 普路兹·米格：《真福福若瑟神父传》，薛保纶译，天主教圣言会 1997 年版。
86. 梁家麟：《华人传道与奋兴布道家·前言》，宣道出版社 1999 年版。
87. 吴立乐编：《浸会在华布道百年史略（1836—1936）》，香港浸信会出版部 1936 年版。

88. 卢约翰：《苦难重重的教会 循道公会华南教区开基一百年的历史（一八五一至一九五一）》，杨林译，循道卫理联合教会文字事工委员会 1984 年版。

89. 司务道、尚维瑞：《陕西羚踪——司务道教士自传之一》（Trails of Glad Tiding in Shan Xi——An Autobiography 1 of Sister Annie Skau Berntsen），香港宝灵医院宝灵福音布道团 2004 年第 9 版。

90. 李玉珍、林美玫编：《妇女与宗教：跨领域的视野》，台湾里仁书局 2003 年版。

91. 林德晧、麦永安编：《中国教会中妇女的境况》，世界信义宗联会出版 1997 年版。

92. 王成勉编：《将根扎好——基督宗教在华教育的检讨》（Setting the Roots Right – Christian Education in China and Taiwan），台湾黎明文化事业股份有限公司 2007 年版。

93. 甘易逢（Yves Raguin, S. J.）：《神修入门》（Introduction ā lavie spirituelle）。

94. 费孝通：《乡土中国》，生活·读书·新知三联书店 1985 年版。

95. Michael Argyle、Benjamin Beit – Hallahmi：《宗教社会心理学》（The Social Psychology of Religion），李季桦、陆洛译，台湾巨流图书公司 1996 年版。

96. 杨杨：《摇晃的灵魂：探访中国最后的小脚部落》，学林出版社 2004 年版。

97. 梁家麟：《华人传道与奋兴布道家》，宣道出版社 1999 年版。

98. 《教友生活》编辑部编：《天主教长治教区简史》（初稿）（内部参考资料），1997 年。

99. 武德龙：《西柳林堂区简史》（非正式出版），2001 年版。

100. 范家圪达天主教堂编：《范家圪达今昔——一个新的以色列民史》（打印稿）。

101. 王念孙等撰，罗振玉辑印：《高邮王氏遗书》，江苏古籍出版社 2000 年版。

102. 武汉地方志办公室、武汉图书馆编：《民国夏口县志校注》，武汉出版社 2010 年版。

主题词索引

A

安宁：74，76~86，217，338

B

巴黎外方传教会：11，19，41，43，44，45，48，50，51，57，63，66，67，68，71，81，87~92，97，108，118，148，163，174，175，194，228，265，289，367

白多禄：41，42，45，61，63，65，66，68，79，88，289

白晋：37，57，59，63，68，90，116，230

白帽子姆姆：119，120，122

毕方济：33

比丘尼（尼姑、斋姑）：226，335，336

波伏娃：301

柏应理：23，24，69，70，274，300

博主教（范益胜）：52，176~179，189，264

不落家：334

C

缠足：152，215~226，355

陈子东：31~35，39，41，47，60，188，298

称谓：2，5，6，7，9~20，273，274，350

传教姑娘：11，12，99，100，245，270，271，272，274~278，282~285，310

传信部（教廷传信部）：26，27，29，52，139，175，177~181，185，189，191~193，204，257，265，266，267，270

D

大德兰：318，319

大姑：10，12，14，15，16，19，80，82，84，85，248，276，364，365，369

大拿：300，301，361

道姑：226，336

德黄正国：42，63，65，73

德兰小妹妹会：142，167，168

获德满：8，9

董文学：55~57，219

独身：1，2，5~9，11，13，17~20，31，33，36，47，50，51，52，54，55，67，68，69，90，91，92，94，95，96，99，101，110，111，115，116，118，120，123，125，137，142，143，153，154，162，163，164，168~171，177，181~185，187~190，192，193，195，197，200，206，213，214，223，226~228，235，236，238，245，249，251，257，261，273，282，285，288，289，293，294，295，299，301，303，308，309，311，321，324，325，326，329~347，349，351~355，357，359，361，368，370

多明我会（道明我会）：13，35，41，42，43，45~48，57，59，63，64，66，72，73，74，79，91，92，99，126，168，173，174，175，203，239，240，259，262，297，299，311

E

艾儒略：39，152

鄂尔壁：97，196

F

法国保禄女修会：148

法国仁爱会（仁爱会）18，119

发型：139，182，232，235，236，333，353

发愿：8，32，33，47，55，74，109，112，128，140，152，158，167，171，176，177，179~190，197，229，233，236，256，297，309，311，338，343，353

梵二会议：18，240，362

樊国梁：18，29

方豪：38，78，79，83，276

方济各会：10，19，27，30，41，55，73，99，110，125，126，161，164，167，182，187，190，194，205，211，233，257，260，268，305，324

费赖之：22，23，24，30~34，38，39，66，73，74，75，79，80，83，85，307，320，323

费乐德：34

费奇观：22

费若用：42，63，65，86，87，88，90

冯秉正：59，60，70，71，73

冯若望：177，178，291

福安教案：57，66，67，74，75，76，79，86，89~92

傅泛际：27

福女：13，331

妇女解放运动：359，361

傅圣泽：24

傅油礼：69

服装：108，158，226~236，353

G

告解圣事：63，69，70，71，72，92，342

姑奶奶：18，19，364，365

姑娘：6，9~14，16，17，18，38，43，49，51，52，54，60，70，99，100，104，105，106，108，109，116，123，140，152，161，171，174，180，190，199，200，204，211，213，214，215，225，229，232，233，235，244，245，250，254，268~278，282~285，291，292，294，296，300，306，310，318~322，325，334，345，350~353，368

姑娘仔：351

姑婆：11~14，16，245，274，337，345

姑婆屋：337

姑子：17

广西圣家女修会：128，148

广州会议：29，239，304

皈依：23，24，25，32，34，36，41，45，51，53，57，64，73，104，123，133，140，149，218，221，239，243，244，245，254，267，279，296~

299，335，354

国籍女修会（教区修会）：19，20，93~96，99，123，128，140~143，145，156，158，159，160，165，166，167，197，226，355，367

郭纳爵：39

H

海明芬：337

韩宁镐：4，5，25，26，101，102，103，131，134，135，138~142，233，260，268，277，278，281，285，311，312，322，340，341

华敬：42，63，65，87

黄安多（王安多尼）：74，83

J

基督的新娘：前言3

基督徒：7，8，11，16，23，25，28，31，36，37，45，46，47，49，50，51，53，54，55，64，71，89，97，98，102~106，110，112，115，123，150，152，155，169，175，180，182，183，186，188，192，195，198，204，207，208，212，216，217，223，236，238，241，243，244，245，254，255，257，260，265，266，267，270，277~280，

284，285，288，290，291，
292，296，297，298，300，
302，305，316，319，340，
342，343，344，347，351，
354，357，359，361，362

教士姨（教士阿姨）：351

节德：288，289

禁忌：341，342

经血：342

L

郎怀仁：105，106，169

老姑娘：14，334

老姑娘社：334

雷鸣远：142，167，168

利安当：30，257

李安德：50，71，72，276，305

李多林（徐德新）：178

利玛窦：20，22，23，26，34，
35，37，69

李玛诺：24

李之藻：38

炼灵互助会：102

炼灵通功单：7

烈女：329，343，344

林昭：112，116，189，204，208，
217，285，343，344

灵修：28，37，48，92，97，102，
108，154，157，158，169，
170，179，187，188，190，
196，208，217，218，226，
264，268，274，280，304，
305，307，311～318，322，
323，343，346，361

龙华民：22，23，73，152

鲁日满：28，37，207，208，218，
274，280，304

罗撒理：33，36，300

女性：1，2，5～18，20，22～28，
31，33，35～39，42，43，45～
48，50，52，54，55，57，60，
64，67，70，73，81，84，85，
90，91，92，94～97，99，101，
106，108，109，111，114，115，
116，118，119，123，125，127，
129，130，132，133，137，
141～144，146，150，151，153，
157，162，163，164，168～171，
176，177，181，183，189，190，
193，195，196，197，199，200，
204，206，207，210，212，214，
215，216，221～232，235，236，
238，240，242，243，245，246，
249～252，254，255，257，258，
261，262，266，272～277，279，
282，283，285，286，292，293，
296～305，308，319，320，324，
326，329～339，341，343～347，
349，351～364,368，369，371

M

马国贤：27

玛利诺会：99，149，150，151，
157，225

玛利亚：5，15，16，19，26，34，64，96，110，112，114，126，128，214，301~307，309，320，321，323，325，338，344，346，364

蕨蓬村：105，168，204，208

马青山：48，49，50，57，91，112，158，174，175，176，181，182，189，195，197，203，219，228，265，268，273

马若瑟：116

玫瑰经：198，305，310，311，312，316

梅慕雅（梅神父）：11，50，175，178

梅欧金：32，71

孟振生：30，97，182，221

默次：354，357

姆母（姆姆）：19

N

南怀仁：222，257

念经：30，36，45，62，63，80，81，88，89，105，192，198，199，204，241，242，250，262，271，311~314，318，319，322，337，346

娘娘：13，14，18

纽若翰：54，55，307

女堂：13，29，30，62，63，67

女信徒：23，27，30，37，46，52，54，55，59，69，71，109，218，221，272，282，283，293，299，304，309，354

女性观：359

女性伦理学：359，360

女性主义：216，242，251，301，302，358，359，360，378

女性主义神学家：359

女宣教士：353，355

O

欧洲女修会：6，18，19，55，56，92，94，96，99，106，109，116，118，120~123，127，143，161，163，174，178，197，266，268，283

P

潘国光：28，152

庞迪我：288

避静：29，153，158，166，187，200，235，311，314，315，317，318，346

坡里庄：18，25，26，92，94，99~103，128，129，131，133，134，136，189，224，225，246，272，277，311

Q

祈祷：8，27，32~36，38，50，54，55，68，75，100~104，

116, 122, 125, 132, 137, 141, 155, 161, 167, 169, 175, 179, 192, 194, 206, 231, 233, 242, 243, 245, 250, 254, 255, 257, 260, 264, 268, 275, 276, 278, 281, 282, 297, 305, 311~319, 325, 326, 342, 346

契约：8

气质：251, 299, 301, 308

遣使会：2, 18, 29, 30, 55, 56, 57, 97, 99, 125, 165, 219, 221, 229, 249, 321, 345

邱永修：24

瞿安德：30

驱魔：68, 69

R

荣振华：28, 75

入会金：367, 368

儒家贞节观：326

S

三会：41, 46, 47, 48, 99, 110, 122, 123, 125, 126, 189, 203, 208, 297, 298, 299, 364

三愿：8, 47, 125, 153, 155, 157, 158, 159, 162, 166, 183, 184, 368

沙百里：8, 11, 55, 112, 175, 180, 208, 216, 217, 223, 241, 264, 265, 270, 285, 296, 297, 298, 305, 343

沙守信：23, 218, 219

善会：33, 34, 37, 38, 54, 55, 57, 257, 307

神迹：35, 326

神秘主义：319, 320, 325, 326, 327

神视：265, 324, 325

身体观：307, 341, 343

圣公会：347, 349, 352

圣家会：128, 134, 137~145, 167, 168

《圣教要理》：290

圣母：5, 10, 11, 19, 22, 27, 28, 37, 39, 50, 51, 55, 84, 87, 96, 124, 127, 142, 149, 151, 153, 154, 155, 157, 158, 159, 161, 164, 165, 168, 182, 188, 198, 207, 222, 244, 249, 256, 265, 276, 301~307, 309, 311~314, 317, 323, 324, 325, 338, 344, 346, 365, 367

圣母圣心会：29, 99

《圣母小日课》：313, 317

圣女：12, 13, 16, 32, 35, 48, 62, 67, 110, 288, 290~295, 299, 307, 324, 325, 344

圣牌：153, 155, 158, 236

圣若瑟小姐妹会：128, 147

圣神会：106, 107, 127~138, 140, 142~145, 165, 166,

207，224，225，255，271

圣言会：4，12，25，26，72，94，99，100，104，106，107，128，129，131，136，138，139，141～144，168，182，188，196，197，205，233，254，255，260，268～272，277，280，281，285，291，308，340

圣召：98，129，134，135，136，180，194，200，251，263，293，306，320，322，338，360

师姑：336

施黄正国：42，65，91

师母：18，348，352，353

施洗：9，11，23，31，45，49，105，239，241，242，245，255，296

施洗女：11

使拶（拶指）：64

守斋：32，174，276，282，296，311，313，314，318

守贞：2，4～18，31～36，38，39，41～52，54，55，60，62，66，67，70，80，81，84，85，92，94，96，97，101，105，106，108，109，112，116，123，127，135，138，141，144，152，153，154，161，163，165，166，168，171，174，180～190，193～200，203～206，210，212，214，215，217，222，223，226～230，232～238，244，246，250～254，268～

272，284，285，288～301，303～311，313～323，325，326，327，329～334，336～341，343，344，345，347，352，358，361，364～371

守贞姑：38，152，300

守贞理念：297，298

《守贞要规》：190，197～200，205，222，229，230，232，233，235，271，292，300，301，314，322，325，345

四川会议：180，181

司事：10，274，275，276

苏州教案：74，76，77，79，80，86，216

T

谈方济：74，75，76，78，83，84

汤若望：27

特殊家庭：213，214，215

天国：17，115，116，129，184，251，271，285，295，302，325

天主：1，2，4～20，22～35，37，38，39，41～55，57，59～72，75，77～83，85～92，94～100，103～116，118，119，121～129，131～134，137，140，142，143，144，147，148，149，151，152，156，157，158，160～164，166～171，175，177～181，183～187，189～198，200～206，209，210，212，214～219，221，223，

224, 226, 227, 228, 230, 231, 234~247, 249, 252, 253, 255~299, 302, 304~329, 331, 333, 335, 337~347, 349~357, 359~366, 368~371

通功单：7

童贞：5, 6, 8, 9, 12, 13, 18, 19, 20, 32~36, 39, 42~48, 50, 54, 55, 57, 60~64, 67, 87, 89, 91, 99, 100, 109, 111, 112, 116, 158, 160, 164, 171, 174, 175, 176, 179, 181, 182, 189, 191, 193, 196, 197, 199, 200, 204, 219, 222, 228~231, 234, 265, 268, 269, 273, 285, 288~293, 297, 299, 302~305, 307, 308, 312, 325, 326, 332, 339

童贞观：46, 287, 288, 299

童贞院：164

《童贞修规》：57, 91, 112, 158, 171, 174, 175, 176, 179, 181, 182, 189, 191, 193, 196, 197, 199, 200, 219, 228, 229, 234, 268, 269, 299, 312

《童贞指南》：222, 230, 268, 292, 299

头饰（头纱、头巾、首帕）：226, 235

W

王丰肃（高一志）：33

王守礼：164, 165, 222, 244, 273, 283

王淑仪：17, 227, 332, 333, 336, 337, 346

违规贞女：193, 195, 196, 310

吴苏乐会：127, 128, 144, 145, 146, 181

X

洗礼圣事：241

西柳林：17, 295, 364, 369, 370

西湾子：29, 30, 92, 96, 97, 98, 182, 222, 249, 250

献堂会：106, 128, 151~162, 167, 169, 187, 196, 215, 236, 247, 248, 272, 273, 344, 355

香港华籍耶稣宝血会：6

相遇：27, 312, 323, 324

小脚贞女：216, 217, 218, 220, 226

小姑：17, 106, 296, 320, 321, 322

孝女：28, 265, 331, 332, 333, 336, 365

萧若瑟：38, 77, 78, 79, 83, 114

新教单身女传道：350, 351, 353

信义会（信义宗）：349

性格：32, 132, 235, 252, 262, 299, 300, 301, 360, 361, 369

修道：2, 6, 8, 12, 17, 29, 32, 34, 55, 94, 100, 110, 116, 153, 154, 157, 158, 160, 168, 179, 186, 208, 212, 238, 250, 267, 288, 295, 297, 299, 308, 310, 321, 322, 336, 341, 355, 365, 367, 368

修女：2, 5～9, 11, 17～20, 38, 47, 49, 51, 55, 56, 59, 60, 70, 71, 90, 94, 95, 96, 99, 101, 106, 107, 108, 110, 114, 116, 118～151, 153～169, 181, 184, 186, 187, 206, 207, 212, 224～227, 231～235, 240, 242, 245～249, 253, 255, 258, 264, 265, 268, 270, 271, 279, 283, 284, 286, 293, 298, 306, 311, 318～322, 337, 341, 343, 354, 355, 361, 365～371

徐光启：28, 33, 38, 105, 152, 208, 268

许太夫人：33, 36, 38, 152, 208, 300

薛孔昭：105, 153, 154, 266

血缘家庭：17

殉道：31, 92, 113, 116, 257, 325, 326

Y

鄢华阳：49, 53, 186

燕鼐思：43, 48, 51, 52, 53, 180, 181, 203, 243, 256, 257, 261, 262, 266～270, 278, 284, 295, 321

杨廷筠：38, 290, 304

杨依撒斯：38, 49

要理学校：10, 12, 101, 133, 200, 223, 243, 244, 255, 281, 354

耶稣：6, 9～13, 15, 18, 20, 22～31, 33, 34, 36～39, 41, 47, 54～57, 59, 60, 62, 64, 65, 66, 68～80, 83, 84, 85, 89, 97, 98, 99, 104, 105, 106, 113, 116, 118, 123, 126, 128, 140, 143, 152, 153, 154, 157, 160, 162, 166, 167, 169, 180, 184, 190, 198, 206～209, 216～219, 221, 230, 231, 239, 240, 245, 247, 255, 257, 262, 266, 274, 280, 284, 286, 288, 290, 293, 297, 298, 299, 301～307, 311, 313, 314, 320, 323～326, 338, 339, 341, 343, 346, 350, 352, 357, 360, 362, 364, 365

耶稣会：118, 131, 153

耶稣圣心传教会：128, 166, 365

依撒伯尔修女会：128, 147

殷弘绪：36, 262

Z

贞姑：6，11，13，14，15，17，38，43，49，52，54，108，109，116，123，152，174，180，188，214，229，233，235，244，250，268，269，275，276，291，294，300，319，368

贞洁：4，8，9，12，15，28，49，52，108，157，166，176，177，182～186，188，190，212，230，233，235，247，288，289，290，291，292，294，295，304，307，309，310，312，316，318，323，326，329，334，338～341，343，346，368

贞节：2，4，5，9，28，89，289，326，329，330，333，337，340，341，343，344，358，361，362

贞节牌坊：3，5，340，343

贞女：1，2，4～20，23，25，27，29，31～39，41～57，59～69，71，73，75，77，79～92，94～116，118～125，127～139，141～149，151～171，174～279，281～288，291～296，298～331，333，335，337，338，339，341～357，359～371

贞女传道员：12，13，14，36，100，112，246，259，261，262，263，265～274，276～279，281～286，300，343，344

贞女学校：97，98，100，107，131，134，166，176，189，266，268，271

贞女制度：3，11，21，48，49，50，52，54，93，94，100，109，125，126，171，175～181，183，189，191，197，202，203，249，363

拯亡会：128，154，157，159～162，168，367

钟巴相（钟鸣仁、铭仁）：24

众心之后：128，144～147

周学健：42，46，60～64，77，79，80

主保单：293，294

住家型贞女：192，193，300，355

住堂型贞女：105，253

自梳女：12，227，235，333，334，335，337，343，346

宗教经验：312，318，319，321～324，326，327，360

后　记

　　把天主教贞女作为研究对象是我学术研究中的又一次尝试。由于贞女是一个被忽略的群体（无论是教会内部还是世俗社会），资料散而难寻，为了深入了解贞女的信仰理念、生活方式以及她们在教会、在中国社会的角色、功能及作用，我曾深入上海、河北、山西、辽宁、广东等地教会，寻访健在的老一辈贞女。田野考察对于准确把握和理解天主教的守贞制度、守贞理念、守贞神学以及独身女性的灵修生活有极大的帮助，原打算把采访中的精彩故事置入书稿，终因篇幅过大而放弃。

　　书稿的大部分文献资料（特别是图片资料）是在欧洲的图书馆和档案馆发现的，因此要特别感谢德国 KAAD 的资助，使我能够在德国、法国等地图书馆、档案馆查阅相关文献；感谢德国华裔学志汉学研究中心（Monumenta Serica Institute in Germany）的马雷凯教授（Prof. Dr. Roman Malek），他不仅为我提供了优雅的学术研究环境，向我开放华裔学志图书馆，还无私地将他收藏的圣言会在华出版的各类图书供我阅读、复制。

　　书稿内容涉及多种西方语言文字，顾孝勇博士（Piotr Adamek）、靖保禄博士、赵化青博士、赵根申神父、薛纪权神父、魏洁神父在拉丁文、德文、法文、意大利文的搜集、翻译等方面给予了热情的支持和帮助，没有他们，本书将逊色许多。由于书稿内容涉及多个学科和多种语言，难免出现错识和瑕疵，如果读者朋友在阅读此书的过程中发现问题，责任将由本人承担。

　　该书出版获得意大利利玛窦研究中心（CENTRO STUDI LI MADOU）的资助，在此表示深深的谢意。

康志杰
2013 年春于香港道风山汉语基督教文化研究所